책장을 넘기며 느껴지는
몰입의 기쁨

노력한 만큼 빛이 나는
내일의 반짝임

새로운 배움, 더 큰 즐거움

미래엔이 응원합니다!

# 올리드

## 중등 역사 ②-1

**BOOK CONCEPT**

개념 이해부터 내신 대비까지 완벽하게 끝내는 필수 개념서

**BOOK GRADE**

| | 상세 | 알참 | 간략 |
|---|---|---|---|
| **개념 수준** | | | |

| | 기본 | 표준 | 발전 |
|---|---|---|---|
| **문제 수준** | | | |

| | 개념 | | 문제 |
|---|---|---|---|
| **구성 비율** | | | |

**WRITERS**

**김태훈**  서울사대부중 교사 / 서울대 역사교육과
**문지은**  심원고 교사 / 서울대 역사교육과
**이진욱**  공항고 교사 / 서울대 역사교육과

**COPYRIGHT**

**인쇄일** 2023년 6월 5일(1판10쇄)
**발행일** 2020년 2월 3일

**펴낸이** 신광수
**펴낸곳** ㈜미래엔
**등록번호** 제16-67호

**교육개발2실장** 김용균
**개발책임** 김문희
**개발** 황대근, 곽지영

**디자인실장** 손현지
**디자인책임** 김기욱
**디자인** 이진희, 이돈일

**CS본부장** 강윤구
**CS지원책임** 강승훈

ISBN 979-11-6413-917-0

* 본 도서는 저작권법에 의하여 보호받는 저작물로, 협의 없이 복사, 복제할 수 없습니다.

* 파본은 구입처에서 교환 가능하며, 관련 법령에 따라 환불해 드립니다. 단, 제품 훼손 시 환불이 불가능합니다.

# 머리말 Introduction

역사 수업 시간에 무슨 말인지 몰라
한숨만 쉬다 온 친구!
역사가 공부할 내용은 많은데 어떻게 정리해야 할지 모르겠고,
어떤 사람은 외우면 된다고 하고, 다른 사람은 이해만 하면 된다고 하고!
역사 공부에 갈피를 못 잡겠어서 고민이라고요?

걱정마세요,
이제 올리드를 만났잖아요 :D

**올리드**가 여러분의 역사 공부 친구가 되어 드릴게요.
중요 개념을 중심으로 한 쪽에 정리한 내용과
개념을 쉽고 빠르게 확인해 볼 수 있는 문제,
학교 시험 유형과 유사한 실전 문제,
중간·기말고사에 대비할 수 있는 시험대비 문제까지!
빠지는 게 하나도 없는 **올리드**가
여러분이 가는 역사 공부의 길을 꽃길로 만들어 줄게요.

올리드와 함께 걸을 준비 되었나요?

이제 시작이에요.
여러분이 걷는 꽃길의 끝에는 역사 만점이 기다리고 있답니다!

# Structure

올리드는 6종 역사 교과서를 완벽 분석하여 개발한 필수 개념서로, 개념학습편과 시험대비편으로 되어 있습니다. 개념학습편은 짧은 시간에 효율적으로 개념을 완성하도록 구성하였고, 시험대비편은 시험 직전 최종 점검할 수 있도록 구성하였습니다.

## 개념 학습편

### 주제별 학습으로 짧게! 개념 완성!

**①  교과서 내용 정리**

짧고 간결하게 주제별 1쪽 내용 정리로 구성하여 학습의 집중도를 높였습니다.

**②  꼭 나오는 자료**

시험에 꼭 나오는 알짜 자료만 엄선하여 알기 쉽게 자료 분석을 하였습니다.

**③  용어 사전**

꼭 알아야 하는 어려운 용어를 설명하여 개념 이해를 돕도록 구성하였습니다.

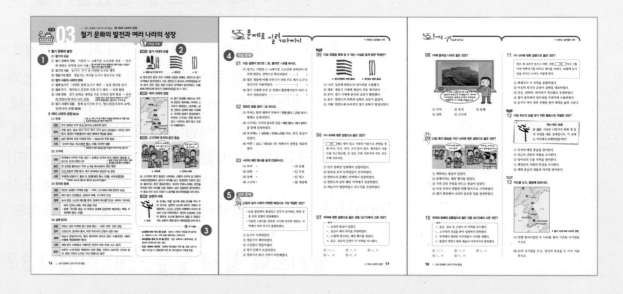

**④  개념 문제**

학습한 개념을 제대로 알고 있는지 빠르게 확인할 수 있도록 구성하였습니다.
빈칸 채우기, 선 연결, ○× 문제 등 다양한 개념 문제로 잘못 이해하고 있는
개념은 없는지, 혼동하고 있는 개념은 없는지 체크할 수 있습니다.

**⑤  실력 문제**

다양한 유형의 문제로 탄탄하게 실력을 다져 나갈 수 있도록 구성하였습니다.
핵심 개념이 빠짐없이 다루어지도록 문제를 배열하였고, 고난도 문제뿐만
아니라 시험에 자주 출제되는 서술형 문제도 제시하였습니다.

### ⑥ 올리드 특강

중요한 개념을 다시 한 번 짚어 볼 수 있도록 여러 유형의 문제와 함께 구성하였습니다.

### ⑦ 표와 자료로 마무리하기

개념을 일목요연하게 정리한 후 필수 자료와 연관지어 확실하게 단원을 마무리할 수 있습니다.

### ⑧ 실전문제로 마무리하기

다양한 실전 문제와 단원 통합 문제로 종합적인 분석 능력과 응용력을 키울 수 있습니다.

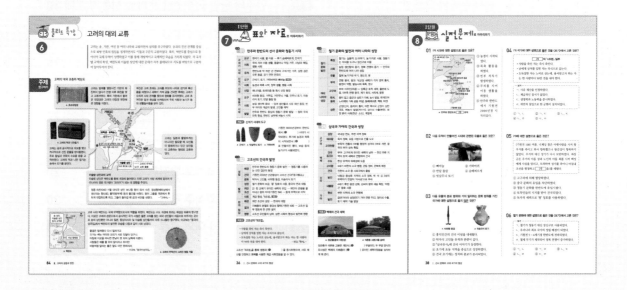

### 시험 대비편 — 핵심 요약과 기출 문제로 빠르게! 최종 점검!

### ❶ 주제별 핵심 요약

주제별 시험에 잘 나오는 핵심 개념만 뽑아 한눈에 정리하여 시험 직전에 쉽고 빠르게 공부할 수 있습니다.

### ❷ 주제별 기출 문제

기출 문제를 분석하여 학교 시험과 유사한 유형과 난이도로 문제를 구성하여 시험 대비를 완벽하게 할 수 있습니다.

# Contents

# III 고려의 성립과 변천

**손쉽게 단원 찾는 방법**

❶ 내가 가지고 있는 교과서의 출판사명과 학교 시험 범위를 확인한다.

❷ 올리드의 해당 쪽수를 찾아서 공부한다.

예 학교 시험 범위가 미래엔 역사 교과서 36~39쪽일 경우, 올리드의 25~27쪽을 공부하면 된다.

| 금성 | 동아출판 | 비상교육 | 지학사 | 천재교육 |
|------|----------|----------|--------|----------|
| 10~12<br>13~15 | 12~15<br>16~17 | 11~15<br>16~17 | 10~13<br>14~15 | 12~16<br>17~19 |
| 16~19 | 18~21 | 19~23 | 18~21 | 20~23 |
| 20~21<br>22~25<br>26~29 | 24~27<br>28~33 | 25~35 | 24~27<br>28~31 | 24~33 |
| 30~35<br>36~37 | 36~39<br>40~41 | 37~41<br>42~43 | 32~37<br>38~39 | 34~39<br>40~41 |
| 44~45<br>46~49 | 48~49<br>50~53 | 49~50<br>51~55 | 44~45<br>46~50 | 46~49<br>50~53 |
| 50~52<br>53~55 | 56~59<br>60~63 | 57~60<br>61~63 | 52~55<br>56~59 | 54~57<br>58~59 |
| 56~59<br>60~61 | 66~67<br>68~69 | 65~69<br>70~71 | 60~65<br>66~69 | 60~67<br>68~71 |
| 68~70<br>71~72<br>73~75 | 76~77<br>78~79<br>80~81 | 77~79<br>80~81<br>82~85 | 74~76<br>77~78<br>79~81 | 76~77<br>78~79<br>80~83 |
| 76~79<br>80~81 | 84~85<br>86~87 | 87~91<br>93~94 | 84~86<br>87~89 | 84~87<br>88~89 |
| 81~82<br>83~85 | 90~91<br>91~93 | 95~96<br>97~99 | 90~91<br>92~94 | 90~91<br>92~95 |
| 86~93 | 96~101 | 101~109 | 96~103 | 96~105 |

인생의 어떤 것도
두려움의 대상은 아니다.
단지 이해해야 할 대상일 뿐이다.

- 마리 퀴리 -

# I

# 선사 문화와
# 고대 국가의 형성

# 만주와 한반도의 선사 문화와 청동기 시대

## 1 구석기 시대의 생활과 문화

### (1) 구석기 시대의 생활

| 도구 | 다양한 뼈 도구와 뗀석기(주먹도끼, 찍개, 자르개 등) 사용 → 구석기 시대 후기에 좀 더 정교한 도구 사용(*슴베찌르개) |
|---|---|
| 주거 | 무리 지어 이동 생활, 동굴이나 바위 그늘 및 강가의 막집에 거주 |
| 경제, 사회 | *채집과 사냥, 불 이용, 빈부 차이나 계급이 없는 평등한 사회 |
| 예술 | 시체 매장, 사냥감의 성공을 기원하는 조각품 제작 |

### (2) 한반도의 구석기인과 유적
└ 생활 근거지 주변에서 식량을 얻지 못하면 다른 곳으로 이동하였어.

① 구석기인의 등장　한반도에는 약 70만 년 전부터 구석기인 거주

② 유적　한반도 전역에 분포, 평안남도 상원 검은모루 동굴, 경기 연천 전곡리 등 `자료1`

## 2 신석기 시대의 생활과 문화

### (1) 신석기 시대의 생활
┌ 기후가 따뜻해지면서 큰 짐승 대신 작고 날쌘 동물들이 늘어나게 되어 이들을 사냥하기 위한 도구들이 만들어졌어.

① 자연환경의 변화　빙하기가 끝나고 만주와 한반도에서 기원전 8000년경부터 신석기 시대 시작
└ 가운데 구멍에 막대를 꽂아 회전시켜 실을 뽑는 데 사용한 도구야.

② 도구　간석기, 토기(식량 저장, 음식 조리), 가락바퀴와 뼈바늘 사용 → 신석기 시대 후기에 괭이, 보습 등 농기구 사용 `자료2`
예) 화살촉, 돌도끼, 빗살무늬 토기 등

### (2) 신석기 시대의 사회와 문화
└ 여전히 사냥과 채집으로도 식량을 얻었어.

① 경제와 사회　농경과 목축의 시작 → 정착 생활(강가나 바닷가에 움집을 만들어 거주), 평등 사회(생산물의 공동 분배)

② 원시 신앙　자연물에 영혼이 있다는 믿음(애니미즘), 특정 동식물 숭배(토테미즘), 영혼이나 조상을 숭배하는 의식

## 3 청동기 시대의 생활과 문화

### (1) 청동기 문화의 보급

① 시작　기원전 2000년경부터 만주에 전해져 점차 한반도 전역으로 확산

② 도구　비파형 동검과 *거푸집, 거친무늬 거울, *민무늬 토기와 미송리식 토기, 반달 돌칼 등
└ 농기구와 같은 생활 도구는 여전히 돌이나 나무로 만들었어.

③ 독자적인 청동기 문화권의 발달　만주와 한반도 중심으로 청동기 문화가 발달하면서 점차 우리 민족이 형성됨, 한반도를 통해 기원전 3세기경 일본에 청동기 전래

### (2) 청동기 시대의 사회 변화

① 농경의 발달　다양한 잡곡 재배, 한반도 남부 지역에서 벼농사 시작, 강가나 *구릉에 마을을 이루어 거주

② 계급 사회의 성립　농업 생산력 증대 → 잉여 생산물과 사유 재산 등장 → 빈부 차이와 계급 발생

③ 족장(군장) 세력의 등장　집단 간 정복 전쟁으로 유력한 정치 세력 등장, 제정일치 사회, 족장의 무덤인 고인돌 제작 `자료3`

---

### 자료1 만주와 한반도의 구석기 유적과 구석기인

▲ 승리산사람

◀ 한반도에는 약 70만 년 전부터 사람들이 살았던 것으로 추정된다. 구석기 시대의 유적과 사람 뼈는 한반도 각 지역에서 발견된다.

### 자료2 구석기·신석기 시대의 도구

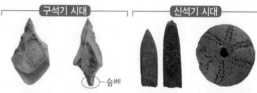

▲ 주먹도끼　▲ 슴베찌르개　▲ 간석기　▲ 가락바퀴

🔎 처음에는 단순한 주먹도끼를 사용하던 구석기인은 점차 슴베찌르개와 같은 정교한 도구를 만들어 사용하였다. 빙하기가 끝나고 만주와 한반도에서는 기원전 8000년경부터 신석기 시대가 시작되었다. 날씨가 따뜻해지면서 숲이 우거지고 토끼, 노루와 같은 작고 날쌘 동물이 많아지자 더욱 정교한 간석기가 만들어졌다.

### 자료3 고인돌 제작

▲ 고인돌 제작 방법　▲ 탁자식 고인돌

🔎 한반도에는 전 세계 고인돌의 약 40%에 해당하는 고인돌 유적이 있다. 고인돌은 청동기 시대 지배자(군장)의 무덤으로, 제작하는 데 많은 노동력이 필요하였다. 대표적인 고인돌 유적지는 전북 고창, 전남 화순, 인천 강화에 있다.

---

🔲 용어 사전

* 슴베찌르개　자루에 넣어 창처럼 사용하는 도구, 슴베는 자루나 나무 손잡이 등에 연결하여 사용하는 부분

* 채집(採 캐다 集 모으다)　자연에서 식량을 찾아 모으는 활동

* 거푸집　물건의 모양대로 속이 비어 거기에 쇠붙이 등을 녹여 붓도록 만든 틀

* 민무늬　아무 무늬가 없는 것

* 구릉(丘 언덕 陵 큰 언덕)　땅이 비탈지고 평지보다 약간 높은 곳

### 개념 문제

**01** 구석기 시대의 생활 모습은 '구', 신석기 시대의 생활 모습은 '신'이라고 쓰시오.

(1) 농경과 목축을 시작하고 정착 생활을 하였다.
.......................................................( )

(2) 뗀석기를 사용하여 동물을 사냥하고 고기를 잘라 냈다. ..................................( )

(3) 동굴이나 바위 그늘에 살면서 무리 지어 이동 생활을 하였다. ...........................( )

(4) 자연물에 영혼이 있다고 믿었고 특정한 동식물을 숭배하였다. ...........................( )

**02** 다음 〈보기〉에서 신석기 시대의 유물을 모두 골라 기호를 쓰시오.

┌─ 보기 ─────────────────────────┐
ㄱ. 뗀석기 　　ㄴ. 간석기 　　ㄷ. 반달 돌칼
ㄹ. 민무늬 토기 　　ㅁ. 빗살무늬 토기
└──────────────────────────────┘

**03** 다음 설명이 맞으면 ○표, 틀리면 ×표를 하시오.

(1) 기원전 8000년경부터 만주를 통해 한반도에 청동기가 보급되었다. ...............( )

(2) 청동기 시대에 한반도 남부 지역에서 벼농사가 시작되었다. .......................( )

(3) 청동기 시대 잉여 생산물과 사유 재산이 등장하면서 빈부의 차이가 발생하였다. ........( )

### 실력 문제

**04** 구석기 시대에 대한 설명으로 옳은 것을 〈보기〉에서 고른 것은?

┌─ 보기 ─────────────────────────┐
ㄱ. 불을 이용하는 방법을 익혔다.
ㄴ. 한반도에서 약 1만 년 전 시작되었다.
ㄷ. 먹을거리를 찾아 이동 생활을 하였다.
ㄹ. 주먹도끼를 사용하여 잡곡 농사를 지었다.
└──────────────────────────────┘

① ㄱ, ㄴ 　　② ㄱ, ㄷ 　　③ ㄴ, ㄷ
④ ㄴ, ㄹ 　　⑤ ㄷ, ㄹ

**중요**
**05** 다음 유물이 사용된 시기에 대한 설명으로 옳은 것은?

▲ 슴베찌르개

① 정착 생활을 하였다.
② 목축 활동을 하였다.
③ 계급이 처음 출현하였다.
④ 주로 동굴이나 바위 그늘에 살았다.
⑤ 식량 저장을 위한 토기가 사용되었다.

**06** (가)에 들어갈 말로 옳은 것은?

▲ 만주와 한반도의 　(가)　 유적

① 철기
② 구석기
③ 신석기
④ 청동기
⑤ 빙하기

**고난도**
**07** 다음과 같은 선사 시대의 변화가 일어난 원인으로 가장 적절한 것은?

┌──────────┐ 　　　 ┌──────────┐
│ 이동 생활 │ → │ 정착 생활 │
└──────────┘ 　　　 └──────────┘

① 전쟁 발생
② 빈부 격차의 발생
③ 농경과 목축의 시작
④ 원시적인 신앙 시작
⑤ 빙하기로 해수면 하강

**고난도**

**08** (가)에 들어갈 유물의 사진으로 옳은 것은?

> **역사 용어 사전**
>
> | (가) | • 가운데 구멍에 막대를 꽂아 회전시켜 실을 뽑는 데 사용<br>• 신석기 시대에 원시적 수공업이 이루어졌다는 것을 보여 주는 유물 |

① ② ③
④ ⑤

**09** 다음 유물에 대한 설명으로 옳은 것은?

① 구석기 시대에 제작되었다.
② 동굴, 막집에서 발견되었다.
③ 사냥을 위한 도구로 만들어졌다.
④ 금속을 재료로 하여 만들어졌다.
⑤ 음식을 조리하고 저장하는 데 쓰였다.

**고난도**

**10** 청동기 시대를 배경으로 연극을 하려고 할 때 등장할 수 있는 모습으로 적절하지 않은 것은?

① 돌괭이로 밭을 일구는 농민
② 민무늬 토기에 잡곡을 담는 사람
③ 비파형 동검으로 괭이질을 하는 농민
④ 청동 방울로 장식하고 제사를 지내는 족장
⑤ 외부의 침입을 막기 위해 울타리를 설치하는 사람

**11** 다음 유물의 용도로 옳은 것은?

① 족장이 제사를 지낼 때 사용하였다.
② 곡식의 이삭을 자를 때 사용하였다.
③ 실을 뽑아 옷을 만들 때 사용하였다.
④ 강에서 물고기를 잡을 때 사용하였다.
⑤ 전쟁에서 적을 공격할 때 사용하였다.

**중요**

**12** 청동기 시대의 사회 변화에 대한 설명으로 옳은 것을 〈보기〉에서 고른 것은?

> ┌ **보기** ┐
> ㄱ. 부족 간 정복 전쟁이 빈번하였다.
> ㄴ. 생산물의 공동 분배가 이루어졌다.
> ㄷ. 만주 일대에서 벼농사가 시작되었다.
> ㄹ. 구릉 지대에 대규모의 마을이 형성되었다.

① ㄱ, ㄴ  ② ㄱ, ㄹ  ③ ㄴ, ㄷ
④ ㄴ, ㄹ  ⑤ ㄷ, ㄹ

**서술형**

**13** 다음 그림을 보고, 물음에 답하시오.

(1) 청동기 시대에 위 그림과 같은 과정을 통해 만들어진 무덤의 명칭을 쓰시오.

(2) (1)의 제작을 통해 알 수 있는 당시 사회의 특징을 서술하시오.

# 고조선의 건국과 발전

## 1 고조선의 건국

**(1) 배경** 만주와 한반도 일대에서 농경과 청동기 제작 기술 발전 → 경제력과 군사력을 가진 선진 집단 등장 → 다른 집단을 정복하거나 연합하면서 세력 확장, 유력한 정치 세력으로 성장

**(2) 건국** 기원전 2333년 단군왕검이 고조선 건국

**(3) 성장** 처음에는 요동 지역을 중심으로 성장, 후기에는 한반도 북서부의 대동강 유역으로 중심지 이동

**(4) 문화유산** 탁자식 고인돌, *비파형 동검, 미송리식 토기 자료1

---

〈고조선 건국 이야기〉

옛날에 환인의 아들 환웅이 인간 세상에 관심을 두었다. 환인이 아들의 뜻을 알고 태백산 지역을 내려다보니 인간 세상을 널리 이롭게 할 만하였다. …… 환웅은 무리 3,000명을 이끌고 태백산 꼭대기 신단수에 내려와 그곳을 신시라고 불렀다. 환웅은 바람, 비, 구름을 다스리는 신을 거느리고 곡식, 수명, 질병, 형벌, 선악 등 360여 가지 일을 맡아 인간 세상을 다스렸다. 이때 곰한 마리와 호랑이 한 마리가 있어 …… 환웅이 웅녀와 혼인하여 아들을 낳으니, 그 이름을 단군왕검이라 하였다. 단군왕검은 요 임금이 왕위에 오른 지 50년에 평양성에 도읍을 정하고 나라 이름을 조선이라고 불렀다.

- 홍익인간의 건국 이념을 나타내고 있어.
- 농경 사회의 모습을 보여 주고 있어.
- 이주민과 토착 세력의 결합을 보여 주고 있어.
- 단군(제사장) + 왕검(정치 지도자)으로, 제정일치 사회임을 알 수 있어.

– 일연, 『삼국유사』 –

## 2 고조선의 발전
┌ 청동기 제작 기술도 발전했어.

**(1) 철기 문화의 보급**

① **배경** 기원전 5~4세기경 전국 시대의 혼란을 피해 중국에서 많은 *유이민이 고조선으로 이주 → 철기 문화 보급, 청동기 제작 기술 발달 자료2
└ 중국 전국 시대의 화폐인 명도전이 고조선 지역에서 출토되었어.

② **성장** 중국의 연과 교류 및 대립

③ **왕권 강화** '왕' 칭호의 사용, 왕위 세습, 왕 아래 상·대부·장군 등 관직 배치
└ 지배자의 칭호를 '왕(王)'으로 삼은 것은 중국 문화의 영향 때문이야.

**(2) 위만 조선의 성립과 발전**

| 성립 | 기원전 2세기경 진·한 교체기에 고조선에 들어온 위만이 고조선의 준왕을 몰아내고 왕위 차지(기원전 194) → 철기 문화 발전 |
|---|---|
| 발전 | 주변 지역 정복, 한반도 남부의 여러 세력과 중국의 한 사이의 *중계 무역을 통해 경제적 이익 획득 |
| 사회 | 사회가 복잡해지고 다양한 신분층 형성 → 「8조법」을 통해 사회 질서 유지 자료3 |

## 3 한의 침입과 고조선의 멸망

**(1) 배경** 중계 무역을 통한 위만 조선의 성장 → 한과 대립 → 한이 흉노와 고조선의 연결을 막기 위해 고조선 공격

**(2) 결과**

① **고조선의 멸망** 1년여 간 저항 → 왕검성 함락(기원전 108)
└ 지배층이 분열했어.

② **한의 고조선 지배** 고조선의 일부 지역에 *한 군현 설치

③ **영향** 고조선 멸망 이후 많은 유민들이 남쪽으로 이동 → 삼한 사회의 형성과 발전에 영향
└ 한이 설치한 군은 진번, 임둔, 낙랑, 현도의 4군이었어.

---

꼭 나오는 자료

### 자료1 고조선의 문화 범위

▲ 고조선의 문화 범위

▲ 미송리식 토기

▲ 비파형 동검

⊙ 비파형 동검과 탁자식 고인돌, 미송리식 토기는 주로 만주와 한반도 북부 지역에서 발굴되며 중국의 문화와는 다른 특징을 갖는다. 이를 통해 고조선의 문화 범위를 짐작할 수 있다.

### 자료2 청동기 제작 기술 발달

▲ 세형 동검

▲ 잔무늬 거울

⊙ 기원전 5~4세기경 청동기 제작 기술이 발달하여 비파형 동검은 세형 동검으로, 거친 무늬 거울은 잔무늬 거울로 발전하였다.

### 자료3 고조선의 「8조법」

• 사람을 죽인 자는 즉시 죽인다.
• 남에게 상처를 입힌 자는 곡식으로 갚는다.
• 도둑질한 자는 노비로 삼는데, 용서받고자 하는 자는 한 사람마다 50만 전을 내야 한다.

– 반고, 『한서』 –

⊙ 「8조법」을 보면 고조선은 생명과 노동력을 중시한 사회였음을 알 수 있다. 사유 재산을 인정하였고 화폐를 사용하였으며, 노비를 인정한 계급 사회였음을 알 수 있다. 당시 지배층은 토지(곡식), 노동력(노비), 돈(화폐)을 소유하였던 것으로 보인다.

---

🔍 용어 사전

* **비파형 동검(琵琶 악기 비파 形 모양 銅 구리 劍 칼)** 둥글고 긴 타원형의 악기인 비파 모양의 청동검

* **유이민(流 떠돌다 移 옮기다 民 백성)** 전쟁이나 흉년 등의 이유로 자신이 살던 고향에서 떠나온 백성

* **중계 무역(中 가운데 繼 잇다 貿 바꾸다 易 교환하다)** 외국에서 수입한 물건을 다시 다른 나라에 판매하는 상업 활동

* **한 군현** 한이 고조선을 정복한 뒤 고조선의 영토에 설치한 한의 지방 관청

# 문제로 실력 다지기

**개념 문제**

**01** 다음 설명이 맞으면 ○표, 틀리면 ×표를 하시오.

(1) 고조선은 만주와 한반도 북부의 신석기 문화를 바탕으로 건국되었다. ·····························(     )

(2) 단군왕검의 명칭을 통해 고조선이 제정일치 사회였음을 알 수 있다. ·····························(     )

(3) 고조선은 초기 요동을 중심으로 성장하였다가 후에 대동강 유역으로 중심지를 이동하였다.(     )

(4) 고조선의 「8조법」을 통해 고조선이 평등한 사회 질서를 갖고 있었음을 알 수 있다. ·················(     )

**02** 다음 〈보기〉에서 고조선의 문화 범위를 보여 주는 유물을 모두 골라 기호를 쓰시오.

> ── 보기 ──
> ㄱ. 반달 돌칼        ㄴ. 비파형 동검
> ㄷ. 탁자식 고인돌    ㄹ. 미송리식 토기

**03** 알맞은 말을 골라 ○표 하시오.

(1) 기원전 2세기경 중국에서 들어온 ( 위만 / 준왕 )은 고조선의 왕위를 차지하였다.

(2) 고조선은 기원전 108년 중국 ( 한 / 연 )의 침략으로 멸망하였다.

(3) 고조선 멸망 이후 많은 유이민이 한반도 남쪽으로 이주하여 ( 낙랑 / 삼한 ) 사회의 형성과 발전에 영향을 주었다.

**실력 문제**

**04** 고조선에 대한 설명으로 옳은 것을 〈보기〉에서 고른 것은?

> ── 보기 ──
> ㄱ. 홍익인간의 건국 이념을 내세웠다.
> ㄴ. 청동기 문화를 바탕으로 건국되었다.
> ㄷ. 유목민 집단이 연합하여 건국하였다.
> ㄹ. 제사장과 정치 지배자가 따로 존재하였다.

① ㄱ, ㄴ      ② ㄱ, ㄷ      ③ ㄴ, ㄷ
④ ㄴ, ㄹ      ⑤ ㄷ, ㄹ

**[05~06]** 지도를 보고, 물음에 답하시오.

**05** (가) 국가에 대한 설명으로 옳은 것은?

① 유일신 종교를 믿었다.
② 우리 역사 최초의 국가이다.
③ 철기 문화를 바탕으로 건국되었다.
④ 만민 평등의 건국 이념을 내세웠다.
⑤ 한강 유역을 중심으로 성장하였다.

중요
**06** (가) 국가의 문화 범위를 짐작하게 하는 유물을 〈보기〉에서 고른 것은?

> ── 보기 ──
> ㄱ. 가락바퀴        ㄴ. 비파형 동검
> ㄷ. 미송리식 토기    ㄹ. 빗살무늬 토기

① ㄱ, ㄴ      ② ㄱ, ㄷ      ③ ㄴ, ㄷ
④ ㄴ, ㄹ      ⑤ ㄷ, ㄹ

**07** (가)에 들어갈 인물로 옳은 것은?

> 옛날에 환인의 아들 환웅이 인간 세상에 관심을 두었다. …… 환웅은 무리 3,000명을 이끌고 태백산 꼭대기 신단수에 내려와 그곳을 신시라고 불렀다. 환웅은 바람, 비, 구름을 다스리는 신을 거느리고 곡식, 수명, 질병, 형벌, 선악 등 360여 가지 일을 맡아 인간 세상을 다스렸다. ……… 환웅이 웅녀와 혼인하여 아들을 낳으니, ………  (가)  은/는 요 임금이 왕위에 오른 지 50년에 평양성에 도읍을 정하고 나라 이름을 조선이라고 불렀다.
>        – 일연, 「삼국유사」 –

① 위만      ② 준왕      ③ 무제
④ 우거왕    ⑤ 단군왕검

**08** 기원전 5~4세기경 고조선에 대한 설명으로 옳은 것만을 〈보기〉에서 있는 대로 고른 것은?

> ── 보기 ──
> ㄱ. 왕위를 세습하였다.
> ㄴ. 중국의 연과 교류 및 대립하였다.
> ㄷ. 상, 대부, 장군 등의 관직이 존재하였다.
> ㄹ. 중국으로부터 청동기 문화가 유입되었다.

① ㄱ, ㄷ     ② ㄴ, ㄹ     ③ ㄱ, ㄴ, ㄷ
④ ㄱ, ㄷ, ㄹ     ⑤ ㄴ, ㄷ, ㄹ

**09** (가)에 들어갈 인물로 옳은 것은?

> **역사 인물 카드**
> • 이름: (가)
> • 시기: 기원전 2세기경
> • 활동: 무리를 이끌고 고조선으로 건너와 준왕에게 의탁 → 세력을 키워 준왕을 몰아내고 고조선의 왕위 차지

① 위만     ② 주몽     ③ 무제
④ 우거왕     ⑤ 단군왕검

고난도
**10** 다음 법을 통해 알 수 있는 고조선 사회의 모습으로 옳은 것은?

> • 사람을 죽인 자는 즉시 죽인다.
> • 남에게 상처를 입힌 자는 곡식으로 갚는다.
> • 도둑질한 자는 노비로 삼는데, 용서받고자 하는 자는 한 사람마다 50만 전을 내야 한다.

① 제정일치 사회였다.
② 사유 재산을 인정하였다.
③ 계급이 존재하지 않았다.
④ 생명력과 노동력을 경시하였다.
⑤ 중국의 여러 나라와 대립하였다.

**11** (가) 국가에 대한 설명으로 옳은 것은?

▲ 고조선의 멸망

① 유목 민족이다.
② 위만을 왕으로 세웠다.
③ 고조선의 공격으로 멸망하였다.
④ 고조선에 청동기 문화를 전파하였다.
⑤ 고조선을 멸망시킨 후 일부 지역에 군현을 세워 지배하였다.

중요
**12** 다음 사건들을 일어난 순서대로 옳게 나열한 것은?

> (가) 한이 진번·임둔·낙랑·현도의 4군과 현을 설치하였다.
> (나) 고조선에서 '왕' 칭호가 사용되고 왕위 세습이 이루어졌다.
> (다) 진·한 교체기에 중국으로부터 위만이 유이민 세력과 함께 고조선에 들어왔다.

① (가)-(나)-(다)    ② (나)-(가)-(다)    ③ (나)-(다)-(가)
④ (다)-(가)-(나)    ⑤ (다)-(나)-(가)

서술형
**13** 다음 문화유산과 고조선의 관계에 대해 서술하시오.

▲ 비파형 동검     ▲ 탁자식 고인돌     ▲ 미송리식 토기

주제 03

# 철기 문화의 발전과 여러 나라의 성장

## 1 철기 문화의 발전

### (1) 철기의 보급

① 철기 문화의 전파 기원전 5~4세기경 고조선에 전파 → 만주와 한반도 전역에 널리 사용 (철기의 원료가 되는 철광석은 쉽게 얻을 수 있었고 청동기보다 훨씬 단단했어.)

② 철기의 사용 농기구, 무기 등 다양한 도구로 제작

③ 청동기의 발전 청동기는 의식용 도구나 장신구로 이용

### (2) 철의 사용과 사회의 변화

① 철제 농기구 다양한 철제 농기구 제작 → 농업 생산량 증가

② 철제 무기 예리하고 튼튼한 전쟁 무기 제작 → 전쟁 활발

③ 사회 변화 철기 문화로 세력을 키운 부족의 영역 확장 → 만주와 한반도에 여러 나라 성립 (기원전 1세기 전후 만주와 한반도에 여러 나라가 성립되었어. 예 부여, 고구려 등)

④ 철기 시대의 유물 철제 농기구와 무기, 명도전(중국과의 교역), 붓(한자의 전래) 자료1

## 2 여러 나라의 성장 자료2

### (1) 부여

(말, 소, 돼지, 개 등 가축의 이름을 관직명으로 정한 것은 농경과 목축을 중시했기 때문이야.)

| | |
|---|---|
| 성립 | 만주 쑹화강 유역 중심, 중국과 교류하며 발전 |
| 정치 | 연맹 왕국, 왕과 마가·우가·저가·구가 등의 관리들이 각자의 영역 통치, 왕권이 약함(흉년이 들면 왕에게 책임을 물음). |
| 경제 | 넓은 평야와 초원 지대에 위치 → 밭농사와 목축 발달 |
| 사회 | *순장의 풍습, 영고(제천 행사, 12월), 엄격한 법률 |

(풍년과 사냥의 성공을 빌며 하늘에 제사지내는 일이야.)

### (2) 고구려

| | |
|---|---|
| 성립 | 부여에서 이주한 주몽 집단 + 압록강 유역의 토착 세력이 졸본을 도읍으로 건국(기원전 37) |
| 발전 | 한 군현을 몰아내고 주변 소국을 복속하면서 영토 확장 |
| 정치 | 다섯 부족의 연맹 왕국, 제가 회의에서 중요한 일 결정 |
| 사회 | 무예 중시(말타기, 활쏘기), 동맹(제천 행사, 10월), 서옥제 자료3 |

(졸본 지역은 산과 계곡이 많아 농사를 지을 땅이 부족했어.)
(계루부, 소노부, 절노부, 관노부, 순노부가 있었어.)

### (3) 옥저와 동예

| | |
|---|---|
| 성립 | 한반도 동해안 지역에 성립 → 부여, 고구려에 비해 발전이 늦음. |
| 정치 | 왕이 없고 군장(읍군, 삼로)이 지배, 고구려의 간섭 |
| 경제 | 농사 발달, 소금과 해산물 풍부, 동예의 특산물*(단궁·과하마·반어피) |
| 사회 | • 옥저: 민며느리제, 가족 공동 무덤<br>• 동예: *족외혼 풍습, 타 부족의 경계에 침입하면 배상하는 책화, 무천(제천 행사, 10월) |

### (4) 삼한 자료4

| | |
|---|---|
| 성립 | 한반도 남부 지역에 철기 문화 확산 → 마한·변한·진한 성립 |
| 정치 | 군장(신지, 읍차)이 통치, 마한 목지국의 군장이 삼한 대표 |
| 경제 | 벼농사 발달(저수지), 철이 풍부하여 덩이쇠 생산·수출(변한), 5월과 10월에 계절제(제천 행사) |
| 사회 | 제정 분리 사회(종교 지배자인 천군이 따로 존재, 소도 설치) |
| 발전 | 마한의 소국이었던 백제국이 마한 통합, 진한의 사로국은 신라로 발전, 변한 지역의 소국은 가야 연맹으로 발전 |

꼭 나오는 자료

### 자료1 철기 시대의 유물

▲ 철제 농기구와 무기 ▲ 명도전 ▲ 붓

명도전은 중국 전국 시대에 사용된 화폐로, 한반도의 철기 유적에서 발견되었다. 이는 한반도가 중국과 교역하였음을 보여 준다. 붓은 경남 창원 다호리 유적에서 발견되었다. 이를 통해 한반도에 한자가 전래되었음을 알 수 있다.

### 자료2 여러 나라의 성장

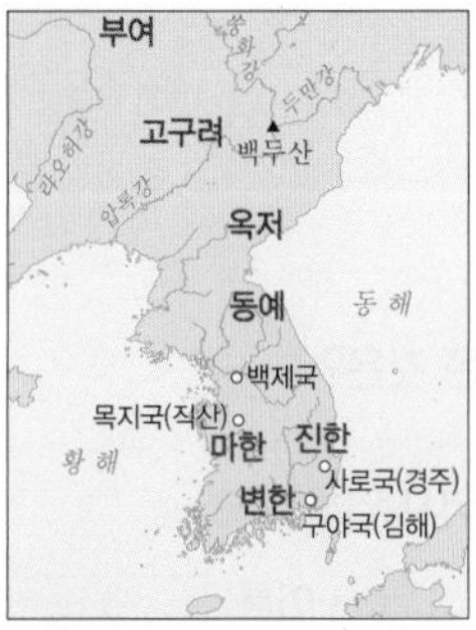


철기 문화를 바탕으로 만주와 한반도 북부에는 부여와 고구려가 세워졌고, 남부에는 삼한, 한반도 동북쪽 해안 지대에는 옥저와 동예가 등장하였다. 부여와 고구려는 연맹 왕국이었고, 나머지는 왕이 없고 군장이 지배하였다.

### 자료3 고구려와 옥저의 혼인 풍습

▲ 서옥제

▲ 민며느리제

고구려의 혼인 풍습인 서옥제는 신랑이 신부의 집 뒤편의 서옥(사윗집)에서 살다가 아이를 낳고 장성하면 신랑의 집으로 돌아가는 혼인 풍습이었다. 옥저의 민며느리제는 혼인을 약속한 여자 아이를 신랑 집에서 길러 성장하면 혼인하였다. 두 풍습 모두 당시 사회가 노동력을 중시하였음을 보여 준다.

### 자료4 삼한의 사회

▲ 솟대

솟대는 마을 입구에 세워 잡귀를 막아 주던 것으로, 삼한의 소도에 세우던 것에서 유래하였다. 소도는 군장의 지배력이 미치지 못하던 신성 지역이었다. 죄인이 도망쳐도 군장이 함부로 소도에 들어가서 잡을 수 없었다. 이는 삼한이 제정 분리 사회였음을 보여 준다.

용어 사전

* **순장(殉 따라 죽다 葬 순장)** 왕이나 귀족이 죽었을 때 살아있는 시종이나 노비, 가축 등을 함께 묻는 장례 방식
* **족외혼(族 종족 外 밖 婚 혼인)** 같은 씨족이나 종족끼리는 결혼하지 못하도록 하는 제도
* **단궁·과하마·반어피** 동예의 특산물로 작은 활, 과일 나무 아래로 지나갈 수 있을만큼 작은 말, 바다짐승의 가죽을 뜻함.

## 문제로 실력다지기

### 개념 문제

**01** 다음 설명이 맞으면 ○표, 틀리면 ×표를 하시오.

(1) 철기는 기원전 5～4세기경 고조선에 전파되어 만주와 한반도 전역으로 확산되었다. …………( )

(2) 철은 청동에 비해 다루기가 쉬워 주로 제사 도구나 장신구로 사용되었다. …………( )

(3) 철기 시대에 부족 간 전쟁이 활발해지면서 여러 나라가 성립되었다. …………( )

**02** 알맞은 말을 골라 ○표 하시오.

(1) 부여는 왕의 세력이 약하여 ( 연맹 왕국 / 군장 국가 ) 형태로 운영되었다.

(2) 고구려는 국가의 중요한 일을 ( 제천 행사 / 제가 회의 )를 통해 결정하였다.

(3) 옥저에는 ( 서옥제 / 민며느리제 )라는 혼인 풍습이 있었다.

(4) 마한 ( 소도 / 목지국 )의 지배자가 삼한을 대표하였다.

**03** 나라와 제천 행사를 옳게 연결하시오.

(1) 부여 •　　　　　　　　• ㉠ 동맹

(2) 삼한 •　　　　　　　　• ㉡ 무천

(3) 동예 •　　　　　　　　• ㉢ 영고

(4) 고구려 •　　　　　　　• ㉣ 계절제

### 실력 문제

**중요**
**04** 다음과 같이 사회가 변화한 배경으로 가장 적절한 것은?

> • 농업 생산력이 향상되고 인구가 증가하는 한편 부족 간의 전쟁이 빈번해졌다.
> • 기원전 1세기를 전후한 시기에 만주와 한반도 지역에서 여러 국가가 출현하였다.

① 농사가 시작되었다.

② 청동기가 제작되었다.

③ 고인돌이 만들어졌다.

④ 철기 문화가 보급되었다.

⑤ 빙하기가 끝나 기후가 따뜻해졌다.

**고난도**
**05** 다음 유물을 통해 알 수 있는 사실을 옳게 말한 학생은?

▲ 명도전(평북 위원 출토)　　▲ 붓(경남 창원 출토)

① 나리: 일본에 한반도의 덩이쇠를 수출했지.

② 세호: 청동기 시대에 계급이 처음 생겨났어.

③ 유미: 철기 시대에 중국과 교류가 활발했어.

④ 윤수: 한반도의 북쪽과 남쪽은 교류가 없었어.

⑤ 지혜: 한반도에 독자적인 철기 문화가 형성되었어.

**06** (가) 나라에 대한 설명으로 옳은 것은?

> ┌──(가)──┐에는 왕이 있고 가축의 이름으로 관명을 정한 마가, 우가, 저가, 구가 등이 있다. 제가들이 사출도를 다스리는데, 큰 곳은 수천 가호이며 작은 곳은 수백 가호이다.

① 만주 쑹화강 일대에서 성립되었다.

② 압록강 유역 토착민들이 건국하였다.

③ 한반도의 동해안 지역에서 성장하였다.

④ 한반도의 남부 해안 지역에서 성장하였다.

⑤ 벼농사가 발달하였고 저수지를 건설하였다.

**07** 부여에 대한 설명으로 옳은 것을 〈보기〉에서 고른 것은?

> ┌ 보기 ┐
> ㄱ. 순장의 풍습이 있었다.
> ㄴ. 천군이 제사 의식을 주관하였다.
> ㄷ. 12월에 영고라는 제천 행사를 열었다.
> ㄹ. 읍군, 삼로의 군장이 각 지역을 다스렸다.

① ㄱ, ㄴ　　　② ㄱ, ㄷ　　　③ ㄴ, ㄷ

④ ㄴ, ㄹ　　　⑤ ㄷ, ㄹ

**08** (가)에 들어갈 나라로 옳은 것은?

이곳은 (가) 의 첫 도읍지인 졸본의 산성으로 추정됩니다. 부여의 이주민들은 압록강 유역의 토착민과 결합하여 이 나라를 세웠습니다.

① 부여     ② 옥저     ③ 동예
④ 삼한     ⑤ 고구려

**중요**
**09** 다음 혼인 풍습을 가진 나라에 대한 설명으로 옳은 것은?

이제 신랑 집에 가서 살자.

어머님, 아버님, 여기 답례품입니다.

① 책화라는 풍습이 있었다.
② 동맹이라는 제천 행사를 열었다.
③ 가족 공동 무덤을 만드는 풍습이 있었다.
④ 다섯 부족이 연합한 연맹 왕국으로 시작하였다.
⑤ 제가 회의에서 나라의 중요한 일을 결정하였다.

**10** 옥저와 동예의 공통점으로 옳은 것을 〈보기〉에서 고른 것은?

보기
ㄱ. 읍군, 삼로 등 군장이 각 지역을 다스렸다.
ㄴ. 고구려의 간섭을 받아 성장하지 못하였다.
ㄷ. 부여에서 내려온 이주민들이 나라를 세웠다.
ㄹ. 왕권이 약하고 왕위 세습이 이루어지지 못하였다.

① ㄱ, ㄴ     ② ㄱ, ㄷ     ③ ㄴ, ㄷ
④ ㄴ, ㄹ     ⑤ ㄷ, ㄹ

**11** (가) 나라에 대한 설명으로 옳은 것은?

한은 세 나라가 있으니 마한, 진한, (가) 이다. 5월이면 씨뿌리기를 마치고 제사를 지낸다. 10월에 농사일을 마치고 나서도 이렇게 한다.

① 백제국이 이 지역을 통합하였다.
② 이곳의 목지국 군장이 삼한을 대표하였다.
③ 단궁, 과하마, 반어피가 특산물로 유명하였다.
④ 철이 풍부하여 덩이쇠를 주변국에 수출하였다.
⑤ 농지가 적어 정복 전쟁을 벌여 세력을 넓혀 나갔다.

**고난도**
**12** 다음 퀴즈의 답을 찾기 위한 활동으로 적절한 것은?

**역사 퀴즈 대회**

◎ 질문: 사진은 나뭇가지 위에 새 등의 모양을 세운 솟대입니다. 이 솟대는 어디에서 유래하였을까요?

① 옥저의 매장 풍습을 알아본다.
② 천군의 권한과 역할을 조사한다.
③ 덩이쇠의 수출 지역을 찾아본다.
④ 제정일치 사회의 특징을 조사한다.
⑤ 책화 풍습의 내용과 의미를 알아본다.

**서술형**
**13** 지도를 보고, 물음에 답하시오.

◀ 철기 시대 여러 나라의 성립

(1) 연맹 왕국이었던 두 나라를 찾아 기호와 국가명을 쓰시오.

(2) ㅁ의 국가명을 쓰고, 정치적 특징을 두 가지 서술하시오.

# 삼국과 가야의 건국과 성장

## 1 고구려의 성장

(1) **천도** 졸본에서 국내성(중국 지린성 지안)으로 도읍 이동 → 나라의 기틀 마련, 영토 확장 자료1

(2) **발전** └ 중국의 군현과 대립하면서 성장하였어.
① **특징** 주변 지역을 정복하며 성장, 평야 지대 진출 노력
② **태조왕** 1세기 후반 동해안으로 진출하여 옥저 정복, *요동 지방으로 진출 도모

(3) **왕권의 성장**
① **초기** 계루부, 소노부 등 5부의 연합 국가
② **왕권 강화** 정복 활동으로 왕권 성장 → 계루부 고씨의 왕위 세습
③ **고국천왕** 5부 개편(부족적 전통의 5부 → 행정적 성격의 5부), 왕위의 부자 상속 확립, 진대법 시행 └ 독자적인 세력과 지배권을 갖고 있던 족장들이 중앙의 귀족으로 편입되었어.
└ 빈민 구제를 위해 나라에서 곡식을 빌려주고 추수 후에 갚게 한 제도야.

## 2 백제의 건국과 성장

(1) **건국** 비류, 온조 등 부여·고구려계 유이민 세력의 남하 → 한강 하류 지역의 토착 세력과 연합하여 건국(기원전 18) 자료2

(2) **발전** └ 기록에 나오는 위례성은 서울 풍납동 토성 터라고 추정되고 있어.
① **초기** 마한의 소국으로 출발, 한강 유역의 위례성에 도읍(농경 발달, 육로와 바닷길 편리)
② **고이왕** 3세기 주변의 마한 소국 병합, 관직과 관리의 등급 마련, 관복제 제정 → 중앙 집권 국가의 기틀 마련

## 3 신라의 건국과 성장

(1) **건국** 진한의 소국 중 하나인 사로국에서 출발, 유이민 세력(박혁거세)과 경주·울산 지역의 토착 세력이 결합하여 건국(기원전 57) └ 알에서 태어났다는 설화가 전해져.

(2) **발전** └ 거서간(귀인) → 차차웅(제사장) → 이사금(연장자) → 마립간(대군장) → 왕(중국식 호칭) 순서로 왕호가 변화하였어.
① **초기** 한반도 동남쪽 끝에 위치하여 선진 문화를 받아들이기 어려운 지리적 조건 → 고구려, 백제보다 국가 발전이 늦음.
② **3세기 후반** 낙동강 중상류 지역의 소국들 정복, 박·석·김 3성의 유력자가 번갈아 연맹장인 *이사금'으로 추대
③ **내물왕** 4세기 후반 왕권 강화, 김씨의 왕위 세습 확립, *마립간' 왕호 사용, 광개토 대왕의 도움으로 왜의 침략 격퇴 → 중앙 집권 국가의 기틀 마련 └ 고구려는 이를 빌미로 삼아 신라에 고구려 군대를 주둔하고 간섭할 수 있었어.

## 4 가야 연맹의 형성

(1) **형성** 낙동강 하류의 변한 지역에서 여러 소국이 연맹 형성 → 금관가야가 성장하여 주변의 소국을 거느리며 가야 연맹 형성

(2) **발전** 자료3
① **금관가야의 성장** 낙랑군과 왜를 잇는 해상 교통의 요지에 위치 → 해상 교역 발달
② **기술 발달** 풍부한 철광과 우수한 제철 기술로 철제 도구 제작 → *덩이쇠를 동예·낙랑·왜 등에 수출, 단단한 토기를 만드는 기술 발달(왜에 전래)

---

**꼭 나오는 자료**

### 자료1 고구려의 천도

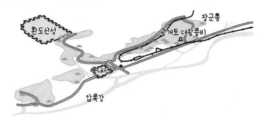

▲ 중국 지린성 일대의 유적

✿ 고구려의 두 번째 도읍지인 국내성은 압록강을 해자로 삼고, 환도산에 산성을 쌓아 외적의 침략에 방어할 수 있도록 하였다. 고구려인들은 평상시 환도산성에 식량과 무기를 준비해 두고 전쟁이 일어나면 이곳에 들어와 항쟁하였다.

### 자료2 고구려 장군총과 백제 석촌동 고분

▲ 장군총(중국 지린성)　　▲ 석촌동 고분(서울 송파)

✿ 장군총은 중국 지안에 있는 5세기 고구려의 계단식 돌무지무덤이다. 석촌동 고분은 4세기 백제의 계단식 돌무지무덤이다. 두 무덤 양식의 유사성은 백제를 건국한 중심 세력이 고구려와 같은 계통의 집단이었음을 짐작하게 해 준다.

### 자료3 가야 연맹의 발전

▲ 덩이쇠(경남 함안 출토)

▲ 옛 김해만의 자연환경　　▲ 판갑옷(경남 김해 출토)

✿ 금관가야가 성장하였던 옛 김해만은 현재와 달리 항구가 발달할 수 있는 자연적 조건을 잘 갖춘 곳이었고, 이로 인해 해상 교역이 발달하였다. 해상 교역을 통해 금관가야는 우수한 제철 기술로 만든 철기를 주변 지역에 수출하였다. 이때 덩이쇠를 화폐처럼 사용하였다.

---

**🎓 용어 사전**

* **요동(遼 랴오허강 東 동쪽)** 랴오허(요하)강의 동쪽 지역으로 현재 중국의 요녕성 동남쪽 일대
* **이사금** 연장자 또는 계승자를 뜻하는 신라의 왕호
* **마립간** 대군장, 우두머리를 뜻하는 신라의 왕호
* **덩이쇠** 위아래 부분이 넓고 가운데가 잘록한 형태의 쇠판, 단순한 가공 과정을 거치면 쉽게 철제 도구로 사용 가능

## 문제로 실력다지기

### 개념 문제

**01** 다음 설명이 맞으면 ○표, 틀리면 ×표를 하시오.

(1) 고구려는 졸본에서 부여계 이주민과 압록강 유역 토착민이 연합하여 건국하였다. ··············( )

(2) 백제는 부여·고구려계 유이민과 대동강 유역의 토착민이 연합하여 건국하였다. ··············( )

(3) 신라는 진한의 소국 중 하나인 사로국에서 출발하였다. ························( )

(4) 가야는 마한 지역에서 금관가야가 성장하여 주변 소국을 거느리면서 형성되었다. ··············( )

**02** 다음에서 설명하는 왕을 〈보기〉에서 골라 기호를 쓰시오.

─ 보기 ─
ㄱ. 고이왕     ㄴ. 내물왕     ㄷ. 태조왕

(1) 옥저를 정복하고 요동 지방으로 진출을 꾀하였다.
··························( )

(2) '마립간' 왕호를 사용하였고 왜의 침략을 격퇴하였다. ·······················( )

(3) 마한의 소국을 병합하였고 관직과 관리의 등급을 마련하였다. ·····················( )

**03** 알맞은 말을 골라 ○표 하시오.

(1) 고구려는 왕권이 성장하면서 ( 계루부 / 소노부 )의 고씨가 왕위를 세습하였다.

(2) 백제는 한강 유역의 ( 국내성 / 위례성 )을 도읍으로 삼아 건국되었다.

### 실력 문제

**04** (가)에 들어갈 나라로 옳은 것은?

| 검색어 ∨ | (가)의 천도 | ▼ 검색 |
|---|---|---|
| 통합검색 | 디렉토리  지역정보  웹문서  이미지  지식  책 | |

**통합검색** (1~15 / 145건)  유사도순 ▼| 조회순 ▼| 등록일순 ▼

• 졸본 → 국내성(중국 지린성 지안)
• 국내성은 압록강을 해자로 삼아 외적을 방어하기에 유리하였다.

① 가야     ② 백제     ③ 부여
④ 신라     ⑤ 고구려

**05** 고구려에 대한 설명으로 옳은 것을 〈보기〉에서 고른 것은?

─ 보기 ─
ㄱ. 5부가 연합하여 건국하였다.
ㄴ. 낙랑군의 간섭과 지배를 받았다.
ㄷ. 국내성에서 졸본으로 도읍을 옮겼다.
ㄹ. 왕권이 성장하면서 계루부의 고씨가 왕위를 세습하였다.

① ㄱ, ㄴ     ② ㄱ, ㄹ     ③ ㄴ, ㄷ
④ ㄴ, ㄹ     ⑤ ㄷ, ㄹ

**06** (가)에 들어갈 내용으로 적절한 것은?

인물 탐구: ○○○왕
1. 연대: 고구려의 제9대 왕(재위 179~197)
2. 업적
　① 부족적 전통의 5부를 행정적 성격의 5부로 개편
　②　　　　　(가)

① 옥저 정복
② 왕위의 부자 상속 확립
③ 요동 지방으로 진출 도모
④ 계루부 고씨의 왕위 계승
⑤ 졸본에서 국내성으로 천도

**07** 다음 자료를 통해 알 수 있는 사실로 옳은 것은?

▲ 장군총(중국 지린성)

▲ 석촌동 고분(서울 송파)

① 삼국은 비슷한 시기에 건국되었다.
② 백제 세력이 고구려의 건국을 도왔다.
③ 고구려는 신라에 영향력을 행사하였다.
④ 백제의 건국 세력이 고구려와 관련되었다.
⑤ 삼국의 무덤 양식은 일본에 영향을 주었다.

**08** 다음 건국 설화를 가진 나라로 옳은 것은?

> 비류와 온조는 자신을 따르는 신하들과 함께 남쪽으
> 로 내려갔다. …… 비류의 신하가 모두 위례에 합류
> 하고 온조를 따르게 되자 나라 이름을 고쳤다.
>
> − 「삼국사기」 −

① 신라　　② 백제　　③ 가야
④ 부여　　⑤ 고구려

**중요**
**09** 백제 고이왕의 업적으로 옳은 것을 〈보기〉에서 고른 것은?

> ─ 보기 ─
> ㄱ. 위례성으로 도읍을 옮겼다.
> ㄴ. 관리들의 복색을 제정하였다.
> ㄷ. 관등과 관직 체계를 정비하였다.
> ㄹ. 변한의 소국들을 통합하여 연맹을 형성하였다.

① ㄱ, ㄴ　　② ㄱ, ㄷ　　③ ㄴ, ㄷ
④ ㄴ, ㄹ　　⑤ ㄷ, ㄹ

**10** 다음 설화와 관련된 나라의 건국 과정으로 옳은 것은?

> 어느날 고허촌장이 양산 아래를 바라보았다. 우물 곁
> 숲에 말이 무릎을 꿇고서 울고 있었다. 달려가 보니
> 말은 간 데 없고 큰 알만 있었다. 알을 깨 보니 어린
> 아이가 나와 거두어 길렀다. …… 6촌의 사람들은 이
> 상하게 태어난 아이라고 하여 임금으로 모셨다. ……
> 큰 알이 박과 같았기 때문에 박을 성씨로 삼았다.
>
> − 「삼국사기」 −

① 중국의 군현과 대립하면서 성장하였다.
② 교통이 편리한 위례성을 도읍으로 삼았다.
③ 김해 지역의 자연적 조건을 활용하여 발전하였다.
④ 마한의 소국에서 출발하여 주변 지역을 정복하였다.
⑤ 진한의 사로국에서 출발하여 주변 지역을 복속시켰다.

**고난도**
**11** (가)에 대한 설명으로 옳은 것은?

> **신라 왕호의 변화**
> 거서간 → 차차웅 → 이사금 → (가) → 왕

① 제사장을 의미하였다.
② 박·석·김이 번갈아 맡았다.
③ 내물왕 때 처음 사용되었다.
④ 고이왕 때 제도를 마련하였다.
⑤ 중국의 왕호를 받아들여 만들었다.

**12** 가야 연맹에 대한 설명으로 옳은 것은?

① 변한이 있던 낙동강 하류에서 형성되었다.
② 금관가야 중심의 중앙 집권 국가를 수립하였다.
③ 부여계 유이민 세력이 중심이 되어 건국하였다.
④ 김해의 대가야를 중심으로 처음 연맹을 만들었다.
⑤ 박혁거세가 중심이 되어 주변 지역을 복속시켰다.

**서술형**
**13** 다음 자료를 보고, 물음에 답하시오.

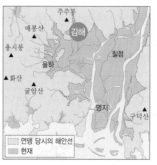
▲ 옛 김해만의 자연환경

▲ 덩이쇠(경남 함안 출토)

▲ 판갑옷(경남 김해 출토)

(1) 위 자료와 관련된 연맹 왕국을 쓰시오.

(2) 위 자료의 내용을 종합하여 (1)의 발전 요인을 두 가지 이상 서술하시오.

# 주제 05 삼국과 가야의 경쟁과 발전

## 1 고구려의 체제 정비와 정복 활동

### (1) 중국과의 대립 및 체제 정비
① 3세기경  위의 침입으로 수도 함락 → 격퇴
② 미천왕  *낙랑군 정복 → 중국 군현 세력 완전 축출(313)
③ 고국원왕  고구려를 위협하던 전연과 우호 관계 체결, 한반도 남쪽으로 진출하여 백제 압박 → 백제와의 전투에서 전사
④ 소수림왕  태학 설립, 불교 *공인, 율령 반포 등 체제 정비

### (2) 광개토 대왕의 영토 확장
└ 신라의 호우총에서 발견된 호우명 그릇을 통해 고구려와 신라의 관계를 엿볼 수 있음.
① 영토 확장  한강 이북의 땅 차지, 신라에 침입한 왜군 격퇴, 가야 공격, 후연을 격파하여 요동 지역 확보, 거란과 동부여 굴복
② '영락' 연호 사용  고구려가 중국과 대등한 국가라는 자신감 표현

### (3) 평양 천도와 대외 관계 ┐장수왕은 귀족 세력을 약화시키고 적극적인 남진 정책을 추진하기 위해 평양으로 수도를 옮겼어.
① 장수왕  평양 천도, 남진 정책 → 백제의 수도 한성 함락, 한강 유역 전체 차지(475), 중국의 남북조·유연 등과 대등한 외교
② 고구려인의 천하관  고구려 왕은 신성한 '하늘의 자손'이라는 자부심, 고구려를 세계의 중심으로 인식 자료1
└ 다원적 국제 질서가 만들어졌어.

## 2 백제의 전성기와 위기

### (1) 전성기와 대외 교류(4세기) 자료2 ─ 왕위의 부자 상속을 확립했어.
① 근초고왕  마한 대부분 복속, 가야에 진출, 중국 동진과 왜를 잇는 해상 교역 전개, 고국원왕 격퇴(고구려의 남하 저지)
② 대외 교류  서남해를 잇는 해상 교역로 확보, 동진·가야·왜와 교류하며 한반도의 주도권 장악
└ 백제가 왜에 보낸 칠지도를 통해 백제와 왜의 관계를 알 수 있어.

### (2) 위기와 웅진 천도
① 위기  고구려의 공격으로 한성 함락, 개로왕 전사 → 웅진(충남 공주) 천도(475), 왕권 약화, 내분
└ 남조 양의 벽돌무덤 양식으로 무령왕릉이 만들어졌어.
② 동성왕  신라와 혼인 동맹, 신진 세력을 등용하여 왕권 강화
③ 무령왕  농업 생산 독려(경제적 안정), 22담로에 왕족 파견(지방 통제 강화), 고구려에 대한 공세 강화, 중국 남조의 양과 교류

## 3 신라의 중앙 집권 체제 정비

### (1) 발전  진한 지역 통합, 나제 동맹을 이용해 고구려의 간섭에서 벗어남, 중앙과 지방을 잇는 도로와 역 개설

### (2) 중앙 집권 체제 정비(6세기)
'신(新)'은 덕이 날로 새로워진다는 뜻이고, '라(羅)'는 사방을 망라한다는 뜻이야. 즉, 왕의 덕이 날로 새로워지고 사방을 망라한다는 뜻의 국호이지.

| 지증왕 | 순장 금지, *우경 보급, 수도에 시장 개설, 국호 '신라' 확정, 왕호 개편(마립간 → 중국식 호칭 '왕'), 지방관 파견, 우산국(울릉도) 정복 |
|---|---|
| 법흥왕 | 율령 반포, 병부를 설치하여 군사 지휘권 체계화, 백관 공복의 제도 실시, 불교 공인, 상대등 설치, '태왕'을 칭하고 연호 사용(건원), 김해의 금관가야 정복 |

└ 상대등은 신라의 최고 관직으로, 나랏일을 총괄하고 귀족 세력의 대표로 화백 회의를 이끌기도 했어.

└ 이차돈의 순교를 계기로 527년에 공인하였어.

## 4 가야 연맹의 성장

### (1) 금관가야의 쇠퇴  고구려 광개토 대왕의 공격으로 쇠퇴
### (2) 대가야의 발전  고령의 대가야가 후기 가야 연맹 주도, 섬진강을 통해 바닷길 개척, 신라와 백제의 군사 동맹에 참여 자료3

---

## 꼭 나오는 자료

### 자료1 고구려인의 독자적인 천하관

▲ 광개토 대왕릉비 (중국 지린성)

시조인 추모왕(주몽)은 북부여에서 나셨는데, 하늘신의 아드님이고 어머니는 하백의 따님이었다. …… 영락 대왕의 은택은 하늘에 미쳤고 위엄은 사해에 떨쳤다. 나쁜 무리를 쓸어 없애니 백성이 각기 생업에 힘쓰고 편안히 살게 되었다.

➊ 5세기 동북아시아의 최강국이 된 고구려는 왕을 '태왕'이라 부르고 스스로 천하의 중심이라 자부하는 독자적인 천하관을 표방하였다. 장수왕이 부친 광개토 대왕의 업적을 기리기 위해 세운 광개토 대왕릉비를 통해 알 수 있다.

### 자료2 4~5세기 한반도의 형세

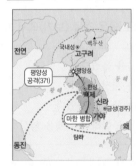

➊ 4세기 후반 백제는 마한을 병합하고 평양성을 공격하는 등 전성기를 맞이하였다. 5세기에는 고구려의 장수왕이 한반도 중부 지방부터 만주 지역까지 차지하여 전성기를 이끌었다.

### 자료3 대가야의 발전

▲ 가야 연맹의 변화

▲ 가야 금동관(경북 고령 출토)

▲ 고령 지산동 고분군(경북 고령)

➊ 김해 지역의 금관가야는 2, 3세기 전기 가야 연맹의 맹주로서 가야 연맹을 주도하였으나 고구려 광개토 대왕의 공격으로 쇠퇴하였다. 이후 고령 지역의 대가야가 5세기 후반 가야 연맹을 주도하였다. 대가야의 옛 영토였던 경북 고령 지역의 수백 기의 무덤과 이곳에서 출토된 금동관 등의 유물을 통해 대가야의 발전을 확인할 수 있다.

---

### 🔍 용어 사전

* **낙랑군**  한이 고조선을 멸망시키고 설치한 행정 조직 중 하나
* **공인(公 공공 認 인정)**  공식적으로 인정하는 일
* **우경(牛 소 耕 밭갈다)**  소를 이용해서 밭을 가는 방법

## 문제로 실력다지기

개념 문제

**01** 다음 설명이 맞으면 ○표, 틀리면 ×표를 하시오.

(1) 고구려는 고국원왕이 백제와의 전투에서 전사하면서 위기를 맞이하였다. ·····( )

(2) 광개토 대왕은 '영락'이라는 연호를 사용하여 고구려의 자신감을 표현하였다. ·····( )

(3) 장수왕은 평양에서 국내성으로 도읍을 옮기고 북진 정책을 추진하였다. ·····( )

**02** 왕과 업적을 옳게 연결하시오.

(1) 미천왕 •　　　　　• ㉠ 우경 보급

(2) 동성왕 •　　　　　• ㉡ 낙랑군 정복

(3) 무령왕 •　　　　　• ㉢ 22담로 설치

(4) 지증왕 •　　　　　• ㉣ 신라와 혼인 동맹

**03** 알맞은 말을 골라 ○표 하시오.

(1) 백제의 ( 무령왕 / 근초고왕 )은 고국원왕을 격퇴하여 고구려의 침입을 저지하였다.

(2) 신라는 5세기 후반 ( 나당 연합 / 나제 동맹 )을 이용해 고구려의 정치적 간섭에서 벗어났다.

(3) 신라의 지증왕은 왕권을 강화하는 한편 왕호를 중국식의 칭호인 ( 왕 / 마립간 )으로 바꾸었다.

(4) 신라의 ( 지증왕 / 법흥왕 )은 불교를 공인하고 상대등의 관직을 설치하였다.

실력 문제

**04** 고구려 소수림왕의 업적으로 옳은 것을 〈보기〉에서 고른 것은?

── 보기 ──
ㄱ. 졸본에서 국내성으로 도읍을 옮겼다.
ㄴ. 불교를 수용하여 왕실의 권위를 높였다.
ㄷ. 태학을 설립하여 인재를 양성하려 하였다.
ㄹ. 낙랑군을 점령하여 중국 군현 세력을 몰아냈다.

① ㄱ, ㄴ　　② ㄱ, ㄷ　　③ ㄴ, ㄷ
④ ㄴ, ㄹ　　⑤ ㄷ, ㄹ

고난도

**05** (가)에 들어갈 내용으로 가장 적절한 것은?

> 연희: 신라의 호우총 무덤에서 나온 청동 그릇에 고구려 광개토 대왕의 이름이 왜 있는 걸까요?
> 교사: 이 그릇은 고구려에서 제작되어 신라로 건너온 것으로 추측됩니다. 이를 통해 5세기 　　(가)　　는 사실을 알 수 있지요.

① 장수왕이 남진 정책을 펼쳤다
② 고구려가 신라에 영향력을 미쳤다
③ 백제와 신라가 나제 동맹을 맺었다
④ 금관가야가 가야 연맹을 주도하였다
⑤ 신라의 군대가 고구려에 진출하였다

**06** 다음 업적을 남긴 왕에 대한 설명으로 옳은 것은?

> • 백제의 수도인 한성 함락
> • 중국의 분열과 대립을 이용하여 독자적인 세력권을 유지하는 외교 정책 추진

① 마한을 복속하였다.
② 불교를 공인하였다.
③ 수도를 평양으로 옮겼다.
④ '영락'이라는 연호를 사용하였다.
⑤ 태학을 설립하여 인재를 양성하였다.

**07** 지도에 대한 설명으로 옳지 <u>않은</u> 것은?

① 4세기 무렵의 상황이다.
② (가)의 전성기를 보여 주고 있다.
③ (가)는 (다)에 진출하여 우호 관계를 맺었다.
④ (나)는 (가)의 공격으로 소수림왕이 전사하였다.
⑤ (가)는 서남해를 잇는 해상 교역로를 확보하였다.

**08** (가)의 역사적 의의로 가장 적절한 것은?

백제의 문화유산

· 이름: (가)
· 길이: 총 75cm
· 용도: 실제 싸움에서 사용되지 않았고 성스
러운 의식이나 보물로 장식되었던 칼

① 백제와 왜의 정치적 관계를 보여 준다.
② 백제의 웅진 천도의 배경을 알려 준다.
③ 백제와 동진의 외교 관례를 보여 준다.
④ 고구려의 남진 정책이 끼친 영향을 보여 준다.
⑤ 한반도에 미친 중국 문화의 영향을 알려 준다.

**고난도**
**09** 다음 문화유산과 관련된 백제 왕이 한 일로 옳은 것은?

▲ 벽돌무덤 양식의 왕릉    ▲ 왕과 왕비의 시신을 안치했던 금송관(복원)

① 신라와 혼인 동맹을 맺었다.
② 22담로에 왕족을 파견하였다.
③ 웅진에서 사비로 수도를 옮겼다.
④ 후연을 격파하여 요동 지역을 확보하였다.
⑤ 고국원왕을 격퇴하여 고구려의 남하를 저지하였다.

**10** (가), (나)에 들어갈 말을 옳게 연결한 것은?

신라의 ___(가)___ 은 우경을 보급하고 수도에 시장을
개설하여 경제 발전을 주도하였다. 이를 바탕으로 국
호를 '신라'로 확정하고 중국식 왕호인 '왕'을 사용하
였다. 이어 즉위한 법흥왕은 최고 관직으로 ___(나)___
을/를 두고 왕을 도와 국정을 이끌어가게 하였다.

    (가)   (나)        (가)   (나)
① 진흥왕  담로     ② 진흥왕  상대등
③ 지증왕  마립간  ④ 지증왕  상대등
⑤ 내물왕  마립간

**중요**
**11** (가) 시기에 일어난 일로 옳은 것은?

| 광개토 대왕이 군대를 보내 신라에 침입한 왜군을 물리쳤다. | → | (가) | → | 법흥왕이 이차돈의 순교를 계기로 삼아 불교를 공인하였다. |

① 고구려가 낙랑군을 점령하였다.
② 백제가 마한 지역을 대부분 복속하였다.
③ 백제의 한성이 함락되고 개로왕이 전사하였다.
④ 소수림왕이 고구려의 중앙 집권 체제를 정비하였다.
⑤ 금관가야를 중심으로 전기 가야 연맹이 결성되었다.

**12** (가)에 대한 설명으로 옳은 것은?

▲ 가야 연맹의 변화

① 전기 가야 연맹을 주도하였다.
② 보은에 삼년산성을 구축하였다.
③ 광개토 대왕의 공격으로 쇠퇴하였다.
④ 나제 동맹을 이용해 한강 유역 진출을 모색하였다.
⑤ 내륙에 위치해 섬진강을 통해 교역을 시도하였다.

**서술형**
**13** 다음 글을 읽고, 물음에 답하시오.

(가) 왕의 은택은 하늘에 미쳤고 위엄은 사해에 떨쳤
다. 나쁜 무리를 쓸어 없애니 백성이 각기 생업에
힘쓰고 편안히 살게 되었다. 나라는 부강해지고
백성은 풍족해졌으며, 오곡이 풍성하게 익었다.
(나) 하백의 손자이며 해와 달의 아들인 추모성왕이 북
부여에서 태어나셨으니 천하 사방은 이 나라 이
고을이 가장 성스러움을 알지니

(1) (가), (나)와 관련된 나라를 쓰시오.

(2) (가), (나)를 종합하여 알 수 있는 (1)의 천하관을 쓰
고, 이러한 천하관이 형성된 배경을 서술하시오.

# 삼국의 항쟁 격화와 가야의 멸망

## 1 백제의 중흥과 사비 천도

### (1) 성왕의 사비 천도

| 사비 천도 | 수로 교통이 편리하고 평야 지대인 사비(충남 부여)로 수도를 옮김(538). 자료1 |
|---|---|
| 국호 변경 | 국호를 한때 '남부여'로 칭하여 부여 계승 의식 표방, 왕권 강화 목적 |

### (2) 성왕의 체제 재정비

└ 수도는 5부로, 지방은 5방으로 나누어 다스렸어.

| 제도 정비 | 중앙 관청 설치(실무 관청 22부 설치), 중앙과 지방 통치 조직 정비, 불교 장려 |
|---|---|
| 대외 관계 | 중국 남조와 교류, 왜에 불교 전파, *오경박사와 건축·미술 기술자 등을 왜에 파견 |

## 2 신라의 한강 유역 점령

(1) **신라의 고구려 공격** 6세기 중반 고구려가 왕위 계승 분쟁과 돌궐·북제의 침입으로 국력 약화 → 백제와 신라의 북진, 백제는 한성 지역 수복, 신라는 한강 상류 지역 차지

(2) **관산성 전투** 신라 진흥왕이 동맹을 깨고 한성 지역 기습 점령 → 백제 성왕이 가야, 왜와 연합하여 신라 공격 → 관산성 전투에서 백제가 신라에 패배, 성왕 전사(554)

(3) **대외 교류와 발전**

① 대외 교류 경제·군사적 요충지인 한강 유역 확보 → 황해를 통해 독자적으로 중국과 교류

② 진흥왕의 정책 황룡사를 짓고 불교 장려, 화랑도를 국가적인 조직으로 재편하여 인재 양성 자료2

└ 화랑도는 신라에서는 풍월도(風月道)라고 불렸다고 해.

## 3 가야 연맹의 멸망

(1) **한계** 대가야가 가야 연맹을 주도하였으나 금관가야 등 자립적인 지역 세력들이 여전히 존재 → 중앙 집권 국가로 발전 못함, 연맹 왕국 단계에 머무름.

(2) **멸망** 백제와 신라의 압박으로 점차 약화

① 금관가야의 복속 신라 법흥왕에 스스로 항복(532)

② 대가야의 복속 백제의 가야 진출을 막으려 했던 신라 진흥왕에 복속(562) → 가야 연맹 소멸

## 4 삼국 항쟁의 격화

(1) **신라의 영토 확장** 진흥왕이 동해안을 따라 북상 → 함흥평야 일대까지 진출, 정복한 지역에 *순수비 건립(신라의 발전을 대외에 과시) 자료3

└ 예 마운령비, 황초령비, 북한산비, 창녕비, 단양 신라 적성비

(2) **고구려와 신라의 대립** 6세기 후반 정치적 내분을 극복한 고구려가 죽령 이북의 땅을 되찾기 위해 신라 공격

(3) **백제와 신라의 대립** 백제의 무왕이 소백산맥을 넘어 옛 가야 지역으로 진출하여 진주 지역까지 영토 확대

(4) **항쟁의 격화** 고구려·백제의 공격으로 신라의 위기, 삼국 항쟁의 격화

### 자료1 백제의 사비 천도

◀ 고구려에 의해 한성이 함락되자 백제는 475년 방어에 유리한 지형을 갖춘 웅진(공주)으로 천도하였다. 이후 성왕은 538년에 사비(부여)로 수도를 옮겼다. 웅진은 임시 수도의 성격이 강하고 협소하였기 때문에 넓은 평야 지대이며 교통이 편리한 사비로 천도한 것이다.

### 자료2 진흥왕의 화랑도 재편

〈원광의 세속 5계〉
• 충성으로 임금을 섬긴다.
• 효를 다해 어버이를 모신다.
• 신뢰로 친구를 사귄다.
• 전쟁에 임해서는 물러나지 않는다.
• 살생은 가려서 한다.

◀ 화랑도는 진골 귀족의 자제를 화랑으로 선발하고 그를 따르는 낭도와 이들을 교육하는 승려로 구성되었다. 신라의 성장과 발전을 뒷받침한 많은 인재를 배출하였으며, 원광은 화랑이 지켜야 할 규범을 세속 5계로 남겼다.

### 자료3 6세기 신라의 영토 확장

▲ 서울 북한산 신라 진흥왕 순수비

◉ 6세기 중반 진흥왕은 안정된 통치 체제를 기반으로 영토를 확장하였다. 백제와 연합해 한강 상류를 차지하고 다시 백제로부터 한강 하류의 지역까지 빼앗았다. 이후 고령의 대가야를 포함한 가야 연맹을 정복하였고, 북쪽으로는 고구려 영토인 함흥평야까지 진출하였다. 신라는 정복한 지역에 순수비를 세워 신라의 발전을 과시하였다.

----- 용어 사전 -----

* **오경박사** 시경, 서경, 주역, 예기, 춘추의 유교 경전을 널리 공부한 학자
* **순수비(巡 돌다 狩 사냥 碑 비석)** 임금이 살피며 돌아다닌 곳을 기념하기 위해 세운 비석

개념 문제

**01** 다음 설명이 맞으면 ○표, 틀리면 ×표를 하시오.

(1) 백제의 성왕은 한때 국호를 '남부여'에서 '백제'로 바꾸었다. ·········································( )

(2) 신라의 진흥왕은 나제 동맹을 깨고 백제를 공격하여 한강 하류 지역을 차지하였다. ·············( )

(3) 가야 연맹의 금관가야는 법흥왕 때 신라에 자발적으로 복속하였다. ·························( )

**02** 다음 왕들이 한 일을 〈보기〉에서 골라 기호를 쓰시오.

┌─ 보기 ─────────────────────┐
ㄱ. 사비 천도           ㄴ. 황룡사 건축
ㄷ. 화랑도 재편          ㄹ. 왜에 불교 전파
ㅁ. 대가야 정복          ㅂ. 22부 관청 설치
└────────────────────────────┘

(1) 백제 성왕: ( )

(2) 신라 진흥왕: ( )

**03** 알맞은 말을 골라 ○표 하시오.

(1) 백제의 성왕은 ( 관산성 전투 / 황산벌 전투 )에서 신라에 패배하여 전사하였다.

(2) 대가야가 이끄는 가야 연맹은 독자적인 지배 세력이 존재하는 ( 연맹 왕국 / 중앙 집권 국가 ) 단계에 머물렀다.

(3) 신라 진흥왕은 신라의 발전을 대외에 과시하기 위해 정복한 지역에 ( 순수비 / 불교 사찰 )을/를 세웠다.

실력 문제

**04** (가)에 들어갈 내용으로 가장 적절한 것은?

┌────────────────────────────┐
│ 백제의 성왕은 부여 계승 의식을 표방하여 한때 백│
│ 제의 국호를 '남부여'로 고쳤다. 이는 궁극적으로는│
│ [ (가) ]하기 위한 목적에서 이루어졌다.│
└────────────────────────────┘

① 불교를 수용
② 왜와 적극적으로 교류
③ 대내적으로 왕권을 강화
④ 신라와 나제 동맹을 체결
⑤ 백제의 수도를 북쪽으로 천도

**[05~06]** 지도를 보고, 물음에 답하시오.

▲ 백제의 수도 변천

**05** 중요 (가)와 같이 천도한 이유로 옳은 것은?

① 중국 남조의 침입 때문에
② 진흥왕의 백제 공격 때문에
③ 장수왕의 남진 정책 때문에
④ 백제 지방 세력의 반란 때문에
⑤ 마한 지역으로의 세력 확장 때문에

**06** (나)를 주도한 왕의 업적으로 옳은 것만을 〈보기〉에서 있는 대로 고른 것은?

┌─ 보기 ─────────────────────┐
ㄱ. 금관가야 복속        ㄴ. 22부 관청 설치
ㄷ. 중국의 남조와 교류     ㄹ. 왜에 오경박사 파견
└────────────────────────────┘

① ㄱ, ㄹ       ② ㄴ, ㄷ       ③ ㄱ, ㄴ, ㄷ
④ ㄱ, ㄷ, ㄹ    ⑤ ㄴ, ㄷ, ㄹ

**07** 고난도 (가), (나) 시기 사이에 있었던 사실로 옳은 것은?

┌────────────────────────────┐
│ (가) 백제와 신라가 연합해 고구려를 공격하여 한강 유│
│     역을 빼앗았다.│
│ (나) 고구려가 죽령 이북의 땅을 되찾기 위해 신라를│
│     공격하였다.│
└────────────────────────────┘

① 장수왕이 평양으로 천도하였다.
② 신라가 중국식 칭호인 '왕'을 사용하였다.
③ 백제가 한성에서 웅진으로 수도를 옮겼다.
④ 관산성 전투에서 백제 성왕이 전사하였다.
⑤ 금관가야가 전기 가야 연맹을 주도하였다.

**08** 다음 내용과 관련된 조직에 대한 설명으로 옳은 것은?

> • 충성으로 임금을 섬긴다.
> • 효를 다해 어버이를 모신다.
> • 신뢰로 친구를 사귄다.
> • 전쟁에 임해서는 물러나지 않는다.
> • 살생은 가려서 한다.

① 승려 양성을 목적으로 하였다.
② 신라의 신분 갈등을 유발하였다.
③ 왜에 불교를 전파하는 계기가 되었다.
④ 백제 성왕이 인재 양성을 위해 만들었다.
⑤ 진흥왕이 국가적인 조직으로 재편하였다.

**09** 진흥왕에 대한 설명으로 옳은 것을 〈보기〉에서 고른 것은?

> ┌─ 보기 ─
> ㄱ. 황룡사를 짓고 불교를 장려하였다.
> ㄴ. 율령을 반포하고 상대등을 설치하였다.
> ㄷ. 우산국을 정복하고 신라 국호를 확정하였다.
> ㄹ. 나제 동맹을 깨고 한강 유역을 모두 차지하였다.

① ㄱ, ㄴ        ② ㄱ, ㄷ        ③ ㄱ, ㄹ
④ ㄴ, ㄹ        ⑤ ㄷ, ㄹ

**10** (가) 나라에 대한 설명으로 옳은 것은?

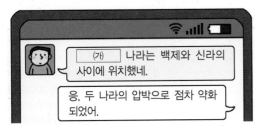

> (가) 나라는 백제와 신라의 사이에 위치했네.
>
> 응, 두 나라의 압박으로 점차 약화되었어.

① 연맹 왕국 단계에 머물렀다.
② 왕위의 부자 상속을 확립하였다.
③ 백제 무왕의 침략으로 멸망하였다.
④ 강력한 중앙 집권 국가로 성장하였다.
⑤ 고구려와 동맹을 맺고 신라에 저항하였다.

고난도
**11** (가) 나라의 6세기 후반 상황을 옳게 설명한 것은?

> ┌──────────────────┐
> │    (가)    왕호의 변화
> │
> │ 거서간(귀인) → 차차웅(제사장) → 이사금(연장자,
> │ 계승자) → 마립간(대군장) → 왕
> └──────────────────┘

① 신라로부터 함흥평야의 땅을 되찾았다.
② 남진 정책으로 영토를 크게 확장하였다.
③ 옛 가야 지역인 진주를 영토에 복속시켰다.
④ 백제와 고구려의 공격으로 위기에 처하였다.
⑤ 백제로부터 불교를 받아들이고 오경박사를 초청하였다.

중요
**12** 다음 사건들을 일어난 순서대로 옳게 나열한 것은?

> (가) 고구려 장수왕이 평양으로 천도하였다.
> (나) 신라 진흥왕이 한강 유역을 모두 차지하였다.
> (다) 백제 근초고왕이 고구려 고국원왕을 격퇴하였다.
> (라) 고구려 광개토 대왕이 백제를 공격하여 한강 이북을 차지하였다.

① (가)-(나)-(다)-(라)        ② (나)-(라)-(가)-(다)
③ (다)-(가)-(라)-(나)        ④ (다)-(라)-(가)-(나)
⑤ (라)-(다)-(나)-(가)

서술형
**13** 다음 문화유산을 보고, 물음에 답하시오.

▲ 단양 적성비(충북 단양)

(1) 위 적성비를 건립한 나라를 쓰시오.

(2) 위 적성비를 세운 왕의 업적을 세 가지 이상 서술하시오.

# 중앙 집권 국가로 발전한 삼국

고구려, 백제, 신라는 여러 지역의 세력이 연맹을 맺으면서 시작되었다. 가장 힘이 강한 지역 세력에서 왕이 나왔는데, 국력을 확장하는 과정에서 왕권이 성장하였다. 지역 세력들은 점차 독자성을 잃고 왕의 지배를 받는 중앙의 귀족으로 흡수되었다. 삼국의 중앙 집권 국가 발전 과정에서 나타난 특징을 묻는 문제가 자주 출제되므로 정리해 두어야 한다.

## 주제 탐구하기

### 탐구 1 중앙 집권 국가의 특징

| ① 왕권 강화 | ② 관등제 정비 | ③ 지방 행정 체제의 정비 |
|---|---|---|
| 왕위의 부자 상속 확립 | 지역 세력을 중앙 귀족으로 흡수, 신분제와 관등제를 통해 서열화 | 각 지역에 행정 구역을 설치하고 지방관 파견 |

내 아들에게 왕위를 물려주겠다.
당연하옵니다.

신라의 골품제
신분에 맞는 벼슬과 특권을 주겠다.
4두품 5두품 6두품 진골

각 지방에 관리를 파견하여 다스리겠다.
웅진 금마저

| ④ 영토 확장 | ⑤ 율령 반포 | ⑥ 불교 수용 |
|---|---|---|
| 정복 활동을 활발히 전개하여 영토 확장 | 넓은 영토와 백성을 하나의 규범(법)으로 통치 | 사상을 통합하고 왕실의 권력 정당화 |

땅을 넓히고 백성을 늘리자.

법을 통해 나라를 공평히 다스리겠다.
뇌물을 받았다지?

국가의 태평을 기원하기 위해 절을 지어야지.

### 탐구 2 연맹 왕국 단계에서 멸망한 가야

군장 군장
왕
군장 군장
▲ 연맹 왕국

왕
귀족(관리) 귀족(관리) 귀족(관리)
▲ 중앙 집권 국가

가야 연맹은 우수한 철기 문화를 바탕으로 발전하였으나 백제와 신라 사이에 위치하여 두 나라의 압력을 받아 세력이 약화되었다. 가야 연맹의 각 소국들이 독자적인 정치권력을 유지하였기 때문에 힘을 하나로 모으지 못하였다. 결국 금관가야는 법흥왕 때(532), 대가야는 진흥왕 때(562) 신라에 병합되면서 멸망하였다.

**유형 1** 중앙 집권 국가의 특징

(가) 정치 체제에 대한 설명으로 옳은 것을 〈보기〉에서 고른 것은?

[역사 탐구 보고서]

**삼국의  (가)  수립**

• 배경: 국가 간의 치열한 경쟁 속에서 효율적인 국가 조직 필요
• 성립 시기: 4~6세기
• 내용: 왕권의 성장, 지방 부족장 세력의 중앙 귀족화, 중앙 귀족을 국가의 관료로 서열화

― 보기 ―
ㄱ. 백제가 삼국 중 가장 늦었다.
ㄴ. 도교를 통해 사상의 통일을 꾀하였다.
ㄷ. 율령을 통해 백성을 일원적으로 통치하였다.
ㄹ. 정복 활동을 활발히 전개하여 영토를 확장하였다.

① ㄱ, ㄴ　　② ㄱ, ㄷ　　③ ㄴ, ㄷ
④ ㄴ, ㄹ　　⑤ ㄷ, ㄹ

**유형 2** 신라의 골품제와 관등제

다음 제도에 대한 설명으로 옳은 것을 〈보기〉에서 고른 것은?

| 등급 | 관등명 | 골품 | | | | 복색 |
|---|---|---|---|---|---|---|
| | | 진골 | 6두품 | 5두품 | 4두품 | |
| 1 | 이벌찬 | | | | | 자색 |
| 2 | 이찬 | | | | | |
| 3 | 잡찬 | | | | | |
| 4 | 파진찬 | | | | | |
| 5 | 대아찬 | | | | | |
| 6 | 아찬 | | | | | 비색 |
| 7 | 일길찬 | | | | | |
| 8 | 사찬 | | | | | |
| 9 | 급벌찬 | | | | | |
| 10 | 대나마 | | | | | 청색 |
| 11 | 나마 | | | | | |
| 12 | 대사 | | | | | 황색 |
| 13 | 사지 | | | | | |
| 14 | 길사 | | | | | |
| 15 | 대오 | | | | | |
| 16 | 소오 | | | | | |
| 17 | 조위 | | | | | |

▲ 골품과 관등표

― 보기 ―
ㄱ. 신라에서 시행된 신분 제도이다.
ㄴ. 진골은 대아찬 이하의 관직에 임명되지 않았다.
ㄷ. 부족장 세력의 자치적인 지방 통치를 허용하였다.
ㄹ. 지역 세력을 중앙 귀족으로 흡수하면서 마련되었다.

① ㄱ, ㄴ　　② ㄱ, ㄹ　　③ ㄴ, ㄷ
④ ㄴ, ㄹ　　⑤ ㄷ, ㄹ

**유형 3** 연맹 왕국과 중앙 집권 국가 비교

(가), (나)에 대한 설명으로 옳은 것은?

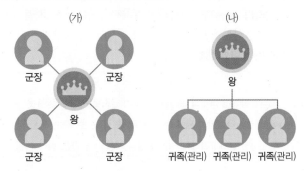

① 삼국은 (나)에서 (가)로 발전하였다.
② 가야 연맹은 (나)의 체제에 머물렀다.
③ (가)에서 지역 세력은 독자성을 갖지 못하였다.
④ 신라의 골품제는 (가)를 강화시키는 역할을 했다.
⑤ (나)는 왕이 지방관을 파견하여 전국을 다스렸다.

**유형 4** 삼국의 중앙 집권화 과정

(가)~(다)에 들어갈 말을 옳게 연결한 것은?

고구려, 백제, 신라, 가야는 여러 소국의  (가)  으로 시작하였다. 겉으로는 하나의 나라였지만 여전히 옛 소국의 지배자들은 독자적인 세력을 갖고 내부의 일을 처리하였다. 이에 삼국의 왕들은 체제를 정비하여 이러한 상황을 극복하고 왕에게 권력이 집중된 국가를 만들어 나갔다. 고구려는 소수림왕 때 율령 반포, 불교 수용을 하였고, 신라는  (나)  때 율령을 반포하고 불교를 공인하였다. 그러나  (다)  은/는 주변 국가들의 압박 속에서 성장하지 못하고 신라에 복속되었다.

| | (가) | (나) | (다) |
|---|---|---|---|
| ① | 연맹 | 내물왕 | 백제 |
| ② | 연맹 | 법흥왕 | 백제 |
| ③ | 연맹 | 법흥왕 | 가야 |
| ④ | 정복 | 내물왕 | 가야 |
| ⑤ | 정복 | 진흥왕 | 가야 |

# 삼국 시대 의식주 생활과 고분 문화

## 1 신분에 따른 생활 모습   귀족, 평민, 천민으로 구별

(1) **신라의 \*골품제**   신라의 신분 제도, 성골·진골 및 6~1두품을 구별, 신분에 따라 정치와 사회 활동 및 일상생활 제한 자료1

(2) **신분에 따른 생활**

| 구분 | 귀족 ⇔ 평민 |
|---|---|
| 의 | 화려한 색채의 비단 옷 ⇔ 색이 단조로운 베로 만든 옷 |
| 식 | 쌀, 다양한 식재료 ⇔ 콩·보리 등 잡곡, 흉년에는 도토리·나무껍질 |
| 주 | 벽돌이나 기와집, 탁자나 침상 사용 ⇔ 초가집, 바닥 생활 |

## 2 삼국과 가야의 고분 문화

(1) **\*고분 문화**   사후 세계에 대한 믿음, 지배층이 무덤을 만들고 껴묻거리 매장 → 나라와 시기마다 다양한 형태의 고분 제작

(2) **삼국과 가야의 고분** 자료2
└ 껴묻거리로 천마가 그려진 말다래가 나왔기 때문에 천마총이라고 불러. 최근에 천마가 아니라 상상의 동물인 기린이라고 생각되기도 한다.

| 고구려 | 돌무지무덤(장군총) → 굴식 돌방무덤, 벽화 제작(무용총) |
|---|---|
| 백제 | 돌무지무덤(석촌동 고분) → 굴식 돌방무덤, 벽돌무덤(무령왕릉) |
| 신라 | 돌무지덧널무덤(천마총) → 굴식 돌방무덤 └ 중국의 영향을 받았어. |
| 가야 | 돌덧널무덤 등 다양한 형태의 무덤 제작 |

(3) **고분 벽화**   굴식 돌방무덤의 돌방 벽을 그림으로 장식 → 당시 사람들의 풍속, 신앙, 다양한 생활 모습을 보여 줌.

## 3 종교와 학문의 발전

(1) **불교의 수용과 불교문화의 발전**

① **불교의 수용**   백성의 사상 통합, 왕실의 권위 강화 → 국가 주도로 사찰 건축(황룡사, 미륵사 등), 불교식 왕명의 사용(신라)
└ 예 법흥왕, 진흥왕, 선덕 여왕 등

② **불교 예술의 발달**   초기에는 목탑을 많이 만들다가 점차 석탑을 만들었어.

| 탑 | • 백제: 익산 미륵사지 석탑, 부여 정림사지 오층 석탑 • 신라: 황룡사 구층 목탑, 경주 분황사 \*모전 석탑 |
|---|---|
| 불상 자료3 | • 고구려: 금동 연가 7년명 여래 입상 └ 현재 남아 있지 않아. • 백제: 서산 용현리 마애 여래 삼존상 • 신라: 경주 배동 석조 여래 삼존 입상 |
└ 무왕 때 만들어진 석탑으로, 최근에 보수되었어.
└ 미륵 신앙의 유행으로 미륵보살 반가 사유상을 많이 만들었어.

(2) **도교의 수용**

① **수용**   중국에서 전래, 신선 사상과 결합, 귀족 사회에 유행

② **도교 예술**   고구려 고분의 벽화, 백제 산수무늬 벽돌, 백제 금동 대향로 등
└ 예 현무도

(3) **학문과 과학 기술의 발달**   '임신년의 맹세를 기록한 돌'이라는 뜻에서 임신서기석이라고 불러.

① **학문의 발전**   중국에서 한자와 유학의 전래 → 고구려의 태학 설립, 백제의 오경박사, 신라의 임신서기석

② **역사서 편찬**   고구려의 『유기』와 『신집』, 백제 근초고왕 때 『서기』, 신라 진흥왕 때 『국사』 편찬 ─ 현재는 모두 전해지지 않아.

③ **과학 기술의 발전**   천문학 발달(신라의 첨성대), 금속 공예 기술 발달(백제의 칠지도와 금동 대향로, 신라의 금관과 장신구)
└ 천체 현상이 왕의 권위와 연결된다고 여겼고, 농업을 위한 천체 관측이 중요했기 때문에 발달했어.

---

꼭 **나오는 자료**

### 자료1  신라의 골품제

| 등급 | 관등명 | 골품 | | | | 복색 |
|---|---|---|---|---|---|---|
| | | 진골 | 6두품 | 5두품 | 4두품 | |
| 1 | 이벌찬 | | | | | 자색 |
| 2 | 이찬 | | | | | |
| 3 | 잡찬 | | | | | |
| 4 | 파진찬 | | | | | |
| 5 | 대아찬 | | | | | |
| 6 | 아찬 | | | | | 비색 |
| 7 | 일길찬 | | | | | |
| 8 | 사찬 | | | | | |
| 9 | 급벌찬 | | | | | |
| 10 | 대나마 | | | | | 청색 |
| 11 | 나마 | | | | | |
| 12 | 대사 | | | | | |
| 13 | 사지 | | | | | 황색 |
| 14 | 길사 | | | | | |
| 15 | 대오 | | | | | |
| 16 | 소오 | | | | | |
| 17 | 조위 | | | | | |

◀ 신라의 골품과 관등표

🔎 신라에서는 왕족인 성골과 진골이 있었고, 나머지 지배 세력은 6~1두품으로 나누었다. 3~1두품은 나중에 평민층과 구분하기 어려워졌고, 6~4두품은 하급 관직에 진출할 수 있었다. 이들은 신분에 따라 진출 가능한 관직뿐 아니라 옷의 색깔, 집의 크기, 소유할 수 있는 말의 수 등 일상생활에서도 제한이 있었다.

### 자료2  삼국 시대의 고분 구조

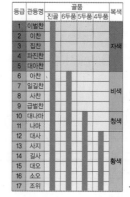

▲ 돌무지무덤          ▲ 굴식 돌방무덤          ▲ 돌무지덧널무덤

🔎 돌무지무덤은 직사각형의 돌로 테두리를 쌓고 그 안을 돌로 채웠고, 관을 넣는 널방을 갖추었다. 굴식 돌방무덤은 돌로 널방을 만들어 통로를 연결한 뒤 그 위에 흙을 덮었다. 돌방 안의 천장과 벽에 다양한 벽화를 그렸다. 돌무지덧널무덤은 나무 덧널 위에 돌을 쌓은 다음 흙으로 덮었다. 도굴이 어려워 많은 껴묻거리가 발견되었다.

### 자료3  삼국의 불상

▲ 금동 연가 7년명 여래 입상     ▲ 서산 용현리 마애 여래 삼존상     ▲ 경주 배동 석조 여래 삼존 입상

🔎 고구려의 금동 연가 7년명 여래 입상은 중국 북위의 불상 양식과 비슷하다. 백제의 서산 용현리 마애 여래 삼존상과 신라의 경주 배동 석조 여래 삼존 입상은 친근감 있는 불상의 미소로 널리 알려져 있다.

🔖 **용어 사전**

* **고분(古 옛 墳 무덤)**   오래 전 만들어진 무덤
* **모전(模 모방하다 塼 전탑)**   흙벽돌로 쌓아올린 탑을 전탑이라고 하는데 이를 모방한 탑이라는 의미
* **골품(骨 뼈 品 구분하다)**   왕족인 골족과 귀족 또는 군장의 품을 구분한 신라의 신분 제도

## 개념 문제

**01** 삼국의 불교 유산을 〈보기〉에서 골라 기호를 쓰시오.

┌── 보기 ──
ㄱ. 익산 미륵사지 석탑
ㄴ. 배동 석조 여래 삼존 입상
ㄷ. 금동 연가 7년명 여래 입상
└─────────

(1) 고구려: (　　　　　　　)
(2) 백제: (　　　　　　)
(3) 신라: (　　　　　　)

**02** 다음 설명이 맞으면 ○표, 틀리면 ×표를 하시오.

(1) 삼국은 귀족, 평민, 천민으로 신분이 구별되었고 그에 따라 생활 모습도 달랐다. ·············( 　 )

(2) 신라의 골품제는 진골과 6두품 사이에 생활의 차이를 두지 않도록 하였다. ···········( 　 )

(3) 삼국 시대 귀족들은 주로 쌀을 먹었고 대다수 백성은 콩과 보리 등의 잡곡을 먹었다.·········( 　 )

**03** 알맞은 말을 골라 ○표 하시오.

(1) 고구려의 무용총은 생활상을 보여 주는 벽화가 그려진 ( 굴식 돌방무덤 / 돌무지 덧널무덤 )이다.

(2) 나무 덧널 위에 돌을 쌓은 뒤 흙으로 덮은 무덤 양식은 ( 신라 천마총 / 백제 석촌동 고분 )이 대표적이다.

(3) 고구려의 장군총은 직사각형의 돌로 테두리를 쌓고 그 안을 돌로 채운 ( 돌무지무덤 / 돌무지덧널무덤 )이다.

## 실력 문제

**04** 다음 활동의 공통적인 목적으로 가장 적절한 것은?

┌─────────────────────────
• 승려가 국가의 교육 기관에 참여하여 활동하였다.
• 황룡사, 미륵사 등의 대형 사찰을 국가에서 세웠다.
• 법흥왕, 진흥왕, 선덕 여왕 등의 왕명을 사용하였다.
└─────────────────────────

① 신라의 삼국 통일을 위해서
② 백성의 사상을 통합하기 위해서
③ 평민들에게 문자를 보급하기 위해서
④ 중국으로부터 선진 문물을 들여오기 위해서
⑤ 귀족들에게 도교 사상을 널리 알리기 위해서

**05** 삼국의 불교 예술에 대한 설명으로 옳은 것을 〈보기〉에서 고른 것은?

┌── 보기 ──
ㄱ. 익산 미륵사는 백제의 무왕 때 세워진 사찰이다.
ㄴ. 초기에는 석탑을 많이 만들다가 점차 목탑을 만들었다.
ㄷ. 미륵 신앙의 유행으로 미륵보살 반가 사유상이 많이 제작되었다.
ㄹ. 황룡사 구층 목탑은 현재 남아 있는 유일한 삼국 시대의 목탑이다.
└─────────────

① ㄱ, ㄴ　　② ㄱ, ㄷ　　③ ㄴ, ㄷ
④ ㄴ, ㄹ　　⑤ ㄷ, ㄹ

**06** 다음 문화유산에 반영된 사상에 대한 설명으로 옳은 것은?

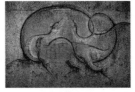
▲ 현무도

▲ 산수무늬 벽돌

① 불로장생을 추구하였다.
② 일본으로부터 들어왔다.
③ 왕권 강화에 이용되었다.
④ 금속 공예 기술을 발전시켰다.
⑤ 국가 기관을 통해 교육시켰다.

**07** 다음 자료에 나타난 학문과 관련된 활동으로 옳은 것은?

┌─────────────────────────

◀ 임신서기석

"임신년 6월 16일 두 사람이 맹세하여 쓴다. …… 시, 상서, 예기, 춘추를 차례로 공부하여 익히기를 맹세하며 기간은 3년으로 한다."
└─────────────────────────

① 신라가 경주에 첨성대를 세웠다.
② 백제가 금동 대향로를 만들었다.
③ 고구려가 고분에 별자리를 그렸다.
④ 신라의 원광이 세속 5계를 제시하였다.
⑤ 고구려의 수도에 태학을 세워 교육하였다.

**08** 다음과 같은 학문 활동을 했던 나라의 유물로 옳은 것은?

> • 역사서인 『서기』를 편찬하였다.
> • 오경박사를 두고 유교 경전을 가르쳤다.

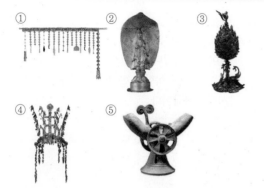

**09** 삼국 시대에 다음 유적과 관련된 학문이 발달한 이유로 옳은 것은?

▲ 경주 첨성대

① 외적의 침입을 막기 위해서
② 백성의 사상을 통합하기 위해서
③ 금속 공예 기술의 발전을 위해서
④ 농업에 필요한 정보를 얻기 위해서
⑤ 중국에서 도입한 한자를 보급하기 위해서

고난도
**10** 다음 벽화를 통해 알 수 있는 삼국의 사회 모습으로 가장 적절한 것은?

▲ 무용총 벽화    ▲ 수산리 고분 벽화

① 사후 세계를 믿지 않았다.
② 불교에 대한 신앙심이 깊었다.
③ 유교적 생활 원리가 정착되었다.
④ 신분에 따라 다른 생활을 하였다.
⑤ 부유한 평민층이 다수 등장하였다.

**11** 다음 신분제를 가진 나라의 고분으로 옳은 것은?

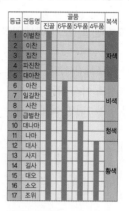

| 등급 | 관등명 | 골품 | | | | 복색 |
|---|---|---|---|---|---|---|
| | | 진골 | 6두품 | 5두품 | 4두품 | |
| 1 | 이벌찬 | | | | | 자색 |
| 2 | 이찬 | | | | | |
| 3 | 잡찬 | | | | | |
| 4 | 파진찬 | | | | | |
| 5 | 대아찬 | | | | | |
| 6 | 아찬 | | | | | 비색 |
| 7 | 일길찬 | | | | | |
| 8 | 사찬 | | | | | |
| 9 | 급벌찬 | | | | | |
| 10 | 대나마 | | | | | 청색 |
| 11 | 나마 | | | | | |
| 12 | 대사 | | | | | 황색 |
| 13 | 사지 | | | | | |
| 14 | 길사 | | | | | |
| 15 | 대오 | | | | | |
| 16 | 소오 | | | | | |
| 17 | 조위 | | | | | |

① 장군총    ② 천마총    ③ 무용총
④ 무령왕릉    ⑤ 석촌동 고분

중요
**12** 삼국 시대의 고분에 대한 설명으로 옳은 것을 〈보기〉에서 고른 것은?

> 보기
> ㄱ. 고구려는 초기에 벽돌무덤을 만들었다.
> ㄴ. 무령왕릉은 대표적인 돌무지덧널무덤이다.
> ㄷ. 고구려와 백제의 초기 무덤은 양식이 유사하다.
> ㄹ. 가야에서는 돌로 벽을 쌓아 만든 돌덧널무덤을 만들었다.

① ㄱ, ㄴ    ② ㄱ, ㄷ    ③ ㄴ, ㄷ
④ ㄴ, ㄹ    ⑤ ㄷ, ㄹ

서술형
**13** 다음 자료를 보고, 물음에 답하시오.

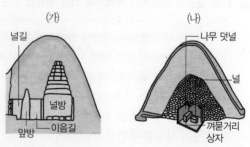

(1) (가), (나) 무덤 양식의 명칭을 쓰시오.

(2) (가), (나) 무덤 양식의 특징을 각각 서술하시오.

# 삼국 시대의 대외 교류

## 1 중국과의 교류

(1) **삼국의 대외 교류**   초원길, 사막길, 서·남해안의 바닷길을 통해 주변국과 활발하게 교류

(2) **중국 문화의 수용**   중국을 통해 불교·유교·한자·과학 기술 등 수용, *서역 문화와 접촉

(3) **삼국과 중국의 교류** [자료1]

| 고구려 | • 초원길을 통해서 유목 민족과 교류<br>• 바닷길을 통해서 중국의 남북조와 교류<br>• 왕산악은 중국 악기를 개조하여 거문고 제작 |
|---|---|
| 백제 | • 중국, 가야, 왜를 연결하는 해상 교역로를 통해 교류<br>• 동진과 남조 계통의 유물이 다수 발견 |
| 신라 | • 지리적인 한계로 고구려를 통해 중국 문화 수용<br>• 한강 유역을 차지한 후 중국과 직접 교류 |

┌ 신라는 내물왕 때 광개토 대왕이 보낸 군대를 통해 왜와 가야 세력을<br>물리칠 수 있었어. 그때 고구려를 통해 중국 문화를 접했어.

## 2 서역과의 교류

(1) **배경**   중국을 넘어 서역까지 연결되는 초원길, 사막길(비단길), 바닷길을 통해 서역과도 접촉

(2) **삼국과 서역의 교류** [자료2] ┌ 아프가니스탄 사마르칸트에 있는 아프라시아브<br>궁전 벽화에 고구려 사신이 등장해.

① **고구려**   고분 벽화에 서역 계통의 인물 등장, 서역의 궁전 벽화에 고구려 사신으로 추정되는 인물 등장

② **신라**   고분에서 발굴된 유리그릇, 금제 장식 보검, *상감 유리 구슬, 뿔 모양의 잔 등 서역과의 교류를 알려 주는 유물 다수

③ **가야**   고분에서 중국과 유라시아 계통의 유물 출토

◀ 중국·서역과의 교역로

┌ 정치적 변동기에 많은 한반도인이 일본으로 이주했어.

## 3 일본과의 교류   일본과 교류하면서 문화 전파

┌ 호류사는 세계에서 가장 오래<br>된 목조 건물이야. 일본에서<br>건너간 백제 기술자들이 참여<br>해서 만들어졌다고 해.

(1) **일본으로 전파된 삼국의 문화** [자료3]

| 고구려 | • 고구려의 승려 혜자가 쇼토쿠 태자의 스승이 됨.<br>• 담징이 종이와 먹의 제조 방법 전수, 호류사 금당 벽화를 그림.<br>• 다카마쓰 고분 벽화(고구려 수산리 고분 벽화와 유사) |
|---|---|
| 백제 | • 삼국 중 일본과 가장 활발히 교류, 일본에 불교 전파<br>• 오경박사와 화가·기술자 등이 건너가 활약<br>• 아직기와 왕인이 한문, 논어, 천자문 전수 |
| 신라 | 배 만드는 기술과 둑 쌓는 기술 전파 |
| 가야 | • 질 좋은 철 수출, 철로 만든 갑옷 전파<br>• 가야 토기 → 일본 스에키의 바탕 |

(2) **의의**   삼국의 문화가 일본 아스카 문화의 성립과 발전에 기여

---

## 꼭 나오는 자료

### [자료1] 삼국과 중국의 교류

▲ 중국에 간 삼국 사신 (「왕회도」 일부)

▲ 백제(왼쪽)와 중국 동진(오른쪽)의 청자 항아리

⬆ 「왕회도」에는 삼국의 사신이 묘사되어 있어 삼국과 중국의 교류 사실을 보여 준다. 왼쪽부터 고구려, 백제, 신라의 사신 모습이다. 닭 머리 모양의 주유구가 특징인 청자 항아리는 중국 남조에서 유행하였으며 왕족이나 귀족에게 하사하는 선물이었다. 유사한 모양의 항아리가 백제의 고분에서 여러 개 출토되었다.

### [자료2] 삼국과 서역의 교류

▲ 고구려 각저총 벽화(중국 지린성)

▲ 경주에서 출토된 유리 제품

⬆ 고구려의 각저총 벽화의 씨름하는 인물 중 한 명은 서역인의 모습을 하고 있다. 경주에서 출토된 유리 제품은 로마의 유리 제품과 흡사한 형태를 보여 준다. 경주에서는 서역인의 얼굴이 그려진 상감 옥 목걸이가 출토되기도 하였다.

### [자료3] 일본으로 전파된 삼국의 문화

▲ 가야의 토기(왼쪽)와 일본의 스에키(오른쪽)    ▲ 금동 미륵보살 반가 사유상(왼쪽), 고류사 목조 미륵보살 반가 사유상 (오른쪽)

⬆ 가야 토기는 1000도 이상의 고온에서 만들어 낸 단단한 토기로 뛰어난 조형미를 갖고 있다. 이는 일본의 아스카 문화에서 만들어진 스에키의 원형으로 알려져 있다. 일본의 국보인 고류사의 목조 미륵보살 반가 사유상은 삼국 문화의 영향을 받은 대표적인 일본의 문화유산이다. 신라에서 건너간 반가 사유상이라는 견해도 있다.

---

🔵 용어 사전

* **서역(西 서쪽 域 경계 구역)** 중국을 경계로 그 너머 서쪽에 있던 나라를 통틀어 이르는 말

* **상감(象 상아 嵌 골짜기)** 금속이나 도자기의 표면에 무늬를 파서 그 안을 다른 물질로 채워넣어 장식하는 기법

## 개념 문제

**01** 다음 설명이 맞으면 ○표, 틀리면 ×표를 하시오.

(1) 고구려는 초원길을 통해 유목 민족과 교류하였다.
..................................................( )

(2) 백제는 바닷길을 통해 중국 남조와 활발하게 교류하였다. ........................( )

(3) 신라는 중국과 직접 교역하여 고구려나 백제에 비해 선진 문화의 유입이 빨랐다. ............( )

**02** 알맞은 말을 골라 ○표 하시오.

(1) ( 백제 / 신라 )는 중국과 가야, 왜를 연결하는 해상 교역을 주도하였다.

(2) 신라 고분에서 발굴된 유리그릇, 금제 장식 보검 등의 유물은 ( 서역 / 일본 )과의 교류를 나타낸다.

(3) 고구려의 ( 혜자 / 담징 )은/는 일본에 종이와 먹의 제조 방법을 전하였다.

**03** 삼국과 가야가 일본에 전파한 문화에 해당하는 것을 〈보기〉에서 골라 기호를 쓰시오.

> ─ 보기 ─
> ㄱ. 한문          ㄴ. 제지술
> ㄷ. 철제 도구      ㄹ. 둑 쌓는 기술
> ㅁ. 철로 만든 갑옷  ㅂ. 배 만드는 기술

(1) 백제: (          )   (2) 신라: (          )
(3) 가야: (          )   (4) 고구려: (          )

## 실력 문제

**중요**
**04** 삼국의 대외 교류에 대한 설명으로 옳은 것을 〈보기〉에서 고른 것은?

> ─ 보기 ─
> ㄱ. 백제는 중국의 남조와 활발하게 교류하였다.
> ㄴ. 삼국은 일본을 통해 서역 문화를 수용하였다.
> ㄷ. 왕산악은 중국의 악기를 개조해 가야금을 만들었다.
> ㄹ. 신라는 한강 유역을 차지한 후 중국과 직접 교류하였다.

① ㄱ, ㄴ     ② ㄱ, ㄹ     ③ ㄴ, ㄷ
④ ㄴ, ㄹ     ⑤ ㄷ, ㄹ

**05** 다음 자료를 통해 알 수 있는 사실로 가장 적절한 것은?

왼쪽 그림은 「왕회도」의 일부이다. 왼쪽부터 고구려, 백제, 신라의 사신 모습이 그려져 있다.

◀ 「왕회도」

① 삼국은 육로를 통해서만 교류하였다.
② 삼국은 중국과 활발하게 교류하였다.
③ 신라는 중국과 직접 교류하지 않았다.
④ 가야는 중국 문화의 유입을 거부하였다.
⑤ 북방 유목 민족의 문화가 삼국에 유입되었다.

**고난도**
**06** 다음 문화유산을 통해 추론할 수 있는 사실로 적절한 것은?

▲ 충남 공주에서 출토된 청자 항아리   ▲ 중국 동진의 청자 항아리

① 가야 토기는 중국의 영향을 받았다.
② 백제는 중국의 동진과 활발히 교류하였다.
③ 신라는 고구려를 통해 중국과 교류하였다.
④ 고구려는 주로 북중국의 왕조와 교류하였다.
⑤ 삼국의 청자 제작 기술이 중국이 전래되었다.

**07** 삼국과 서역의 교류에 대한 설명으로 옳은 것을 〈보기〉에서 고른 것은?

> ─ 보기 ─
> ㄱ. 서역 문화의 영향으로 한자를 사용하였다.
> ㄴ. 주로 중국을 통해 서역 문화와 접촉하였다.
> ㄷ. 고구려 고분에 서역 계통의 인물이 등장한다.
> ㄹ. 삼국의 고분 양식은 서역에서부터 유래하였다.

① ㄱ, ㄴ     ② ㄱ, ㄷ     ③ ㄴ, ㄷ
④ ㄴ, ㄹ     ⑤ ㄷ, ㄹ

## 08

고난도

(가)에 들어갈 내용으로 가장 적절한 것은?

미술과 역사의 만남

전시 주제: (가)

▲ 각저총 벽화　　▲ 아프라시아브 궁전 벽화

① 백제와 왜의 교역
② 고구려와 서역의 교류
③ 벽화로 본 가야의 문화
④ 중국에 전해진 삼국의 문화
⑤ 신라 고분에 남은 서역 문화

## 09 밑줄 친 '유물'에 해당하는 것은?

신라의 여러 고분에서는 서역과의 교류를 보여 주는 여러 <u>유물</u>이 출토되기도 하였다.

① ② ③
④ ⑤

## 10 삼국과 일본의 교류에 대한 설명으로 옳지 <u>않은</u> 것은?

① 가야는 일본에 질 좋은 철을 수출하였다.
② 삼국 가운데 백제가 가장 활발히 교류하였다.
③ 일본은 삼국을 통해 중국의 문화를 접하였다.
④ 백제는 배 만드는 기술과 둑 쌓는 기술을 전해주었다.
⑤ 정치적 변동기에 많은 한반도인이 일본으로 이주하였다.

[11~12] 지도는 일본으로 전파된 삼국의 문화를 나타낸 지도이다. 물음에 답하시오.

## 11

중요

(가)에 해당하는 내용으로 옳은 것은?

① 중국의 천자문을 전하였다.
② 오경박사가 유학 경전을 가르쳤다.
③ 아직기와 왕인이 한문을 전하였다.
④ 담징이 토기 제작 기술을 전파하였다.
⑤ 승려 혜자가 쇼토쿠 태자의 스승이 되었다.

## 12 (나)를 알아보기 위한 탐구 활동으로 적절한 것을 〈보기〉에서 고른 것은?

┌─ 보기 ─────────────────────────
ㄱ. 스에키의 제조법을 파악한다.
ㄴ. 아직기와 왕인의 활동을 찾아본다.
ㄷ. 일본의 불교 전래 과정을 알아본다.
ㄹ. 다카마쓰 고분 벽화의 내용을 조사한다.
└────────────────────────────

① ㄱ, ㄴ　　　② ㄱ, ㄷ　　　③ ㄴ, ㄷ
④ ㄴ, ㄹ　　　⑤ ㄷ, ㄹ

## 13

서술형

다음 문화유산을 보고, 물음에 답하시오.

(가) 　　(나)

▲ 금동 미륵보살 반가 사유상　　▲ 고류사 목조 미륵보살 반가 사유상

(1) (가), (나)를 비교하여 내릴 수 있는 결론을 쓰시오.

(2) (1)의 결론을 뒷받침하는 다른 사례를 세 가지 이상 서술하시오.

# 표와 자료로 마무리하기

## 주제 01 만주와 한반도의 선사 문화와 청동기 시대

| | | |
|---|---|---|
| 구석기 시대 | 도구 | 뗀석기 사용, 불 이용 → 후기 슴베찌르개, 잔석기 |
| | 사회 | 무리 지어 이동 생활, 동굴이나 막집 거주, 사냥과 채집, 평등 사회 |
| | 유적 | 한반도에 약 70만 년 전부터 구석기인 거주, 상원 검은모루 동굴, 경기 연천 전곡리 |
| 신석기 시대 | 도구 | 간석기, 토기, 가락바퀴와 뼈바늘 **자료1** |
| | 사회 | 농경과 목축 시작, 정착 생활, 평등 사회 |
| | 신앙 | 애니미즘, 토테미즘 등 원시 신앙 등장 |
| 청동기 시대 | 도구 | 비파형 동검, 거푸집, 거친무늬 거울, 민무늬 토기, 미송리식 토기, 반달 돌칼 등 |
| | 사회 | 농업 생산력 증대 → 잉여 생산물과 사유 재산 등장, 빈부 차이와 계급의 발생, 고인돌 제작 |
| | 발달 | 만주와 한반도 중심의 청동기 문화 발달 → 점차 우리 민족 형성, 한반도 남부에 벼농사 시작 |

### 자료1 신석기 시대의 도구

▲ 간석기　▲ 빗살무늬 토기　▲ 가락바퀴

기원전 8000년경부터 한반도에서 (① 　　　　) 시대가 시작되었다. 후기에 농경과 목축이 시작되면서 (② 　　　　)로 만들어진 괭이, 보습 등의 농기구가 사용되었다.

## 주제 02 고조선의 건국과 발전

| | | |
|---|---|---|
| 성립 | 배경 | 만주와 한반도의 청동기 문화 발전 → 청동기를 사용하는 선진 집단의 등장 |
| | 건국 | 기원전 2333년 단군왕검이 고조선 건국(『동국통감』) |
| | 문화 | 탁자식 고인돌, 비파형 동검, 미송리식 토기 |
| 발전 | 성장 | 철기 문화의 보급, '왕' 칭호의 사용, 중국의 연과 대립 |
| | 위만 조선 | 진·한 교체기 유이민 세력의 유입 → 위만이 준왕을 몰아내고 왕위 차지(기원전 194) → 중계 무역으로 이익 |
| | 사회 | 계급 형성, 「8조법」 **자료2** |
| 한의 침입 | 배경 | 위만 조선의 성장 → 한과의 대립 |
| | 결과 | 지배층의 분열로 왕검성 함락(기원전 108) → 고조선 일부 영토에 한 군현 설치 |
| | 영향 | 고조선 유민들의 남하, 삼한 사회의 형성과 발전에 영향 |

### 자료2 고조선의 「8조법」

- 사람을 죽인 자는 즉시 죽인다.
- 남에게 상처를 입힌 자는 곡식으로 갚는다.
- 도둑질한 자는 노비로 삼는데, 용서받고자 하는 자는 한 사람마다 50만 전을 내야 한다.　　　　　― 반고, 『한서』 ―

고조선 「8조법」을 통해 생명과 (① 　　　　)을 중시하였으며, 사유 재산을 인정하고 화폐를 사용한 계급 사회였음을 알 수 있다.

## 주제 03 철기 문화의 발전과 여러 나라의 성장

| | | |
|---|---|---|
| 철기 문화 발전 | 특징 | 철기는 실용적 도구(무기, 농기구)로 사용, 청동기는 의식용 도구나 장신구로 이용 |
| | 사회 | 농업 생산량의 증가, 정복 전쟁의 증가 → 만주와 한반도에 여러 나라 성립 |
| | 유물 | 철제 농기구와 무기, 명도전, 붓 |
| 여러 나라의 성장 | 부여 | 연맹 왕국, 왕과 가(군장 세력)가 각자 영역 통치, 왕권이 약함, 밭농사와 목축, 영고 |
| | 고구려 | 부여 이주민(주몽) + 압록강 토착 세력, 졸본에 도읍, 5부족 연맹 왕국, 제가 회의, 서옥제, 동맹 |
| | 옥저, 동예 | 왕이 없고 읍군과 삼로가 지배, 농사 발달, 옥저(민며느리제와 가족 공동 무덤), 동예(족외혼, 책화, 무천) |
| | 삼한 | 군장(신지, 읍차)이 통치, 마한 목지국 군장이 삼한 대표, 벼농사 발달(저수지), 덩이쇠 수출(변한), 제정 분리 사회(천군·소도), 계절제 |

## 주제 04 삼국과 가야의 건국과 성장

| | | |
|---|---|---|
| 고구려 | 성장 | 국내성 천도, 주변 지역 정복 |
| | 태조왕 | 옥저 정복, 요동 지방으로 진출 도모 |
| | 고국천왕 | 부족적 전통의 5부를 행정적 성격의 5부로 개편, 왕위의 부자 상속 확립 |
| 백제 | 건국 **자료3** | 부여·고구려계 유이민 세력의 남하 → 한강 하류 지역의 토착 세력과 연합하여 건국 |
| | 수도 | 한강 유역의 위례성에 도읍 |
| | 고이왕 | 3세기 마한의 소국 병합, 관등 정비, 관복제 제정 |
| 신라 | 건국 | 진한의 소국 중 사로국에서 출발 |
| | 발전 | 낙동강 중상류 지역의 소국 정복, 박·석·김 3성의 유력자가 번갈아 '이사금'으로 추대 |
| | 내물왕 | 4세기 후반 왕권 강화, 김씨의 왕위 세습 확립, '마립간' 왕호 사용 |
| 가야 | 형성 | 변한 지역의 소국 연맹체 |
| | 발전 | 금관가야의 성장(전기 가야 연맹 주도), 덩이쇠 수출, 토기 제작 기술 발달 |

### 자료3 백제의 건국 세력

▲ 장군총(중국 지린성)　　▲ 석촌동 고분(서울 송파)

장군총과 석촌동 고분은 계단식 (① 　　　　) 무덤이다. 두 무덤 양식의 유사성은 백제의 지배층이 (② 　　　　) 유이민 세력이었음을 짐작하게 해 준다.

## 주제 05 삼국과 가야의 경쟁과 발전

| | | |
|---|---|---|
| 고구려 | 미천왕 | 낙랑군 정복 |
| | 고국원왕 | 전연과 우호 관계를 맺고 백제 압박 |
| | 소수림왕 | 태학 설립, 불교 공인, 율령 반포 |
| | 광개토 대왕 | 영토 확장(한강 이북 차지, 신라에 침입한 왜군 격퇴, 가야 공격, 요동 확보), '영락' 연호 사용 |
| | 장수왕 | 평양 천도, 남진 정책, 한강 유역 차지 |
| 백제 | 근초고왕 | 마한 복속, 고국원왕 격퇴 |
| | 동성왕 | 신라와 혼인 동맹, 왕권 강화 노력 |
| | 무령왕 | 22담로에 왕족 파견, 남조의 양과 교류 |
| 신라 | 지증왕 | 국호 '신라' 확정, 왕호의 변경(마립간 → 왕) |
| | 법흥왕 | 율령 반포, 병부 설치, 불교 공인, 상대등 설치, '건원' 연호 사용, 금관가야 복속 |
| 가야 | 금관가야 | 고구려의 공격으로 쇠퇴 |
| | 대가야 | 후기 가야 연맹 주도 |

## 주제 06 삼국의 항쟁 격화와 가야의 멸망

| | | |
|---|---|---|
| 백제 | 천도 | 한성 → 웅진 → 사비 |
| | 성왕 | • 국호 변경: 일시적으로 백제 → 남부여<br>• 제도 정비: 22부 설치, 5부 5방제<br>• 대외 관계: 중국 남조와 교류, 왜에 불교 전파 |
| 신라 | 한강 차지 | 백제와 신라의 연합 → 한강 상류 지역 확보 → 진흥왕의 백제 공격 → 관산성 전투에서 백제가 신라에 패배, 한강 유역 모두 차지 |
| | 진흥왕 | 황룡사를 짓고 불교 장려, 화랑도 개편 |
| 가야 | 한계 | 자립적 지방 세력 존재, 백제와 신라의 압박 |
| | 멸망 | 신라 법흥왕 때 금관가야 복속, 진흥왕 때 대가야 복속 → 가야 연맹 소멸 |
| 항쟁 | 신라의 확장 | 진흥왕이 동해안을 따라 북상하여 함흥평야 일대 진출 → 정복 지역에 순수비 건립 자료4 |
| | 대립 | 고구려와 백제의 공격으로 신라의 위기 |

### 자료4 신라의 영토 확장

◀ 6세기 신라의 영토 확장

6세기 중반 신라의 (❶          )은 안정된 통치 체제를 바탕으로 영토를 크게 확장하였다. 신라는 정복한 지역에 (❷          )를 세워 신라의 발전을 대외에 과시하였다.

## 주제 07 삼국 시대 의식주 생활과 고분 문화

| | | |
|---|---|---|
| 종교·학문 | 불교 | • 수용: 사상 통합, 왕실의 권위 강화 목적<br>• 탑: 익산 미륵사지 석탑, 부여 정림사지 오층 석탑, 경주 분황사 모전 석탑<br>• 불상: 금동 연가 7년명 여래 입상(고구려), 서산 용현리 마애 여래 삼존상(백제), 경주 배동 석조 여래 삼존 입상(신라) |
| | 도교 | 고구려 고분 벽화, 백제 산수무늬 벽돌, 백제 금동 대향로 등 |
| | 학문 | 임신서기석(유학), 역사서 편찬, 천문학 발달(첨성대) |
| 신분 | 구별 | 귀족, 평민, 천민 |
| | 골품제 | 신라의 신분 제도 → 신분에 따른 관직·일상생활 제한 |
| 고분·문화 자료5 | 고구려 | 돌무지무덤 → 굴식 돌방무덤 |
| | 백제 | 돌무지무덤 → 굴식 돌방무덤, 벽돌무덤 |
| | 신라 | 돌무지덧널무덤 → 굴식 돌방무덤 |
| | 가야 | 돌덧널무덤 |

### 자료5 삼국 시대의 고분 구조

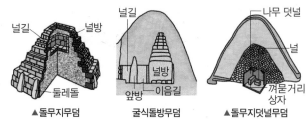

▲돌무지무덤    굴식돌방무덤    ▲돌무지덧널무덤

돌무지무덤은 고구려와 백제의 초기 고분 양식이다. 돌방 안의 천장과 벽에 다양한 벽화를 남긴 고분 양식은 (❶          )이다. 돌무지덧널무덤은 도굴이 어려워 많은 (❷          )가 발견되었다.

## 주제 08 삼국 시대의 대외 교류

| | | |
|---|---|---|
| 중국 | 고구려 | 북중국과 교류, 왕산악의 거문고 제작 |
| | 백제 | 동진과 남조 계열의 유물 다수 발견 |
| | 신라 | 고구려를 통해 중국 문화 수용 → 한강 유역 차지 후 직접 교류 |
| 서역 | 배경 | 중국을 통해 서역 문화와 접촉 |
| | 교류 | 고구려 고분 벽화의 서역인 발견 |
| 일본 | 고구려 | 담징(종이, 먹, 금당 벽화), 다카마쓰 고분 벽화 |
| | 백제 | 일본에 불교 전파, 아직기와 왕인(한문, 유학) |
| | 신라 | 배 만드는 기술과 둑 쌓는 기술 전파 |
| | 가야 | 철 수출, 가야 토기 → 일본 스에키에 영향 |

**실전문제**로 마무리하기

## 01 (가) 시대에 대한 설명으로 옳은 것은?

▲ 만주와 한반도의 (가) 유적

지도 범례:
- ● 사람 뼈 발견 장소
- ◆ 유적

지명: 안투, 동관진, 굴포리, 백두산, 마오허우산, 진뉴산, 덕천 승리산 동굴, 역포리, 상원 검은모루 동굴, 평양 만달리, 용곡동, 연천 전곡리, 제천 점말 동굴, 단양 상시 동굴, 공주 석장리, 청원 두루봉 동굴, 빌레못 동굴, 동해, 황해

① 농경이 시작되었다.
② 목축 활동을 하였다.
③ 빈부 격차가 발생하였다.
④ 무리를 지어 이동 생활을 하였다.
⑤ 만주와 한반도에서 기원전 2000년경 시작되었다.

## 02 다음 유적이 만들어진 시대와 관련된 유물로 옳은 것은?

① 뼈바늘
② 가락바퀴
③ 반달 돌칼
④ 슴베찌르개
⑤ 빗살무늬 토기

## 03 다음 유물의 분포 범위와 거의 일치하는 문화 범위를 가진 국가에 대한 설명으로 옳지 <u>않은</u> 것은?

▲ 비파형 동검

▲ 미송리식 토기

① 홍익인간의 건국 이념을 내세웠다.
② 탁자식 고인돌 유적과 관련이 깊다.
③ 『삼국유사』에 건국 이야기가 등장한다.
④ 초기에 요동 지역을 중심으로 성장하였다.
⑤ 건국 초기에는 정치와 종교가 분리되었다.

## 04 (가) 국가에 대한 설명으로 옳은 것을 〈보기〉에서 고른 것은?

> ┌─ (가) 의 「8조법」 일부 ─┐
> • 사람을 죽인 자는 즉시 죽인다.
> • 남에게 상처를 입힌 자는 곡식으로 갚는다.
> • 도둑질한 자는 노비로 삼는데, 용서받고자 하는 자는 한 사람마다 50만 전을 내야 한다.

┌─ 보기 ─┐
ㄱ. 사유 재산을 인정하였다.
ㄴ. 계급적인 질서가 없었다.
ㄷ. 생명력과 노동력을 중시하였다.
ㄹ. 위만의 침입으로 한 군현이 설치되었다.
└─────┘

① ㄱ, ㄴ
② ㄱ, ㄷ
③ ㄴ, ㄷ
④ ㄴ, ㄹ
⑤ ㄷ, ㄹ

## 05 (가)에 대한 설명으로 옳은 것은?

> (기원전 108) 여름, 니계상 참은 아랫사람을 시켜 왕 우거를 죽이고 와서 항복했으나 왕검성이 항복하지 않았다. 우거의 대신 성기가 다시 모반하였다. 좌장군은 우거의 아들 장과 노인의 아들 최를 시켜 백성에게 사실을 알리고, 모의하여 성기를 죽이니 마침내 조선을 평정하고 (가) 을/를 세웠다.

① 고구려에 의해 멸망하였다.
② 중국 문화의 유입을 차단하였다.
③ 청동기 문화를 한반도에 유입시켰다.
④ 토착민들의 지지를 받아 건국되었다.
⑤ 독자적 세력으로 '왕' 칭호를 사용하였다.

## 06 철기 문화에 대한 설명으로 옳은 것을 〈보기〉에서 고른 것은?

┌─ 보기 ─┐
ㄱ. 철기가 청동기 대신 장신구로 사용되었다.
ㄴ. 우리나라 최초 국가의 성립 배경이 되었다.
ㄷ. 기원전 5∼4세기경 한반도에 전파되었다.
ㄹ. 철제 무기가 제작되어 정복 전쟁이 증가하였다.
└─────┘

① ㄱ, ㄴ
② ㄱ, ㄹ
③ ㄴ, ㄷ
④ ㄴ, ㄹ
⑤ ㄷ, ㄹ

**[07~09]** 지도는 철기 시대에 성장한 여러 나라이다. 물음에 답하시오.

**07** 다음 내용과 관련된 나라로 옳은 것은?

- 밭농사와 목축이 발달하였다.
- 흉년이 들면 왕에게 책임을 물었다.
- 마가·우가·저가·구가 등이 각자 영역을 통치하였다.

① ㉠     ② ㉡     ③ ㉢     ④ ㉣     ⑤ ㉤

**08** ㉣에 대한 설명으로 옳은 것만을 〈보기〉에서 있는 대로 고른 것은?

**보기**
ㄱ. 고구려의 간섭을 받았다.
ㄴ. 족외혼의 풍습이 있었다.
ㄷ. 동맹이라는 제천 행사가 있었다.
ㄹ. 특산물로 단궁, 과하마, 반어피가 있었다.

① ㄱ, ㄷ     ② ㄴ, ㄹ     ③ ㄱ, ㄴ, ㄹ
④ ㄱ, ㄷ, ㄹ     ⑤ ㄴ, ㄷ, ㄹ

**09** ㉤의 종교적 특징을 보여 주는 자료로 가장 적절한 것은?

①     ②     ③

④     ⑤

**[10~11]** 다음 삼국의 건국 설화를 읽고, 물음에 답하시오.

(가) 비류와 온조는 자신을 따르는 신하들과 함께 남쪽으로 내려갔다. …… 비류의 신하가 모두 위례에 합류하고 온조를 따르게 되자 나라 이름을 고쳤다.

(나) 옛날 시조 추모왕이 나라를 세웠다. 그는 북부여에서 태어났으며, 천제의 아들이었고, 어머니는 하백의 딸이었다. …… 그는 강을 건너가서 비류곡 홀본 서쪽 산 위에 산을 쌓고 도읍으로 삼았다.

(다) 어느날 고허촌장이 양산 아래를 바라보았다. 우물 곁 숲에 말이 무릎을 꿇고서 울고 있었다. 달려가 보니 말은 간 데 없고 큰 알만 있었다. 알을 깨 보니 어린아이가 나와 거두어 길렀다. …… 6촌의 사람들은 이상하게 태어난 아이라고 하여 임금으로 모셨다.

**10** (가)~(다) 나라에 대한 설명으로 옳은 것은?

① (가) 국가가 가장 먼저 건국되었다.
② (나)는 5부의 연합 국가로 시작하였다.
③ (가)의 유이민 세력이 옮겨 가 (나)를 세웠다.
④ (다)는 마한의 소국에서 출발하여 성장하였다.
⑤ (다)는 (가)의 도움으로 왜의 침략을 물리칠 수 있었다.

**11** (가) 나라에 대한 설명으로 옳은 것을 〈보기〉에서 고른 것은?

**보기**
ㄱ. 고국천왕 때 5부를 개편하였다.
ㄴ. 광개토 대왕이 요동 지방을 차지하였다.
ㄷ. 중국의 남조·가야·왜와 활발하게 교류하였다.
ㄹ. 한강 유역의 위례성을 도읍으로 삼아 발전하였다.

① ㄱ, ㄴ     ② ㄱ, ㄷ     ③ ㄴ, ㄷ
④ ㄴ, ㄹ     ⑤ ㄷ, ㄹ

**12** 다음 유물들과 같은 계통의 유물을 찾기 위해 조사해야 할 지역으로 가장 적절한 것은?

▲ 금동관

▲ 판갑옷

① 만주 쑹화강 유역
② 평양과 대동강 유역
③ 서울 풍납동 토성 일대
④ 경남 김해와 고령 일대
⑤ 낙동강 중상류 지역과 경주, 울산 일대

**13** (가) 시기에 있었던 사실로 옳은 것은?

| 고구려 장수왕이 백제를 공격하여 한성이 함락되었다. | → | (가) | → | 백제 무령왕이 22담로에 왕족을 파견하였다. |

① 백제가 웅진에서 사비로 수도를 옮겼다.
② 백제 동성왕이 신라와 혼인 동맹을 맺었다.
③ 고구려 고국원왕이 백제의 공격으로 전사하였다.
④ 백제가 나라 이름을 일시적으로 '남부여'로 고쳤다.
⑤ 백제 근초고왕이 마한의 대부분 지역을 복속하였다.

**14** (가) 인물의 정복 활동에 대한 설명으로 옳은 것은?

**역사 인물 카드**

• 이름: (가)
1. 연대: 신라의 23대 왕(재위 514~540)
2. 주요 업적
  – 병부를 설치하여 군사 지휘권 체계화
  – 백관 공복의 제도를 실시하여 관직 체계화
  – 최고 관직으로 상대등을 설치하여 귀족 통제

① 우산국을 정복하였다.
② 대가야를 복속시켰다.
③ 금관가야를 복속시켰다.
④ 한강 유역을 차지하였다.
⑤ 함흥평야 일대로 진출하였다.

**15** (가) 왕에 대한 설명으로 옳지 <u>않은</u> 것은?

① 황룡사를 세웠다.
② 불교를 공인하였다.
③ 화랑도를 재편하였다.
④ 가야 연맹을 소멸시켰다.
⑤ 한강 유역을 모두 차지하였다.

**16** (가), (나)에 대한 설명으로 옳은 것은?

① (가) – 후기 가야 연맹을 주도하였다.
② (가) – 광개토 대왕의 공격으로 쇠퇴하였다.
③ (나) – 중앙 집권 국가로 발전하였다.
④ (나) – 신라 지증왕 때 복속되었다.
⑤ (가), (나) – 왜의 군사적인 지배를 받았다.

**17** 다음 유물과 관련된 종교로 옳은 것은?

▲ 이차돈 순교비

① 도교
② 불교
③ 이슬람교
④ 힌두교
⑤ 크리스트교

**18** 다음 신분제에 대한 설명으로 옳은 것은?

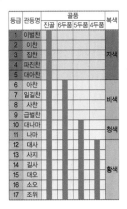

| 등급 | 관등명 | 골품 | | | | 복색 |
|---|---|---|---|---|---|---|
| | | 진골 | 6두품 | 5두품 | 4두품 | |
| 1 | 이벌찬 | | | | | 자색 |
| 2 | 이찬 | | | | | |
| 3 | 잡찬 | | | | | |
| 4 | 파진찬 | | | | | |
| 5 | 대아찬 | | | | | |
| 6 | 아찬 | | | | | 비색 |
| 7 | 일길찬 | | | | | |
| 8 | 사찬 | | | | | |
| 9 | 급벌찬 | | | | | |
| 10 | 대나마 | | | | | 청색 |
| 11 | 나마 | | | | | |
| 12 | 대사 | | | | | 황색 |
| 13 | 사지 | | | | | |
| 14 | 길사 | | | | | |
| 15 | 대오 | | | | | |
| 16 | 소오 | | | | | |
| 17 | 조위 | | | | | |

① 고구려의 신분 제도이다.
② 무령왕이 가장 먼저 시행하였다.
③ 평민을 대상으로 한 신분 제도이다.
④ 신분에 따라 일상생활을 구분하였다.
⑤ 능력에 따라 신분 간 이동이 가능하였다.

**19** 다음 사상과 관련된 유물로 옳은 것은?

- 불로장생을 추구하여 귀족 사회에서 유행하였다.
- 무위자연을 도덕적 규범으로 삼는 노장사상이 결합되었다.

①   ②   ③

④   ⑤

**20** 삼국의 대외 교류에 대한 설명으로 옳은 것만을 〈보기〉에서 있는 대로 고른 것은?

**보기**
ㄱ. 삼국은 중국을 통해 불교, 한자 등을 수용하였다.
ㄴ. 고구려의 각저총 벽화는 서역과의 교류를 보여 주는 유물이다.
ㄷ. 가야 문화가 일본에 전파되어 일본의 스에키에 영향을 주었다.
ㄹ. 백제의 아직기와 왕인은 일본에 처음으로 불교를 전수하였다.

① ㄱ, ㄴ　　② ㄷ, ㄹ　　③ ㄱ, ㄴ, ㄷ
④ ㄱ, ㄷ, ㄹ　　⑤ ㄴ, ㄷ, ㄹ

✎ **서술형 문제**

**21** 다음 유물을 보고, 물음에 답하시오.

▲ 간석기　　▲ 가락바퀴　　▲ 낚싯바늘

(1) 위 유물이 사용된 선사 시대를 쓰시오.

(2) (1) 시대의 사회·경제적 특징을 세 가지 이상 서술하시오.

**22** (가)에 들어갈 나라 이름을 쓰고, 밑줄 친 천하관을 갖게 된 배경을 서술하시오.

(가) 은/는 충주비에 신라를 '동이'라고 표현하여 (가) 이/가 사방의 오랑캐를 복속시킨 천하의 중심임을 과시하였다.

▲ 충주비(충북 충주)

**23** 다음 자료를 보고, 물음에 답하시오.

▲ (가) 고분의 구조　　▲ (가)에서 출토된 천마도

(1) 위 자료와 관련된 나라를 쓰시오.

(2) (가) 고분 양식의 명칭을 쓰고, 이 고분 양식이 갖는 특징을 두 가지 서술하시오.

# 한걸음 나아가기

일정한 단계에 도달한 후에도

오히려 스스로 자만하지 않는 마음을 가지고

백척간두에서도 또 한걸음 나아가고

태산의 정상에서도 다시 태산을 찾아

바라고 또 바라기를

미처 보지 못한 듯이 하여

힘껏 노력하다가 죽은 후에야

그만두기를 목표로 삼아야 한다.

― 정조

나 짱이지?

오오... 인정..

작은 친구에게 오늘 또 하나 배웁니다.

# II

# 남북국 시대의 전개

# 고구려와 수·당의 전쟁

## 1 동아시아 국제 정세의 변화

(1) **6세기 중반** 신라의 한강 유역 차지, 삼국 경쟁에서 주도권 획득 → 중국과 직접 교류, 고구려와 백제의 신라 *협공
└신라는 백제와 고구려의 공격을 받아 어려움에 처하게 됐어.

(2) **6세기 후반**

① 수가 분열되었던 중국 지역 통일(589), 세력 확장 → 고구려가 북쪽의 돌궐과 연합, 남쪽의 백제·왜와 연결 도모

② 고구려, 백제의 계속된 신라 공격 → 신라가 수에 도움 요청

(3) **6세기 말 ~ 7세기 초** [자료1] 남북 세력(고구려, 백제, 왜, 돌궐)과 동서 세력(신라, 수·당)의 대립

## 2 수의 고구려 침략과 살수 대첩

(1) **배경** 수가 고구려에 *복속 요구 → 고구려의 거절, 고구려가 요서 지방을 먼저 공격(598)
└고구려가 수를 선제 공격한 사실을 잘 기억해 둘 필요가 있어. 당과의 차이점이기도 해.

(2) **수의 고구려 침략**

① **수 문제의 침략** 수의 30만 대군이 고구려 침략 → 홍수, 전염병, *풍랑 등으로 성과 없이 철수

② **수 양제의 침략** 113만 명 이상의 대군을 직접 이끈 양제의 침략 → 고구려군의 저항으로 요동성을 함락하지 못함 → 수의 우중문이 이끈 30만의 별동대가 평양성 공격 → 을지문덕이 살수(청천강)에서 큰 승리(살수 대첩, 612) → 이후 여러 차례 수가 고구려에 침입, 실패 [자료2]

- 고구려 영양왕의 공격(598)
→ 수 문제의 침입(598)
→ 수 양제의 1차 침입(612)
--→ 수 양제의 2차 침입(613)
···→ 수 양제의 3차 침입(614)
✻ 격전지

(3) **영향** 수의 국력 소모 → 멸망
└수는 잦은 해외 정벌과 토목 공사로 민심을 잃어 각지에서 반란이 일어났어.

## 3 당의 고구려 침략과 안시성 전투

(1) **배경**

① 당의 외교 관계 변화 친선 관계 → 당 태종 즉위 후 고구려 압박, 정복 의지 표출
└당 태종은 대외 팽창 정책을 펼쳤어.

② 고구려의 천리장성 축조 당의 공격 대비
└보장왕을 내세우고 스스로 대막리지의 자리에 올랐어.

③ 연개소문의 *정변 영류왕을 제거한 후 권력 장악(642)

→ 당 태종의 1차 침입(645)
→ 당 태종의 2차 침입(647~648)
✻ 격전지

(2) **전개** 연개소문의 정변을 구실로 당 태종이 고구려 침략 → 요동성·백암성 등 함락, 안시성 포위 → 안시성 전투에서 고구려 승리(645) → 이후 몇 차례에 걸쳐 당군 침입, 모두 격퇴 [자료3]

(3) **결과** 고구려의 뛰어난 전술(성곽 이용), 강인한 군사력, 수준 높은 제철 기술 이용 → 수와 당의 침입 격퇴로 한반도 전체 보호, 오랜 전쟁으로 고구려의 국력 약화
└중국 중심의 국제 질서 개편 시도에 맞서 독자적인 세력권을 지켜 내어.

---

꼭 **나오는 자료**

**자료1** 6세기 말 ~ 7세기 초 동아시아 국제 정세

◀ 6세기 후반 이후 동아시아에는 신라와 수·당이 연결된 '동서 세력'과 돌궐, 고구려, 백제, 왜가 연결된 '남북 세력'이 대립하는 상황이 전개되었다.

● 남북 세력
● 동서 세력
── 친선 관계
◀▶ 적대 관계

**자료2** 을지문덕과 살수 대첩

**을지문덕이 수의 장군 우중문에게 보낸 시**
신묘한 계책은 천문을 꿰뚫었고,
오묘한 전술은 땅의 이치를 통달하였도다.
전쟁에 이겨 공이 이미 높으니,
만족함을 알고 그만두기를 바라노라.
― 김부식, 『삼국사기』 ―

◉ 제시된 시는 수의 장군 우중문을 칭찬하는 글이 아니라 이제 그만하고 돌아가라는 내용을 우회적으로 표현한 글이다. 우중문이 이끈 수의 별동대는 결국 살수에서 고구려군에게 크게 패하였다.

**자료3** 고구려 승리의 원동력

▲ 백암성 성벽(중국 랴오닝성)

▲ 개마 무사의 갑옷

◉ 고구려의 성 안에는 우물, 저수 시설 등이 있었고, 성벽에는 옆 방향으로 공격이 가능한 치와 성문을 보호하는 옹성이 있었다. 또한 고구려 병사는 갑옷과 투구로 무장하여 전투력을 높였다. 머리부터 발끝까지 철갑으로 무장하고 말까지 철갑을 씌운 '개마 무사'는 고구려의 강한 군사력을 보여 준다. 이와 같이 견고한 성곽과 이를 이용한 방어 전술, 우수한 제철 기술을 바탕으로 한 강력한 군사력 등은 수·당과의 전쟁에서 고구려가 승리한 원동력이 되었다.

---

💬 **용어 사전**

* **협공**(挾 끼다 攻 치다) 양쪽에서 끼고 들이침.
* **복속**(服 복종하다 屬 잇다) 복종하여 붙좇음.
* **풍랑**(風 바람 浪 물결) 바다에서 바람이 불어 일어나는 물결
* **정변**(政 정치 變 변하다) 정치상의 큰 변화

## 문제로 실력다지기

개념 문제

**01** 다음 설명이 맞으면 ○표, 틀리면 ×표를 하시오.

(1) 신라는 수를 견제하기 위해 적극적으로 고구려와 교섭하였다. ·······························(    )

(2) 고구려는 당의 침략에 대비하여 요서 지방을 먼저 공격하였다. ·······························(    )

(3) 6세기 후반 이후 고구려와 백제, 왜가 남북으로 연결되었다. ·······························(    )

**02** 다음은 고구려와 수·당의 전쟁을 비교한 표이다. ㉠, ㉡에 들어갈 알맞은 말을 쓰시오.

| 상대 국가 | 배경 | 대표 전투 |
| --- | --- | --- |
| 수 | 수가 고구려에 복속 요구, 고구려의 거절 | 을지문덕의 (㉠　　　)대첩 |
| 당 | (㉡　　　) 의 정변을 구실로 당 태종이 침략 | 안시성 전투 |

**03** 알맞은 말을 골라 ○표 하시오.

(1) 수 문제는 유목 세력인 돌궐을 누르고 ( 고구려 / 신라 )를 압박하며 복종을 강요하였다.

(2) 고구려는 국경 지역에 ( 수 / 당 )의 침입에 대비하여 천리장성을 쌓았다.

실력 문제

**04** 지도의 국제 정세를 이루던 시기에 삼국에서 있었던 사실로 옳은 것은?

① 신라가 삼국을 통일하였다.

② 백제가 요서 지방에 진출하였다.

③ 고구려가 신라를 도와 왜를 물리쳤다.

④ 고구려가 수도를 평양으로 이동하였다.

⑤ 고구려가 돌궐과 연합하고 백제, 왜의 연결을 도모하였다.

**05** 다음 시가 작성되었을 시기의 상황에 대한 설명으로 옳은 것은?

> 신묘한 계책은 천문을 꿰뚫었고,
> 오묘한 전술은 땅의 이치를 통달하였도다.
> 전쟁에 이겨 공이 이미 높으니,
> 만족함을 알고 그만두기를 바라노라.
>               － 김부식, 『삼국사기』 －

① 당이 백제를 멸망시켰다.

② 수가 고구려를 침입하였다.

③ 고구려가 옥저를 정복하였다.

④ 신라의 왕호가 마립간으로 바뀌었다.

⑤ 백제가 고구려의 고국원왕을 전사시켰다.

**06** 다음 가상 인터뷰를 통해 알 수 있는 내용으로 적절한 것은?

① 백제가 율령을 반포하였다.

② 고구려와 수가 대립하였다.

③ 신라와 백제가 동맹을 맺었다.

④ 신라가 한강 유역을 차지하였다.

⑤ 고구려가 왕위의 부자 상속제를 확립하였다.

**고난도**

**07** 다음 자료의 상황이 나타나게 된 배경으로 옳은 것은?

천리장성은 랴오허 강을 따라 북쪽의 부여성에서 남쪽의 비사성에 이르는 긴 성으로, 고구려가 무려 16년에 걸쳐 완성하였다.

① 수가 중국을 통일하였다.
② 당이 대외 팽창 정책을 펼쳤다.
③ 백제가 한강 유역에 자리 잡았다.
④ 신라에서 김씨가 왕위를 세습하게 되었다.
⑤ 신라가 중국과 대립할 정도로 성장하였다.

**08** (가), (나) 국가에 대한 설명으로 옳은 것은?

(가) 분열되었던 중국 지역을 통일한 이 나라는 유목 세력인 돌궐을 제압하고 고구려를 압박하였다.
(나) 이 나라는 3성 6부제를 두는 등 율령 체제를 완성하였으나 안·사의 난 등으로 위기를 맞기도 하였다.

① (가) – 김춘추의 제안으로 신라와 동맹을 맺었다.
② (가) – 외적의 침입에 대비하여 천리장성을 세웠다.
③ (나) – 신라를 도와 왜의 침입을 물리쳤다.
④ (나) – 연개소문의 정변을 구실로 고구려를 침공하였다.
⑤ (가), (나) – 신라를 침입하여 전쟁을 벌였다.

**09** 7세기 고구려의 대외 관계에 대한 설명으로 옳은 것은?

① 한강 이북 지역을 차지하였다.
② 광개토 대왕릉비를 건립하였다.
③ 백제에 의해 평양성을 공격받았다.
④ 살수에서 벌어진 전투에서 수에 승리하였다.
⑤ 국내성으로 수도를 옮겨 주변 소국을 점령하였다.

**10** 고구려와 (가)의 전쟁 과정에서 있었던 사실로 옳은 것은?

① 충주 고구려비가 건립되었다.
② 고구려가 평양으로 천도하였다.
③ 고구려가 산성에서 방어에 성공하였다.
④ 침입한 국가가 원정 실패로 멸망하였다.
⑤ 고구려군이 먼저 요서 지방을 공격하였다.

**중요**

**11** 다음 상황의 역사적 의의로 적절한 것은?

고구려는 수·당의 침입을 격퇴하고 중국 중심의 국제 질서 개편 시도에 맞서 독자적인 세력권을 지켜 냈다.

① 고구려와 중국의 교류가 더욱 활발해졌다.
② 고구려가 삼국을 통일하는 배경이 되었다.
③ 고구려가 중국의 직접적인 지배권에 들어갔다.
④ 고구려가 삼국 경쟁에서 주도권을 차지하였다.
⑤ 중국의 침입으로부터 한반도 전체를 보호하였다.

**서술형**

**12** 다음 글을 읽고, 물음에 답하시오.

중국 수의 뒤를 이은 이 나라의 황제 태종은 국내 정치가 안정되자 고구려를 압박하기 시작하였다.

(1) 밑줄 친 '이 나라'를 쓰시오.

(2) (1) 국가의 고구려에 대한 정책과 관련하여 고구려의 대응과 결과를 서술하시오.

# 신라의 삼국 통일과 발해 건국

## 1 신라의 위기와 나당 연합

(1) **신라의 위기** 7세기 백제 의자왕이 고구려와 협력해 신라의 당 항성 공격 → 신라의 40여 성 함락, 대야성(경남 합천)까지 진출하여 수도 위협 → 김춘추가 고구려에 가 군사적 도움 요청 → <u>고구려의 거절</u> 〔고구려가 신라에 빼앗긴 죽령 이북의 땅을 돌려줄 것을 요구해 협상이 결렬되었어.〕

(2) **나당 연합 결성** 신라의 김춘추가 당 태종에 군사 동맹 제안 → 당 태종의 수용(648), 신라가 대동강 이북의 고구려 땅을 당에 양보할 것을 약속 **자료1** 〔당이 수용하게 된 데에는 신라를 이용하여 고구려를 정복하려는 목적이 있었어.〕

## 2 백제의 멸망과 부흥 운동
〔김유신이 지휘하는 신라군은 황산벌에서 계백의 결사대를 물리친 후 당군과 연합하여 사비성을 포위했어.〕

(1) **백제의 멸망** 지배층의 분열로 정치적 혼란, 나당 연합군의 공격 → 계백이 이끄는 백제의 결사대가 황산벌 전투에서 김유신이 이끄는 신라군에 패배 → 사비성 함락, 의자왕의 항복(660)

(2) **백제 부흥 운동** 복신·도침(주류성), 흑치상지(임존성)가 주도 → 지도층 분열, 백제를 지원하러 온 왜군이 백강 전투에서 패배하면서 실패(663)

## 3 고구려의 멸망과 부흥 운동

(1) **고구려의 멸망** 연개소문 사후 권력 다툼 → 나당 연합군의 평양성 함락(668)

(2) **고구려 부흥 운동** 당이 고구려의 옛 땅 차지 → 검모잠·안승(한성), 고연무(오골성)가 주도 → 지도층의 분열로 안승이 검모잠 제거 후 신라에 항복하면서 실패

## 4 나당 전쟁과 신라의 삼국 통일 **자료2**

(1) **나당 전쟁과 삼국 통일** 〔신라가 안승을 보덕국의 왕으로 임명하여 고구려 유민을 포섭하기도 했어.〕

| 원인 | 당이 한반도 전체 지배 야심 표출 → 백제와 고구려 옛 땅과 신라에 통치 기구 설치(웅진도독부, 안동도호부, 계림도독부) |
|---|---|
| 전개 | • 신라의 대응: 백제 유민에게 관직 부여, 고구려 부흥 운동 지원<br>• 동아시아 국제 정세: 토번의 실크로드 장악·당 압박, 신라와 고구려 부흥군이 연합하여 당의 부대를 선제공격<br>• 삼국 통일 완성: 당의 신라 침략 → 신라가 매소성 싸움, 기벌포 싸움에서 대승 → 당군 *축출 → 신라의 삼국 통일(676) |

(2) **삼국 통일의 의의**

① **의의** 고구려·백제 유민과 협력, 우리 민족 최초의 통일, 새로운 민족 문화 발전의 기틀 마련

② **한계** 외세(당)을 끌어들임, 대동강 이북의 옛 고구려 땅 상실

③ **영향** 유목 지역에서 돌궐 *부흥, 발해의 건국 기반 마련

## 5 고구려를 계승한 발해의 건국 **자료3**

(1) **건국(698)** 대조영이 고구려 유민과 말갈인을 이끌고 요서영주 지역 탈출, 동모산에 도읍 → 남북국의 형세를 이룸.

(2) **고구려 계승 국가 *표방** 〔고구려 유민을 중심으로 건국, '고려(고구려) 국왕' 명칭 사용〕〔지배층에 고구려 유민이 많았어.〕〔고구려를 비롯한 여러 민족이 당의 지배를 받고 있었어.〕

---

## 꼭 나오는 자료

**자료1** 김춘추의 외교 활동

〔백제를 먼저 없애면, 신라의 보급 부대가 당군의 평양성 공격을 직접 도울 수 있습니다. — 김춘추〕
〔내가 고구려와 백제 두 나라를 평정하면 평양 이남의 백제 땅을 신라에 주겠다. — 당 태종〕

⬥ 백제의 공격으로 위기를 맞은 신라는 김춘추를 고구려에 보내 군사적 도움을 요청하였으나 고구려가 죽령 이북의 땅을 요구하며 김춘추를 감금하였다. 기지를 발휘해 탈출한 김춘추는 고구려와의 전쟁에서 패한 당으로 건너가 당과의 군사 동맹에 성공하여 나당 연합군이 결성되었다.

**자료2** 백제와 고구려의 부흥 운동과 신라의 삼국 통일

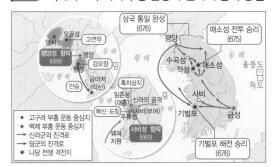

⬥ 백제와 고구려가 멸망한 후 각각의 땅을 당이 다스릴 때 두 지역의 부흥 운동이 일어났다. 한편, 토번이 당을 압박하자 신라가 고구려 부흥군과 힘을 합쳐 당을 공격하였고, 이후 매소성, 기벌포에서 당을 크게 격파한 후 당을 몰아내어 삼국 통일을 완성하였다.

**자료3** 고구려를 계승한 발해

• 대조영은 본래 고구려의 별종이다. — 『구당서』 —

• 발해 왕은 일본에 보낸 외교 문서에서 스스로 '고려(고구려) 왕'이라고 칭하였고, 일본도 발해를 고려라고 불렀다. — 일연, 『삼국유사』 —

⬥ 발해는 고구려인이 지배층의 핵심을 이루어 고구려 계승 의식이 강하였다. 발해는 일본에 국서를 보낼 때 스스로 '고려(고구려) 왕'이라고 칭하기도 하였다.

---

**🅐 용어 사전**

* **축출(逐 쫓다 出 나다)** 쫓아내거나 몰아냄.

* **부흥(復 다시 興 일어나다)** 쇠퇴한 것이 다시 일어남.

* **표방(標 표하다 榜 방을 붙이다)** 어떤 명목을 붙여 주장을 내세움.

### 개념 문제

**01** 다음 설명이 맞으면 ○표, 틀리면 ×표를 하시오.

(1) 신라의 김춘추는 고구려에 가 군사적 도움을 요청하였지만 실패하였다. ·····························( )

(2) 백제 부흥 운동은 당시 백제를 도우러 온 왜군이 백강 전투에서 패배하면서 실패하였다. ····( )

(3) 검모잠은 영주를 탈출하여 동모산에 발해를 세웠다.
·································································( )

**02** 다음 ㉠, ㉡에 들어갈 알맞은 말을 쓰시오.

| 국가 | 멸망 과정 | 부흥 운동 |
|---|---|---|
| 백제 | (㉠ )의 결사대 항전 → 나당 연합군의 승리 | 복침, 도침, 흑치상지 등 → 지배층의 분열, 백강 전투 패배 등으로 실패 |
| 고구려 | 연개소문 사후 내분 → 나당 연합군의 승리 | 검모잠, 안승, 고연무 등 → (㉡ )의 신라 항복으로 실패 |

**03** 알맞은 말을 골라 ○표 하시오.

(1) 김춘추는 ( 당 / 고구려 )에 건너가 군사 동맹을 요청하였고 그 결과 연합군이 결성되었다.

(2) 신라군은 ( 매소성 / 안시성 ), 기벌포 등지에서 당군을 잇달아 크게 격파하였고, 이로써 당군은 한반도에서 물러갔다.

### 실력 문제

**04** 다음 대화 이후의 상황으로 적절한 것은?

> 김춘추: 백제를 공격할 군사를 빌려주십시오.
> 연개소문: 그대 나라가 빼앗아 간 옛 고구려의 영토를 돌려주지 않으면 우리는 그대 나라를 도울 수 없소.

① 고구려가 남진 정책을 추진하였다.
② 신라와 당이 군사 동맹을 체결하였다.
③ 고구려와 당이 안시성 전투를 벌였다.
④ 백제 국왕이 관산성 전투에서 전사하였다.
⑤ 고구려군이 살수에서 수 군대에 승리하였다.

**05** 다음 자료를 활용한 탐구 주제로 적절한 것은?

> 나당 동맹군이 주류성을 공격하였다. 이때 왜가 한반도에 군대를 파견하였다. 이에 백강에서 전투가 벌어졌다. 이 전투에서 왜는 크게 패하였고, 본토로 돌아간 왜는 곳곳에 성을 쌓아 나당 동맹군의 공격에 대비하였다.

① 살수 대첩의 승리와 효과
② 의자왕 주도의 정복 전쟁과 특징
③ 나당 전쟁의 전개와 신라의 승리
④ 백제의 멸망과 부흥 운동의 전개
⑤ 고구려와 신라의 연합과 왜의 격퇴

**06** 다음 사건들을 일어난 순서대로 옳게 나열한 것은?

> (가) 평양성의 함락으로 고구려가 멸망하였다.
> (나) 김춘추가 고구려에 군사적 도움을 요청하였다.
> (다) 백제 결사대가 황산벌 전투에서 신라군에 패하였다.
> (라) 나당 연합군의 공격으로 백제 의자왕이 항복하였다.

① (가) – (나) – (다) – (라)  ② (나) – (다) – (라) – (가)
③ (나) – (라) – (가) – (다)  ④ (다) – (나) – (가) – (라)
⑤ (다) – (라) – (나) – (가)

**07** (가)의 부흥 운동에 대한 설명으로 옳은 것은?

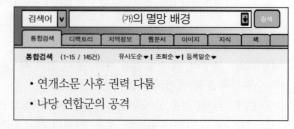

| 검색어 ▾ | (가)의 멸망 배경 | ▼ 검색 |
|---|---|---|

| 통합검색 | 디렉토리 | 지역정보 | 웹문서 | 이미지 | 지식 | 책 |
|---|---|---|---|---|---|---|

**통합검색** (1-15 / 145건)    유사도순 ▾ | 조회순 ▾ | 등록일순 ▾

- 연개소문 사후 권력 다툼
- 나당 연합군의 공격

① 검모잠 등이 주도하였다.
② 왜군과 연합군을 결성하였다.
③ 황산벌에서 신라군에 패하였다.
④ 웅진도독부를 설치하여 대항하였다.
⑤ 천리장성을 세워 나당 연합군과의 전투에 대비하였다.

**08** 지도의 전쟁이 일어난 된 배경으로 옳은 것은?

① 백제 부흥 운동이 일어났다.
② 연개소문이 정변을 일으켰다.
③ 고구려가 천리장성을 세웠다.
④ 당이 한반도 전체를 지배하려 하였다.
⑤ 을지문덕이 살수 대첩에서 승리하였다.

**09** 다음 상황으로 인해 나타난 사실로 옳은 것은?

> 당은 고구려와 백제의 수도에 각각 안동도호부와 웅진도독부를 설치하고, 신라에도 계림도독부를 설치하였다.

① 대가야가 멸망하였다.
② 나당 전쟁이 벌어졌다.
③ 나제 동맹이 체결되었다.
④ 의자왕이 당항성을 공격하였다.
⑤ 화랑도가 국가 조직으로 개편되었다.

 **10** (가)에 들어갈 내용으로 적절한 것은?

> **신라의 삼국 통일**
> 1. 과정: 나당 연합군 결성 → 백제와 고구려 멸망 → 매소성, 기벌포 전투 → 삼국 통일 완성
> 2. 의의: (가)

① 한반도 전체 방어
② 한강 유역 확보 계기
③ 김씨 왕위 계승권 확립
④ 부흥 운동을 통한 저항
⑤ 민족 문화 발전의 기틀 마련

중요
**11** 다음의 과정으로 건국된 나라에 대한 설명으로 옳은 것은?

> 대조영은 그 무리를 이끌고 영주로 옮겨 와 살았다. …… 마침내 무리를 이끌고 계루의 옛 땅으로 들어가 동모산을 거점으로 성곽을 쌓고 거주하였다.

① 황산벌 전투에서 패배하였다.
② 안시성 전투에서 승리하였다.
③ 고구려 계승 의식이 강하였다.
④ 신라의 지원을 받아 건국되었다.
⑤ 신분 제도로 골품제를 마련하였다.

 **12** 다음 글을 읽고, 물음에 답하시오.

> 신라는 안승을 보덕국의 왕으로 임명하여 고구려 유민을 포섭하였다. 이어 매소성 싸움과 기벌포 싸움에서 (가) 의 군대를 격파하였다.

(1) (가)에 들어갈 알맞은 국가를 쓰시오.

(2) 위 상황이 가져온 결과를 쓰고, 그 결과가 우리 역사에서 어떤 의의와 한계를 갖는지 서술하시오.

# 통일 신라와 발해의 발전

## 1 신라의 왕권 강화

| 무열왕 (김춘추) | 김유신의 후원으로 왕위 계승, 이후 직계 자손이 왕위 계승, 유교 정치 이념 수용, *집사부 독립(시중의 역할 강화), 귀족 회의의 기능 축소 |
|---|---|
| 문무왕 | 삼국 통일 완성, 친당적인 귀족 세력 축출 |
| 신문왕 | 정책에 반대한 진골 귀족 세력 숙청(김흠돌의 난), 여러 제도 정비 자료1 → 왕권 강화, 6두품 세력이 왕의 정치적 조언자로 활동 |

┌ 통일 후 궁궐을 확장하고 월지를 건설하는 등    ┌ 신문왕의 장인이었어.
왕의 위엄을 과시하였어.

## 2 신라의 통치 제도 정비

┌ 집사부를 중심으로 10여 개의 관청에서
행정 업무를 효율적으로 나누었어.

(1) **중앙 정치**   집사부(왕의 직속 기관)와 시중(중시)을 중심으로 운영 → 화백 회의의 기능과 상대등의 권한 축소

(2) **지방 행정**   신문왕이 9주 5소경 체제 정비 자료2

① **9주**   주 아래 군·현 설치(지방관 파견), 촌은 촌주가 관리

② **5소경**   수도 금성이 동남쪽에 치우친 점을 보완하기 위해 설치 → 지방 정치와 문화의 중심지, 지방 세력 견제에 이용

(3) **군사 조직**   9서당 10정

① **9서당**   중앙군, 신라인뿐만 아니라 고구려 유민·백제 유민·말갈인 포함
     └ 민족 통합을 도모하였어.

② **10정**   지방군, 9주에 각각 1개의 정 설치, 국경 지방인 한주에 2개의 정 배치
     ┌ '충'과 '효'를 강조하였어.

(4) **국학 설치**   국립 교육 기관으로 유학 사상 보급

(5) **토지 제도**   관료전 지급, *녹읍 폐지·녹봉 지급(신문왕)
     └ 8세기 중반 귀족 세력의 강화로 녹읍이 부활되기도 했어.
   └ 해당 토지의 소유권이 아니라 조세를 거둘 수 있는 권리만 인정하였어.

## 3 발해의 발전

(1) **발전 과정**

┌ 동북쪽의 여러 말갈족을 복속하여
북만주 일대까지 세력을 확대했어.

| 무왕 | '인안'이라는 독자 연호 사용, 영토 확장, 돌궐·일본과 친선 관계를 통해 당과 신라 견제, 장문휴를 시켜 당의 산둥 지방(등주) 공격(732) |
|---|---|
| 문왕 | 8세기 후반, 상경성으로 천도, 중앙과 지방의 통치 체제 정비, 당과의 친선 도모(문물 수용), 신라와 교통로 개설 |
| 선왕 (전성기) | 9세기 전반, 연해주 ~ 요동 지방까지 영토 확장, 옛 고구려 영토의 대부분 차지 → 이후 당으로부터 *'해동성국'이라 불림. |

(2) **멸망**   귀족의 권력 다툼으로 쇠퇴, 거란의 침략으로 멸망 (926), 이후 부흥 운동 실패, 발해 왕자 대광현 등 유민이 고려로 망명

## 4 발해의 통치 제도 정비 자료3
   └ 3성은 정당성을 중심으로 운영되었어.

(1) **중앙 정치**   당의 제도를 본떠 3성 6부 조직, 정당성 아래 6부 설치(명칭에 유교 덕목 반영) → 독자성 유지

(2) **지방 행정**

① **5경**   정치·군사적 중심지, 여러 교통망 연결

② **15부 62주**   지방 행정 중심지에 설치, 주 아래에 현 설치, 주·현에 지방관 파견

② **촌락**   말갈 족장의 직접 지배, 지방관의 행정 보좌

(3) **군사 제도**   10위(중앙군), 전략 요충지·국경 지역에 지방군 설치

(4) **교육 기관**   주자감을 설치하여 유학 교육

---

### 자료1 신문왕의 개혁 정치

▲ 교육 제도     ▲ 토지 제도     ▲ 정치 제도

신문왕은 국립 교육 기관인 국학을 설치하여 귀족 자제들에게 유학을 가르쳤다. 또한 녹읍을 폐지하여 귀족의 경제 특권을 제한하고 국가 재정을 확보하였다. 중앙에서는 왕의 비서 기관인 집사부를 독립시켜 시중의 권한이 커졌다. 한편 화백 회의의 기능을 축소하여 상대등의 권한은 줄어들었다.

### 자료2 통일 신라의 지방 행정 제도

◀ 신라는 전국을 9주로 나누고 그 아래 군·현을 두어 지방관을 내려 보냈으나, 가장 작은 단위인 촌은 토착 세력인 촌주가 관리하게 하였다. 주요 지방에는 5소경을 설치하여 수도 금성이 동남쪽에 치우친 지리적 단점을 보완하고 지방 세력의 성장을 억제하고자 하였다.

### 자료3 발해의 중앙 정치와 지방 통치 제도

▲ 발해의 중앙 정치 조직     ▲ 발해의 최대 영역과 지방 통치 제도

발해는 당의 제도를 본떠 중앙 정치 조직을 3성 6부로 정비하였다. 그러나 당과 달리 정당성이 6부의 행정을 총괄하고 6부의 명칭에 유교 덕목을 따서 '충·인·의·지·예·신'으로 하는 등 운영과 명칭에서 독자성을 유지하였다. 발해의 수도는 여러 차례 바뀌었으며 지방의 주·현에는 지방관을 파견하였다.

---

●❙ 용어 사전

* **집사부**   진덕 여왕 때 개편된 신라 최고 부서로 장관인 시중(중시)을 중심으로 운영

* **녹읍(祿 녹 邑 고을)**   관리에게 지급한 토지로, 세금뿐만 아니라 그 토지에 딸린 농민의 노동력까지 취할 수 있는 특권

* **해동성국(海 바다 東 동쪽 盛 성하다 國 나라)**   바다 동쪽의 융성한 나라

### 개념 문제

**01** 다음 설명이 맞으면 ○표, 틀리면 ×표를 하시오.

(1) 태종 무열왕은 집사부를 독립시켜 그 장관인 시중의 역할을 강화하였다. ·····················( )

(2) 신문왕은 진골 귀족들의 경제 기반이었던 녹읍을 부활하였다. ·····························( )

(3) 발해는 당과 달리 정당성이 6부를 총괄하였고 6부의 명칭에 유교 덕목을 반영하였다. ·········( )

**02** 다음 ⊙, ⓒ에 들어갈 알맞은 말을 쓰시오.

| 국왕 | 중국과의 관계 | 정책 |
|---|---|---|
| 무왕 | 당과 (⊙ ) 관계 | 당의 산둥 지방(등주) 공격 |
| 문왕 | 당과 친선 관계 | (ⓒ )으로 천도 |

**03** 알맞은 말을 골라 ○표를 하시오.

(1) ( 문무왕 / 신문왕 )은 김흠돌을 숙청하고 왕권에 도전하였던 진골 귀족을 제압하였다.

(2) 발해는 수도를 비롯해 행정 중심지에 ( 5경 / 5소경 )을 두어 넓은 영토를 효과적으로 다스렸다.

### 실력 문제

**04** (가) 기구에 대한 설명으로 옳은 것은?

① 그 아래에 6부를 두었다.
② 귀족들의 회의 기구였다.
③ 발해의 최고 정치 기구였다.
④ 상대등의 권력을 뒷받침하였다.
⑤ 장관인 시중을 중심으로 운영되었다.

**05** 다음 왕이 추진한 정책으로 옳은 것은?

김흠돌의 나쁜 행동이 쌓이고 죄가 가득 차서 그 음모가 탄로 나고 말았다. 이에 군사를 보내 제거하였다.

① 녹읍을 부활하였다.
② 국학을 설립하였다.
③ 대가야를 병합하였다.
④ 삼국 통일을 완성하였다.
⑤ 율령을 반포하고 불교를 수용하였다.

중요
**06** (가)에 들어갈 내용으로 적절한 것을 〈보기〉에서 고른 것은?

[수행 평가 보고서]
**○○○○의 통치 제도 정비**
• 시기: 삼국 통일 이후
• 해당 시기의 국왕: 문무왕 ~ 신문왕
• 목적: 넓어진 영토 정비와 강력한 왕권 확립
• 새롭게 정비된 제도

(가)

┌ 보기 ┐
ㄱ. 관료전을 지급하였다.
ㄴ. 3성 6부를 설치하였다.
ㄷ. 9주 5소경을 정비하였다.
ㄹ. 화랑도를 국가 조직으로 재편하였다.

① ㄱ, ㄴ          ② ㄱ, ㄷ          ③ ㄴ, ㄷ
④ ㄴ, ㄹ          ⑤ ㄷ, ㄹ

중요
**07** 통일 신라가 다음 제도를 정비한 목적으로 옳은 것은?

① 민족 통합을 꾀하고자 하였다.
② 국가 재정을 확보하고자 하였다.
③ 유교 통치 이념을 확립하고자 하였다.
④ 귀족의 경제 기반을 마련하고자 하였다.
⑤ 수도 위치의 단점을 보완하고자 하였다.

**08** 밑줄 친 '이 국왕' 시기에 있었던 사실로 옳은 것은?

> 발해의 이 국왕은 당의 산둥 지방(등주) 공격을 결정
> 하였다. 732년 9월 장문휴를 보내 당의 등주자사 위
> 준을 죽였다. 공격을 당한 당은 우령군장군 갈복순
> 을 보내 공격하게 하였다.

① 골품제 정비　　　② 22담로 설치
③ 상경성 천도　　　④ '인안' 연호 사용
⑤ 관산성 전투 승리

**09** (가) 국가의 중앙 정치 조직에 대한 설명으로 옳은 것은?

▲ 　(가)　 주민 380명의 성씨 구성

① 3성 6부로 구성되었다.
② 장관으로 시중이 있었다.
③ 고구려, 백제, 신라인들이 포함되었다.
④ 당 정치 기구의 명칭을 그대로 따랐다.
⑤ 장관들이 화백 회의에 참여할 수 있었다.

고난도
**10** (가) 나라에 대한 학생들의 발표 내용으로 적절한 것을 〈보기〉
에서 고른 것은?

| 　(가)　의 왕이 사용한 연호 | |
|---|---|
| 1. 내용: | |

| 왕 | 연호 |
|---|---|
| 문왕 | 대흥, 보력 |
| 성왕 | 중흥 |
| 선왕 | 건흥 |

2. 설명: 　(가)　의 왕들은 독자적인 연호를 사용하
였으며, 이는 당과 대등하다는 의식을 드러
냈다.

─ 보기 ─
ㄱ. 경원: 나당 연합군에 의해 멸망하였어요.
ㄴ. 지영: 신분 제도로 골품제를 운영하였어요.
ㄷ. 효진: 정당성을 중심으로 3성을 운영하였어요.
ㄹ. 민호: 고구려 유민과 말갈인으로 구성되었어요.

① ㄱ, ㄴ　　② ㄱ, ㄷ　　③ ㄴ, ㄷ
④ ㄴ, ㄹ　　⑤ ㄷ, ㄹ

서술형
**11** 지도를 보고, 물음에 답하시오.

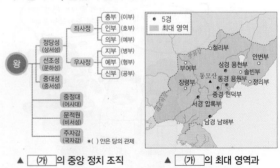

▲ 　(가)　의 중앙 정치 조직　　▲ 　(가)　의 최대 영역과
지방 통치 제도

(1) (가) 국가의 명칭과 전성기에 불렸던 명칭을 쓰시오.

(2) (가) 국가가 중앙 정치 조직에서 당과 달리 독자성
을 유지하였음을 보여 주는 사례 두 가지를 서술
하시오.

# 주제 12 신라 말 사회 동요와 후삼국 시대

## 1 진골 귀족의 왕위 다툼

(1) **중앙 정치의 혼란** 〔8세기 후반부터 연이은 자연재해로 재정이 어려워져 왕권이 흔들리기 시작하였어.〕

① **배경** 8세기 후반부터 소수의 진골 귀족에게 권력 집중

② **정치 혼란** 왕권 약화, 진골 귀족 간 분열 → 혜공왕이 귀족들의 반란으로 피살(780) → 150여 년간 20명의 왕 교체

(2) **지방 세력의 반란** 자료1 〔청해진을 설치해 군사력을 키웠어.〕

① **배경** 중앙 정치의 혼란 → 지방의 통제력 약화

② **혼란** 김헌창의 난, 장보고의 반란 → 실패

## 2 농민의 봉기

(1) **배경** 녹읍 부활 이후 귀족들의 지나친 농민 수탈, 자연재해와 기근, 정부의 세금 독촉 등으로 농민의 삶 피폐 자료2

(2) **봉기** 9세기 말 진성 여왕 때 원종과 애노의 난(사벌주, 889)을 시작으로 전국 각지에서 잇달아 봉기

## 3 새로운 세력의 등장

(1) **지방 호족**

① **출신** 대부분 촌주 출신, 중앙에서 지방으로 내려온 귀족, *군진 세력, 해상 세력 등

② **성장** 군대를 기반으로 성을 쌓고 지역 방어, 세금 징수, 스스로 '성주·장군'으로 칭하고 지방을 실질적으로 지배 〔독자적인 통치 기구를 두었어.〕

(2) **6두품 세력** 골품제의 모순 비판, 개혁 요구 → 지방 호족과 손잡고 새 사회 건설 도모

## 4 새로운 사상의 유행

(1) **선종의 유행** 〔교리 연구를 중시한 교종과 달리 선종은 인간의 마음에 내재된 깨달음을 얻는다는 실천적인 경향이 강했어.〕

| 교리 | 개인의 깨달음 중시 → 호족과 백성의 호응, 새로운 사회 건설의 사상적 기반 〔승려의 뼈와 사리를 모셨어.〕 |
|---|---|
| 확산 | 호족의 후원을 받아 전국에 선종 사찰 건립, 승탑 건립 유행 |

(2) **풍수지리 사상의 확산** 도선이 보급, 경주 중심의 지리 개념에서 탈피, 지방의 중요성 강조 → 새로운 사회 건설의 사상적 기반

## 5 후삼국의 성립 자료3

(1) **후백제의 건국**

| 건국 | 견훤의 성장(상주 출신, 서남해안 군진의 장교), 완산주에서 건국(900) |
|---|---|
| 발전 | 최승우 등 6두품 세력을 등용하여 통치 조직 정비, 전라도·충청도·경상도 일부 지배 → 강력한 세력 형성 |

(2) **후고구려의 건국**

| 건국 | • 궁예의 성장: 양길의 부하였다가 자립 → 경기·황해 일대의 호족을 세력 기반으로 확대)<br>• 건국: 궁예가 송악(개성)에서 건국(901) |
|---|---|
| 발전 | • 철원으로 천도, 마진·태봉 등으로 국호 변경<br>• *광평성 설치 등 새로운 통치 제도 정비, 황해도, 경기도, 강원도 지역을 아우르는 영토 확보 → 점차 가혹하게 통치 |

## 꼭 나오는 자료

### 자료1 신라 말의 사회 혼란

9세기 말 원종과 애노의 난을 시작으로 전국 각지에서 농민이 봉기하였다. 지방에서는 호족이 반란을 일으키기도 하였는데, 웅진의 도독 김헌창은 자신의 아버지가 왕이 되지 못한 것에 불만을 품고 822년 난을 일으켰다. 해상 활동으로 세력을 키운 장보고도 왕위 계승 분쟁에 관여하였다.

이와 같이 신라 말에는 사회 혼란이 지속되었다.

### 자료2 신라 말 귀족과 농민의 삶

• 재상의 집에는 녹이 끊이지 않으며, 노비가 3,000명이나 되고, 병사와 소·말·돼지도 이와 비슷하다. …… (곡식을) 기간 안에 갚지 못하면 노비로 삼아 일을 시킨다.
　　　　　　　　　　　　－ 「신당서」 －

• 봄에 백성들이 기근 때문에 자손을 팔아 살아갔다.
　　　　　　　　　　　　－ 「삼국사기」 －

• 기유년(889)부터 을묘년(895)까지 천지가 온통 난리로 어지러워 들판은 전쟁터가 되었다.
　　　　　　　　　　　　－ 해인사 길상탑 벽돌 －

신라 말 진골 귀족들의 왕위 계승 분쟁과 자연재해로 사회가 불안하였다. 농민들은 무거운 세금으로 고통받고 있었고 6두품 출신의 세력이 골품제를 비판하고 개혁을 요구하였으나 받아들여지지 않았다.

### 자료3 후삼국의 성립

후백제는 완산주를 근거지로 건국되었고, 지금의 전라도, 충청도, 경상도 서부 지역을 지배하였다. 후고구려는 송악에서 건국되었고, 수도를 철원으로 옮기고 나라 이름을 마진·태봉 등으로 바꾸었다. 후백제와 후고구려의 건국으로 신라는 다시 후삼국으로 분열되었다.

### 용어 사전

* **군진(軍 군사 陣 묶다)** 군대의 진영
* **광평성** 태봉에서 국정을 다스리던 관청

## 문제로 실력다지기

**개념 문제**

**01** 다음 설명이 맞으면 ○표, 틀리면 ×표를 하시오.

(1) 8세기 후반 이후 진골 귀족의 권력 다툼이 심해졌고 지방 세력이 왕위 쟁탈전에 개입하기도 하였다. ·····································( )

(2) 사벌주에서 일어난 김헌창의 난을 시작으로 농민 봉기가 전국으로 확대되었다. ···············( )

(3) 지방 호족들은 자신의 지역과 농민을 보호한다는 명분으로 성을 쌓고 스스로 성주나 장군이라 칭하였다. ···································( )

**02** 알맞은 말을 골라 ○표를 하시오.

(1) 9세기 전반 ( 김헌창 / 장보고 )이/가 자신의 아버지가 왕이 되지 못한 것에 불만을 품고 반란을 일으켰다.

(2) 호족은 경주를 벗어나 지방의 중요성을 일깨워 준 ( 선종 / 풍수지리 사상 )을 사상적 기반으로 삼았다.

**03** 다음 ㉠, ㉡에 들어갈 알맞은 말을 쓰시오.

| 나라 | 건국자 | 도읍 |
|---|---|---|
| 후백제 | (㉠      ) | 완산주(전주) |
| 후고구려 | 궁예 | 송악 → (㉡      ) |

**실력 문제**

**04** (가)에 들어갈 내용으로 적절한 것은?

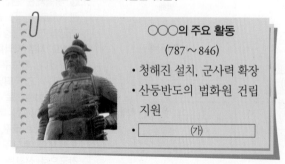

○○○의 주요 활동

(787~846)

• 청해진 설치, 군사력 확장
• 산둥반도의 법화원 건립 지원
• (가)

① 9서당에 소속되었다.
② 집사부 장관이 되었다.
③ 완산주에 도읍을 하였다.
④ 왕위 쟁탈전에 개입하였다.
⑤ 6두품으로 왕의 조언자가 되었다.

**05** 다음 상황이 나타난 시기에 볼 수 있었던 모습으로 적절한 것은?

> 진성 여왕 3년 나라 안의 여러 주·군에서 공물과 조세를 보내지 않아 나라의 창고가 텅 비어 나라의 쓸 씀이가 궁핍하게 되었으므로 왕이 사자를 보내 독촉하였다. 이로 말미암아 도적들이 곳곳에서 벌 떼처럼 일어났다. 이에 원종과 애노 등이 사벌주를 근거지로 반란을 일으켰다.
> － 「삼국사기」 －

① 세금 납부를 거부하는 농민
② 나당 동맹을 추진하는 사신
③ 국학의 설치를 명령하는 왕
④ 안시성 전투에 참여하는 군인
⑤ 녹읍 폐지로 불만을 제기하는 귀족

**중요**
**06** (가) 세력에 대한 설명으로 옳은 것은?

[수행 평가 보고서]
• 탐구 주제: (가)  의 활동 조사
• 모둠별 조사 내용

| 모둠 | 내용 |
|---|---|
| 1 모둠 | 신라 말 지역 세력가의 사례 |
| 2 모둠 | 성주, 장군 등의 호칭과 세력 규모 |
| 3 모둠 | 선종과의 연계와 그 이유 |

① 삼국 통일을 완성하였다.
② 지방의 촌주 출신이 많았다.
③ 김흠돌의 난으로 숙청당하였다.
④ 정부의 조세 납부 독촉에 반발하여 봉기를 일으켰다.
⑤ 당의 유학생 출신이 많았고 골품제 모순을 비판하였다.

중요
**07** 밑줄 친 '이 인물'이 속한 계층에 대한 설명으로 옳은 것은?

> 이 인물은 당을 섬기다가 고국에 돌아온 후 진성 여왕에게 개혁안을 올렸으며 혼란한 세상을 만나 운수가 꽉 막히었다. 움직이면 매번 비난을 받으니 스스로 불우함을 한탄하여 다시 관직에 나갈 뜻이 없었다.

① 화백 회의를 주도하였다.
② 고위 관직을 독점하였다.
③ 골품제의 모순을 비판하였다.
④ 주자감에 입학할 자격이 있었다.
⑤ 스스로 성주·장군이라 칭하였다.

고난도
**08** (가) 사상에 대한 탐구 주제로 적절한 것은?

> 왼쪽의 문화유산은 신라 말 제작된 화순 쌍봉사의 철감선사 승탑이다. ⎡(가)⎤에서는 깨달음을 얻은 승려의 뼈와 사리를 모시는 승탑을 만들었다.

① 왕권 강화의 토대
② 호족의 후원과 연결
③ 왜와의 활발한 교류
④ 민족 문화의 기반 조성
⑤ 도선이 들여온 사상의 확산

**09** 다음 주장을 한 인물이 세운 국가에 대한 설명으로 옳은 것은?

> 신라의 김유신이 당군과 함께 백제를 멸망시켰다. 내가 이제 완산주에 도읍하여 의자왕의 원한을 씻으려 한다.

① 전국적인 농민 봉기를 겪었다.
② 150여 년 동안 왕이 20명이나 바뀌었다.
③ 진골 귀족의 왕위 쟁탈전으로 혼란을 겪었다.
④ 검모잠, 고연무 등이 주요 인물로 활동하였다.
⑤ 전라도, 충청도와 경상도 서쪽 지역을 지배하였다.

**10** (가) 국가에 대한 설명으로 옳은 것은?

▲ 후삼국 시대의 성립

① 5소경이 마련되었다.
② 정당성 등 3성이 설치되었다.
③ 태봉이라는 국호를 사용하였다.
④ 중앙군으로 9서당이 구성되었다.
⑤ 왜군과 연합하여 백강 전투에 참여하였다.

서술형
**11** 다음 글을 읽고, 물음에 답하시오.

> 신라는 8세기 후반부터 진골 귀족들의 왕위 계승 분쟁과 연이은 자연재해로 사회가 매우 불안해졌다. 이에 최치원 등 많은 ⎡(가)⎤ 출신이 정치 개혁을 요구하였으나 받아들여지지 않았다.

(1) (가)에 들어갈 알맞은 사회 신분을 쓰시오.

(2) (1)의 사회 신분이 당시 추구한 개혁의 방향을 서술하시오((1)이 연계한 사회 세력을 포함할 것).

# 주제 13 남북국의 문화 발전

## 1 불교 사상의 발달

(1) **불교 대중화** 삼국 통일 이후 점차 일반 민중에게 확산

(2) **사상의 발달** └모든 진리는 한마음에서 비롯된다는 일심 사상을 바탕에 두고 있어.

| 원효 | 화쟁 사상 주장(종파 간 사상 대립의 조화 추구), 불교 대중화에 공헌, 그의 저술이 중국·일본·인도에 전파 [자료1] |
|------|---|
| 의상 | 신라 화엄종 개창(화엄 사상 주장), 부석사 등 여러 사원 건립 → 사회 통합에 기여, 신라 불교문화의 폭 확대 └'하나가 전체요, 전체가 하나'라는 모든 존재의 연관성을 주장하였어. |
| 혜초 | 인도에 다녀온 이후 『왕오천축국전』 저술 |

## 2 불교 예술의 발달

(1) **건축** 당대 최고의 건축 기술과 예술성 간직

① **불국사** 불교에서 추구하는 이상 세계 표현 [자료2]

② **석굴암** 인공 석굴 사원, 수학 지식 활용

(2) **불탑** 이중 기단 위 삼층 석탑 유행, 다양한 형태의 탑 제작 → 불국사 삼층 석탑(『무구정광대다라니경』 발견), 다보탑 등

(3) **승탑과 탑비** 선종의 확산으로 제작

(4) **범종** 상원사 동종(현재 남아 있는 가장 오래된 종), 성덕 대왕 신종(에밀레종) 등
└우리나라에서 가장 큰 종이야.

## 3 유학의 발달

(1) **유학 교육의 확대** 왕권 강화, 체제 안정을 위해 유학을 정치 이념으로 삼음, 신문왕 때 국학 설치(유학 교육), 원성왕 때 *독서삼품과 실시(유교 경전의 이해 수준을 평가하여 관리 선발)

(2) **대표 유학자** 주로 6두품 출신 → 강수(뛰어난 문장가, 외교 문서 작성에 능함), 설총(이두 정리), 최치원(당의 *빈공과 합격, 『계원필경』 등 저술), 김대문(진골 출신, 『화랑세기』 등 저술)
└이두는 한자의 음과 뜻을 빌려 우리말을 적는 표기법이야.

## 4 발해의 문화 발달 [자료3]

(1) **국제적 문화 발달** 고구려 문화를 기반으로 당 문화 수용, 말갈의 토착 문화 존중

(2) **문화유산**

| | └외성과 내성, 주작대로를 갖추었어. |
|------|---|
| 상경성 | 당의 장안성 모방, 온돌 시설과 기와 발견(고구려 양식 계승) |
| 불교문화 | 이불병좌상(고구려 불상의 영향), 거대한 석등, 무덤 위에 벽돌로 된 묘탑 제작(영광탑) └당의 영향을 받았어. |
| 고분 | 정혜 공주 묘(고구려 영향 → 모줄임천장 구조, 굴식 돌방무덤, 온돌 구조), 정효 공주 묘(벽돌무덤은 당의 영향, 내부의 천장은 고구려 양식 → 고구려와 당의 양식 혼합) |
| 자기 | 발해 자기(당삼채 수용) |

(3) **유학의 발달** 주자감을 설치하여 유교 교육, 당의 빈공과 합격자 배출 └정혜 공주와 정효 공주의 묘지석에 유교 경전을 인용하기도 했어.

---

## 꼭 나오는 자료

### 자료1 원효의 사상

> 일찍이 그는 수많은 마을에서 노래하고 춤추며 백성을 교화하고 읊조리며 다녀, 가난한 사람들과 산골에 사는 무지몽매한 자들까지도 모두 다 부처의 이름을 알게 되었고 모두 '나무아미타불'을 부르게 되었다.
>
> ─ 『삼국유사』 ─

◎ 원효는 "모든 것이 오직 한마음에서 나온다."라는 일심 사상을 바탕으로 종교 간의 조화를 강조하는 화쟁 사상을 주장하였다. 원효는 불교 종파의 다양성을 인정하면서도 이들을 조금 더 높은 차원에서 통합하려 하였다. 한편 '나무아미타불'을 외우면 극락정토에 갈 수 있다고 한 아미타 신앙을 전하였다.

### 자료2 불국사를 통해 본 신라의 불교문화

▲ 경주 불국사 삼층 석탑　　　▲ 경주 불국사 다보탑

◎ 불국사라는 이름에는 '부처님 나라의 절'이라는 뜻이 담겨 있다. 불국사 삼층 석탑은 통일 신라의 전형적인 삼층 석탑 양식을 갖추고 있으며 독특한 모양의 다보탑과 쌍을 이룬다. 또한 삼층 석탑에서 발견된 『무구정광대다라니경』은 현존하는 세계에서 가장 오래된 목판 인쇄물이다. 이는 통일 신라의 목판 인쇄술과 제지술의 발전을 보여 준다.

### 자료3 발해 문화의 특징

▲ 고구려의 기와와 발해의 기와　　　▲ 당삼채와 발해의 자기

◎ 발해의 기와지붕에 쓰인 막새는 연꽃무늬를 새긴 고구려의 것과 유사하다. 한편 발해는 당삼채를 받아들여 발해 자기로 발전시키는 등 당의 영향을 받은 문화도 있다.

---

◆ 용어 사전

* **독서삼품과(讀 읽다 書 책 三 삼 品 품평 科 시험)** 국학 학생의 유교 경전 독해 능력을 시험하여 상·중·하로 등급을 매기고, 이 성적을 관리 등용에 참고한 제도

* **빈공과** 당에서 외국 학생들을 대상으로 실시된 과거

### 개념 문제

**01** 다음 ㉠, ㉡에 들어갈 알맞은 말을 쓰시오.

| 승려 | 주장한 내용 |
|---|---|
| (㉠      ) | 화쟁 사상(종파 간 사상 대립의 조화 추구) |
| 의상 | (㉡      ) 사상(모든 존재의 연관성 주장) |

**02** 다음 설명이 맞으면 ○표, 틀리면 ×표를 하시오.

(1) 신라 말 선종이 널리 퍼지면서 전형적인 삼층 석탑이 나타났다. ·····················( )

(2) 신문왕은 독서삼품과를 실시하여 관료를 선발하였다. ·····················( )

(3) 발해 문화는 고구려 문화를 바탕으로 당과 말갈 등 다양한 문화를 받아들였다. ·····················( )

**03** 알맞은 말을 골라 ○표를 하시오.

(1) ( 원효 / 의상 )은/는 당에서 화엄학을 공부하고 돌아와 모든 존재의 연관성을 주장하였다.

(2) ( 강수 / 설총 )은/는 한자의 음과 뜻을 빌려 우리말을 표기하는 이두를 정리하였다.

(3) 발해는 국립 교육 기관으로 ( 국학 / 주자감 )을 설립하여 귀족 자제에게 유교 경전을 가르쳤다.

### 실력 문제

**04** 밑줄 친 '그'에 대한 설명으로 옳은 것은?

> 일찍이 그는 수많은 마을에서 노래하고 춤추며 백성을 교화하고 읊조리며 다녀, 가난한 사람들과 산골에 사는 무지몽매한 자들까지도 모두 다 부처의 이름을 알게 되었고 모두 '나무아미타불'을 부르게 되었다.
> – 『삼국유사』 –

① 화엄 사상을 내세웠다.
② 지방에서 부석사를 세웠다.
③ 『왕오천축국전』을 저술하였다.
④ 순교하여 불교 공인에 기여하였다.
⑤ 종파 간 사상적 대립을 해소하려 하였다.

고난도

**05** 다음 문화유산을 만든 나라의 문화에 대한 설명으로 옳은 것은?

왼쪽의 문화유산은 통일 신라 시대에 만들어진 인공 석굴 사원의 내부에 있는 본존불이다.

① 이불병좌상을 만들었다.
② 벽돌무덤을 건립하였다.
③ 전형적인 삼층 석탑을 세웠다.
④ 무덤 위에 벽돌로 된 탑을 세웠다.
⑤ 고구려의 영향을 받은 기와를 만들었다.

**중요**
**06** (가)에 들어갈 내용으로 적절한 것은?

> 경주 불국사 삼층 석탑에서 『무구정광대다라니경』이 발견되었다. 이 불경은 통일 신라의 목판 인쇄술과 제지술을 잘 보여 준다. 또한 이 불경은 [ (가) ]

① 고구려의 영향을 받아 만들어졌다.
② 혜초가 인도에서 돌아와 제작하였다.
③ 상경성의 문화 수준을 짐작하게 해 준다.
④ 서역과의 교류 내용을 파악하게 해 준다.
⑤ 현존하는 세계에서 가장 오래된 목판 인쇄물이다.

**07** 다음 문화유산이 제작된 배경으로 옳은 것은?

▲ 화순 쌍봉사 철감 선사 승탑(전남 화순)

① 태학 설립
② 불교 공인
③ 국학 설립
④ 선종 유행
⑤ 풍수지리 사상 유입

**08** (가)에 들어갈 내용으로 적절한 것은?

**유학의 발달**
• 제도: [ (가) ]
• 시기: 통일 신라 원성왕 대
• 목적: 유교 경전의 이해 수준을 평가하여 관리로 선발

① 율령을 반포하였다.
② 국학을 설립하였다.
③ 태학을 설치하였다.
④ 주자감을 운영하였다.
⑤ 독서삼품과를 실시하였다.

**09** 밑줄 친 인물에 대한 설명으로 옳은 것은?

> 태종 무열왕이 즉위하였을 때 당나라 사신이 와서 조서(詔書)를 전하였는데, 그 글 가운데 이해되지 않는 부분이 있어 왕이 강수를 불러 물으니, 왕의 앞에서 한 번 보고는 해석하는 데 막힘이 없었다. …… 문무왕이 말하기를 "그는 문장을 잘 지었다."
>
> – 『삼국사기』 –

① 이두를 정리하였다.
② 나당 동맹을 추진하였다.
③ 당의 빈공과에 합격하였다.
④ 외교 문서를 잘 작성하였다.
⑤ 화랑도를 국가 조직으로 개편하였다.

**10** 다음 문화유산에 대한 설명으로 옳은 것은?

① 고구려의 영향을 받았다.
② 선종의 유행을 반영하였다.
③ 인공 석굴 사원 안에 모셔졌다.
④ 풍수지리 사상을 바탕으로 하였다.
⑤ 통일 신라의 문화 수준을 알 수 있다.

▲ 이불병좌상

**11** 다음 자료의 도시에 대한 설명으로 옳은 것을 〈보기〉에서 고른 것은?

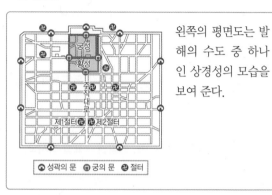

왼쪽의 평면도는 발해의 수도 중 하나인 상경성의 모습을 보여 준다.

🔷 성곽의 문   🔶 궁의 문   🔴 절터

┌ **보기** ┐
ㄱ. 발해의 첫 도읍지였다.
ㄴ. 온돌 시설이 발견되었다.
ㄷ. 당의 장안성을 모방하였다.
ㄹ. 성덕 대왕 신종을 설치하였다.

① ㄱ, ㄴ   ② ㄱ, ㄷ   ③ ㄴ, ㄷ
④ ㄴ, ㄹ   ⑤ ㄷ, ㄹ

**12** 다음 자료를 보고, 물음에 답하시오.

[ (가) ]의 기와와 도자기
• 영향 받은 문화재와의 비교

▲ 고구려의 기와와 [(가)]의 기와   ▲ 당삼채와 [(가)]의 자기

(1) (가)에 들어갈 알맞은 국가를 쓰시오.

(2) 위 자료를 통해 알 수 있는 (가) 문화의 특징을 서술하시오(각각 어느 나라의 영향을 받았는지 포함하여 쓸 것).

# 남북국의 대외 교류

## 1 통일 신라의 대외 교류 [자료1]

### (1) 당과의 교류

① **당과의 관계 회복** 삼국 통일 후 나당 전쟁으로 단절되었던 관계 회복

② **교류 내용** 당의 통치 제도·불교 등 수용, 국왕 중심의 국가 체제 정비, 공식 사절·유학생·승려·상인 등이 자주 왕래, 문물 교류 *빈번
└ 주로 금·은 세공품을 수출하고, 귀족의 사치품을 수입했어.

③ **당에 신라인 거주지 형성** 산둥반도와 창장강 하류 일대에 신라인 거주지(신라방), 감독관청(신라소), 절(신라원), 숙박 시설(신라관) 형성
└ 절 중 하나인 법화원은 장보고가 지원하여 만들어진 절이야.

### (2) 일본과의 교류

① **중계 무역** 당과 일본 사이의 중계 무역 → 많은 이익

② **물품** 수출품 – 유기그릇, 고급 직물, 약재 등, 수입품 – 견직물의 원료

③ **사상** 의상의 화엄 사상이 일본의 화엄종 발전에 기여, 원효가 일본 불교계에서 존경을 받음.

### (3) 동남아시아, 서역과의 교류 보석, 약재, 향료 등 수입

### (4) 국제 무역항 번성 수도 인근의 울산항(서역의 상인까지 왕래), 수도 인근의 당은포(당항성) 등이 번성

### (5) 해상 무역 장악 9세기 이후 황해와 남해안 일대에서 해적의 약탈 행위 빈번 → 장보고의 청해진 설치(완도), 해적 소탕 → 당·신라·일본을 연결하는 해상 무역 장악

## 2 발해의 대외 교류 [자료2]
└ 무왕 때는 당과 대립하였다가 문왕 때 친선 관계로 바뀌었어.

### (1) 당과의 교류 문왕 때 친선 관계 형성

① **당의 선진 문물 수용** 유학생과 유학승, 상인의 왕래

② **발해관 설치** 당이 산둥반도에 발해관 설치(발해인의 숙소로 이용)

③ **물품** 수출품 – 말·각종 *모피류·철·인삼, 수입품 – 비단·서적
└ 특히 사치품으로 일본 귀족들 사이에서 큰 인기를 끌었다고 해.

### (2) 일본과의 교류 사신과 수백 명의 상인 파견, 주로 각종 모피류·인삼 등을 수출, 면·비단·귀금속·수은 등을 수입

### (3) 신라와의 교류 한때 대립, 사절단을 통해 국가적인 무역, 동경 용원부 ~ 신라 국경까지 역 설치(신라도) [자료3]

### (4) 5도 설치 넓은 영토를 효율적으로 다스리고 주변 국가까지 연결하는 5개의 교통망(5도) 설치
└ 발해는 5도를 이용하여 당, 신라, 일본 등과 특산물을 교역했어.

| 조공도 | 당을 왕래하는 사신과 유학생이 이용 |
| --- | --- |
| 영주도 | 요서를 거쳐 장안으로 들어가는 길 |
| 거란도 | 거란, 돌궐, 중앙아시아 등으로 연결 |
| 신라도 | 신라로 통하는 길, 발해와 신라의 관계 회복 구실 |
| 일본도 | • 동해를 건너 일본으로 가는 길<br>• 당과 신라 견제 목적, 이후 경제 교류 확대 구실 |

---

### [자료1] 통일 신라의 국제 교류

▲ 괘릉의 석인상 (경북 경주)

▲ 뼈 항아리

▲ 신라 유기그릇 (일본 나라 쇼소인)

🔎 경주 괘릉의 석인상은 머리에 쓴 터번과 곱슬머리 등을 통해 서역인임을 알 수 있다. 당시 신라와 서역 간 교류가 있었음을 보여 준다. 뼈 항아리는 당에서 신라의 삼채 도자기가 유행하였음을 보여 주며, 일본에서 발견된 신라의 유기그릇은 당시 신라의 대표적 수출품이었다.

### [자료2] 발해의 교역

발해의 민간에서 귀하게 여기는 것에는 태백산의 토끼, 남해부의 다시마, 책성부의 된장, 부여부의 사슴, 막힐부의 돼지, 솔빈부의 말, 옥주의 면, 용주의 명주, 위성의 철, 노성의 쌀, 미타호의 붕어가 있고, 과일에는 환도의 오얏, 낙유의 배가 있다. - 『신당서』 -

🔎 발해 솔빈부에서는 말이 유명하였다. 솔빈부에서 키운 말은 당에 수출되었다. 또한 담비 가죽은 발해의 대표적인 수출품이었다.

### [자료3] 남북국의 대외 교류

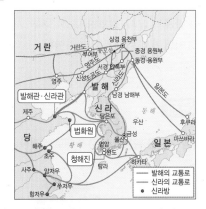

🔎 신라는 삼국 통일 이후 당과 활발하게 교류하며 선진 문물을 수용하였고, 일본, 동남아시아, 서역 등과도 교류하였다. 이 과정에서 울산항과 당은포(당항성) 등이 국제 무역항으로 번성하였다. 발해는 5도를 이용하여 당, 신라, 일본 등과 활발하게 교류하였다.

---

📕 용어 사전

* **빈번(頻 자주 繁 많다)** 일이 매우 잦음.
* **모피(毛 털 皮 가죽)** 짐승의 털가죽

## 개념 문제

**01** 다음 설명이 맞으면 ○표, 틀리면 ×표를 하시오.

(1) 신라 괘릉의 석인상을 통해 서역인이 신라에 왕래 하였음을 알 수 있다. ·······( )

(2) 당은 산둥반도에 발해 사신이 머물 수 있도록 주자 감을 설치하였다. ·······( )

(3) 발해의 교역품으로 담비 가죽 등 모피류와 솔빈부 의 말이 유명하였다. ·······( )

**02** 다음 ⑦, ⓒ에 들어갈 알맞은 말을 쓰시오.

| 발해 5도 | 기능 | 내용 |
|---|---|---|
| (⑦ ) | 발해와 신라의 관계 회복 구실 | 신라로 통하는 길 |
| 일본도 | 당과 (ⓒ ) 견 제 목적 | 동해를 건너 일본으로 가는 길 |

**03** 알맞은 말을 골라 ○표 하시오.

(1) 당의 산둥반도와 창장강 하류 일대에는 신라인의 집단 거주지인 ( 신라방 / 신라원 )이 세워졌다.

(2) 신라는 당과 ( 발해 / 일본 ) 사이에서 중계 무역을 실시하였다.

(3) 발해는 문왕 때부터 당과 ( 친선 / 대립 ) 관계를 유 지하면서 체제를 정비하였다.

## 실력 문제

**04** <sup>중요</sup> 다음 자료를 활용한 탐구 주제로 적절한 것은?

▲ 괘릉의 석인상　　▲ 뼈 항아리　　▲ 유기그릇

① 신라방의 역할
② 신라의 국제 교류
③ 발해의 5도와 교역품
④ 신라와 당의 친선 관계
⑤ 빈공과 응시 계층의 성과

**05** <sup>고난도</sup> (가)에 들어갈 내용으로 가장 적절한 것은?

통일 신라의 교류
1. 주제: (가)

① 청해진이 설치되다.
② 일본도가 운영되다.
③ 신라방이 생겨나다.
④ 지방 호족이 나타나다.
⑤ 서역의 상인이 왕래하다.

**06** 다음 자료를 활용한 탐구 활동 주제로 적절한 것은?

[수행 평가 보고서]

◎ 탐구 주제: 9세기 신라 말기의 교역
◎ 조사 내용

| 모둠 | 내용 |
|---|---|
| 1, 2 모둠 | 본거지와 현재 남아 있는 유적(전남 완도 와 앞바다) |
| 3, 4 모둠 | 무역선의 규모와 구조 |
| 5, 6 모둠 | 본거지와 관련된 해외 유적 |

① 발해관의 기능을 찾아본다.
② 청해진의 설치 계기를 알아본다.
③ 천리장성 축조의 효과를 살펴본다.
④ 나당 전쟁 승리의 배경을 검토한다.
⑤ 당으로부터 해동성국이라 불린 이유를 파악한다.

**07** 당이 다음 시설을 설치한 목적으로 옳은 것은?

> **당이 산둥반도에 설치한 시설**
> • 위치: 등주
> • 시설: 발해관, 신라관

① 시장을 열기 위해서였다.
② 불교를 전파하기 위해서였다.
③ 기술 교류를 하기 위해서였다.
④ 사신을 머물게 하기 위해서였다.
⑤ 두 나라 사이의 친목을 다지기 위해서였다.

**08** 다음 자료를 통해 알 수 있는 내용으로 적절한 것은?

 왼쪽 문서는 발해 중대성에서 일본에 보낸 외교 문서로, 841년의 기록에 해당하며, 발해 사신단의 구성이 자세히 기록되어 있다.

① 일본도가 운영되었다.
② 발해관이 설치되었다.
③ 장문휴가 등주에 파견되었다.
④ 울산항이 국제 무역항으로 이용되었다.
⑤ 발해 유학생이 당의 빈공과에 응시하였다.

**고난도**
**09** (가)에 들어갈 내용으로 적절한 것은?

> 은종: 발해는 일본과 일찍부터 친선 관계를 유지하고 무역도 활발히 전개했어.
> 다현: 맞아. 그래서 와도카이친 등 일본의 동전이 상경성을 비롯해 발해 여러 지역에서 출토되었지.
> 은종: 이밖에 발해와 일본의 교류를 뒷받침하는 자료에는 무엇이 있을까?
> 다현: ┌─── (가) ───┐ 등이 있어.

① 이불병좌상　　　　② 정혜 공주 묘
③ 괘릉의 석인상　　　④ 『왕오천축국전』
⑤ 일본에 보낸 발해의 외교 문서

**고난도**
**10** (가)에 들어갈 내용으로 적절한 것은?

> **발해의 교류**
> 1. 거점: 5경
> 2. 지도를 통해 본 대외 교류
> 3. 내용: ─── (가) ───

① 5개의 교통로가 운영되었다.
② 신라와는 교류가 거의 없었다.
③ 비단과 서적이 주로 수출되었다.
④ 당은포가 주요 항구로 이용되었다.
⑤ 장보고의 활약으로 해상 무역이 활발하였다.

**서술형**
**11** 다음 자료를 보고, 물음에 답하시오.

| 주도 인물 | 기지 설치 |
|---|---|
| 해적의 횡포가 심하자 그는 신라 왕에게 기지 설치를 건의하였다. | ▲ 전남 완도 앞바다 장도 |

(1) 위 자료에 제시된 기지의 명칭과 주도 인물을 쓰시오.

(2) 위 기지를 설치하여 나타난 효과 두 가지를 서술하시오.

# 통일 신라의 발전과 신라 말의 혼란 상황 비교

신라는 7세기 후반 삼국을 통일하여 영토를 넓히고 정치 안정을 이루었다. 그러다가 8세기 후반 이후 왕위 쟁탈전, 호족의 성장, 농민 봉기의 발생 등 정치·사회적인 혼란을 겪었다. 이 두 시기를 구분하거나 차이점을 비교하는 문제가 다양한 형태로 출제된다. 시험에 효과적으로 대비하기 위해 정치·사회·문화 항목으로 나누고 차이점에 주목하여 정리·비교해 보는 것이 필요하다.

**주제 탐구하기**

**탐구 1** 정치적 상황 비교

| 구분 | 7세기 후반 | 8세기 후반 이후 |
|---|---|---|
| 정치 변화 | • 무열왕: 왕권 강화, 이후 무열왕 직계의 왕위 계승<br>• 문무왕: 삼국 통일 완성<br>• 신문왕: 김흠돌의 난 등 진골 귀족 진압, 체제 정비(집사부, 9주 5소경, 9서당 10정), 관료전 지급·녹읍 폐지(귀족 세력 억압)<br><br>**김흠돌의 난**<br>김흠돌 등의 악이 쌓이고 죄가 가득 차서 그 음모가 드러나고 말았다. 이는 곧 사람과 신이 함께 배척하는 바요 하늘과 땅 사이에 용납될 수 없다. …… 남은 무리를 찾아내 이미 모두 죽여 없애고 3～4일 동안에 죄인의 우두머리들이 소탕되었다. － 『삼국사기』 － | • 혜공왕 사후 150여 년 동안 20명의 왕 교체<br><br>36. 혜공왕(765~780) 38. 원성왕(785~798) 40. 애장왕(800~809) 42. 흥덕왕(826~836) 44. 민애왕(838~839) 46. 문성왕(839~857) 48. 경문왕(861~875) 50. 정강왕(886~887)<br>37. 선덕왕(780~785) 39. 소성왕(798~800) 41. 헌덕왕(809~826) 43. 희강왕(836~838) 45. 신무왕(839) 47. 헌안왕(857~861) 49. 헌강왕(875~886) 51. 진성 여왕(887~897)<br><br>• 중앙의 왕위 쟁탈전 발생: 김헌창의 난, 장보고의 왕위 계승 분쟁 개입<br>• 지방 세력의 성장: 지방 호족이 스스로 성주·장군 호칭, 지방의 군사·행정 장악 |

**탐구 2** 사회·문화적 변화 비교

| 항목 | 통일 후 변화 | 신라 말 |
|---|---|---|
| 사회 | 6두품 세력: 왕의 정치적 조언자로 활동 | • 6두품 세력: 지방 호족과 손잡고 새로운 사회 건설 도모<br>• 농민의 봉기: 원종과 애노의 난을 시작으로 곳곳에서 봉기 |
| 문화 | • 유학 교육: 국학 설치(신문왕)<br>• 불교의 대중화: 원효(화쟁 사상, 아미타 신앙)와 의상(화엄 사상)의 활동<br><br>모든 것이 오직 한마음에서 나온다.<br>하나가 전체요, 전체가 하나다<br><br>▲ 원효  ▲ 의상 | • 유학: 독서삼품과 실시(원성왕)<br>• 불교: 선종의 유행 → 승탑의 건립(승려의 뼈와 사리 보관)<br>• 풍수지리 사상 확산: 경주에서 벗어나 지방의 중요성 강조 → 호족 세력의 환영<br><br>▲ 선종의 유행(9산 선문)  ▲ 화순 쌍봉사 철감 선사 승탑(전남 화순) |

## 유형 1  관료전 지급과 녹읍 폐지의 목적

**통일 후 신라에서 다음 정책을 추진한 목적으로 옳은 것은?**

> 관료전을 지급하되 차등을 두어서 하라.

> 이제부터 관리의 녹읍을 없애고 매년 조세를 지급한다.

① 서역과 교류하기 위해서였다.
② 지방관을 파견하기 위해서였다.
③ 자영 농민을 육성하기 위해서였다.
④ 귀족 세력을 억압하기 위해서였다.
⑤ 농민 봉기의 대책을 마련하기 위해서였다.

## 유형 2  신라 말의 사회상

**다음의 상황이 나타났던 시기의 사실로 옳은 것은?**

> • 원성왕은 독서삼품과를 실시하여 국학 학생들의 유교 경전 이해 수준을 평가하여 관료로 선발하였다.
> • 풍수지리 사상이 널리 보급되면서 기존의 금성(경주) 중심의 지리 인식에서 벗어나, 지방의 중요성을 강조하는 인식이 널리 퍼졌다.

① 승탑이 세워졌다.
② 국학이 설치되었다.
③ 태학이 설립되었다.
④ 9서당이 편성되었다.
⑤ 2소경이 5소경으로 늘어났다.

## 유형 3  원효와 의상의 활동

**다음 자료를 통해 알 수 있는 사실로 옳은 것은?**

> • 원효는 누구나 부지런히 '나무아미타불'을 외우면 내세에는 극락에서 태어날 수 있다고 하였다.
> • 의상은 관세음보살을 한마음으로 염불하면 현세의 고난에서 벗어날 수 있다고 하였다.

① 선종이 유행하였다.
② 불교가 대중화되었다.
③ 불교가 왕권을 뒷받침하였다.
④ 신라에서 불교가 공인되었다.
⑤ 풍수지리 사상이 유입되었다.

## 유형 4  6두품 세력의 활동

**(가)에 들어갈 내용으로 적절한 것은?**

> 6두품 세력은 지배층이었으나 골품제로 인해 고위 관직 진출에 제한을 받았다. 장관, 장군, 주 도독 등 최고 관직은 진골이 독차지하였다. 이에 6두품 세력의 불만이 높아졌다. 한편 6두품 출신인 최치원은 진성 여왕에게 정치 개혁을 요구하였으나 받아들여지지 않았다. 신라 말기 6두품 출신 중 일부는 _____ (가) _____

① 청해진을 설치하였다.
② 산둥반도를 공격하였다.
③ 지방 호족과 연결되었다.
④ 왕의 조언자 역할을 하였다.
⑤ 인안이라는 연호를 사용하였다.

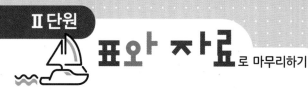

# 표와 자료로 마무리하기

## 주제 09 고구려와 수·당의 전쟁

| 고구려와 수·당 전쟁 자료1 | 수의 침입 | • 배경: 수가 고구려에 복속 요구 → 고구려의 거절, 요서 지방 선제공격<br>• 전개: 수 문제의 침입 → 수 양제의 침입 → 을지문덕이 살수에서 큰 승리(살수 대첩), 이후 여러 차례 수가 고구려 침입, 실패<br>• 영향: 수의 국력 소모 → 멸망 |
|---|---|---|
| | 당의 침입 | • 배경: 당 태종의 고구려 압박, 고구려의 천리장성 축조, 연개소문의 정변<br>• 전개: 당 태종의 고구려 침입 → 요동성·백암성 등 함락, 안시성 포위 → 안시성 성주와 백성이 당군 격퇴(안시성 싸움) → 이후 몇 차례에 걸쳐 당군 침입, 격퇴 |
| | 영향 | • 수와 당의 침입 격퇴로 한반도 전체 보호<br>• 오랜 전쟁으로 고구려의 국력 약화 |

### 자료1 수와 당의 고구려 침입

수가 고구려를 침입하자, (❶              )이 살수에서 수군에 큰 승리를 거두었다. 이후 당이 고구려를 침입하자 (❷              )의 성주와 백성이 당군을 격퇴하였다. 고구려가 수·당의 침입을 물리친 것은 중국 중심의 국제 질서 개편 시동 맞서 독자적인 세력권을 지켜 냈을 뿐만 아니라, 한반도 전체를 보호하였다는 의의가 있다.

## 주제 10 신라의 삼국 통일과 발해 건국

| 신라의 삼국 통일 자료2 | 나당 연합 | 신라의 김춘추가 당 태종에 동맹 제의 → 당의 수용 |
|---|---|---|
| | 백제 멸망 | 나당 연합군의 백제 침공 → 황산벌에서 계백의 항전 → 사비성 함락, 백제 멸망 → 부흥 운동(흑치상지, 복신, 도침 등) |
| | 고구려 멸망 | 나당 연합군의 공격, 연개소문 사후 권력 다툼 → 나당 연합군의 평양성 함락 → 부흥 운동(고연무, 검모잠, 안승 등) |
| | 삼국 통일 | 당의 한반도 전체 지배 야심 → 나당 전쟁 발발 → 매소성 싸움, 기벌포 싸움에서 대승 → 당군 축출 → 신라의 삼국 통일 |
| 발해의 건국 | 건국 | 대조영이 고구려 유민과 말갈인을 이끌고 동모산에 도읍 → 남북국 형세를 이룸. |
| | 고구려 계승 | 고구려 유민을 중심으로 건국, '고려(고구려) 국왕' 명칭 사용 |

## 자료2 백제와 고구려의 부흥 운동과 신라의 삼국 통일

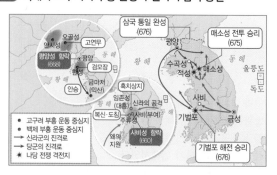

복신과 도침, 흑치상지 등은 (❶              ) 부흥 운동을 주도하였다. 그리고 검모잠, 고연무 등은 (❷              ) 부흥 운동을 펼쳤다. 신라는 고구려 부흥 운동 세력과 연계하여 당과 전쟁을 벌였다. (❸              )과 기벌포에서 잇달아 승리함으로써 삼국 통일을 완성하였다.

## 주제 11 통일 신라와 발해의 발전

| 통일 신라의 발전 | 왕권 강화 | • 무열왕: 이후 직계 자손의 왕위 계승<br>• 문무왕: 삼국 통일 완성, 친당적인 귀족 세력 축출<br>• 신문왕: 김흠돌의 난 진압, 여러 제도 정비 자료3 |
|---|---|---|
| | 통치 제도 | • 중앙 정치: 집사부와 시중을 중심으로 운영 → 화백 회의의 기능과 상대등의 권한 축소<br>• 지방 행정: 9주(주 아래 군·현 설치), 5소경(수도의 지리적 단점 보완)<br>• 군사 조직: 9서당(중앙군), 10정(지방군)<br>• 토지 제도: 신문왕 때 관료전 지급, 녹읍 폐지 |
| 발해의 발전 | 발전 과정 | • 무왕: 당과 신라 견제, 장문휴로 하여금 당의 산둥 지방 공격, '인안' 연호 사용<br>• 문왕: 상경성 천도, 당과의 친선 도모<br>• 선왕: 옛 고구려 영토의 대부분 차지 → 이후 중국으로부터 '해동성국'이라 불림. |
| | 통치 제도 | • 중앙 정치: 당의 제도를 본떠, 3성 6부 조직(독자적 수용)<br>• 지방 행정: 5경 15부 62주<br>• 군사 제도: 10위(중앙군), 전략 요충지·국경 지역에 지방군 설치 |

## 자료3 신문왕의 개혁 정치

▲ 교육 제도 　　　▲ 토지 제도 　　　▲ 정치 제도

신문왕은 국립 교육 기관인 (❶              )을 설치하여 유학을 가르쳤고, 녹읍을 폐지하고 (❷              )을 지급하여 귀족의 경제 특권을 제한하였다. 중앙에서는 왕의 직속 기관인 (❸              )와 그 장관인 시중의 권한이 커져 화백 회의와 상대등의 권한이 줄어들었다.

## 주제 12 신라 말 사회 동요와 후삼국 시대

| 신라 말 사회 동요 | 진골 귀족의 다툼 | • 중앙 정치의 혼란: 왕권 약화, 진골 귀족 간 분열 → 혜공왕이 진골 귀족들의 반란으로 피살 → 150여 년간 20명의 왕 교체<br>• 지방 세력의 반란: 김헌창의 난, 장보고의 난 등 |
|---|---|---|
| | 농민의 봉기 | • 배경: 귀족들의 지나친 농민 수탈, 자연재해와 기근, 정부의 세금 독촉 → 농민의 삶 피폐<br>• 농민 봉기: 원종과 애노의 난 → 전국 각지에서 잇달아 봉기 |
| | 새로운 세력의 성장 | • 지방 호족: 군대를 기반으로 성을 쌓고 지역 방어, 세금 징수, 스스로 '성주·장군'이라 칭함.<br>• 6두품 세력: 골품제의 모순 비판, 개혁 요구 → 지방 호족과 손잡고 새로운 사회 건설 도모 |
| | 새로운 사상의 유행 | • 선종: 깨달음 중시 → 호족과 백성의 호응, 승탑 건립<br>• 풍수지리 사상: 도선이 보급, 지방의 중요성 강조<br>• 영향: 새로운 사회 건설의 사상적 기반 |
| 후삼국 성립 자료4 | 후백제 | • 건국: 견훤이 완산주에서 건국(900)<br>• 발전: 전라도·충청도·경상도 일부 지배 |
| | 후고구려 | • 건국: 궁예가 송악(개성)에서 건국(901)<br>• 발전: 철원 천도, 마진·태봉 등으로 국호 변경 |

### 자료4 후삼국의 성립

(❶ )은 완산주를 도읍으로 삼아 후백제를 건국하였고 지금의 전라도 전역과 충청도, 경상도 서쪽 지역을 지배하였다. (❷ )는 송악에서 후고구려를 건국하였고, 이후 수도를 (❸ )으로 옮기고 나라 이름을 마진·태봉 등으로 바꾸었다.

## 주제 13 남북국의 문화 발전

| 통일 신라의 문화 | 불교 문화 | • 대표 승려: 원효(화쟁 사상, 아미타 신앙), 의상(화엄 사상, 부석사 건립)의 활동으로 불교 대중화<br>• 불교 예술: 불국사, 석굴암, 삼층 석탑 양식 유행, 『무구정광대다라니경』 |
|---|---|---|
| | 유학 | • 제도: 신문왕 때 국학 설치, 원성왕 때 독서삼품과 실시<br>• 유학자의 활약: 주로 6두품 출신(강수, 설총, 김대문, 최치원 등) |
| 발해의 문화 | 문화 계승 | • 고구려 영향: 온돌, 연꽃무늬 기와, 굴식 돌방무덤 양식의 고분<br>• 당 영향: 상경성(주작대로), 벽돌무덤, 발해 자기(당삼채 수용) |
| | 불교 문화 | • 지배층을 중심으로 번성<br>• 이불병좌상(고구려 영향), 영광탑(벽돌 탑), 거대한 발해 석등(상경성 절터) 자료5 |

### 자료5 발해의 불교문화

▲ 이불병좌상　　▲ 발해 석등　　▲ 영광탑

발해의 절터는 대부분 상경, 동경 등 수도에 위치하고 있어 발해의 불교가 (❶ )을 중심으로 번성하였음을 알 수 있다.

## 주제 14 남북국의 대외 교류

| 통일 신라의 대외 교류 자료6 | 당과 교류 | • 공식 사절·유학생·승려·상인 등이 자주 왕래 → 문물 교류 빈번<br>• 당의 산둥반도와 창장강 하류 일대에 신라방, 신라소, 신라원, 신라관 형성<br>• 수출품 − 금·은 세공품, 수입품 − 귀족의 사치품 |
|---|---|---|
| | 일본과 교류 | • 중계 무역: 당과 일본 사이의 중계 무역<br>• 수출품 − 금속 물품·모직물 등, 수입품 − 견직물의 원료 |
| | 국제 무역항 | 울산항(서역 상인까지 왕래), 당은포(당항성) 등이 번성 |
| 발해의 대외 교류 | 당과 교류 | • 유학생과 유학승, 상인의 왕래 → 선진 문물 수용<br>• 교역 활발 → 당이 산둥반도에 발해관 설치<br>• 수출품 − 말·각종 모피류·철·인삼, 수입품 − 비단·서적 |
| | 일본과 교류 | • 수출품 − 각종 모피류·인삼 등, 수입품 − 면·비단·귀금속·수은 등<br>• 특히 사치품인 모피가 일본 귀족들 사이에서 인기 |
| | 신라와 교류 | 한때 대립, 사절단을 통해 국가적인 무역, 신라도 설치 |

### 자료6 남북국의 대외 교류

신라는 삼국 통일 이후 (❶ )과 활발하게 교류하며 선진 문물을 수용하였고, 일본, 동남아시아, 서역 등과도 교류하였다. 이 과정에서 (❷ )과 당은포 등이 국제 무역항으로 번성하였다. 발해는 5도를 이용하여 당, 신라, 일본 등과 활발하게 교류하였다.

# 실전문제로 마무리하기

**01** (가)에 들어갈 탐구 주제로 적절한 것은?

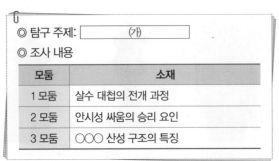

◎ 탐구 주제: [ (가) ]

◎ 조사 내용

| 모둠 | 소재 |
|---|---|
| 1 모둠 | 살수 대첩의 전개 과정 |
| 2 모둠 | 안시성 싸움의 승리 요인 |
| 3 모둠 | ○○○ 산성 구조의 특징 |

① 나제 동맹의 추진
② 백제와 왜의 관계
③ 호우명 그릇의 제작
④ 한강 유역 확보 경쟁
⑤ 수·당의 고구려 침입과 대응

**03** 다음 상황이 나타나게 된 배경으로 옳은 것은?

① 나제 동맹이 체결되었다.
② 안동도호부가 평양에 설치되었다.
③ 나당 연합군이 고구려를 멸망시켰다.
④ 수의 별동대가 고구려를 침략하였다.
⑤ 의자왕이 신라의 40여 개 성을 차지하였다.

**02** (가)에 들어갈 내용으로 적절한 것은?

① 태학을 설립하였어.
② 수도를 평양으로 옮겼어.
③ 충주 고구려비를 세웠어.
④ 살수 대첩을 승리로 이끌었어.
⑤ 당을 물리쳐 한반도 전체를 보호하였어.

**04** 교사의 질문에 대한 학생의 답변으로 적절한 것은?

① 동현: 백강 전투가 일어났어요.
② 소진: 을지문덕이 등장하였어요.
③ 예림: 고연무 등이 주도하였어요.
④ 은혁: 계백의 결사대가 활동하였어요.
⑤ 진우: 안승이 검모잠을 제거하여 실패하였어요.

**05** (가), (나) 시기 사이에 있었던 사실로 옳은 것은?

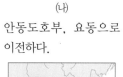

| (가) | (나) |
|------|------|
| 안동도호부, 평양에 설치되다. | 안동도호부, 요동으로 이전하다. |

① 고구려가 율령을 반포하였다.
② 신라가 금관가야를 병합하였다.
③ 매소성과 기벌포 싸움이 전개되었다.
④ 백제 국왕이 관산성 전투에서 전사하였다.
⑤ 신라가 화랑도를 국가 조직으로 개편하였다.

**06** 다음 자료에 나타난 왕들이 활동하였던 시기에 있었던 사실로 옳은 것은?

▲ 경주 감은사지 삼층 석탑(경북 경주)

문무왕은 삼국을 통일한 뒤 부처의 힘을 빌어 왜구의 침입을 막고자 동해 근처에 절을 짓기 시작하였다. 절이 완성되기 전에 문무왕이 죽자 그 아들인 신문왕은 선왕의 뜻을 이어 절을 완성하였다. 그리고 절 이름을 왕의 은혜에 감사한다는 뜻으로 감은사(感恩寺)라고 하였다고 전한다.

① 녹읍이 부활하였다.
② 김흠돌의 난이 일어났다.
③ 김헌창이 반란을 일으켰다.
④ 안시성 전투에서 당이 패배하였다.
⑤ 거란의 침략으로 발해가 멸망하였다.

**07** 밑줄 친 '이 사람'이 세운 나라에 대한 탐구 주제로 적절한 것은?

- 이 사람은 본래 고구려의 별종이다.　　－「구당서」－
- 『신라고기』에는 '옛 고구려의 장수였던 이 사람은 성이 대씨인데, 남은 군사를 모아 태백산 남쪽에 나라를 세우고 국호를 발해라고 하였다.'라고 되어 있다.　　－ 일연, 「삼국유사」－

① 해동성국의 의미
② 남진 정책의 추진
③ 살수 대첩의 전개
④ 9서당 설치의 효과
⑤ 5소경 체제의 목적

**08** 다음 제도의 특징으로 옳은 것은?

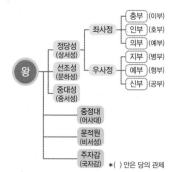

▲ 발해의 중앙 정치 조직

─ 보기 ─
ㄱ. 유교적 명칭을 사용하였다.
ㄴ. 정당성이 6부를 총괄하였다.
ㄷ. 신라의 제도를 본떠 만들었다.
ㄹ. 상대등의 역할을 축소하는 효과를 얻었다.

① ㄱ, ㄴ　　② ㄱ, ㄷ　　③ ㄴ, ㄷ
④ ㄴ, ㄹ　　⑤ ㄷ, ㄹ

**09** 다음 신라 말의 가상 인물이 속한 세력에 대한 설명으로 옳은 것은?

중앙 귀족들은 권력 다툼에 빠져 정치를 돌보지 않고 있습니다. 저는 이를 기회로 보고 제가 살고 있는 지역에서 세력을 키우고 있지요. 제 지역의 백성은 정부에서 벗어나 제가 다스리고 있어요.

① 주자감에 입학하였다.
② 왕의 정치적 조언자가 되었다.
③ 녹읍 폐지 조치에 반발하였다.
④ 스스로 성주, 장군이라 불렀다.
⑤ 풍수지리 사상을 신라에 들여왔다.

**10** ㉠, ㉡의 공통점으로 옳은 것은?

> • 교리를 중시한 기존 종교와 달리 ㉠ 이 종교는 순간의 깨달음으로 누구나 마음속의 부처를 발견할 수 있다고 가르쳤다.
> • 산과 하천의 형세가 인간 생활에 영향을 준다는 ㉡ 이 사상은 도선이 널리 보급하였으며, 금성(경주) 중심의 지리 개념에서 벗어나 지방의 중요성을 강조하였다.

① 불교의 통합에 기여하였다.
② 골품제의 강화를 주장하였다.
③ 후삼국의 성립에 반대하였다.
④ 강력한 왕권 확립에 기여하였다.
⑤ 지방 호족의 사상적 기반이 되었다.

**11** 다음 가상 대화에 등장하는 (가) 인물에 대한 학생의 발표 내용으로 적절한 것은?

물론입니다. 서까래도 집이고, 대들보도 집입니다. 서까래도, 대들보도 없으면 집이 되지 않습니다. 하나에 불과한 것 같지만, 그것은 곧 전체입니다. 또한 전체가 곧 하나입니다.

대사님! 저 같은 노비도 불제자가 될 수 있나요?

① 한영: 불국사를 건립하였어요.
② 혜리: 일심 사상을 내세웠어요.
③ 성은: 스스로를 성주라고 불렀어요.
④ 지훈: 모든 존재의 연관성을 주장하였어요.
⑤ 기범: 풍수지리 사상을 신라에 처음 들여왔어요.

**12** 다음 문화유산에 대한 설명으로 옳은 것은?

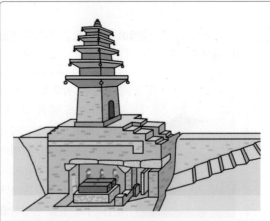

제시된 자료는 남아 있는 영광탑과 마적달묘의 형태에 바탕을 두고 복원하여 발해의 정효 공주 묘를 그린 그림이다.

① 금성에서 제작되었다.
② 선종의 유행으로 조성되었다.
③ 고구려와 당 양식을 수용하였다.
④ 인공 석굴 사원으로 만들어졌다.
⑤ 굴식 돌방무덤 형식을 보여 준다.

**13** (가), (나) 문화유산에 대한 설명으로 옳지 <u>않은</u> 것은?

(가)

(나)

① (가) – 두 부처의 손이 연결되어 있다.
② (가) – 고구려 불상의 특징을 담고 있다.
③ (나) – 선종의 유행으로 제작되었다.
④ (나) – 인공으로 만든 석굴 사원 안에 있다.
⑤ (가), (나) – 불교문화의 번성을 배경으로 하였다.

**14** 지도와 관련된 설명으로 옳지 <u>않은</u> 것은?

① 발해는 주로 말과 모피류를 수출하였다.
② 신라는 주로 귀족의 사치품을 수입하였다.
③ 서역의 상인들까지 신라에 들어와 교류하였다.
④ 신라는 당과 일본 사이에서 중계 무역으로 이익을 얻었다.
⑤ 9세기 이후 해적의 횡포가 심해져 해상 무역은 거의 사라졌다.

## 서술형 문제

**15** 다음 글을 읽고, 물음에 답하시오.

> 신묘한 계책은 천문을 꿰뚫었고,
> 오묘한 전술은 땅의 이치를 통달하였도다.
> 전쟁에 이겨 공이 이미 높으니,
> 만족함을 알고 그만두기를 바라노라.
>
> – 『삼국사기』 –

(1) 위 시를 작성한 인물을 쓰시오.

(2) 위 상황에서 대립한 두 나라와 대표 전투를 쓰고, 이 전쟁이 이후 중국에 끼친 영향을 서술하시오.

**16** 다음 글을 읽고, 물음에 답하시오.

> 부여씨가 망하고 고씨가 망하자 김씨가 그 남쪽을 차지하고, 대씨가 그 북쪽을 차지하고 …… 이를 남북국이라 한다. 마땅히 남북국의 역사책이 있어야 한다. …… 대씨는 어떤 사람인가? 바로 고구려 사람이다. 그들이 차지했던 곳은 어디인가? 바로 고구려 땅이다.

(1) 위 자료에서 남국과 북국에 해당하는 나라의 명칭을 쓰시오.

(2) 위 자료의 저자가 남북국이라는 용어를 사용한 이유를 서술하시오.

**17** 다음 자료를 통해 알 수 있는 발해 문화의 특징을 서술하시오.

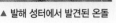
▲ 발해 성터에서 발견된 온돌

▲ 벽돌로 제작된 발해의 탑

# 절실함이 깊어야···

외로운 신하와 서자로 태어난 사람은
그들의 마음가짐이 절실할 수밖에 없다.
그 어려움을 극복하려는 생각이
다른 사람보다 깊을 수밖에 없다.
그런 사람은
남보다 큰사람이 될 수밖에 없다.

— 맹자

지금 이 시간의 라면이 그렇게 절실했다 이거지..?

으응... 그래서 남보다 큰 냄비에 끓일 수밖에 없었어.

공부는 생각보다 에너지 소모가 크다고요! (진지)

# III

# 고려의 성립과 변천

# 주제 15 고려의 후삼국 통일

## 1 고려의 건국과 후삼국 통일

(1) **고려 건국(918)**

① **왕건의 성장** 송악(개성)의 호족 출신, 궁예의 신하가 되어 후백제의 영토인 금성(전남 나주)을 점령하는 등 공을 세워 시중의 지위에 오름 → 궁예가 스스로 미륵불 자처, 호족 탄압 → 민심을 상실
└ 당시 최고 관직이었어.

② **고려 건국** 신하들이 궁예를 몰아내고 왕건을 왕으로 추대 → 국호를 고려로 정하고(918), 송악으로 천도
└ 왕건의 세력 근거지였어.

(2) **후삼국 통일** 자료1
└ 발해의 유민까지 받아들여 민족의 재통합을 이룰 수 있었어.

① **통일 과정** 고창(경북 안동) 전투에서 후백제에 승리 후 주도권 장악, 후백제의 견훤이 고려에 귀순, 신라 경순왕의 항복(935)

② **고려의 통일(936)** 후백제 격파하고 후삼국 통일
└ 국력이 약해져 나라를 유지하기 어렵다고 판단하였어.

③ **통일의 의의** 민족 재통합, 새로운 민족 문화 발전 토대 마련, 정치 참여 세력 확대
└ 내분이 일어나 큰 아들 신검에게 왕위를 빼앗겼기 때문이야.

## 2 태조의 정책

| 북진 정책 | • 고려가 고구려를 계승한 국가임을 강조<br>• 고구려의 수도였던 평양을 서경으로 삼고 중시, 영토 확장(청천강~영흥만) └ 발해국 세자 대광현도 귀화하여 '왕계'라는 성명을 얻었어. |
|---|---|
| 민족 통합 정책 | 신라, 후백제, 발해 유민까지 포섭 |
| 호족 포섭 정책 | 공을 세운 호족들에게 관직·토지 수여, 유력 호족과 혼인 관계, 왕씨 성 하사 |
| 호족 통제 정책 | • 사심관 제도: 중앙 고위 관리를 출신 지역의 *사심관으로 임명<br>• 기인 제도: 지방 호족의 자제들을 서울에 머물게 함. |
| 민생 안정 정책 | • 불교 숭상, 연등회·팔관회 등의 국가 행사 중시<br>• 백성의 세금을 줄이고 빈민을 구제하기 위해 노력 |
| *훈요 10조 자료2 | 후손이 지켜야 할 교훈을 남김. └ 흑창을 설치하여 식량이 부족할 때 백성에게 곡식을 빌려주기도 하였어. |

## 3 광종과 성종의 국가 체제 정비

(1) **고려 초기의 상황** 태조 사후 혜종·정종 때 외척·공신들의 권력 다툼 → 왕권 불안정

(2) **광종의 정책** └ '광덕', '준풍' 등의 연호를 사용하였어.
└ 호족들의 경제적, 군사적 기반을 약화시키고 왕권을 강화하고자 했어.

| *노비안검법 실시 | 호족들이 불법으로 거느리고 있던 노비 해방 |
|---|---|
| 과거제 실시 | 유교적 지식과 학문 능력에 따라 관리 선발 |
| 관리 공복 제정 | 관복 색깔에 따른 상하 질서 확립 |
| 호족과 공신 숙청 | 반대파 제거를 통한 왕권 강화 |

└ 왕권을 뒷받침할 새로운 인재를 등용하고자 했어.

(3) **성종의 정책**

① **유교 통치 이념 확립** 최승로의 *「시무 28조」수용 → 학교 건립, 유학 교육 장려 자료3
└ 태조 왕건과 달리 성종은 연등회, 팔관회 등의 국가 행사를 축소하여 재정 낭비와 백성의 어려움을 줄여주었어.

② **지방 제도 정비** 지방의 주요 거점인 12목에 관리 파견 → 중앙 집권 체제 강화

---

### 꼭 나오는 자료

**자료1** 고려의 후삼국 통일

> 고려를 건국한 왕건은 각지의 호족 세력을 포섭하며 정권을 안정시키고 신라와 우호적인 관계를 유지하였다. 935년 여름 후백제에서 내분이 일어나 견훤이 고려로 귀순해 왔으며, 가을에 신라 경순왕도 스스로 항복하였다. 이듬해인 936년 후백제를 격파함으로써 후삼국의 분열을 끝내고 통일을 이룩하였다.

**자료2** 태조의 훈요 10조

> 제1조 불교의 힘으로 나라를 세웠으므로, 사찰을 세우고 주지를 파견하여 불도를 닦도록 할 것.
> 제2조 도선의 풍수 사상에 따라 사찰을 세울 것.
> 제4조 중국의 풍습을 따르되 같게 할 필요는 없고, 거란의 제도는 본받지 말 것.
> 제5조 서경은 우리나라 지맥의 근본이 되니 세 달마다 방문하여 백일 이상 머물도록 할 것.
> 제6조 연등회와 팔관회를 성대히 할 것. - 『고려사』 -

> 제1조, 제6조를 통해 불교를 중시하고 불교 행사를 장려하였음을 알 수 있고, 제2조를 통해 도선의 풍수지리 사상을 중시하였음을 알 수 있다. 제4조, 제5조를 통해 북진 정책의 의지를 파악할 수 있다.

**자료3** 최승로의 「시무 28조」

> 제7조 태조께서 나라를 통일한 뒤 군현에 수령을 두고자 하였으나, …… 청컨대 외관(지방관)을 두소서.
> 제20조 부처의 가르침을 행하는 것은 자기 자신을 닦는 근본이요, 유교의 가르침을 행하는 것은 나라를 다스리는 근원이니, …… - 『고려사』 -

> 성종은 즉위 후 국정 쇄신을 위해 5품 이상 관리에게 정책을 건의하는 글을 올리게 했다. 최승로는 「시무 28조」를 올려 유교를 통치 이념으로 삼을 것, 호족들이 백성을 괴롭히지 못하도록 지방에 관리를 파견할 것 등을 강조하였다. 성종은 이를 받아들여 학교를 세워 유학을 가르쳤고, 지방의 12목에 관리를 파견하였다.

---

### 용어 사전

* **사심관** 고려 때 지방의 일을 살피던 관리
* **훈요 10조** 후세에 남기는 중요한 열 가지 조목
* **노비안검법** 노비가 된 사람을 조사하여 불법으로 노비가 된 양인을 원래 신분으로 돌리는 법
* **시무(時 지금 務 힘쓰다)** 지금 상황에서 중요하게 힘써서 다루어야 할 일

### 개념 문제

**01** 다음 설명이 맞으면 ○표, 틀리면 ×표를 하시오.

(1) 국력이 약해진 신라의 경순왕은 스스로 고려에 나라를 넘겨주었다. ·············( )

(2) 광종은 지방 주요 거점인 12목에 관리를 파견하여 중앙 집권 체제를 강화하였다. ··········( )

**02** 다음 빈칸에 들어갈 알맞은 말을 쓰시오.

(1) ( )은/는 자신을 살아 있는 미륵불이라 칭하면서 무리하게 정치를 운영하다 민심을 잃었다.

(2) 태조 왕건은 고구려를 계승한 국가임을 강조하며 고구려의 수도였던 평양을 서경으로 삼고 ( ) 정책을 추진하였다.

**03** 알맞은 말을 골라 ○표 하시오.

(1) 광종은 유교적 지식과 학문에 따라 관리를 선발하는 ( 과거제 / 독서삼품과 )를 실시하였다.

(2) 성종은 최승로의 ( 훈요 10조 / 「시무 28조」)를 받아들여 유교를 국가의 통치 이념으로 삼았다.

### 실력 문제

**04** 〈중요〉 (가)～(다) 국가에 대한 설명으로 옳은 것은?

① (가) – 고창 전투에서 승리하고 주도권을 장악하였다.
② (가) – 왕위 계승을 둘러싼 내분으로 힘이 약화되었다.
③ (나) – 궁예를 몰아내고 국호를 고려로 정하였다.
④ (나) – 힘이 약해 스스로 나라를 고려에 넘겨주었다.
⑤ (다) – 스스로 미륵불이라 칭한 지배자가 다스렸다.

**05** 다음 대화와 관련된 탐구 주제로 적절한 것은?

> 지은: 신라 경순왕은 스스로 항복해서 나라를 넘겼다며?
> 성훈: 발해국 세자 대광현도 귀화하여 왕계라는 성명을 얻었대.

① 태조의 민족 통합 정책
② 능력에 따른 관리 선발 정책
③ 호족에 대한 효과적인 통제 정책
④ 「시무 28조」를 수용한 성종의 정책
⑤ 불안정한 정국에서 즉위한 광종의 정책

**06** 〈고난도〉 다음 자료를 통해 알 수 있는 것을 〈보기〉에서 고른 것은?

> 제1조  불교의 힘으로 나라를 세웠으므로, 사찰을 세우고 주지를 파견하여 불도를 닦도록 할 것.
> 제2조  도선의 풍수 사상에 따라 사찰을 세울 것.
> 제5조  서경은 우리나라 지맥의 근본이 되니 세 달마다 방문하여 백일 이상 머물도록 할 것.
> 제6조  연등회와 팔관회를 성대히 할 것.

— 〈보기〉 —
ㄱ. 불교 행사를 억제하였다.
ㄴ. 북진 정책을 추진하였다.
ㄷ. 풍수지리설을 중시하였다.
ㄹ. 유교를 국가의 통치 이념으로 확립하였다.

① ㄱ, ㄴ      ② ㄱ, ㄷ      ③ ㄴ, ㄷ
④ ㄴ, ㄹ      ⑤ ㄷ, ㄹ

**07** 다음 상황이 나타난 시기를 연표에서 고른 것은?

> 호족 출신 외척과 공신들 사이에 왕위 계승을 둘러싼 권력 다툼이 끊임없이 이어졌다. 왕규의 난을 비롯한 혼란기 속에서 정국은 불안정해졌다.

| (가) | (나) | (다) | (라) | (마) |
|---|---|---|---|---|
| 고려 건국 | 발해 멸망 | 후삼국 통일 | 혜종 즉위 | 노비안검법 실시 | 「시무 28조」 제안 |

① (가)      ② (나)      ③ (다)      ④ (라)      ⑤ (마)

고난도
**08** 지도에 대한 학생들의 설명으로 옳은 것은?

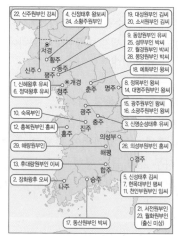

| | |
|---|---|
| 22. 신주원부인 강씨 | 4. 신정태후 황보씨 |
| | 24. 소황주원인 |
| | 19. 대성원부인 김씨 |
| | 20. 소서원부인 김씨 |
| | 9. 동양원부인 유씨 |
| | 25. 성무원부인 박씨 |
| | 27. 월양원부인 박씨 |
| | 28. 몽양원부인 박씨 |
| | 18. 예화부인 왕씨 |
| 1. 신혜왕후 유씨 | 8. 정목부인 왕씨 |
| 6. 정덕왕후 유씨 | 14. 대명주원부인 왕씨 |
| | 15. 광주원부인 왕씨 |
| 10. 숙목부인 | 16. 소광주원부인 왕씨 |
| | 3. 신명순성태후 유씨 |
| 12. 흥복원부인 홍씨 | |
| 29. 해량원부인 | 26. 의성부원부인 홍씨 |
| 13. 후대량원부인 이씨 | |
| 2. 장화왕후 오씨 | 5. 신성태후 김씨 |
| | 한목대부인 평씨 |
| | 11. 천안부원부인 임씨 |
| | 21. 서전원부인 |
| | 23. 월화원부인 |
| | (출신 미상) |
| 17. 동산원부인 박씨 | |

▲ 왕건 부인들의 출신지

① 동현: 유학 교육을 장려하였어.
② 세윤: 호족과 공신을 숙청하였어.
③ 정민: 문벌 귀족 성립의 기틀을 열었어.
④ 희진: 호족들을 포섭하기 위해 노력하였어.
⑤ 현지: 호족들의 경제적 기반을 약화시켰어.

**09** 밑줄 친 왕에 대한 설명으로 옳은 것을 〈보기〉에서 고른 것은?

> 왕 즉위년(949), 연호를 '광덕'이라 정하다.
> 왕 7년(956), 양인이었다가 노비가 된 사람을 조사해서 다시 양인이 될 수 있게 조처하라 명하다.

**보기**
ㄱ. 훈요 10조를 남겼다.
ㄴ. 관리들의 공복을 새롭게 정하였다.
ㄷ. 최승로의 「시무 28조」 건의를 받아들였다.
ㄹ. 능력에 따른 관리 선발 제도인 과거제를 실시하였다.

① ㄱ, ㄴ        ② ㄱ, ㄷ        ③ ㄴ, ㄷ
④ ㄴ, ㄹ        ⑤ ㄷ, ㄹ

중요
**10** 다음 건의에 따라 실시된 정책으로 옳은 것은?

> 태조께서 나라를 통일한 뒤 군현에 수령을 두고자 하였으나, 건국 초 일이 바빠 미처 이 일을 시행할 겨를이 없었습니다. 청컨대 외관을 두소서.

① 과거제를 도입하였다.
② 9주 5소경 제도를 정비하였다.
③ 12목을 설치하고 지방관을 파견하였다.
④ 사심관 제도와 기인 제도를 마련하였다.
⑤ 22담로를 두어 지방 통제를 강화하였다.

**11** (가) 왕에 대한 탐구 활동으로 적절한 것은?

> [수행 평가 보고서]
> **주제:** (가) 의 정책
> 1. 배경
>   • 호족 세력의 약화
>   • 안정된 왕권
> 2. 추진 정책
>   • 통치 체제 정비
>   • 중앙 집권 체제 강화

① 후삼국 통일 과정을 찾아본다.
② 집사부의 기능에 대해 분석한다.
③ 노비안검법의 구체적 실시 과정을 조사한다.
④ 「시무 28조」의 제안에 따른 정책 변화를 살펴본다.
⑤ 연등회, 팔관회를 성대하게 실시한 이유를 알아본다.

서술형
**12** 다음 글을 읽고, 물음에 답하시오.

> (가) 국초에 지방 호족의 자제를 서울에 머물게 하여 그 고을의 일에 대해 자문하게 하였다.
> (나) 중앙 고위 관리를 출신 지역의 사심관으로 삼아 지방의 일을 살피도록 하였다.

(1) (가), (나)에 해당하는 제도의 명칭을 쓰시오.

(2) 태조 왕건이 (가), (나)의 제도를 실시한 목적을 서술하시오.

# 주제 16 고려의 통치 체제 정비

## 1 중앙 정치 제도 자료1

(1) **2성 6부제**  성종 때 당의 3성 6부제를 받아들여 고려의 실정에 맞게 운영

① **중서문하성**  최고 관서, 장관인 문하시중을 중심으로 국정 총괄

② **상서성**  6부를 통해 정책 집행

(2) **중추원·어사대·삼사**

① **중추원**  군사 기밀 담당, 왕의 명령 전달

② **어사대**  관리의 비리 감찰

③ **삼사**  국가 재정의 출납과 회계 업무

(3) **도병마사·식목도감**  중서문하성과 중추원의 고위 관료들이 모여 중대사 논의 └ 고려에서 만든 독자적인 기구야.

① *도병마사  국방과 군사 문제 논의

② *식목도감  법 및 각종 제도, 시행 규칙 제정

(4) **대간**  정치의 잘잘못을 논함, 관리의 비리 감찰, 사회 풍속 감시 └ 중서문하성의 일부 관리와 어사대의 관원을 합쳐 부르는 말이야.

## 2 지방 행정 제도 자료2

(1) **지방 행정 구역** ┌ 군현을 기준으로 토지와 인구를 조사하여 세금을 부과하였어.

| 5도 | 일반 행정 구역, 군현 설치, 안찰사 파견 |
|---|---|
| 양계 | 북쪽 국경 방어를 위한 군사 행정 구역, 병마사 파견 |
| *경기 | 개경을 둘러싸고 있는 지역, 개경에 필요한 물적 자원 공급 |
| 3경 | 개경, 서경(평양), 동경(경주) → 남경(서울) 설치 이후 동경 제외 |
| 특수 행정 구역 | • 향·부곡(농업 종사)·소(수공업 종사) • 일반 군현에 거주하는 양인에 비해 많은 차별 |

└ 더 많은 세금을 내고 거주지 이동에 제한을 받았어.

(2) **특징**  중앙에서 지방관을 파견한 주현보다 지방관이 파견되지 않은 속현이 더 많음 → 향리가 실질적 행정 업무 담당 └ 지방 호족 출신으로 자신의 직책을 자손에게 물려줄 수 있었어.

## 3 군사 제도

| 중앙군 | 2군(궁궐과 왕실 호위), 6위(개경과 국경 지역 방어) |
|---|---|
| 지방군 | 주현군(5도), 주진군(양계) → 16세 이상의 양인들이 복무 |

## 4 교육과 관리 등용 자료3

(1) **교육 제도**

① **태조**  개경과 서경에 학교 설치 → 인재 양성

② **성종**  최고 교육 기관인 국자감 설치(개경), 지방에 향교 설치

(2) **관리 선발 제도**  과거와 *음서, 천거 등

① **과거**  법적으로 양인 이상이면 응시 가능 ┌ 무과는 거의 시행되지 않고 무예나 신체 조건이 뛰어난 사람을 따로 뽑았어.

| 문과 | 제술과(문장 짓는 능력), 명경과(유교 경전 이해) → 문관 선출 |
|---|---|
| 잡과 | 법률과 의학 등 기술학 시험 → 법률·지리·의술 등 기술관 선출 |
| 승과 | 합격한 승려에게 품계 부여 |

┌ 음서의 혜택은 아들과 사위, 친손·외손 모두 누릴 수 있었어.

② **음서**  왕족이나 공신, 5품 이상 고위 관리의 자손을 시험 없이 관리로 임명

③ **천거**  학식과 덕행이 뛰어난 인재를 추천받아 관리로 임명

## 꼭 나오는 자료

### 자료1 고려의 중앙 정치 기구

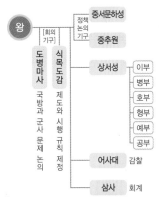

◀ 고려는 당의 제도인 3성 6부 체제와 송의 제도인 중추원과 삼사 등을 본떠 중앙 통치 제도를 정비하였다. 고려의 실정에 맞게 2성 6부제로 운영하였으며 독자적으로 도병마사, 식목도감도 두었다. 고려는 관청의 이름과 장관 명칭을 중국과 같은 용어를 사용하며 중국과 대등한 의식을 드러냈다.

### 자료2 고려의 지방 행정 제도

◀ 고려는 전국을 일반 행정 구역인 5도, 군사 행정 구역인 양계, 개경을 둘러싼 경기로 나누어 다스렸다. 성종 때부터 지방에 12목을 설치하고 지방관을 파견하였으나 지방관이 파견된 주현보다 지방관이 파견되지 않은 속현의 수가 더 많았다. 12목은 현종 때 8목으로 개편되었다.

### 자료3 고려의 관리 등용 제도

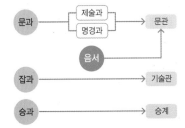

◎ 고려 시대 과거제는 문과, 잡과, 승과가 실시되었으며, 음서로도 관리가 될 수 있었다. 음서로 관리가 되어 지위를 세습할 수 있었지만 과거에 합격하는 것을 더 명예롭게 여겨 과거가 실질적으로 중요한 역할을 하였다.

━━━ 용어 사전

* **도병마사**  나라의 국방 관련 문제를 합의하여 처리하는 기구

* **식목도감**  국가의 중요한 격식과 법 제정 등에 대해 합의하여 처리하는 기구

* **경기**  서울을 중심으로 한 가까운 주위의 지방

* **음서(蔭 조상의 공덕 敍 혜택을 받다)**  과거에 의하지 않고 왕족이나 공신, 고위 관리의 자손을 관리로 임명하는 제도

## 개념 문제

**01** 다음 설명이 맞으면 ○표, 틀리면 ×표를 하시오.

(1) 고려는 전국의 모든 군현에 지방관을 파견하여 통치하였다. ·······································( )

(2) 고려 시대 과거는 법적으로 양인 이상이면 누구나 응시가 가능하였다. ·······················( )

**02** 다음 빈칸에 들어갈 알맞은 말을 쓰시오.

(1) 중서문하성의 일부 관리와 어사대의 관원을 ( )(이)라고 불렀는데, 이들은 관리의 비리를 감찰하며 사회 풍속을 감시하였다.

(2) 고려 시대 지방에서는 호족 출신의 ( )이/가 해당 지역의 조세나 공물 징수 등의 실질적 행정 업무를 담당하였다.

**03** 알맞은 말을 골라 ○표 하시오.

(1) 고려의 중앙 정치 기구인 ( 중추원 / 중서문하성 )은 군사 기밀과 왕명의 출납을 담당하였다.

(2) ( 5도 / 양계 )는 북쪽 국경을 방어하기 위해 고려에서 설치한 군사 행정 구역이다.

## 실력 문제

**중요**
**04** (가), (나)에 대한 설명으로 옳은 것은?

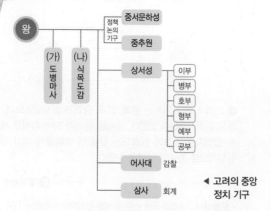

◀ 고려의 중앙 정치 기구

① (가) – 고위 관료들이 모여 회의하는 기구였다.
② (가) – 고려의 최고 관서로 국정을 총괄하였다.
③ (나) – 문하시중을 최고 책임자로 하였다.
④ (나) – 곡식과 화폐의 출납과 회계 업무를 맡았다.
⑤ (가), (나) – 둘을 합쳐 대간이라고 불렀다.

**고난도**
**05** 다음은 고려 시대 두 신하의 대화이다. 대화와 관련된 정치 기구에 대한 설명으로 옳은 것은?

> 갑: 정치의 잘잘못을 명확히 논할 수 있는 자세가 필요하네.
>
> 을: 예. 관리들의 비리도 자세히 감시하여 정치가 잘 될 수 있게 하겠습니다.

① 새로운 법을 제정하였다.
② 국가 재정을 맡아 보았다.
③ 6부를 통솔하여 왕명을 집행하였다.
④ 군사 기밀과 왕명 출납을 담당하였다.
⑤ 중서문하성의 일부 관리와 합쳐 대간이라 불리었다.

**06** (가)에 들어갈 내용으로 옳은 것을 〈보기〉에서 고른 것은?

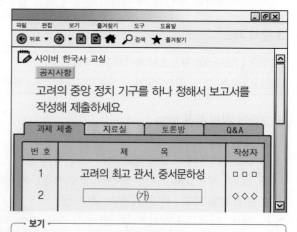

┌─ 보기 ─────────────────────────
ㄱ. 유교의 덕목으로 명칭을 정한 6부
ㄴ. 왕명을 받들어 행정을 총괄하는 집사부
ㄷ. 군사 기밀과 왕명 출납을 담당하는 중추원
ㄹ. 법 제정과 격식에 대해 논의하는 식목도감
└──────────────────────────────

① ㄱ, ㄴ  ② ㄱ, ㄷ  ③ ㄴ, ㄷ
④ ㄴ, ㄹ  ⑤ ㄷ, ㄹ

**07** 지도는 고려의 지방 행정 구역을 나타낸 것이다. 빗금 친 지역에 대한 설명으로 옳은 것은?

① 병마사를 파견하였다.
② 개경을 둘러싼 지역이었다.
③ 3경이라 하여 특히 중시하였다.
④ 국가에 필요한 수공업 제품을 생산하였다.
⑤ 일반 행정 구역에 비해 많은 차별을 받았다.

**고난도**

**08** 주제와 관련된 모둠별 활동으로 옳은 것을 〈보기〉에서 고른 것은?

[고려의 통치 제도 모둠 수업 방법]
1. 모둠 내에서 주제를 나누세요.
 -중앙 정치, 지방 행정, 관리 등용, 군사 제도
A모둠: 중앙 정치 제도  B모둠: 지방 행정 제도
C모둠: 관리 등용 제도  D모둠: 군사 제도
2. 협동하여 활동지를 완성합니다.
3. 모둠원들과 배운 내용을 정리합니다.

┌ 보기 ┐
ㄱ. A모둠 – 고위 관리들이 모여서 국가의 중대사를 논의하는 기구를 조사하였다.
ㄴ. B모둠 – 9주 5소경으로 정비하였음을 파악하였다.
ㄷ. C모둠 – 왕실과 공신의 자손이 과거를 거치지 않고 관리가 될 수 있었음을 찾아보았다.
ㄹ. D모둠 – 지방군 10정을 각 주에 1정씩 두고 국경 지대에만 2정을 배치하였음을 알아보았다.

① ㄱ, ㄴ      ② ㄱ, ㄷ      ③ ㄴ, ㄷ
④ ㄴ, ㄹ      ⑤ ㄷ, ㄹ

**중요**

**09** (가), (나)에 대한 설명으로 옳은 것을 〈보기〉에서 고른 것은?

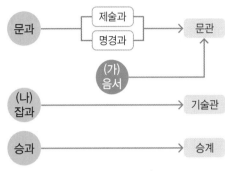

▲ 고려의 관리 등용 제도

┌ 보기 ┐
ㄱ. (가)-유교 경전에 대한 이해를 평가하였다.
ㄴ. (가)-왕족, 공신, 고위 관리 자손을 대상으로 하였다.
ㄷ. (나)-문장을 짓는 능력을 시험하였다.
ㄹ. (나)-법률, 의학, 지리 등 실용적 기술에 능한 사람을 뽑았다.

① ㄱ, ㄴ      ② ㄱ, ㄷ      ③ ㄴ, ㄷ
④ ㄴ, ㄹ      ⑤ ㄷ, ㄹ

**서술형**

**10** 다음 신문 기사를 읽고, 물음에 답하시오.

| 역사 신문 | ○○○년 |
| --- | --- |

(가) 특수 행정 구역 주민들이 거리 시위를 시작하였다. 일반 군현에 거주하는 (나) 양인에 비해 차별받는 상황에 불만을 제기하며 일반 군현으로의 승격을 요구하고 있다.

(1) (가)에 해당하는 행정 구역을 쓰시오.

(2) (나)에 해당하는 내용을 두 가지 이상 서술하시오.

# 문벌 사회의 동요와 무신 정권의 수립

## 1 이자겸의 난과 묘청의 서경 천도 운동

**(1) \*문벌의 형성**   과거와 음서, 혼인을 통해 고려의 중앙 지배층이 문벌 형성
└ 고려 전기에는 지방 호족과 6두품 출신의 유학자가 정계에 진출하였어.

**(2) 이자겸의 난(1126)**

| 배경 | 경원 이씨 가문이 왕실과 거듭된 혼인을 통해 권력 독점 |
|---|---|
| 과정 | 인종의 이자겸 제거 시도 → 이자겸이 난을 일으켜 왕권 위협 → 이자겸 세력의 내부 분열로 곧 진압 |
| 결과 | 왕실의 권위 하락, 문벌 귀족 사회의 동요 |

**(3) 묘청의 서경 천도 운동**

① **배경**   이자겸의 난 이후 정치적 혼란
└ 개경의 궁궐이 불타 없어졌고 왕권을 회복할 필요가 있었어.

② 서경 세력과 개경 세력의 갈등 〔자료1〕

| 서경 세력 | • 중심인물: 묘청, 정지상 등<br>• 주장: 풍수지리설을 바탕으로 서경 천도 주장, 금을 정벌하고 황제를 칭할 것과 연호를 사용할 것 주장 |
|---|---|
| 개경 세력 | • 중심인물: 김부식 등<br>• 주장: 서경 천도 반대, 금에 사대 |

③ **전개**   묘청 등이 서경에서 반란(1135) → 김부식이 이끄는 관군에 의해 진압
└ 국호를 '대위', 연호를 '천개'라 하면서 서경에서 반란을 일으켰어.

## 2 무신 정변
└ 무신들은 정3품의 상장군까지만 올라가며 2품 이상의 관직에 오를 수 없었고, 군대 최고 지휘관도 문신이 맡았어.

| 배경 | • 무신에 대한 차별 대우(문신 중심의 정치 운영)<br>• 의종의 사치와 향락 |
|---|---|
| 전개 | 정중부, 이의방 등 무신들이 정변을 일으켜 정권 장악(1170), 문신 제거, 의종 폐위 → \*중방을 중심으로 권력 장악, 권력 쟁탈전 전개 〔자료2〕 |
| 이후 변화 | 권력 다툼으로 인한 지방 통제력 약화(통치 체제 붕괴), 신분제 동요, 집권자의 수탈로 인한 토지 제도 붕괴, 농민·천민 봉기의 발생 등 |

## 3 최씨 무신 정권
└ 비교적 안정적으로 정권이 유지되었어.

| 성립 | 이의민을 제거하고 최충헌이 권력 장악 → 불법적으로 많은 농장 소유, 왕실·문벌 가문과 혼인하여 정권의 기반을 다짐, 하층민의 봉기를 적극적으로 진압, 몽골 침략 이후 강화도로 천도하여 정권 유지 |
|---|---|
| 권력 기구 | • 교정도감: 최충헌이 설치, 최고 정치 기구, 국가 중요 정책 결정<br>• 정방: 최우가 설치, 인사 행정 장악 ─ 문신을 등용하여 정책 자문을 받기도 했어.<br>• 도방, 삼별초: 최씨 정권의 사병 집단, 군사 기반 |

└ 도둑을 잡기 위해 설치한 야별초의 좌별초, 우별초, 몽골에 포로로 잡혀 갔다가 돌아온 병사로 조직된 신의군을 합쳐서 구성되었어.

## 4 농민과 천민의 봉기 〔자료3〕

**(1) 배경**   무신 집권자들의 가혹한 수탈, 신분 질서의 동요

**(2) 농민과 천민의 봉기** ─ 일반 군현에 비해 차별을 받았고 무신 정변 이후 수탈이 심화되어 난을 일으켰어.

① **망이·망소이의 난**   공주 명학소에서 봉기, 한때 충청도 일대 점령

② **김사미·효심의 난**   경상도 일대에서 연합하여 봉기

③ **전주 관노비의 봉기**   지방관의 가혹한 노동력 동원에 반발

④ **만적의 난**   신분 해방 운동, 최충헌의 사노비로 봉기를 계획하였으나 사전에 발각되어 실패, 하층민의 사회의식 성장

---

### 꼭 나오는 자료

**〔자료1〕 서경 천도를 둘러싼 갈등**

> • 서경 지역은 풍수지리설에 의하면 대화세(크게 기운이 꽃피우는 형세)이니 만약 이곳에 궁궐을 세우고 수도를 옮기면 국가의 혼란을 막을 수 있습니다. 또한 금이 조공을 바치고 스스로 항복할 것이며 주변의 여러 나라가 모두 고개를 숙일 것입니다.
> • 서경 대화궁 30여 곳에 벼락이 떨어졌는데 만약 그곳이 길한 땅이라면 하늘이 그렇게 하였을 리가 없습니다. ……
> – 『고려사』 –

➡ 이자겸의 난 이후 개경의 궁궐이 불타고 혼란한 속에서 묘청 등 서경 세력은 풍수지리 사상을 기반으로 서경으로 천도하자고 주장하였다. 당시 국왕이었던 인종은 서경에 대화궁을 건설하면서 호응하는 듯 보였으나 유교 사상을 기반으로 한 보수적인 김부식 등 개경 세력의 반발로 서경 천도가 이루어지지 못하였다.

**〔자료2〕 무신 집권자의 변천과 지배 기구**

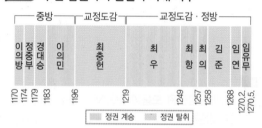

➡ 정변을 일으킨 무신들은 회의 기구인 중방을 중심으로 권력을 장악하였다. 일부 문신들이 무신 정권에 저항하기도 하였지만 모두 실패하였고 이후 여러 차례 권력 다툼이 벌어지며 무신의 최고 권력자가 자주 바뀌었다. 최충헌이 권력을 잡은 후 혼란한 상황이 수습되었다.

**〔자료3〕 무신 집권기 하층민의 저항 운동**

◀ 무신 정권 시기 집권자들이 백성을 더욱 가혹하게 수탈하여 백성의 고통이 더욱 커졌다. 한편, 무신 집권자 중 이의민 등 천민 출신 집권자가 등장하여 하층민의 신분 상승에 대한 기대감이 커졌다. 이를 배경으로 하층민의 봉기가 빈번하게 일어났다.

---

### 🔵 용어 사전

\* **문벌(門 집안 閥 가문)**   대대로 이어 내려오는 사회적 신분이나 지위

\* **중방**   고려 시대 2군 6위의 상장군, 대장군들이 모여 군사를 의논하던 곳, 무신 집권 시대에는 일반 정사도 함께 다루었음.

**개념 문제**

**01** 다음 설명이 맞으면 ○표, 틀리면 ×표를 하시오.

(1) 경원 이씨 가문은 왕실과 거듭된 혼인을 통해 권력을 차지하였다. ··················( )

(2) 정지상을 대표로 하는 개경 세력은 서경 천도를 강하게 반대하였다. ··················( )

(3) 최씨 무신 정권은 사병 집단으로 도방과 삼별초를 두어 군사 기반으로 삼았다. ··················( )

**02** 다음 빈칸에 들어갈 알맞은 말을 쓰시오.

(1) 인종이 외척으로 막강한 권력을 행사하던 ( ) 을/를 제거하려 하였으나 실패하여 오히려 왕권이 위협당하였다.

(2) 최충헌의 아들 최우는 ( )을/를 설치하여 인사 행정을 장악하였다.

**03** 알맞은 말을 골라 ○표 하시오.

(1) ( 묘청 / 김부식 )은 풍수지리설을 바탕으로 서경 천도를 내세웠다.

(2) 최충헌은 ( 중방 / 교정도감 )을 설치하여 반대 세력을 감시하고, 국가의 중요 정책을 결정하였다.

(3) 노비들에 대한 신분적 차별을 극복하기 위해 ( 망이·망소이의 난 / 만적의 난 )이 발생하였다.

**실력 문제**

**중요**
**04** (가)에 들어갈 지배 세력에 대한 설명으로 옳은 것은?

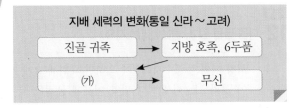

지배 세력의 변화(통일 신라 ~ 고려)

진골 귀족 → 지방 호족, 6두품

(가) → 무신

① 왕족이 될 수 있는 혈통이다.

② 문신들로부터 차별 대우를 받았다.

③ 신분적 한계로 승진이 제한되었다.

④ 성을 쌓아 스스로 성주 혹은 장군으로 부르기도 하였다.

⑤ 왕실이나 비슷한 집안과 혼인을 맺으며 권력을 유지하였다.

**05** (가) 인물에 대한 설명으로 옳은 것은?

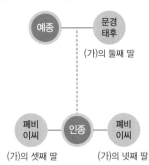

예종 ─ 문경 태후
(가)의 둘째 딸

폐비 이씨 ─ 인종 ─ 폐비 이씨
(가)의 셋째 딸    (가)의 넷째 딸

① 왕권을 위협하며 난을 일으켰다.

② 중방을 중심으로 권력을 장악하였다.

③ 인종의 회유를 받아 이자겸을 몰아내었다.

④ 교정도감을 설치하여 반대 세력을 감시하였다.

⑤ 풍수지리설을 내세워 수도를 서경으로 옮기자고 주장하였다.

**고난도**
**06** 다음 상황에서 왕이 추진한 정책으로 옳은 것을 <보기>에서 고른 것은?

이자겸이 난을 일으켜 궁궐이 불타고 혼란이 있었으나 이제 난은 진압되었소. 왕실의 권위를 회복해야겠소.

┌ 보기 ──────────────────
ㄱ. 최승로의「시무 28조」를 수용하였다.

ㄴ. 정지상 등과 개혁 정치를 추진하였다.

ㄷ. 서경 출신의 승려 묘청을 등용하였다.

ㄹ. 여진족의 근거지를 점령한 후 동북 9성을 축조하였다.
──────────────────────────

① ㄱ, ㄴ    ② ㄱ, ㄷ    ③ ㄴ, ㄷ

④ ㄴ, ㄹ    ⑤ ㄷ, ㄹ

**중요**

**07** 다음 자료와 관련된 탐구 활동으로 적절한 것은?

### 역사 인물 탐구

| 묘청 | | 김부식 |
|---|---|---|
| 서경으로 도읍을 옮겨야 합니다. | VS | 백성을 사랑하는 전하의 뜻과 어긋납니다. |

① 도방과 삼별초의 역할을 찾아본다.
② 천리장성을 쌓은 목적을 분석한다.
③ 서경 대화궁의 건설 배경을 살펴본다.
④ 공민왕의 개혁 정치 때 등장한 세력을 조사한다.
⑤ 의종의 보현원 행차 때 일어난 정변을 파악한다.

**08** 다음 사실이 있었던 시기를 연표에서 고른 것은?

> 정권을 잡은 정중부, 이의방 등은 의종이 사적으로 축적한 재산을 모두 나누어 가졌다. 정중부는 본래 욕심이 많고 천박하여 고리대업을 거리낌없이 하였다. 시중이 되자 여러 곳에 큰 농장을 가졌다. 집안 하인들과 문객들도 권세를 빙자하여 횡포를 부려 수많은 사람이 고통을 받았다. — 「고려사」 —

| (가) | (나) | (다) | (라) | (마) |
|---|---|---|---|---|
| 고려 건국 | 후삼국 통일 | 이자겸의 난 | 서경 천도 운동 | 무신 정변 | 개경 환도 |

① (가)  ② (나)  ③ (다)  ④ (라)  ⑤ (마)

**09** (가) 인물에 대한 설명으로 옳은 것은?

> ___(가)___ 은/는 동생과 함께 이의민을 제거한 후 권력을 잡고 봉사 10조를 제시하여 개혁을 주장하였다. 또한 자신의 신변을 경호하기 위해 힘센 자들을 모아 날마다 번갈아 숙직시키고 도방이라고 이름하였다.

① 금의 군신 관계 요구를 받아들였다.
② 국호를 '대위'로 하고 반란을 일으켰다.
③ 정방을 설치하여 인사 행정을 장악하였다.
④ 묘청이 서경에서 일으킨 반란을 진압하였다.
⑤ 교정도감을 설치하여 국가 정책을 결정하였다.

**고난도**

**10** 다음은 무신 집권자의 변천을 나타낸 표이다. (가) 시기에 대한 설명으로 옳은 것은?

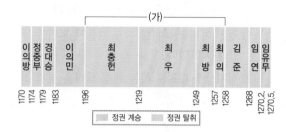

① 중방을 중심으로 정국이 운영되었다.
② 비교적 안정적으로 정권이 유지되었다.
③ 개혁책을 통해 백성의 생활이 나아졌다.
④ 외척 세력의 권력 다툼으로 왕권이 약화되었다.
⑤ 권력 다툼으로 인해 최고 권력자가 자주 바뀌었다.

**11** 다음 주장을 하며 계획된 봉기에 대한 설명으로 옳은 것은?

> 장군과 재상이 태어날 때부터 정해진 것이 아닙니다. 이의민도 천민 출신으로 권력자가 되지 않았습니까. 때가 오면 누구나 할 수 있습니다. — 「고려사」 —

① 공주 명학소에서 발생하였다.
② 신분적 차별을 극복하고자 하였다.
③ 지역 차별에 대한 불만으로 일어났다.
④ 수도를 서경으로 옮기자고 주장하였다.
⑤ 무신 정권에 반발한 문신들의 저항이다.

**서술형**

**12** 다음 글을 읽고, 물음에 답하시오.

> 서경 지역은 풍수지리설에 의하면 대화세(크게 기운이 꽃피우는 형세)이니 만약 이곳에 궁궐을 세우고 수도를 옮기면 국가의 혼란을 막을수 있습니다. 또한 금이 조공을 바치고 스스로 항복할 것이며 주변의 여러 나라가 모두 고개를 숙일 것입니다. — 「고려사」 —

(1) 위 자료와 같이 주장한 인물을 쓰시오.

(2) (1)의 인물이 주장한 내용을 두 가지 이상 서술하시오.

# 다원적 국제 질서의 형성

## 1 동아시아의 국제 정세 [자료1]

(1) **거란** 10세기 초 건국, 발해 멸망 → 강대국으로 성장

(2) **송** 중국의 5대 10국의 혼란기 통일 ┌ 당 멸망 후 여러 나라가 난립했던
중국의 분열기를 의미해.

(3) **다원적 국제 질서** 거란(요), 송, 서하, 대월 등의 군주가 모두 스스로 황제라 칭함, 자국의 실리에 맞게 교류
└ 고려 국왕은 실리를 위해 송과 거란을 향해 자신을 왕이라 낮추었지만 대내적으로는 황제국 체제를 지향하였어.

## 2 고려와 거란의 충돌

(1) **거란의 침입과 전개**

| | 배경 | 전개 |
|---|---|---|
| 1차 침입 (993) | 송과 고려의 연합을 막고자 침입 | 서희의 외교 담판 → 강동 6주 획득 [자료2] |
| 2차 침입 (1010) | 고려가 송과의 친선 관계 유지 | 개경 함락 → 양규 등의 활약으로 거란군 격퇴 |
| 3차 침입 | 고려가 거란과 외교 관계를 맺지 않음. | 귀주에서 강감찬의 고려군이 거란군에게 큰 승리(귀주 대첩, 1019) |

(2) **이후의 정세** 고려·송·거란 사이의 세력 균형 유지 → 다원적 국제 질서 유지, 개경에 *나성을 쌓고 국경 지역에 천리장성 축조
└ 북방 민족의 침입에 대비하였어.

## 3 고려의 여진 정벌과 금에 대한 사대 ┌ 여진 부족 추장에게 관직 등을 주며 회유했고, 여진족은 고려에 특산품을 바치기도 했어.

(1) **고려 초** 여진이 고려를 부모의 나라로 섬김.

(2) **고려의 여진 정벌** ┌ 여진 정벌을 위하여 윤관의 건의에 따라 편성한 부대로 기병 부대인 신기군, 보병 부대인 신보군, 승병 부대인 항마군으로 편성되었어.

① 배경 12세기 초 여진의 세력이 커지면서 고려와 자주 충돌

② 전개 윤관이 별무반을 이끌고 여진족 근거지 점령, 동북 9성 축조 → 여진족의 반환 요구와 방어의 어려움으로 반환(1109)

(3) **여진의 성장과 군신 관계 요구**

① 여진의 성장 여진족의 추장 아구다가 금 건국(1115) → 거란(요)을 공격하여 멸망시키고 이듬해 송을 남쪽으로 몰아냄.

② 고려와의 관계 금이 고려에 군신 관계 강요 → 이자겸이 금의 요구에 굴복, 금과의 군신 관계 수용(1126)
└ 자신의 권력을 유지하기 위하여 금의 군신 관계 요구를 받아들였어.

## 4 고려의 대외 교류 [자료3]

(1) **송과의 교류** ┌ 거란과 여진이 있어서 주로 바닷길을 통하여 교류했어.

① 무역 비단·서적·자기 등 수입, 금·은·인삼 등 수출

② 선진 문물 수용 유학생과 유학승 파견 → 선진 문물 수용

(2) **거란, 여진과의 교류** 전쟁을 마친 이후 외교 관계 수립

① 무역 은·모피·말 등 수입, 농기구·곡식 등 수출

② *대장경 편찬에 영향 거란에서 대장경 수용

(3) **일본과의 교류** 수은·향신료 등 수입, 식량·인삼·책 등 수출
└ 거란의 침입을 물리치기 위해 만든 초조대장경의 제작에 영향을 주었어.

(4) **동아시아 국제 교류**

① 이슬람 상인과 무역 수은·향신료 등 수입, 금·비단 등 수출 → '코리아'라는 이름으로 서방 세계에 알려짐.

② *벽란도 국제 무역항으로 발전
└ 이규보는 벽란도의 발전한 모습을 시로 써서 남겼어.

---

## 꼭 나오는 자료

### [자료1] 10~13세기 동아시아의 정세

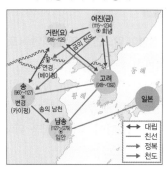

◎ 10세기에는 동아시아의 정세가 크게 변화하였다. 중국에서는 송이 5대 10국의 분열을 통일하였고, 만주 일대에서는 거란이 성장하였다. 고려는 건국 초부터 북진 정책을 실시하여 거란을 견제하였고, 송과는 친선 관계를 유지하였다.

### [자료2] 서희의 외교 담판

> 소손녕: 너희는 옛 신라 땅에서 건국하였고 고구려 땅은 우리의 영토다. 또 우리와 가까운데도 송을 섬기고 있으니 정벌하러 온 것이다.
>
> 서 희: 우리가 고구려의 후계자이다. 여진이 차단하여 국가가 통하지 못하고 있다. 여진을 몰아내고 옛 땅을 회복한다면 국교를 통할 수 있다.
> － 「고려사」 －

◎ 거란은 고구려의 계승과 관련된 영토 문제를 제기하였고, 거란을 적대시하고 송하고만 국교를 맺는 점에 불만을 가지고 있었다. 이에 서희는 외교 담판을 통해 고구려 계승 의식을 확고히 하고, 송과의 관계를 끊고 거란과 교류할 것을 약속하여 여진이 거주한 지역인 강동 6주를 획득하였다.

### [자료3] 고려의 대외 교류

◁ 고려는 송과 친선 관계를 맺으며 선진 문물을 받아들였고 거란, 여진 등과는 충돌이 있었음에도 꾸준히 교류하였다. 특히, 예성강 하구의 벽란도는 각국의 상인들이 몰려들면서 동아시아 국제 무역항으로 발전하였다.

---

**● 용어 사전**

* **나성(羅 두르다 城 성)** 성 밖에 겹으로 둘러쌓은 성

* **대장경** 부처님의 말씀인 경, 불교 교단의 규칙인 율을 체계적으로 연구하여 해석한 논의 삼장을 모두 모아 정리한 것

* **벽란도** 고려의 수도인 개경과 가깝고 예성강을 통하여 내륙과 물자 유통이 원활하였으며, 황해를 통해 손쉽게 국제적으로 교류할 수 있었던 지역

### 개념 문제

**01** 다음 설명이 맞으면 ○표, 틀리면 ✕표를 하시오.

(1) 거란의 3차 침입 당시 양규가 이끄는 고려군은 귀주에서 거란군을 크게 물리쳤다. ················(   )

(2) 금이 고려에 군신 관계를 강요하자, 권력을 잡고 있던 이자겸이 정권 안정을 위해 금의 요구를 수용하였다. ·······························(   )

**02** 다음 빈칸에 들어갈 알맞은 말을 쓰시오.

(1) 고려 예종 때 윤관은 (   )을/를 이끌고 국경 너머의 여진족 근거지를 점령하였다.

(2) 예성강 하구의 (   )은/는 이슬람 상인을 비롯한 주변 국가의 상인들이 자주 드나들며 국제 무역항으로 발전하였다.

**03** 알맞은 말을 골라 ○표 하시오.

(1) 고려의 서희는 송과 외교 관계를 끊는다는 조건으로 거란과 외교 관계를 맺고 ( 한강 유역 / 강동 6주 )을/를 획득하였다.

(2) 고려는 거란의 침입을 격퇴한 후 국경 지역에 ( 천리장성 / 동북 9성 )을 쌓았다.

### 실력 문제

**중요**
**04** 지도와 같은 정세에서 고려가 펼친 대외 정책으로 옳은 것은?

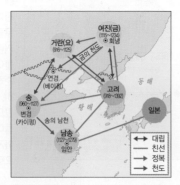

① 주변 국가와 대립하며 교류하지 않았다.
② 수도를 강화도로 옮겨 전쟁에 대비하였다.
③ 황제국 체제를 지향하며 실리에 맞게 교류하였다.
④ 북방 민족과 연합하여 중국의 침략을 막고자 하였다.
⑤ 국방력의 약화로 주변 국가들과 모두 군신 관계를 맺었다.

**05** 지도와 같이 고려에 침입한 국가에 대한 설명으로 옳은 것은?

① 살수 대첩에서 패배하였다.
② 송과의 연합을 막고자 고려에 침입하였다.
③ 고려가 별무반을 편성하여 정벌을 추진하였다.
④ 건국 초기에는 고려와 우호적 관계를 유지하였다.
⑤ 이민족의 침략에 맞서 수도를 강화도로 이동하였다.

**고난도**
**06** 다음 전투 이후의 상황으로 옳은 것을 〈보기〉에서 고른 것은?

> 거란이 10만 대군을 이끌고 고려를 침략하자 왕은 강감찬을 파견하였다. 그는 기병 1만 2천 명을 뽑아 매복시키고, 동아줄로 소가죽을 꿰어서 성 동쪽의 큰 냇물을 막고 기다렸다. 적이 다가오자 막아 놓았던 물줄기를 터뜨리고 복병을 돌격시켜 크게 승리하였다.

**보기**
ㄱ. 동북 지방에 9성을 쌓아 고려의 영토로 삼았다.
ㄴ. 고려, 송, 거란 사이의 세력 균형이 유지되었다.
ㄷ. 고려가 천리장성을 쌓아 북방 민족의 침입에 대비하였다.
ㄹ. 고려가 강화도로 옮겼던 수도를 다시 개경으로 이동하였다.

① ㄱ, ㄴ     ② ㄱ, ㄷ     ③ ㄴ, ㄷ
④ ㄴ, ㄹ     ⑤ ㄷ, ㄹ

**07** (가) 인물에 대한 설명으로 옳은 것은?

왼쪽 그림은 [　(가)　]이/가 여진을 정벌하고 영토를 확장한 뒤 '고려의 영토'라고 새겨진 경계비를 세우는 장면을 그린 「척경입비도」로 조선 후기에 그려졌다.

① 별무반 편성을 건의하였다.
② 귀주에서 큰 승리를 거두었다.
③ 강동 6주를 획득하는 데 기여하였다.
④ 거란 장수 소손녕과 외교 담판을 벌였다.
⑤ 금이 고려에 강요한 군신 관계를 수용하였다.

중요
**08** 고려와 (가)의 관계에 대한 탐구 활동으로 적절한 것은?

[　(가)　]와/과의 관계
1. 초기: 고려를 부모의 나라로 섬김.
2. 고려와 충돌: 잦은 충돌 → 고려가 [　(가)　]의 본거지 점령, 동북 9성 축조

① 서희의 외교 담판 과정을 조사한다.
② 귀주 대첩의 전개 과정을 알아본다.
③ 초조대장경을 만든 목적을 살펴본다.
④ 고려 초기 거란을 배격한 배경을 분석한다.
⑤ 이자겸이 군신 관계를 수용한 이유를 파악한다.

**09** 다음 시에서 설명하는 지역으로 옳은 것은?

물결은 밀려왔다 다시 밀려가고
오가는 배는 머리와 꼬리가 서로 잇닿아 있구나.
아침에 이곳을 떠나면 한낮이 못 되어 남쪽에 이른다.
사람들은 배를 물 위의 말이라고 하지만
바람처럼 달리는 좋은 말도 이만 못하리라.
　　　　　　　　　　－ 이규보, 「동국이상국집」 －

① 개경　　　② 서경　　　③ 강화도
④ 벽란도　　⑤ 동북 9성

고난도
**10** 지도를 바탕으로, 고려 시대의 대외 교류에 대해 설명한 것으로 옳은 것을 〈보기〉에서 고른 것은?

　보기
ㄱ. 이슬람 상인과도 무역을 하였다.
ㄴ. 울산항이 국제 무역항으로 발달하였다.
ㄷ. 코리아라는 이름이 서방 세계에 알려졌다.
ㄹ. 발해를 멸망시킨 거란과는 교류하지 않았다.

① ㄱ, ㄴ　　　② ㄱ, ㄷ　　　③ ㄴ, ㄷ
④ ㄴ, ㄹ　　　⑤ ㄷ, ㄹ

서술형
**11** 다음 대화를 보고, 물음에 답하시오.

소손녕: 그대 나라는 신라 땅에서 일어났소. 고구려 땅은 다 우리의 소유인데 어찌하여 그대 나라가 차지하고 있는 것이오? 또 우리와 국경을 맞대고 있는데도 바다를 건너 송을 섬기고 있소. 이 때문에 우리가 와서 치는 것이오.
서　희: [　(가)　]

(1) 위 외교 담판의 결과로 획득한 지역을 쓰시오.

(2) 소손녕의 주장을 토대로 (가)에 들어갈 반박을 서술하시오.

# 고려의 대외 교류

고려는 송, 거란, 여진 등 여러 나라와 교류하면서 실리를 추구하였다. 송과의 친선 관계를 중심으로 북방 민족의 침입을 경계하면서도 이들과 꾸준히 교류하였다. 특히, 벽란도를 중심으로 동아시아 국제 무역이 성행하였고 이를 통해 개방적이고 국제적인 모습을 가지게 되었다. 각 국가별 교역의 특징, 벽란도와 이슬람 상인에 대한 문제가 자주 출제되므로 지도를 바탕으로 구분하여 알아두어야 한다.

**주제 탐구하기**

## 고려의 대외 교류와 벽란도

▲ 초조대장경

고려는 발해를 멸망시킨 거란과 화친하지 않다가 전쟁 이후 화친을 맺고 교류하였다. 특히 거란에서 들여온 대장경은 고려의 대장경 편찬에 큰 영향을 끼쳤다.

여진은 고려 초에는 고려를 부모의 나라로 섬기며 특산품을 바쳤으나 세력이 커져 금을 건국한 후에는 고려가 오히려 사대 관계를 맺으며 평화를 유지하였다. 고려 초 여진은 말과 화살을 바쳐왔으며 주로 식량과 농기구 등의 생활필수품을 받아 갔다.

▲ 고려의 먹과 나전칠기

고려는 송과 공식적으로 외교를 맺고 적극적으로 선진 문물을 받아들였다. 주로 왕실과 귀족의 수요품 등을 교역하였다. 고려의 먹과 나전 칠기는 송에서 인기를 끌었다.

고려는 일본과 활발하게는 아니지만 필요할 때 사신들이 왕래하거나 민간 상인들이 교류하는 형태로 교류하였다.

## 이슬람 상인과의 교역
이슬람 상인은 벽란도를 통해 개경에 들어왔다. 이때 고려가 서방 세계에 알려져 우리나라의 영문 국가명이 '코리아'가 되는 데 영향을 주었다.

> 정종 6년(1040) 11월 대식국 상인 보나합 등이 와서 수은, 점성향(베트남에서 생산되는 향신료), 몰약(방부제) 등의 물건을 바쳤다. 왕이 그들을 객관에서 후하게 대접하도록 하고, 그들이 돌아갈 때 금과 비단을 내렸다. ─ 「고려사」 ─

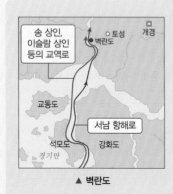

▲ 벽란도

고려 시대 벽란도는 국제 무역항으로서의 역할을 하였다. 벽란도는 수도 개경에 흐르는 예성강 하류의 항구였다. 이곳은 고려의 관문으로서 공식적인 국가 사절은 물론 고려를 찾는 외국 상인들이 처음으로 마주치는 곳으로 송의 상인뿐만 아니라 일본, 동남아시아 및 이슬람 상인들까지 자주 드나들던 항구였다. 이규보는 「동국이상국집」에서 벽란도의 발전한 모습을 다음과 같이 시로 남겼다.

> 물결은 밀려왔다 다시 밀려가고
> 오가는 배는 머리와 꼬리가 서로 잇닿아 있구나.
> 아침에 이곳을 떠나면 한낮이 못 되어 남쪽에 이른다.
> 사람들은 배를 물 위의 말이라고 하지만
> 바람처럼 달리는 좋은 말도 이만 못하리라.
> ─ 이규보, 「동국이상국집」 ─

▲ 고려의 무역선이 그려진 청동 거울

유형 1  고려 시대 각국과의 교류

**1** 고려와 (가), (나) 국가의 대외 교류에 대한 설명으로 옳은 것은?

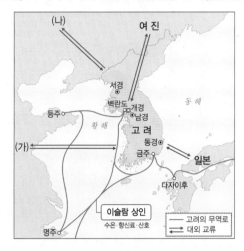

① (가) – 비단, 서적 등 왕실과 귀족의 수요품을 교역하였다.
② (가) – (가)에 대한 항전 의지를 북돋우기 위해 초조대장경을 제작하였다.
③ (나) – 유학생과 유학승을 파견하였다.
④ (나) – 사대 관계를 맺고 평화를 유지하였다.
⑤ (가), (나) – 선진 문물 수용을 위해 초기부터 친선 관계를 유지하였다.

유형 2  고려의 국제 무역항

**1** (가) 지역에 대한 설명으로 옳은 것을 〈보기〉에서 고른 것은?

> 다음은 이규보가 ☐(가)☐ 을/를 관찰하며 쓴 시이다.
>
> 물결은 밀려왔다 다시 밀려가고
> 오가는 배는 머리와 꼬리가 서로 잇닿아 있구나.
> 아침에 이곳을 떠나면 한낮이 못 되어 남쪽에 이른다.
> 사람들은 배를 물 위의 말이라고 하지만
> 바람처럼 달리는 좋은 말도 이만 못하리라.

─ 보기 ─
ㄱ. 당에서 신라인이 거주하는 마을이다.
ㄴ. 고려 시대에 발달한 국제 무역항이다.
ㄷ. 세계에 고려의 이름을 널리 알리게 된 곳이다.
ㄹ. 황해와 남해의 해상권을 장악한 해군 무역 기지이다.

① ㄱ, ㄴ    ② ㄱ, ㄹ    ③ ㄴ, ㄷ
④ ㄴ, ㄹ    ⑤ ㄷ, ㄹ

**2** 밑줄 친 '이 시대'의 대외 교류 활동으로 옳은 것은?

왼쪽의 유물은 이 시대 선박의 모습을 묘사한 청동 거울이다. 앞면에는 무늬가 없고 뒷면에 그림을 조각하였는데, 한 척의 배가 굽이치는 파도 위를 운항하고 있는 모습이다.

① 바닷길을 통해 중국의 남북조와 교역하였다.
② 완도의 청해진을 바탕으로 해상권을 장악하였다.
③ 신라도, 거란도 등 5개의 주요 교통로를 만들었다.
④ 송, 거란, 일본, 이슬람 상인들과 활발하게 교류하였다.
⑤ 일본과의 교류를 통해 아스카 문화 성립에 영향을 주었다.

**2** (가)에 들어갈 다음 스피드 퀴즈의 정답으로 옳은 것은?

역 사 퀴 즈

고려 시대 송, 이슬람 상인들이 드나들며 교역이 이루어진 항구로, 수도 개경과 가까웠어.

① 당은포    ② 청해진    ③ 울산항
④ 벽란도    ⑤ 강화도

# 고려의 대몽 항쟁

## 1 몽골의 침략

**(1) 몽골의 성장** 13세기 칭기즈 칸이 몽골족 통일, 기마병을 앞세운 막강한 군사력을 바탕으로 활발한 정복 활동 → 동서양에 이르는 *대제국 건설

└ 몽골군이 금을 무너뜨리자 금의 지배 아래 있던 거란족이 반란을 일으켰어.

**(2) 몽골과의 접촉** 몽골군에 쫓긴 거란족을 고려군과 몽골군이 강동성에서 격파 → 몽골과 외교 관계 수립

**(3) 몽골의 침략** 몽골의 무리한 공물 요구로 갈등 심화 → 몽골 사신이 귀국길에 국경 지대에서 피살 → 이를 구실로 몽골이 고려 침략(1231)

## 2 몽골군에 맞선 고려의 저항

**(1) 몽골의 1차 침입(1231)**

① **고려군의 저항** 귀주성을 공격하는 몽골군을 맞아 박서가 이끄는 고려군이 격렬하게 저항하며 방어

② **몽골과의 강화** 몽골군이 여러 성 함락, 고려의 방어군 패배 → 몽골과 강화

③ **강화도 천도** 최씨 무신 정권이 강화도로 천도하여 항전 준비 (1232)

└ 물살이 빠르고 암초가 많아 해전에 약한 몽골군이 쉽게 접근할 수 없어 방어에 유리했어.

▲ 대몽 항쟁기 강화도

**(2) 몽골의 지속된 침입** `자료1`

① **처인성 전투(1232)** 승려 *김윤후가 처인 부곡민을 이끌고 몽골군 대장 살리타 사살

└ 김윤후가 노비 문서를 불태우며 노비들의 사기를 북돋아 주었어.

② **충주성 싸움(1253)** 관리들의 도망, 김윤후가 군민과 노비를 이끌고 승리 → 몽골군의 남쪽 진격 저지

③ **팔만대장경 조판(1236~1251)** 민심을 모으고 부처의 힘으로 몽골군을 물리치기 위해 조성

**(3) 전쟁의 피해**

| 백성의 피해 | 국토의 황폐화, 많은 백성이 죽거나 포로로 끌려감. |
| --- | --- |
| 문화유산 소실 | 황룡사 9층 목탑, 초조대장경 판목 등이 불타 없어짐. |

**(4) 몽골과의 강화**

① **최씨 정권의 붕괴** 최씨 정권이 전쟁 중에도 사치스러운 생활과 많은 세금 징수 → 민심을 잃음, 지배층 내부에서도 최씨 정권에 대한 불만 고조 → 최씨 정권의 붕괴

② **개경 환도** 당시 태자였던 원종이 몽골과의 강화 추진 → 고려 정부의 개경 환도(1270)

③ **삼별초의 항쟁** 몽골과의 강화 반대 → 대몽 항쟁 전개(진도 → 제주도) → 고려·몽골 연합군에게 진압(1273) `자료2`

---

꼭 **나오는 자료**

**자료1** 고려와 몽골의 전쟁

👆 고려가 수도를 강화도로 옮긴 후에도 몽골은 고려에 여러 차례 침략하였다. 이에 맞서 노비, 부곡민 등 하층민도 적극적으로 항전하였다. 처인성에서는 김윤후가 부곡민을 이끌고 몽골 장수 살리타를 사살하였으며, 충주성에서는 노비가 주축이 된 군대가 몽골군을 물리쳤다.

**자료2** 삼별초의 항쟁

👆 삼별초는 진도와 제주도로 근거지를 옮기면서 3년 동안 저항하였으나, 몽골군과 고려 정부 연합군에게 진압되었다. 삼별초의 장기 항전은 몽골에 굴복하는 것에 반발하는 민중의 적극적인 지지 속에서 이루어졌다.

💡 **용어 사전**

* **몽골 제국** 테무친이 몽골고원의 유목민을 통합하고 세운 대제국, 중국 동북부에서 중앙아시아를 거쳐 오늘날의 이란과 러시아까지 이르는 대제국

* **김윤후** 승려 출신의 장수, 몽골군의 2차 침입 당시 처인성에서 몽골의 장수인 살리타를 사살하였으며 5차 침입 때는 충주성에서 노비 문서를 불태워 신분 해방을 약속하고 노비들과 함께 70여 일을 저항하여 몽골군 격퇴

* **충주성 싸움** 관리와 양반들이 도주하였음에도 노비 등 하층민들이 용감하게 대항하여 몽골군을 물리친 전투, 대몽 항쟁에서 일반 백성을 비롯한 하층민의 역량이 과시된 대표적 사례

### 개념 문제

**01** 다음 설명이 맞으면 ○표, 틀리면 ×표를 하시오.

(1) 고려에 왔던 몽골 사신이 귀국길에 피살되는 사건을 구실로 몽골이 고려를 침략하였다. ┄┄( )

(2) 최씨 정권은 개경 환도 후에도 몽골에 끝까지 싸우며 저항하였다. ┄┄┄┄┄┄┄┄( )

**02** 다음 빈칸에 들어갈 알맞은 말을 쓰시오.

(1) 고려 정부는 강화도에서 대몽 항쟁의 명분을 내세우기 위해 ( )을/를 제작하였다.

(2) 몽골과의 강화를 거부한 ( )은/는 진도, 제주도로 근거지를 옮겨 가며 끝까지 맞서 싸웠다.

**03** 알맞은 말을 골라 ○표 하시오.

(1) 최우는 몽골과의 장기 항전을 위해 수도를 전쟁에 유리한 ( 강화도 / 제주도 )로 옮겼다.

(2) ( 박서 / 김윤후 )는 처인 부곡민을 이끌고 몽골군 대장 살리타를 사살하며 몽골의 침입을 막아 냈다.

### 실력 문제

**04** (가)에 들어갈 내용으로 적절한 것은?

> **역사신문**  ○○○○년 ○○월 ○○일
>
> ## 몽골 사신 피살되다
>
> 고려에 사신으로 온 저고여가 압록강 너머에서 살해되는 사건이 발생하였습니다. 범인의 윤곽이 잡히지 않아 고려 정부가 난처해하고 있는 상황에서 몽골 정부는 ┃         (가)         ┃

① 동북 9성의 반환을 요청하였습니다.

② 이를 구실로 고려를 침략하였습니다.

③ 송과의 관계를 끊으라고 요구하였습니다.

④ 한강 이북 지역을 점령하고자 하였습니다.

⑤ 군신 관계를 수용할 것을 요구하였습니다.

**05** 고려가 지도의 지역으로 수도를 옮긴 배경으로 옳은 것은?

① 왜구의 침입을 피하고자 하였다.

② 원의 내정 간섭을 받아야 했기 때문이다.

③ 몽골과의 장기 항전을 준비하기 위해서였다.

④ 수도 천도를 통해 무신 정권의 성립을 확립하고자 하였다.

⑤ 문벌 귀족 세력을 약화시키고 왕권을 강화하기 위해서였다.

**06** 지도와 관련된 탐구 주제로 가장 적절한 것은?

① 고려의 대외 교류

② 고려의 대몽 항쟁

③ 거란과 고려의 충돌

④ 고려의 후삼국 통일 과정

⑤ 다원적 국제 질서의 형성

**07** 밑줄 친 인물에 대한 설명으로 옳은 것을 〈보기〉에서 고른 것은?

> 김윤후는 고종 때의 사람으로 일찍이 중이 되어 백현원에 있었다. 몽골병이 이르자, 처인성으로 난을 피하였는데, 몽골군이 침입해 와서 이를 격퇴하였다.

> ─ 보기 ─
> ㄱ. 몽골과의 강화를 제의하였다.
> ㄴ. 몽골군 대장 살리타를 사살하였다.
> ㄷ. 충주성 전투를 위해 노비 문서를 소각하였다.
> ㄹ. 진도, 제주도로 근거지를 옮기며 저항하였다.

① ㄱ, ㄴ      ② ㄱ, ㄷ      ③ ㄴ, ㄷ
④ ㄴ, ㄹ      ⑤ ㄷ, ㄹ

**08** 다음 상황에 대한 학생의 반응으로 가장 적절한 것은?

> 몽골병이 처들어오자 충주 부사 우종주와 유홍익은 양반 별초 등과 함께 성을 버리고 다 도주하고, 오직 천민들만이 힘을 합하여 이를 격퇴하였다.  ─「고려사」─

① 하층민이 몽골군에 맞서 열심히 싸웠구나.
② 몽골의 침입으로 많은 문화유산이 사라졌구나.
③ 외세의 침입으로 고려는 무기력하게 무너졌구나.
④ 지배층의 분열은 나라를 망하게 하는 지름길이구나.
⑤ 살 길이 막막해진 농민들이 목숨을 걸고 봉기했구나.

**09** 다음 글에서 주장하고자 하는 내용으로 적절한 것은?

> 현종 2년에 거란 군주가 크게 군사를 일으켜 와서 정벌하자 …… 현종이 대장경 판본을 판각해 이룬 뒤에 거란 군사가 스스로 물러갔습니다. …… 어찌 그때에만 거란 군사가 스스로 물러가고 지금의 몽골군은 그렇지 않겠습니까?  ─「동국이상국집」─

① 삼별초를 조직하자.
② 몽골과 강화를 맺자.
③ 팔만대장경을 조판하자.
④ 무신 정권을 무너뜨리자.
⑤ 거란의 제도를 배격하자.

**10** 다음 가상 뉴스의 밑줄 친 '외세의 침입'이 있었던 시기에 대한 설명으로 옳은 것을 〈보기〉에서 고른 것은?

> 안타까운 소식입니다. 신라 선덕 여왕 때 축조되어 80m가 넘었던 황룡사 구층 목탑이 외세의 침입으로 소실되어 터만 남았습니다.

> ─ 보기 ─
> ㄱ. 윤관이 별무반을 조직하였다.
> ㄴ. 고려 정부가 강화도로 천도하였다.
> ㄷ. 대표적인 항쟁으로 살수 대첩이 있다.
> ㄹ. 박서가 귀주성에서 격렬하게 저항하였다.

① ㄱ, ㄴ      ② ㄱ, ㄷ      ③ ㄴ, ㄷ
④ ㄴ, ㄹ      ⑤ ㄷ, ㄹ

**11** (가)에 들어갈 군대로 옳은 것은?

> (가) 은/는 몽골과의 강화를 거부하고 진도, 제주도로 옮겨 가며 끝까지 맞서 싸웠다. 그러나 (가) 이/가 고려·몽골 연합군에 진압되면서 40여 년에 걸친 몽골과의 전쟁이 끝났다.

① 별무반      ② 삼별초      ③ 주현군
④ 주진군      ⑤ 2군 6위

**12** (가)에 들어갈 내용을 서술하시오.

> 정한: 고려가 수도를 옮기면서까지 몽골에 대한 항전의 의지를 다졌는데 왜 무너졌을까?
> 우석: 지속된 전쟁으로 지친 면도 있을 거야.
> 서진: 그리고 최씨 무신 정권이 전쟁 중에도 (가) 이로 인해 민심을 잃고 최씨 정권이 몰락한 것이 큰 이유이겠지.

# 원의 내정 간섭과 권문세족의 등장

## 1 원의 내정 간섭

(1) **정치적 간섭**  고려의 제도와 풍속을 인정하면서도 고려에 영향력을 확대하려 함, 고려에 관리를 파견하여 내정 간섭

(2) **영토 상실**  쌍성총관부(화주), 동녕부(서경), 탐라총관부(제주) 설치 → 고려의 영토 일부를 직접 지배 **자료1**

(3) **관제 격하**  고려 국왕이 원의 공주와 결혼, 왕세자는 왕이 되기 전까지 원에서 교육 → 고려 왕실의 호칭과 관제 등 격하

(4) *__정동행성 설치__  일본 정벌을 위해 설치 → 일본 원정 실패 이후에도 유지되어 고려의 내정 간섭
└ 조·종 → 충○왕, 짐 → 고, 폐하 → 전하, 태자 → 세자

(5) **인적·물적 수탈**  고려의 특산물인 금, 은, 인삼, 자기, 사냥용 매 등 요구, 환관과 *__공녀__ 요구
└ 응방을 설치하고 해동청(청색 빛깔을 띤 매)을 원에 바쳤어.
└ 원 간섭기에 끌려간 원의 처녀로, 이를 피하기 위해 조혼의 풍습이 나타났어.

(6) **문화 교류**
① **몽골풍**  변발과 몽골식 복장(위아래가 붙은 철릭) 유행, 소주, 만두, 설렁탕 등 전래, 왕의 음식을 일컫는 수라, 직업을 나타내는 몽골어 어미인 ~치가 들어가는 장사치·벼슬아치 등 몽골어 사용

▲철릭
원 간섭기에 들어온 몽골식 의복, 윗옷과 아랫도리를 따로 만들어 이어 붙인 간편한 옷

▲ 변발
앞 머리털을 밀고 뒤 머리털만 남겨서 땋은 몽골족의 머리 매무새

▲ 소줏고리
원 간섭기 몽골로부터 소주 제조 기술 전래, 소주가 우리나라를 대표하는 술로 발전

② **고려양**  고려의 의복, 그릇, 음식 등이 원에 전파

## 2 권문세족의 등장 **자료2**

(1) *__권문세족의 등장__
① *__친원 세력__  국왕의 측근 세력, 몽골어 통역관, 응방의 관리 등이 원 간섭기에 권력 획득
② **권문세족 형성**  친원 세력, 기존의 문벌 세력, 무신 집권기에 등장한 가문 등이 권문세족 형성 → 새로운 지배 세력으로 성장

(2) **권문세족의 횡포 자료3**
└ 음서로 권력을 세습했어.

| 권력 독점 | 음서를 이용해 관직을 마음대로 차지, 뇌물을 받고 관직 매매 |
|---|---|
| 대농장 경영 | 불법적 행위를 통해 백성의 토지 수탈 → 대규모 농장 운영, 국가에 세금을 내지 않음, 가난한 백성을 노비로 만들어 자신의 토지에서 일하게 함 → 농민 몰락, 국가 재정 악화 |

(3) **충선왕, 충목왕의 개혁**  원의 간섭과 권문세족의 반발로 실패

---

### 자료1 원 간섭기 영토 상실

동녕부  쌍성총관부
자비령  철령  동 해
고려
황해
탐라총관부

◀ 원은 고려의 북방 지역에 쌍성총관부와 동녕부를 두고 제주도에는 탐라총관부를 두어 고려의 영토 일부를 직접 지배하였다.

### 자료2 권문세족의 등장

> 나라에서 나이 어린 소년 중 똑똑한 아이들을 골라서 몽골어를 배우게 하였는데, 조인규도 여기에 선발되었다. 스스로 실력이 모자란다고 생각한 조인규는 3년 동안 바깥에 나가지 않고 공부해 몽골어에 능통하게 되었다. 이후 조인규는 원의 황제 앞에서 통역을 잘한 것으로 유명해져 장군으로 승진하였다. ㅡ『고려사』 ㅡ

⬆ 원과의 밀접한 관계를 통해 권력을 가진 이들은 고려 후기 새로운 지배층인 권문세족을 형성하였다. 권문세족 중에는 기존의 문벌 귀족 가문, 무신 집권기에 새로 등장한 가문도 있었지만 응방의 관리, 몽골어에 능통한 사람, 원에서 국왕과 함께 지낸 측근 등도 있었다.

### 자료3 권문세족의 횡포

> 이인임, 임견미, 염흥방이 그 악한 종을 풀어놓아 좋은 토지를 가진 사람이 있으면 모두 물푸레 나무로 때리고 빼앗았다. 그 주인이 비록 관아에서 발급한 문권이 있더라도 감히 항변하지 못하니, 이때 사람들이 이것을 물푸레 나무(수정목) 공문이라 하였다.
> ㅡ『고려사절요』 ㅡ

⬆ 권문세족은 높은 관직을 독점하고 음서로 권력을 세습하며 세력을 유지하였다. 이들은 농민들의 토지를 빼앗아 농장을 확대하고 백성을 노비로 만들어 자신의 농장 경영에 이용하였다. 이에 국가 재정이 악화되는 등 사회 모순이 심화되었다.

🔍 **용어 사전**

* **정동행성**(征 정벌하다 東 동쪽(일본) 行省 원의 지방 통치 기관)  충렬왕 6년(1280) 원이 일본 정벌을 위해 고려에 설치한 특별 기구, 태풍 등으로 정벌은 실패하였지만 해체되지 않고 이후 고려의 내정 간섭 기구 역할을 하다 공민왕 때 폐지
* **공녀**(貢 바치다 女 여자)  여자를 바치는 일 또는 바치는 여자
* **권문세족**(權 권력 門 집안 勢 세력 族 일가)  권력을 가진 집안, 혹은 세력 있는 일가라는 뜻으로 고려 후기 지배 세력을 일컫는 말
* **친원 세력**  몽골의 침략에 적극 협조하였거나 고려 왕자가 볼모로 잡혀 원에 있을 때 함께 생활하였던 사람, 원의 영토 확장에 도움을 주거나 응방의 관리, 원과 관련된 일을 하는 사람들

# 문제로 실력다지기

개념 문제

**01** 다음 설명이 맞으면 ○표, 틀리면 ×표를 하시오.

(1) 원은 고려의 제도와 풍속을 무시하고 고려에 대한 내정 간섭을 확대하였다. ·····························( )

(2) 고려의 국왕은 원의 공주와 혼인하고 왕세자는 왕이 되기 전까지 원에서 지내야 했다. ·········( )

(3) 권문세족은 농민의 토지를 수탈하여 대규모 농장을 운영하였다. ·····························( )

**02** 다음 빈칸에 들어갈 알맞은 말을 쓰시오.

(1) 원은 일본 정벌을 위해 ( )을/를 설치하였고 일본 원정이 실패한 이후에는 고려의 내정을 간섭하였다.

(2) 원이 많은 ( )을/를 요구하면서 고려 후기에는 조혼의 풍습이 생겼다.

(3) 고려 후기에는 원과 밀접한 관계를 유지하며 등장한 세력이 지배층인 ( )(으)로 성장하였다.

**03** 알맞은 말을 골라 ○표 하시오.

(1) 원 간섭기 고려에서는 변발, 몽골식 복장 등 ( 몽골풍 / 고려양 )이 나타났다.

(2) 권문세족은 주로 ( 과거 / 음서 )를 통해 관직에 진출하였다.

(3) 충선왕 등이 개혁을 시도하였으나 ( 금 / 원 )의 간섭과 권문세족의 반발로 실패하였다.

실력 문제

**중요**

**04** (가) 시기에 대한 설명으로 옳은 것은?

| (가) 고려의 상황 |
| --- |
| • 영토 상실: 쌍성총관부, 동녕부, 탐라총관부 |
| • 내정 간섭: 고려에 관리를 파견하여 내정 간섭 |
| • 물적 수탈: 고려 특산물인 금·은·인삼·자기 등 수탈 |

① 무신 집권기 상황이다.

② 호족 세력을 통합하기 위해 노력하였다.

③ 최충헌이 이의민을 제거하고 성립되었다.

④ 강화도에서 개경으로 환도한 이후의 시기이다.

⑤ 송 - 고려 - 거란의 다원적 국제 질서가 형성되었다.

**05** (가)에 들어갈 내용으로 적절한 것은?

왕의 호칭이 달라진 것 같은데.

고려의 왕위 계보
······ 고종(1213~1259) - 원종(1259~1274) - 충렬왕(1274~1298) - 충선왕(1298) ······

맞아. 왜냐하면 (가)

① 금에 대해 군신 관계를 수용하였기 때문이야.

② 송과 친선 관계를 맺으며 가까워졌기 때문이야.

③ 조선이 건국되어 새 왕조가 시작되었기 때문이야.

④ 왕권 강화를 위해 독자적 연호를 사용하였기 때문이야.

⑤ 원 간섭기에 고려 왕실의 호칭과 관제 등이 격하되었기 때문이야.

**고난도**

**06** 다음 상황이 나타났던 시기에 볼 수 있었던 모습으로 적절한 것을 〈보기〉에서 고른 것은?

사람들이 딸을 낳으면 곧 감추고, 오직 탄로날 것을 우려하여 이웃 사람들도 볼 수 없게 한다고 합니다. 중국에서 사신이 올 때마다 우리 백성들을 서로 돌아보면서, '무엇 때문에 왔을까, 처녀를 잡으러 온 것은 아닌가?'라고 걱정합니다.

**보기**

ㄱ. 천리장성 축조를 위해 동원된 백성

ㄴ. 매를 징발하기 위해 서두르는 응방의 관리

ㄷ. 노비로 전락하여 대농장에서 일을 하는 농민

ㄹ. 무신 정권에 대한 불만으로 봉기를 일으키는 하층민

① ㄱ, ㄴ    ② ㄱ, ㄷ    ③ ㄴ, ㄷ

④ ㄴ, ㄹ    ⑤ ㄷ, ㄹ

**07** (가)에 들어갈 내용으로 옳은 것을 〈보기〉에서 고른 것은?

> 세준: 몽골풍에 대해 조사해야 돼. 난 위아래가 붙은 철릭이라는 옷을 조사할게.
> 정의: 그럼 난 소주, 만두 등의 음식을 맡을게.
> 영훈: 그럼, 나는 [ (가) ]에 대해 조사하면 되겠다.

─ 보기 ─
ㄱ. 성리학
ㄴ. 초조대장경
ㄷ. 변발과 발립
ㄹ. 벼슬아치, 장사치 등의 유래

① ㄱ, ㄴ  ② ㄱ, ㄷ  ③ ㄴ, ㄷ
④ ㄴ, ㄹ  ⑤ ㄷ, ㄹ

고난도
**08** 다음 대화와 관련된 탐구 주제로 적절한 것은?

> 권세 있는 가문의 종들이 좋은 토지를 다 빼앗는다네.
> 물푸레 나무로 때려서 빼앗는다고 수정목 공문이라고 부른다는데.

① 신라 말의 동요
② 권문세족의 횡포
③ 홍건적과 왜구의 침입
④ 무신 정권기의 경제 수탈
⑤ 외척과 공신들의 권력 다툼

중요
**09** (가)에 대한 설명으로 옳은 것은?

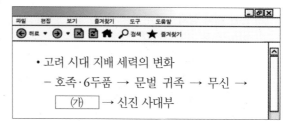

> • 고려 시대 지배 세력의 변화
>  ─ 호족·6두품 → 문벌 귀족 → 무신 → [ (가) ] → 신진 사대부

① 음서로 권력을 세습하였다.
② 문신들로부터 차별 대우를 받았다.
③ 서경 천도와 금국 정벌을 주장하였다.
④ 기인 제도와 사심관 제도를 통해 통제받았다.
⑤ 왕실과의 거듭된 혼인을 통해 권력을 장악하였다.

**10** 다음은 충선왕의 개혁과 관련된 내용이다. 이 개혁의 결과로 옳은 것은?

> 논밭과 노비를 모두 간신에게 빼앗기게 되니 백성들이 어렵게 되었다. 이에 백성의 논밭을 점검하여 경계를 분명히 하고 조세를 공평히 부과할 것이다.

① 새로운 국가를 건설하고 도읍을 옮겼다.
② 원의 간섭과 권문세족의 반발로 실패하였다.
③ 사심관 제도와 기인 제도를 통해 호족을 통제하였다.
④ 노비안검법을 통해 호족들의 경제적 기반을 약화하였다.
⑤ 「시무 28조」를 받아들여 유교를 국가의 통치 이념으로 삼았다.

서술형
**11** 다음 자료를 보고, 물음에 답하시오.

[ (가) ]의 등장

> 저는 몽골어를 잘하여 원의 사신으로 참여하였습니다. 원의 황제 앞에서도 통역을 잘하여 장군으로 승진하기도 했지요.

(1) (가)에 들어갈 고려 후기의 지배층을 쓰시오.

(2) (1)의 세력이 지배층으로 등장한 배경을 사례를 들어 서술하시오.

# 주제 21 공민왕의 개혁과 새로운 정치 세력의 성장

## 1 공민왕의 반원 개혁 정치

(1) **배경**  14세기 중반 원의 쇠퇴 ┐중국 각지에서 한족이 반란을 일으켜 원이 혼란에 빠졌어.

(2) **반원 개혁 정치**  고려의 자주성 회복 추구
┌ 정동행성 이문소를 폐지했어.
① 몽골식 변발과 옷 금지, 친원 세력(기철) 숙청, 격하된 관제 복구, 정동행성의 일부 기능 폐지

② 쌍성총관부 공격 → 원에 빼앗겼던 영토 회복

③ 원의 연호 사용 중지, 원과의 관계 단절

▲ 공민왕 때의 북방 영토 수복

(공민왕 때 수복한 지역 / 원 / 백두산 / 강계 장진 갑주 길주 / 의주 / 안북부 / 화주(쌍성총관부, 철령위) / 서경 / 고려 / 황해 / 동해 / 개경)

(3) **왕권 강화와 내정 개혁**

① 정방 폐지  인사권 장악

② *전민변정도감 설치  신돈을 등용하여 전민변정도감 설치 → 권문세족이 불법으로 취득한 토지를 원래 주인에게 반환, 농장의 노비를 양인으로 해방 [자료1]
┌ 고려의 최고 교육 기관인 국자감의 이름을 공민왕 때 성균관으로 바꾸었어.

③ 개혁 세력의 형성  성균관 재정비, 과거제 개혁 → *신진 사대부가 새로운 정치 세력으로 성장하는 배경

(4) **결과**  권문세족의 반발, 신돈 제거, 공민왕 시해 → 실패
└ 백성의 지지를 받았으나 권문세족은 강하게 반발했어.

## 2 신진 사대부의 성장

| 출신 | 대부분 하급 관리나 지방 향리의 자제 |
| --- | --- |
| 등장 | *성리학 공부, 과거에 급제하여 관직에 진출 |
| 특징 | • 도덕과 명분 중시<br>• 성리학을 바탕으로 현실 정치에 참여<br>• 명과 화친할 것을 주장 |
| 활동 | 공민왕의 개혁 정치에 참여 → 권문세족의 불법적인 농장 확대, 불교 사원의 부패 비판 |
| 분열 | 개혁 방향을 두고 갈등 발생 → 온건파와 급진파로 분열 |

└ 고려 왕조를 유지하면서 개혁해야 한다는 온건파와 새로운 왕조를 세워야 한다는 급진파로 분열했어.

## 3 신흥 무인 세력의 활약

(1) **홍건적과 왜구의 침입** [자료2]
┌ 머리에 붉은 수건을 둘러서 홍건적이라 불렀어.

| 홍건적의 침입 | 14세기 후반 한족의 농민 반란군인 홍건적의 침략, 한때 개경 함락 → 공민왕 때 이방실·최영 등이 격파 |
| --- | --- |
| 왜구의 침입 | 쓰시마섬과 북 규슈 일대를 근거지로 고려 해안 일대 약탈 → 우왕 때 최영·이성계 등이 왜구 토벌, 최무선의 진포 대첩(화포로 왜선 격퇴), 박위의 쓰시마섬 토벌 |

(2) **신흥 무인 세력의 성장**  홍건적과 왜구를 격퇴하는 과정에서 큰 공을 세운 이성계 등이 백성의 신망을 얻어 새로운 정치 세력으로 성장 → 공민왕의 개혁 때 성장한 신진 사대부와 함께 고려의 현실 개혁 노력

---

### 꼭 나오는 자료

### 자료1 전민변정도감을 통한 공민왕의 개혁

신돈이 전민변정도감 두기를 청하고 전국에 방을 붙여 알리기를, "…… 백성이 농사를 지어 온 땅을 권세가들에게 거의 다 빼앗겼다. 돌려주라고 판결한 것도 그대로 가지며 양민을 노비로 삼고 있다. …… 이제 도감을 두어 고치려고 하니, 잘못을 알고 스스로 고치는 자는 죄를 묻지 않겠다. 기한이 지나서 일이 발각된 자는 엄히 다스릴 것이다." 이 명령이 나오자 권세가들이 빼앗은 땅을 주인에게 돌려주니 안팎이 기뻐하였다.

- 『고려사』 -

⊙ 공민왕은 승려인 신돈을 등용하여 전민변정도감을 설치하였다. 이를 통해 불법적인 농장을 없애고 토지를 원래의 주인에게 돌려주었으며, 억울하게 노비가 된 자를 양인으로 해방시키는 등 권문세족을 약화시키고 왕권을 강화하려고 하였다. 공민왕의 개혁은 일정 부분 성과를 거두었으나 권문세족의 반발로 인해 신돈이 제거되고 공민왕이 시해되면서 중단되었다

### 자료2 홍건적과 왜구의 침입

(→ 홍건적 침입로 / □ 홍건적 격퇴 / → 왜구의 침입로 / □ 왜구 격퇴 / 원 / 여진 / 북청 / 의주 / 안우·김득배·이방실(1360) / 서경 / 정세운·최영·이성계(1362) / 양양 / 개경 / 명주 / 동해 / 공민왕의 피란로 / 황해 / 최영의 홍산 대첩(1376) / 복주(안동) / 홍산 / 최무선의 진포 대첩(1380) / 진포 전주 / 함양 / 박위의 쓰시마섬 정벌(1389) / 이성계의 황산 대첩(1380) / 운봉 / 남해 고성 / 해남 / 쓰시마섬 / 관음포 / 정지의 관음포 대첩(1383) / 제주)

⊙ 홍건적은 한족의 농민 반란군으로 고려에 두 차례에 걸쳐 침입하였다. 왜구들은 쓰시마섬과 규슈 일대를 근거지로 하여 해안가 마을이나 조세를 운반하는 배와 항구를 약탈하여 고려에 큰 피해를 주었다. 이들을 격퇴하는 과정에서 큰 공을 세운 이성계 등이 신흥 무인 세력으로 성장하였다.

---

### 🔵 용어 사전

* **전민변정도감**(田 밭 民 백성 辨 분별하다 整 정돈하다 都 도읍 監 관청)  토지와 노비를 판정해 토지를 원래 주인에게 돌려주고, 노비를 본래의 신분으로 되돌리고자 만든 임시 기구

* **신진 사대부**(新 새롭다 進 나아가다 士 선비 大 크다 夫 사내)  새롭게 등장한 사대부로 일반 백성과 대비되는 문무양반을 이르는 말

* **성리학**(性 성품 理 도리 學 학문)  인간의 심성과 우주의 원리를 탐구하는 새로운 유학. 남송의 주희가 집대성

## 문제로 실력다지기

**개념 문제**

**01** 다음 설명이 맞으면 ○표, 틀리면 ×표를 하시오.

(1) 원이 혼란에 빠진 시기에 즉위한 공민왕은 반원 개혁 정치를 실시하였다. ·····················( )

(2) 홍건적과 왜구의 침입을 막기 위해 고려는 천리 장성을 축조하였다. ·····················( )

**02** 다음 빈칸에 들어갈 알맞은 말을 쓰시오.

(1) 공민왕은 ( )을/를 설치하여 권문세족이 불법으로 취득한 토지를 원래 주인에게 돌려주고, 농장의 노비를 양인으로 해방하였다.

(2) 신진 사대부는 ( )을/를 개혁의 사상적 기반으로 삼았다.

**03** 알맞은 말을 골라 ○표 하시오.

(1) 학교 제도 정비와 과거제 개혁을 통해 ( 권문세족 / 신진 사대부 )가 관직에 진출하여 성장하였다.

(2) 왜구가 침입하자 ( 최무선 / 이성계 )은/는 진포에서 화포로 왜선을 격퇴하였다.

**실력 문제**

**04** 지도와 같은 시기 고려의 상황으로 옳은 것은?

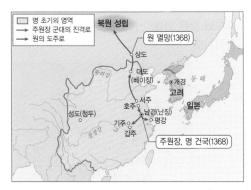

① 공민왕이 원의 간섭에서 벗어나려고 하였다.
② 지방에 12목을 설치하고 지방관을 파견하였다.
③ 강화도로 수도를 옮기고 원에 항전하려 하였다.
④ 중방을 중심으로 국가의 주요 결정이 논의되었다.
⑤ 천리장성을 축조하여 북방 민족 침입에 대비하였다.

**05** 밑줄 친 '왕'에 대한 설명으로 옳은 것은?

왕이 연호 사용을 정지하는 교서를 내렸다. 옛 땅을 수복하고자 동북면 병마사 유인우 등으로 하여금 화주의 쌍성총관부를 공격하게 하였다. – 『고려사』 –

① 서경에 대화궁을 건설하였다.
② 이자겸의 횡포를 억제하려 하였다.
③ 기철을 비롯한 친원 세력을 제거하였다.
④ 몽골의 침입에 맞서 강화도로 천도하였다.
⑤ 명의 요구에 반발하며 요동 정벌을 시도하였다.

**고난도**

**06** 다음 자료와 관련된 탐구 활동으로 적절한 것은?

[역사 다큐멘터리 내용]
**고려의 자주성을 되찾은 그날로 돌아가보자.**
궁궐에서 열린 잔치에 초대된 기철 등 기황후 일족은 매복해 있던 자객들에게 제거된다. 이어서 정동행성의 일부 기능을 폐지하고 쌍성총관부에 군대를 출정시켰다. 이 모든 일이 단 하루만에 진행되었다.

① 교정도감의 설치 목적을 살펴본다.
② 공민왕의 개혁 정치 과정을 찾아본다.
③ 삼별초의 대외 항쟁에 대해 알아본다.
④ 독서삼품과를 실시한 배경을 조사한다.
⑤ 우리나라의 영문 국가명이 코리아가 된 배경을 분석한다.

**중요**

**07** 다음 정책을 실시한 공통적인 목적으로 옳은 것은?

• 광종의 노비안검법 실시
• 공민왕의 전민변정도감 설치

① 호족 세력을 통제하고자 하였다.
② 문벌 귀족의 횡포를 막고자 하였다.
③ 왕권 강화와 내정 개혁을 이루고자 하였다.
④ 신분제 폐지로 평등한 사회를 건설하고자 하였다.
⑤ 원과의 밀접한 관계를 이용하여 권력을 휘두르는 세력을 숙청하고자 하였다.

**중요**

**08** (가) 인물에 대한 설명으로 옳은 것은?

> 혜리: 고려 때는 승려들도 정치에 많이 관여했어.
> 진우: 맞아. 묘청은 수도를 서경으로 옮기고 사회를 개혁하려고 했어.
> 승윤: 고려 후기 공민왕이 등용한 [ (가) ]도 개혁을 추진했지.

① 별무반을 조직할 것을 제안하였다.
② 후손들을 위해 훈요 10조를 남겼다.
③ 전민변정도감의 설치를 요청하였다.
④ 지방관을 파견하라는 시무책을 올렸다.
⑤ 금국 정벌과 황제 칭호 사용을 주장하였다.

**09** (가)에 들어갈 기구로 옳은 것은?

> 왼쪽은 고려 최고 교육 기관으로 국자감으로 불렸으나 고려 후기에 [ (가) ](으)로 재정비되었다.

① 국학    ② 태학    ③ 성균관
④ 주자감    ⑤ 전민변정도감

**10** 밑줄 친 '이들'에 대한 설명으로 옳은 것을 <보기>에서 고른 것은?

> 공민왕의 반원 자주 개혁 추진 과정에서 새로운 정치 세력이 성장하였다. 이들은 대부분 하급 관리나 지방 향리 출신으로 경제적으로 중소 지주들이 많았으며, 고려 사회의 문제점을 비판하였다.

ㅡ 보기 ㅡ
ㄱ. 신흥 무인 세력과 결탁하였다.
ㄴ. 성리학을 사상적 기반으로 하였다.
ㄷ. 왕실과의 혼인으로 권력을 확대하였다.
ㄹ. 스스로 성주라 부르며 지방의 권력을 장악하였다.

① ㄱ, ㄴ    ② ㄱ, ㄷ    ③ ㄴ, ㄷ
④ ㄴ, ㄹ    ⑤ ㄷ, ㄹ

**고난도**

**11** 다음 주장과 관련된 정치 세력에 대한 설명으로 옳은 것은?

> 갑: 불법으로 늘어난 농장 문제를 해결해야 합니다. 토지 제도를 개혁합시다.
> 을: 불교 사원의 폐단도 만만치 않습니다. 부패한 불교를 개혁해야 합니다.

① 골품제의 모순을 비판하였다.
② 명과 화친할 것을 주장하였다.
③ 원과 친밀한 관계를 형성하였다.
④ 중방을 중심으로 권력을 장악하였다.
⑤ 주로 음서 제도로 관직을 세습하였다.

**12** 다음 인물에 대한 설명으로 옳은 것은?

> **이달의 역사 인물**
> • 성명: 최영
> • 시대: 고려 시대 관리, 무신
> • 생애: 개경 명문가 출신
>   우왕 대 문하시중
>   염흥방 등 간신배 숙청

① 동북 9성을 축조하였다.
② 쓰시마섬을 토벌하였다.
③ 위화도 회군을 단행하였다.
④ 홍건적과 왜구의 침입을 물리쳤다.
⑤ 진포에서 화포로 왜선을 격퇴하였다.

**서술형**

**13** 지도와 같은 외세의 침입으로 인한 정치적 변화에 대해 서술하시오.

# 고려의 가족 제도와 문화 발달

## 1 신분에 따른 생활 모습

### (1) 고려인의 생활   양인과 천인으로 나뉜 신분제 사회
└─ 원칙적으로 과거 응시가 가능했어.

| 양인 | • 관료, 향리 등의 지배층: 전지와 시지, 녹봉 등을 받아 생활<br>• 백정 농민층: 일반 군현 거주, 국가에 세금·특산물·노동력을 바침 |
|---|---|
| 천인 | 대부분 노비 → 재산으로 간주, 매매·증여·상속의 대상 |

└─ 부모 중 한 명이 노비이면 그 자녀도 모두 노비가 되었어.

### (2) 혼인과 가족 제도 [자료1]
① 혼인 제도   일부일처제, 남자의 처가살이 일반적, 남녀 모두 이혼과 재혼에 제약이 거의 없음.
② 가족 제도   남녀 구분 없이 자신의 가계를 중심으로 가족 관계 중시 → 부모 봉양, 제사의 의무에 있어 친가와 외가의 구분이 없음, 재산의 균분 상속, 여성도 *호주 가능

## 2 다양한 문화의 발달
└─ 선종을 중심으로 교종을 포용하려고 했어.
          └─ 토지와 노비를 지급하고 승려들의 역을 면제했어.
### (1) 불교 사상의 발달 | 국가의 보호와 지원
① 의천의 천태종 개창   교종을 중심으로 선종 통합 목적
② 지눌의 *정혜결사 조직   무신 정변 이후 불교계의 타락 → 불교 본연의 수행 강조, 수선사(송광사) 중심의 불교 개혁 운동

### (2) 인쇄술의 발전
① 대장경 조판   목판 인쇄를 통해 대장경 조판 → 초조대장경(거란 침입), 팔만대장경(몽골 침입) ┐초조대장경을 보완하고자 하였어.
② 교장 간행   의천이 주변 국가의 불경 정리 ┐현재 프랑스 국립 도서관에 소장되어 있어.
③ 금속 활자 발명   『상정고금예문』(기록상 최초, 1234), 『직지심체요절』(현존하는 세계에서 가장 오래된 금속 활자본, 1377)
└─ 다양한 책을 쉽게 인쇄하기 시작했어.

### (3) 역사서의 편찬 [자료2]
┌─ 설화나 신화 등 신비한 이야기를 서술하지 않았어.
① 김부식의 『삼국사기』   유교적 합리주의 사관
② 일연의 『삼국유사』   단군 이야기와 고조선 역사 수록
③ 기타   이규보의 『동명왕편』, 이승휴의 『제왕운기』, 각훈의 『해동고승전』, 이제현의 『사략』 등
└─ 인간의 심성과 우주의 원리를 철학적으로 탐구한 학문이야.

### (4) 성리학의 수용
① 전파   남송 주희가 집대성 → 충렬왕 때 안향이 고려에 소개, 이제현 등이 만권당에서 원 유학자와 교류하며 성리학 연구
② 발전   원에서 유학하고 돌아온 이색의 성균관 정비, 후학 양성 (정몽주, 정도전 등) → 과거 시험 과목에 반영, 더욱 확산
③ 신진 사대부의 활동   성리학을 사상적 기반으로 삼아 권문세족과 불교의 폐단 비판, 개혁 주장

## 3 고려의 불교문화와 공예
└─ 배흘림 양식의 기둥과 지붕 위에만 공포를 두는 주심포 양식을 갖추었어.

| 사원<br>건축과<br>석탑 | • 건축: 안동 봉정사 극락전, 영주 부석사 무량수전, 예산 수덕사 대웅전<br>• 석탑: 삼층 석탑(통일 신라 양식 계승) + 다각 다층 석탑 → 원의 영향(개성 경천사지 십층 석탑) |
|---|---|
| 불상과<br>불화 | • 불상: 대형 철불, 석불 유행(논산 관촉사 석조 미륵보살 입상)<br>• 불화: 왕실이나 문벌 가문의 후원을 받아 제작 |
| 공예<br>[자료3] | • 청자: 순청자 → 12세기 중엽 *상감 청자 제작<br>• 공예: 은입사 기술 발달, 나전 칠기 공예 발달 |

└─ 「수월관음도」가 대표적이야.

---

### 꼭 나오는 자료

#### [자료1] 고려의 가족 제도와 재산 상속

> 지금은 장가갈 때 남자가 처가로 가게 되어 자기의 필요한 것을 처가에 의지하니 장인·장모의 은혜가 자기 부모와 같다 하겠습니다. 아, 장인이시여! 특히 저를 빠짐없이 두루 돌보아 주셨는데, 이제 버리고 가시니 저는 앞으로 누구에게 의지하리까?
>            – 이규보, 『동국이상국집』 –

🔹 고려 시대에는 남자와 여자의 계보를 동등하게 중시하여 여성의 지위가 상대적으로 높은 편이었다. 혼인 후 남자가 처가에서 생활하는 경우도 빈번하였으며, 이에 따라 사위와 장인, 장모의 관계가 친밀하였다. 또한 여성은 자신의 재산을 독립적으로 소유하였고 재산 상속에 있어서도 남성과 차별을 받지 않았다.

#### [자료2] 『삼국사기』와 『삼국유사』

> • 신라의 박씨와 석씨는 모두 알에서 태어났으며, 김씨는 금궤에 들어 있다가 하늘로부터 내려왔다거나 혹은 금 수레를 타고 왔다고 하니, 이는 더욱 괴이하여 믿을 수 없다.   – 김부식, 『삼국사기』 –
> • 제왕이 장차 일어날 때에는 반드시 하늘의 명을 받게 된다. 때문에 보통 사람과는 다른 점이 있게 마련이다. 삼국의 시조는 모두 신비롭게 나왔으니 어찌 괴이할 것이 있겠는가?   – 일연, 『삼국유사』 –

🔹 김부식이 인종 때 왕명을 받아 편찬한 『삼국사기』는 현존하는 가장 오래된 역사서이다. 김부식은 유교적 합리주의 사관에 따라 신화나 설화와 같은 이야기를 서술하지 않았다. 반면에 몽골의 침략 속에서 편찬한 일연의 『삼국유사』에는 불교사 이외에도 고대의 설화 등을 기록하였으며 최초로 단군 이야기를 수록하였다.

#### [자료3] 고려청자

🔹 고려는 신라의 전통과 기술을 바탕으로 당·송의 기술을 받아들여 자기 기술을 발달시켰다. 초기에는 순청자가 주로 만들어졌으나 12세기에 이르러 왕실이나 귀족 사회의 수요로 고려만의 독창적인 기술인 상감 기법이 적용된 화려한 청자가 유행하였다.

▲ 청자 상감 운학문 매병

---

#### 🔹 용어 사전

* **호주**(戸 집 호 主 주인 주)   한 집안을 대표하는 사람
* **정혜결사**(定 선정 정 慧 지혜 혜 結 맺다 결 社 단체 사)   선정(참선을 통해 마음을 집중시키는 경지)과 지혜를 함께 닦을 것을 결의한 단체
* **상감**(象 모양 상 嵌 새기다 감)   고려의 독창적 기법으로 그릇 표면을 파낸 자리에 백토나 흑토를 메워 무늬를 내는 방법

**개념 문제**

**01** 다음 설명이 맞으면 ○표, 틀리면 ×표를 하시오.

(1) 고려 시대에는 여성의 지위가 낮아 여성의 이혼과 재혼이 거의 불가능하였다. ·····················( )

(2) 고려 시대에는 12세기 중엽부터 상감 청자가 만들어졌다. ·····························( )

**02** 다음 빈칸에 들어갈 알맞은 말을 쓰시오.

(1) 고려 시대 양인의 대부분을 차지하는 농민층을 ( )(이)라고 불렀으며, 이들은 국가에 세금, 특산물, 노동력을 바쳤다.

(2) ( )은/는 충렬왕 때 안향에 의해 고려에 소개되어 신진 사대부의 사상적 기반이 되었다.

**03** 알맞은 말을 골라 ○표 하시오.

(1) 무신 정변 이후 불교계가 타락하자 ( 의천 / 지눌 )은 정혜결사를 조직하여 불교 본연의 수행을 강조하였다.

(2) 김부식은 왕명을 받아 유교적 합리주의 사관에 입각하여 (『삼국사기』 / 『삼국유사』 )를 편찬하였다.

**실력 문제**

중요
**04** 밑줄 친 '그'에 대한 설명으로 옳은 것을 〈보기〉에서 고른 것은?

> 그는 직역이 없는 양인 남자로 부인, 자녀와 함께 일반 군현에 거주하였다. 평상시 얼마 안 되는 자신의 땅을 경작하며 국가에 세금, 특산물, 노동력을 바쳤다.

┌ 보기 ─────────────
ㄱ. 백정이라 불리었다.
ㄴ. 국가의 피지배층에 해당한다.
ㄷ. 고려 신분 계층 중 천인에 속한다.
ㄹ. 부모 중 한 명이 노비인 경우이다.
└──────────────

① ㄱ, ㄴ    ② ㄱ, ㄷ    ③ ㄴ, ㄷ
④ ㄴ, ㄹ    ⑤ ㄷ, ㄹ

**05** ⒜에 들어갈 신분 계층에 대한 설명으로 옳은 것은?

> • 광종 7년(956), 양인이었다가 ⒜ 이/가 된 사람을 조사해서 다시 양인이 될 수 있게 조처하라 명하였다.
> • 대대로 소유해온 땅을 힘 있는 권세가들이 빼앗고 백성을 ⒜ (으)로 삼는 일이 많아 공민왕이 이를 바르게 고치도록 명령하였다.

① 원칙적으로 과거 응시 자격이 있었다.
② 국가에 많은 세금을 부담하여야 했다.
③ 지주의 땅을 빌려 경작하며 생활하였다.
④ 향·부곡·소에 거주하며 이주할 수 없었다.
⑤ 재산으로 간주되어 매매·증여·상속의 대상이 되었다.

**06** 다음 자료를 활용한 탐구 활동으로 가장 적절한 것은?

> 지금은 장가갈 때 남자가 처가로 가게 되어 자기의 필요한 것을 처가에 의지하니 장인·장모의 은혜가 자기 부모와 같다 하겠습니다. 아, 장인이시여! 특히 저를 빠짐없이 두루 돌보아 주셨는데, 이제 버리고 가시니 저는 앞으로 누구에게 의지하리까?
> – 이규보, 「동국이상국집」 –

① 문벌 귀족의 성립 과정을 살펴본다.
② 고려 시대 가족 제도의 모습을 찾아본다.
③ 고려가 원 간섭기에 받은 영향에 대해 알아본다.
④ 외세의 침입을 막은 고려의 항전 과정을 조사한다.
⑤ 고려의 전 시기에 걸친 지배층의 변화 양상을 분석한다.

**07** 의천에 대한 설명으로 옳은 것을 〈보기〉에서 고른 것은?

보기
ㄱ. 『왕오천축국전』을 저술하였다.
ㄴ. 목판 인쇄를 통해 교장을 간행하였다.
ㄷ. 천태종을 창시하여 교단 통합을 추진하였다.
ㄹ. 수선사를 중심으로 불교 개혁 운동을 벌였다.

① ㄱ, ㄴ        ② ㄱ, ㄷ        ③ ㄴ, ㄷ
④ ㄴ, ㄹ        ⑤ ㄷ, ㄹ

**08** 다음 문화유산과 관련된 설명으로 옳은 것은?

POST CARD

안녕, 수민아!
나는 경남 합천의 해인사에
와 있어. 여기에 방대한 내
용을 담으면서도 오자나 탈
자가 거의 없는 세계 기록
유산이 있어서 소개할까 해.

① 단군 이야기가 수록되어 있다.
② 몽골의 침입을 물리치기 위해 제작되었다.
③ 고려 시대 금속 활자의 우수성을 보여 준다.
④ 유교적 합리주의 사관에 입각하여 집필되었다.
⑤ 거란, 송, 요의 불교 해석서들을 모아 간행하였다.

고난도
**09** 밑줄 친 '문화재'에 대한 설명으로 옳은 것은?

지훈: 프랑스 국립 도서관에 소장된 문화재를 빨리
되찾았음 좋겠어.
수영: 맞아. 청주 흥덕사에서 인쇄됐고 세계 기록 유
산인데 우리나라에 없다니 너무 안타까워.

① 불국사 삼층 석탑에서 발견되었다.
② 대각 국사 의천의 주도로 만들어졌다.
③ 거란의 침입을 물리치려는 목적으로 만들어졌다.
④ 현존하는 세계에서 가장 오래된 금속 활자본이다.
⑤ 각훈이 왕명에 따라 여러 승려의 전기를 기록하였다.

**10** 밑줄 친 내용에 해당하는 문화유산으로 옳은 것은?

원 간섭기에 원의 영향을 받은 새로운 문화가 고려에
나타나게 되었다.

①    ②    ③

④    ⑤

**11** 밑줄 친 '이 시대'의 문화에 대한 탐구 주제로 적절한 것은?

이 시대의 사람들은 초기에 당, 송의 기
술을 받아들여 청자를 제작하였으나 점
차 독창적인 공예 기법을 만들어 냈다.

① 목탑 양식을 계승하다, 미륵사지 석탑
② 불국토의 이상세계를 구현하다, 불국사
③ 선비의 청렴결백한 정신을 본받다, 백자
④ 세계 최초로 강우량을 측정하다, 측우기
⑤ 표면에 다양한 무늬를 새기다, 상감 청자

서술형
**12** 다음 글을 읽고, 물음에 답하시오.

무신 정변 이후 불교계는 대토지를 소유하는 등 점차
세속화되기 시작하였다. 이 시기에 등장한 이 승려는
선종을 중심으로 교종을 통합하려 하였으며 불교 개
혁을 시도하였다.

(1) 밑줄 친 '이 승려'를 쓰시오.

(2) (1)의 승려가 내세운 주장을 서술하시오.

# 표와 자료로 마무리하기

## 주제 15 고려의 후삼국 통일

| 고려 건국 | 왕건이 궁예의 신하로 후백제의 영토인 금성(나주)을 점령하며 성장 → 궁예를 몰아내고 왕건을 왕으로 추대 → 국호를 고려로 정하고 송악으로 천도 |
|---|---|
| 후삼국 통일 | 후백제 공격 → 고창(경북 안동) 전투 승리 후 주도권 장악 → 신라 경순왕의 항복 → 후백제 격파, 후삼국 통일 |
| 태조 왕건 | 북진 정책 | 고구려 계승, 서경 중시, 거란 적대시 |
| | 민족 통합 정책 | 신라, 후백제, 발해 유민까지 포섭 |
| | 호족 포섭·통제 정책 | 성씨 하사, 혼인 정책, 사심관 제도, 기인 제도 |
| | 민생 안정 정책 | 세금 감면, 빈민 구제 |
| 광종 | 왕권 강화 정책 → 노비안검법, 과거제, 관리 공복 제정, 호족과 공신 숙청 |
| 성종 | 최승로의 「시무 28조」 수용, 유교 통치 이념 강화, 지방 제도 정비(12목에 관리 파견) 자료1 |

### 자료1 최승로의 「시무 28조」

제7조 태조께서 나라를 통일한 뒤 군현에 수령을 두고자 하였으나, 건국 초 일이 바빠 미처 이 일을 시행할 겨를이 없었습니다. 청컨대 외관(지방관)을 두소서.

제20조 부처의 가르침을 행하는 것은 자기 자신을 닦는 근본이요, 유교의 가르침을 행하는 것은 나라를 다스리는 근원이니, 자신을 닦는 것은 다음 생을 위한 것이고, 나라를 다스리는 것은 곧 오늘날에 힘쓸 일입니다.

(❶　　　　)은 즉위 후 국정 쇄신을 위해 관리에게 정책을 건의하는 글을 올리게 했다. 이에 최승로가 「시무 28조」를 올렸는데 이를 바탕으로 (❷　　　　)를 통치 이념으로 삼고, 지방에 (❸　　　　)을 설치하여 지방관을 파견하였다.

## 주제 16 고려의 통치 체제 정비

| 중앙 정치 | • 2성 6부제(중서문하성 최고 – 관서, 국정 총괄)<br>• 중추원(군사 기밀, 왕명 출납), 어사대(관리 감찰)<br>• 회의 기구: 도병마사(국방과 군사 문제), 식목도감(법 및 각종 제도) |
|---|---|
| 지방 제도 | • 5도: 일반 행정 구역, 군현 설치, 안찰사 파견<br>• 양계: 군사 행정 구역, 병마사 파견<br>• 특징: 지방관이 파견되지 않은 속현이 더 많음 → 향리가 실질적 행정 업무 담당<br>• 특수 행정 구역: 향·부곡(농업 종사)·소(수공업 종사) → 차별 대우 |
| 군사 제도 | 2군 6위(중앙군), 주현군·주진군(지방군) |
| 교육 제도 | 국자감(중앙), 향교(지방) |
| 관리 등용 | 과거제(능력 중시), 음서(5품 이상 고위 관리 자손) |

## 주제 17 문벌 사회의 동요와 무신 정권의 수립

| 이자겸의 난 | 왕실의 권위 약화, 문벌 귀족 사회의 동요 |
|---|---|
| 묘청의 서경 천도 운동 | 묘청, 정지상 등 → 풍수지리설 바탕, 서경 천도 주장, 금을 정벌하고 황제를 칭할 것과 연호를 사용할 것을 주장 자료2 |
| 무신 정변 | 무신에 대한 차별 대우 → 정중부, 이의방 등 무신들이 정변 일으켜 정권 장악 |
| 최씨 무신 정권 수립 | • 최씨 무신 정권 수립 → 4대 60여 년간 유지<br>• 교정도감(최고 정치 기구), 정방(인사권 장악), 도방·삼별초(군사 기반) |
| 하층민 봉기 | 망이·망소이의 난(공주 명학소), 만적의 난(천민 봉기) |

### 자료2 묘청의 서경 천도 운동

㈎ 서경 지역은 풍수지리설에 의하면 대화세(크게 기운이 꽃피우는 형세)이니 만약 이곳에 궁궐을 세우고 수도를 옮기면 국가의 혼란을 막을 수 있습니다. 또한 금이 조공을 바치고 스스로 항복할 것이며 주변의 여러 나라가 모두 고개를 숙일 것입니다.

㈏ 서경 대화궁 30여 곳에 벼락이 떨어졌는데 만약 그곳이 길한 땅이라면 하늘이 그렇게 하였을 리가 없습니다. 또 서경 지방은 추수가 아직 끝나지 않았는데 전하께서 이동하신다면 농작물을 짓밟을 것이니 이는 백성을 사랑하는 전하의 뜻과 어긋납니다.

㈎는 (❶　　　　)을 바탕으로 한 묘청의 주장으로 금국 정벌, 황제 칭호 및 연호 사용을 주장하였다. ㈏는 (❷　　　　)의 주장으로 서경 천도를 반대하였고 서경 천도 운동을 진압하였다.

## 주제 18 다원적 국제 질서의 형성 자료3

| 거란과의 충돌 | • 1차: 서희의 외교 담판 → 강동 6주 획득<br>• 3차: 강감찬의 귀주 대첩 → 천리장성 축조 |
|---|---|
| 여진과의 충돌 | • 윤관의 별무반 조직 → 동북 9성 축조<br>• 금과의 군신 관계 수용 |
| 대외 교류 | • 송: 선진 문물 수용, 유학생과 유학승 파견<br>• 벽란도: 국제 무역 성행 |

### 자료3 10~13세기 동아시아 국제 정세

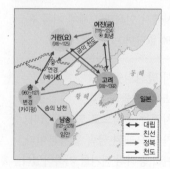

고려는 발해를 멸망시킨 거란과 대립하였고 5대 10국의 분열을 통일한 (❶　　　　)과 친선 관계를 유지하였다. (❷　　　　)은 초기에 고려를 부모의 나라로 섬겼으나 금을 건국한 후 거란을 멸망시키고 고려에 군신 관계를 요구하였다.

## 주제 19 고려의 대몽 항쟁

| 몽골의 침입 | 몽골의 무리한 공물 요구, 갈등 심화 → 몽골 사신 피살 사건을 구실로 몽골의 침략 |
|---|---|
| 대몽 항쟁 자료 4 | • 박서의 귀주성 전투 승리, 최씨 정권의 강화도 천도<br>• 처인성 전투, 충주성 싸움 승리(김윤후 활약)<br>• 팔만대장경 조판 |
| 결과 | • 국토 황폐화, 백성 희생, 문화유산 소실<br>• 최씨 정권 붕괴, 삼별초의 항쟁(진도 → 제주도) |

### 자료 4 고려의 대몽 항쟁

몽골이 침입하자 고려는 몽골과 항전하기 위해 전쟁에 유리한 (❶        )로 수도를 옮겼다. 몽골과의 침입에 맞서 처인성에서는 (❷        )가 부곡민을 이끌고 몽골군 대장 살리타를 사살하였으며, 충주성에서도 노비들과 함께 몽골군을 물리쳤다.

## 주제 20 원의 내정 간섭과 권문세족의 등장

| 원 간섭기 | 영토 상실 | 쌍성총관부, 동녕부, 탐라총관부 |
|---|---|---|
| | 관제 격하 | 국왕이 원의 공주와 결혼 |
| | 내정 간섭 | 정동행성 설치 |
| | 물적·인적 자원 수탈 | 고려 특산물(금, 은, 인삼, 자기, 사냥용 매)과 환관·공녀 요구 |
| 권문세족의 성장 | | • 친원 세력, 고려 후기의 지배층 형성<br>• 정치 권력 독점, 대농장 경영 → 농민 몰락, 국가 재정 악화 자료 5 |

### 자료 5 권문세족의 횡포

몇 해 사이에 힘 있는 무리가 마음대로 토지를 빼앗아 좋은 밭과 토지를 모두 자기들의 소유로 하고, 높은 산과 큰 하천으로 경계를 삼았습니다. 또한 각각의 집에서 보낸 교활한 노비들이 마음대로 빼앗고 거두어 그 폐해가 매우 심해 백성이 마음 놓고 살 수 없고, 나라의 근본이 날로 위태로워졌습니다.

권문세족은 높은 관직을 독점하며 권력을 차지하였고 (❶        )로 권력을 세습하며 세력을 유지하였다. 경제적으로는 불법적으로 농민들의 토지를 빼앗아 (❷        )을 경영하였다.

## 주제 21 공민왕의 개혁과 새로운 정치 세력의 성장

| 공민왕의 개혁 자료 6 | 반원 개혁 정치 | 몽골식 변발과 옷 금지, 친원 세력 숙청, 격하된 관제 복구, 정동행성의 일부 기능 폐지, 쌍성총관부 탈환, 원의 연호 사용 중지 |
|---|---|---|
| | 왕권 강화 정책 | 정방 폐지(인사권 장악), 전민변정도감 설치(신돈 등용), 성균관 재정비, 과거제 개혁 |
| 신진 사대부의 성장 | | • 성리학 공부, 공민왕의 개혁 정치에 참여하며 성장<br>• 도덕과 명분 중시, 명과 화친 주장<br>• 권문세족의 불법적인 농장 확대, 불교 사원의 부패 비판 |
| 신흥 무인 세력의 성장 | | 홍건적과 왜구의 침입을 막으며 백성의 신망을 얻음 → 공민왕의 개혁 때 성장한 신진 사대부와 함께 고려 개혁 노력 |

### 자료 6 공민왕의 개혁

신돈이 전민변정도감 두기를 청하고 전국에 방을 붙여 알리기를, "…… 백성이 농사를 지어 온 땅을 권세가들에게 거의 다 빼앗겼다. 돌려주라고 판결한 것도 그대로 가지며 양민을 노비로 삼고 있다. …… 이제 도감을 두어 고치려고 하니, "…… 기한이 지나서 일이 발각된 자는 엄히 다스릴 것이다."

공민왕은 원에 빼앗겼던 (❶        )를 탈환하는 등 반원 자주 개혁 정치를 실시하였다. 또한 승려인 (❷        )을 등용하여 개혁 정치를 실시하고 (❸        )을 설치하여 불법으로 취득한 토지를 원래 주인에게 돌려주고, 농장의 노비를 양인으로 해방하였다.

## 주제 22 고려의 가족 제도와 문화 발달

| 가족 제도 | 부모 봉양과 제사 의무에 있어 친가와 외가 구분이 없음, 재산의 균분 상속, 남자의 처가살이 일반적, 여성도 호주 가능, 이혼과 재혼에 제약이 거의 없음. |
|---|---|
| 사상 | • 불교: 의천의 천태종 개창, 지눌의 정혜결사 조직<br>• 성리학 수용 |
| 문화 | • 인쇄술 발달(팔만대장경, 『직지심체요절』) 자료 7<br>• 역사서(김부식의 『삼국사기』, 일연의 『삼국유사』)<br>• 사원 건축과 석탑 발달, 상감 청자 |

### 자료 7 인쇄술 발달

고려는 부처의 힘으로 몽골의 침입을 물리치기 위해 (❶        )을 조판하였다. 이후 금속 활자를 발명하여 짧은 시간 내에 다양한 책을 인쇄할 수 있었다. 청주 흥덕사에서 간행된 『(❷        )』은 현존하는 세계 최고의 금속 활자본이다.

**01** 다음 역사적 사실들을 시기 순으로 옳게 나열한 것은?

> (가) 후백제 멸망　　　(나) 왕건의 고려 건국
> (다) 신라의 항복　　　(라) 고려의 후삼국 통일

① (가) – (나) – (다) – (라)　　② (가) – (다) – (나) – (라)
③ (나) – (가) – (다) – (라)　　④ (나) – (다) – (가) – (라)
⑤ (다) – (나) – (가) – (라)

**02** (가)에 들어갈 내용으로 적절한 것은?

> 선주: 왕건은 정식 왕비만 29명에 달하였대.
> 찬윤: 유력한 지방 호족의 딸들과 혼인하였지.
> 은지: 왕건이 그렇게 결혼한 목적과 같은 이유로 실
> 　　　시한 정책이 또 있을 것 같은데?
> 승우: 맞아. [　　　(가)　　　]

① 백성들의 세금을 줄여주었어.
② 노비들의 원래 신분을 조사하였어.
③ 후손들을 위해 훈요 10조를 남겼지.
④ 일부 호족들에게 왕씨 성을 내려주었지.
⑤ 고구려의 수도 평양을 서경으로 삼았어.

**03** (가)에서 볼 수 있는 장면을 〈보기〉에서 고른 것은?

> [특집 다큐멘터리] **고려의 성립**
> • 제1부: 후삼국을 통일하다.
> • 제2부: 태조 왕건, 고려를 다스리다.
> • 제3부: 광종, 왕권을 강화하다 ………… (가)
> • 제4부: 최승로, 「시무 28조」를 올리다.

> ┌ 보기 ┐
> ㄱ. 신라 왕을 사심관으로 임명하는 모습
> ㄴ. 지방에 12목을 설치하고 지방관을 파견하는 모습
> ㄷ. 호족이 불법으로 거느리던 노비를 해방시키는 모습
> ㄹ. 중국에서 귀화한 쌍기가 과거제 실시를 건의하는
> 　　모습

① ㄱ, ㄴ　　　② ㄱ, ㄷ　　　③ ㄴ, ㄷ
④ ㄴ, ㄹ　　　⑤ ㄷ, ㄹ

**04** (가)에 들어갈 정치 기구로 옳은 것은?

> [　　　(가)　　　]
> • 기능: 국방 문제 담당
> • 특징: 고려의 독자적 정치 기구로 중서문하성과 중
> 　추원의 고위 관리들이 모여 논의
> • 변천: 원 간섭기에 도평의사사로 개편

① 삼사　　　② 중추원　　　③ 어사대
④ 도병마사　　　⑤ 중서문하성

**05** 지도와 같이 제도를 정비한 국가에서 볼 수 있었던 모습으로 적절한 것은?

① 지방에서 여전히 권력을 행사하는 진골 귀족
② 북쪽 국경을 방어하기 위해 양계에 파견된 병마사
③ 모든 군현에 파견된 지방관에 밀려 힘이 약화된 향리
④ 수공업에 종사하여 특정 물품을 생산한 향·부곡
　주민
⑤ 수도가 치우친 것을 보완하고자 5소경을 설치하는
　국왕

**06** 다음 군사 제도에 대한 설명으로 옳은 것은?

| 중앙군 | 지방군 |
|---|---|
| 2군 6위 | 주진군, 주현군 |

① 양계에 주현군이 주둔하였다.
② 주진군은 궁궐과 왕실 호위를 맡았다.
③ 2군은 국경 지역의 방어를 담당하였다.
④ 6위는 다양한 민족을 융합하여 편성하였다.
⑤ 지방군은 16세 이상의 양인 남자들이 복무하였다.

**07** (가)에 들어갈 검색어에 대한 설명으로 옳은 것은?

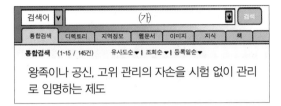

왕족이나 공신, 고위 관리의 자손을 시험 없이 관리로 임명하는 제도

① 문장을 짓는 능력을 평가하였다.
② 무예나 신체 조건이 뛰어난 사람을 뽑았다.
③ 법률, 의학, 지리 등 기술관을 뽑기 위한 제도이다.
④ 학식과 덕행이 뛰어난 인재를 추천받아 임명하였다.
⑤ 아들과 사위, 친손과 외손 모두 혜택을 받을 수 있었다.

**08** (가)에 들어갈 내용으로 적절한 것은?

> **주제: 이자겸의 난**
> 1. 배경: 이자겸이 예종과 인종의 외척이 되어 집권
> 2. 과정: 왕이 먼저 이자겸 제거 시도 → 오히려 반격을 받아 왕이 권력을 빼앗김 → 왕의 회유로 내부 분열되어 난 진압
> 3. 결과: (가)

① 왕실의 권위 약화       ② 중앙 집권 체제의 확립
③ 무신 집권기의 시작     ④ 문벌 귀족 사회의 형성
⑤ 정치 참여 세력의 확대

**09** 다음 상황과 관련하여 일어난 사건에 대한 설명으로 옳은 것은?

> 왕이 보현원으로 행차하던 길에 신하들과 술을 마시던 중 …… 대장군 이소응이 수박희에서 패하자, 한뢰가 갑자기 앞으로 나서며 이소응의 뺨을 때리니 계단 아래로 떨어졌다. 왕과 여러 신하가 손뼉을 치면서 크게 웃었다.

① 김부식이 이끄는 관군이 진압하였다.
② 묘청이 서경으로 천도하자고 주장하였다.
③ 최승로의 「시무 28조」를 국왕이 수용하였다.
④ 무신들이 정변을 일으켜 정권을 장악하였다.
⑤ 사벌주에서 원종과 애노의 봉기가 발생하였다.

**10** (가)에 들어갈 내용으로 옳은 것을 〈보기〉에서 고른 것은?

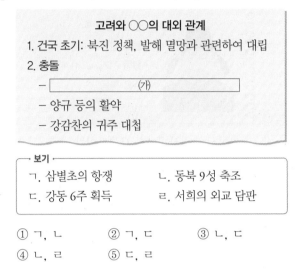

**고려와 ○○의 대외 관계**
1. 건국 초기: 북진 정책, 발해 멸망과 관련하여 대립
2. 충돌
   - (가)
   - 양규 등의 활약
   - 강감찬의 귀주 대첩

┌─ 보기
│ ㄱ. 삼별초의 항쟁          ㄴ. 동북 9성 축조
│ ㄷ. 강동 6주 획득          ㄹ. 서희의 외교 담판

① ㄱ, ㄴ       ② ㄱ, ㄷ       ③ ㄴ, ㄷ
④ ㄴ, ㄹ       ⑤ ㄷ, ㄹ

**11** (가), (나) 시기 사이에 있었던 사실로 옳은 것은?

> (가) 동북 여진의 추장 조을두가 와서 토산물을 바쳐 각각 의복과 은그릇을 하사하였다.
> (나) 이자겸 등이 말하였다. "금이 요와 송을 멸망시켰고 병력도 강성하여 나날이 강대해지고 있습니다. …… 섬기지 않을 수 없는 상황입니다."

① 정변을 통해 무신들이 집권하였다.
② 묘청이 서경 천도와 금국 정벌을 주장하였다.
③ 최무선이 진포에서 화포로 왜선을 격퇴하였다.
④ 공민왕이 쌍성총관부를 공격하여 영토를 회복하였다.
⑤ 윤관이 별무반을 이끌고 여진의 근거지를 점령하였다.

**12** 지도를 활용한 탐구 활동 주제로 적절한 것은?

① 영주도의 경로
② 당은포의 교역 물품
③ 장보고의 청해진 설치 목적
④ 이슬람 상인과의 교역 내용
⑤ 고대 아스카 문화 성립에 영향을 준 전래품

**13** (가)에 들어갈 내용으로 적절한 것은?

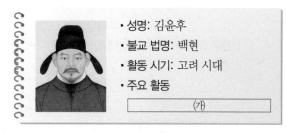

- 성명: 김윤후
- 불교 법명: 백현
- 활동 시기: 고려 시대
- 주요 활동

  |  (가)  |

① 처인성에서 살리타를 사살하였다.
② 동북쪽 지역에 9개의 성을 축조하였다.
③ 귀주에서 거란의 침입을 크게 물리쳤다.
④ 소손녕과의 교섭 과정에서 성과를 거두었다.
⑤ 살수에서 퇴각하는 군대의 배후를 습격하였다.

**14** 다음 상황이 일어난 시기를 연표에서 고른 것은?

> 최씨 정권은 사치를 부리고 호사스러운 생활을 하며 민심을 잃다가 최의가 부하들에게 살해당하면서 무너졌다.

| (가) | (나) | (다) | (라) | (마) |
|---|---|---|---|---|
| 강동 6주 획득 | 귀주 대첩 | 동북 9성 축조 | 금의 군신 관계 수용 | 강화도 천도 | 개경 환도 |

① (가)　② (나)　③ (다)　④ (라)　⑤ (마)

**15** 지도에 나타난 전란의 결과로 옳은 것은?

① 국제 무역항이 발달하였다.
② 최씨 무신 정권이 무너졌다.
③ 지방에서 호족이 성장하였다.
④ 문벌 귀족 사회가 동요하였다.
⑤ 북방 민족을 막고자 천리장성을 축조하였다.

**16** 다음 가상 인물과 관련된 탐구 주제로 적절한 것은?

> 제가 쓰고 있는 이 모자는 요즘 유행하는 발립이라는 모자입니다. 요즘에는 변발을 하는 사람도 제법 보입니다.

① 몽골풍의 유행
② 공민왕의 개혁 정치
③ 무신 지배층의 등장
④ 성종의 국가 체제 정비
⑤ 태조의 민족 통합 정책

**17** 다음 시기에 볼 수 있었던 모습으로 적절한 것은?

> 원 간섭기에는 관직에 오를 이름을 서로 다투며 지우고 고쳐 이름을 구분할 수 없는 지경에 이르렀다. 당시 사람들은 이를 아이들의 글쓰기 연습책인 흑책 같다고 하여 흑책정사라 불렀다.

① 새로 설치된 12목에 파견된 관리
② 노비안검법으로 신분을 회복한 농민
③ 난을 일으키려고 계획하는 천민 만적
④ 농장을 확대하여 부를 축적하는 권문세족
⑤ 서경에 대화궁을 건설하며 권한을 강화하려는 국왕

**18** 밑줄 친 '이 왕'의 업적으로 옳은 것을 <보기>에서 고른 것은?

> 고려 후기의 이 왕은 충숙왕의 아들로 태어나 원에 볼모로 끌려갔으며, 왕에 즉위해서는 원의 혼란기를 이용하여 자주성을 회복하려는 적극적인 개혁을 추진하였다.

┌ 보기 ┐
ㄱ. 몽골식 복장과 변발을 폐지하였다.
ㄴ. 쌍성총관부를 공격하여 영토를 회복하였다.
ㄷ. 쌍기의 건의를 받아들여 과거제를 도입하였다.
ㄹ. 전국에 12목을 설치하고 지방관을 파견하였다.

① ㄱ, ㄴ　② ㄱ, ㄷ　③ ㄴ, ㄷ
④ ㄴ, ㄹ　⑤ ㄷ, ㄹ

**19** (가)에 들어갈 고려 후기의 두 세력에 대한 설명으로 옳은 것을 〈보기〉에서 고른 것은?

고려 지배 계층의 변화

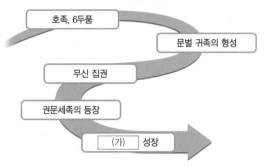

호족, 6두품

문벌 귀족의 형성

무신 집권

권문세족의 등장

(가) 성장

─ 보기 ─
ㄱ. 왕실과 거듭된 혼인 관계를 맺었다.
ㄴ. 홍건적과 왜구의 침입을 격퇴하였다.
ㄷ. 중방을 중심으로 권력을 장악하였다.
ㄹ. 성리학을 개혁의 사상적 기반으로 삼았다.

① ㄱ, ㄴ      ② ㄱ, ㄷ      ③ ㄴ, ㄷ
④ ㄴ, ㄹ      ⑤ ㄷ, ㄹ

**20** 고려 시대의 대표 역사서인 (가), (나)에 대한 설명으로 옳은 것은?

(가) 신라의 박씨와 석씨는 모두 알에서 태어났으며, 김씨는 금궤에 들어있다가 하늘로부터 내려왔다거나 혹은 금 수레를 타고 왔다고 하니, 이는 더욱 괴이하여 믿을 수 없다.
(나) 제왕이 장차 일어날 때에는 반드시 하늘의 명을 받게 된다. 때문에 보통 사람과는 다른 점이 있게 마련이다. 삼국의 시조는 모두 신비스럽게 나왔으니 어찌 괴이할 것이 있겠는가?

① (가) – 각훈이 왕명에 따라 편찬하였다.
② (가) – 불교 신앙과 민족의 전통을 기록하였다.
③ (나) – 처음으로 단군 이야기를 수록하였다.
④ (나) – 지금까지 전하는 가장 오래된 역사서이다.
⑤ (가), (나) – 몽골과의 항쟁 시기에 쓰여졌다.

✎ 서술형 문제

**21** 다음 글을 읽고, 물음에 답하시오.

제1조 불교의 힘으로 나라를 세웠으므로, 사찰을 세우고 주지를 파견하여 불도를 닦도록 할 것.
제4조 중국의 풍습을 따르되 같게 할 필요는 없고, 거란의 제도는 본받지 말 것.
제5조 서경은 우리나라 지맥의 근본이 되니 세 달마다 방문하여 백일 이상 머물도록 할 것.

(1) 태조 왕건이 남긴 위 자료의 명칭을 쓰시오.

(2) 위 내용을 통해 알 수 있는 태조 왕건이 추진한 정책을 서술하시오.

**22** 밑줄 친 인물의 업적을 서술하시오.

POST CARD

안녕! 진수야. 오늘 나는 외교관이라는 꿈을 키우기 위해 국립 외교원에 갔는데 얼마 전에 수업 시간에 배웠던 고려 시대 서희의 동상이 있어서 깜짝 놀랐어. 그런데 생각해 보니 당연히 있어야 될 인물이란 생각이 들었어.

**23** 다음 글을 읽고, 물음에 답하시오.

조선 전기에 건립된 해인사 장경판전은 1995년 유네스코 세계 문화유산에 등재되었다. 자연 채광과 환기를 이용한 과학 기술의 발달이 느껴질 뿐만 아니라 매우 아름답고 건축적 가치가 높은 유산이다. 이곳에 보관된 것은 고려 대장경, 또는 두 번째로 만들었다고 해서 재조대장경이라고도 불리는 (가) 이다.

(1) (가)에 들어갈 알맞은 문화유산을 쓰시오.

(2) (1)을 제작한 목적을 서술하시오.

개념 잡고 성적 올리는 필수 개념서

# 올리드

시험대비편  중등 역사 ②-1

올리드 100점 전략  개념을 꽉!  •  문제를 싹!  •  시험을 확!  •  오답을 꼭!  잡아라

**Mirae N 에듀**

# 올리드 100점 전략

1 교과서를 쉽고 알차게 정리한 22개의 **개념 꽉 잡기** ........................................ ● 개념학습편

2 개념 - 실력 - 실전 3단계 반복 학습으로 **문제 싹 잡기**

3 핵심 정리부터 기출 문제까지 빠르게 **시험 확 잡기** ........................................ ● 시험대비편

4 문제 해결 노하우를 담은 자세한 풀이로 **오답 꼭 잡기** ................................ ● 바른답·알찬풀이

# 시험 대비편

## 중등 역사 ❷-1

## I. 선사 문화와 고대 국가의 형성

# ① 선사 문화와 고조선

### 주제 01 만주와 한반도의 선사 문화와 청동기 시대

## 1 구석기 시대의 생활과 문화

**(1) 구석기 시대의 생활**

| 도구 | **❶**　　　(주먹도끼, 찍개, 자르개 등) 사용 → 후기 슴베 찌르개, 잔석기 등 |
|---|---|
| 주거 | 무리 지어 이동 생활, 동굴이나 바위 그늘 및 막집에 거주 |
| 경제·사회 | 채집과 사냥, 불 이용, 빈부 차이나 계급이 없는 **❷**　　　사회 |
| 예술 | 시체 매장, 사냥감의 성공을 기원하는 조각품 제작 |

**(2) 한반도의 구석기인과 유적**

① 구석기인의 등장　약 70만 년 전부터 구석기인 거주

② 유적　평남 상원 검은모루 동굴, 경기 연천 전곡리 등

## 2 신석기 시대의 생활과 문화

**(1) 신석기 시대의 생활**

① 자연환경의 변화　빙하기가 끝나고 만주와 한반도에서 기원전 8000년경부터 시작

② 도구　간석기, 토기(식량 저장, 음식 조리), 가락바퀴와 뼈바늘 → 신석기 시대 후기 괭이 등 농기구 사용

**(2) 신석기 시대의 사회와 문화**

① 경제와 사회　**❸**　　　과 목축의 시작 → 정착 생활(강가나 바닷가에 거주 **❹**　　　을 만들어 거주), 평등 사회(생산물의 공동 분배)

② 원시 신앙　애니미즘, 토테미즘, 영혼·조상 숭배 의식

## 3 청동기 시대의 생활과 문화

**(1) 청동기 문화의 보급**

① 시작　기원전 2000년경부터 만주에 전해져 점차 한반도 전역으로 확산

② 도구　비파형 동검, 거푸집, 거친무늬 거울, 민무늬 토기, 미송리식 토기, 반달 돌칼 등

③ 독자적인 청동기 문화권의 발달　청동기 문화 발달 → 점차 우리 민족이 형성, 한반도를 통해 기원전 3세기경 일본에 청동기 전래

**(2) 청동기 시대의 사회 변화**

① 농경의 발달　다양한 잡곡 재배, 벼농사 시작, 강가나 구릉에 마을을 이루어 집단적으로 거주

② 계급 사회의 성립　농업 생산량 증대 → 잉여 생산물과 사유 재산 등장 → 빈부 차이 발생, 계급 발생

③ 족장(군장) 세력의 등장　집단 간 정복 전쟁으로 유력한 정치 세력 등장, 제정일치 사회, 족장의 무덤인 **❺**　　　의 제작

**정답** **❶** 뗀석기 **❷** 평등 **❸** 농경 **❹** 움집 **❺** 고인돌

---

**01** (가)에 들어갈 내용으로 적절한 것은?

> 선사 시대의 생활 모습: ○○○ 시대
> 1. 도구: 짐승의 뼈로 만든 도구와 돌을 깨뜨려 만든 뗀석기 사용
> 2. 주거: 동굴, 바위 그늘, 강가의 막집, 먹을 것을 찾아 이동 생활
> 3. 예술: 　　　(가)　　　

① 토기의 표면에 무늬 장식

② 조개껍데기로 장신구 제작

③ 특정한 동물을 숭배하는 예술품 제작

④ 사냥의 성공을 기원하는 조각품 제작

⑤ 족장의 무덤을 만들고 껴묻거리를 묻음.

**02** 지도에 나타난 유적지와 관련된 시기의 사회상에 대한 설명으로 옳은 것은?

① 사유 재산이 나타났다.

② 빈부의 차이가 없었다.

③ 강력한 족장 세력이 등장하였다.

④ 법을 제정하여 질서를 유지하였다.

⑤ 신분이 귀족, 평민, 노비로 나뉘었다.

**03** 다음 도구에 대한 설명으로 옳지 <u>않은</u> 것은?

① 뗀석기의 한 종류이다.

② 사냥을 할 때 사용하였다.

③ 농사를 짓기 위한 도구였다.

④ 구석기 시대 후기에 등장하였다.

⑤ 나무와 돌을 결합하여 사용하였다.

**04** 신석기 시대에 대한 설명으로 옳은 것을 〈보기〉에서 고른 것은?

┌─ 보기 ─────────────────────────
ㄱ. 농경과 목축이 시작되었다.
ㄴ. 사유 재산이 처음 등장하였다.
ㄷ. 강가나 바닷가에 움집을 짓고 살았다.
ㄹ. 한반도 남부에서 벼농사가 시작되었다.
└───────────────────────────────

① ㄱ, ㄴ          ② ㄱ, ㄷ          ③ ㄱ, ㄹ
④ ㄴ, ㄷ          ⑤ ㄷ, ㄹ

**05** 다음 유적지 주변에서 발견할 수 있는 유물로 가장 적절한 것은?

▲ 서울 암사동 집터 유적

① 주먹도끼          ② 비파형 동검
③ 빗살무늬 토기      ④ 미송리식 토기
⑤ 거친무늬 거울

**06** 다음 유물들이 사용된 시기의 문화에 대한 설명으로 옳은 것은?

▲ 가락바퀴          ▲ 낚싯바늘          ▲ 갈돌과 갈판

① 청동으로 장식품을 만들어 사용하였다.
② 죽은 사람은 매장하지 않고 내버려 두었다.
③ 정치 지배자가 종교 제사장의 역할도 하였다.
④ 이동 생활을 하던 동굴 벽에 사냥감을 그려 넣었다.
⑤ 농사에 영향을 주는 자연에 위대한 힘이 있다고 믿었다.

**07** (가)에 들어갈 유물의 사진으로 옳은 것은?

┌─────────────────────────────────
│ [역사 퀴즈]
│ Q. 청동기 시대의 농사 도구 중 하나입니다. 곡식의
│    이삭을 자를 때 사용된 이 도구는?
│ A. 정답은 │ (가) │ 입니다.
└─────────────────────────────────

①                              ②

③                              ④

⑤

**08** 다음 사진을 보고, 물음에 답하시오.

(1) 위 유적의 명칭을 쓰시오.

(2) (1)의 유적이 만들어진 시기의 사회·경제적 특징을 세 가지 이상 서술하시오.

**09** 다음 도구의 재료를 쓰고, 이들 도구의 공통적인 용도를 서술하시오.

▲ 팔주령          ▲ 거친무늬 거울

# ❶ 선사 문화와 고조선

주제 **02** 고조선의 건국과 발전

## 1 고조선의 건국

(1) 배경

① 청동기 문화의 발전  만주와 한반도 일대에서 농경 발달, 청동기 제작 기술 발전

② 선진 집단의 등장  다른 집단을 정복하거나 연합하면서 세력 확장 → 유력한 정치 세력으로 성장

(2) 건국과 성장

| 건국 | 기원전 2333년 **❶** 이 고조선 건국 |
|---|---|
| 초기 | 요동 지역을 중심으로 성장 |
| 후기 | 한반도 북서부의 **❷** 유역으로 중심지 이동 |
| 문화유산 | 탁자식 고인돌, **❸** 동검, 미송리식 토기 |

## 2 고조선의 발전

(1) 철기 문화의 보급

① 배경  기원전 5~4세기경 중국의 유이민이 고조선으로 이주 → 철기 문화 보급, 청동기 제작 기술 발전

② 성장  '왕' 칭호 사용, 왕위 세습, 관직 설치(상·대부·장군), 중국의 연과 교류 및 대립

(2) 위만 조선의 성립과 발전

① 성립  기원전 2세기경 진·한 교체기에 유이민 세력과 함께 들어온 **❹** 이 고조선의 준왕을 몰아내고 왕위 차지(기원전 194) → 철기 문화 발전

② 발전  주변 지역 정복, 한반도 남부의 여러 세력과 중국의 한 사이의 중계 무역을 통해 경제적 이익 획득

③ 사회  다양한 신분층 형성, **❺** 을 통해 사회 질서 유지

## 3 한의 침입과 고조선의 멸망

(1) 배경  중계 무역을 통한 위만 조선의 성장 → 한과 대립 → 한이 흉노와 고조선의 연결을 막기 위해 고조선 공격

(2) 결과

① 고조선 멸망  1년여 간 저항 → 지배층의 분열, 왕검성 함락(기원전 108)

② 한의 지배  고조선의 일부 지역에 **❻** 설치 → 토착민의 저항으로 일부 한 군현 소멸

(3) 영향  고조선 유민들이 한반도 남쪽으로 이동 → 삼한 사회의 형성과 발전에 영향

정답 ❶ 단군왕검 ❷ 대동강 ❸ 비파형 ❹ 위만 ❺ 「8조법」 ❻ 군현

---

[01~02] 다음 글을 읽고, 물음에 답하시오.

> 옛날에 환인의 아들 환웅이 인간 세상에 관심을 두었다. …… ㉠인간 세상을 널리 이롭게 할 만하였다. …… 환웅은 무리 3,000명을 이끌고 태백산 꼭대기 신단수에 내려와 그곳을 신시라고 불렀다. 환웅은 ㉡바람, 비, 구름을 다스리는 신을 거느리고 곡식, 수명, 질병, 형벌, 선악 등 360여 가지 일을 맡아 인간 세상을 다스렸다. 이때 곰 한 마리와 호랑이 한 마리가 있어 ……… ㉢환웅이 웅녀와 혼인하여 아들을 낳으니, ……… ㉣단군왕검은 요 임금이 왕위에 오른 지 50년에 ㉤평양성에 도읍을 정하고 나라 이름을 (가) (이)라고 불렀다. - 일연, 『삼국유사』 -

**01** 다음 주장의 근거를 윗글의 ㉠~㉤ 중 고르면?

> 우수한 청동기 제작 기술을 가진 선진 집단은 다른 집단을 정복하거나 연합하면서 세력을 확장하고 유력한 정치 집단으로 성장하였는데, 이 과정에서 우리나라 최초의 국가가 세워졌다.

① ㉠　　② ㉡　　③ ㉢　　④ ㉣　　⑤ ㉤

**02** (가)에 대한 설명으로 옳은 것을 〈보기〉에서 고른 것은?

> 보기
> ㄱ. 철기 문화를 배경으로 세워졌다.
> ㄴ. 홍익인간의 건국 이념을 내세웠다.
> ㄷ. 초기 요동 지역을 중심으로 성장하였다.
> ㄹ. 중국인들이 토착민을 정복하여 건국하였다.

① ㄱ, ㄴ　　② ㄱ, ㄷ　　③ ㄴ, ㄷ
④ ㄴ, ㄹ　　⑤ ㄷ, ㄹ

**03** (가)에 들어갈 유물로 옳은 것은?

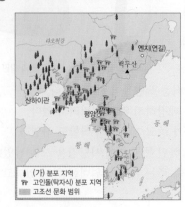

① 간석기
② 가락바퀴
③ 슴베찌르개
④ 비파형 동검
⑤ 빗살무늬 토기

▲ 고조선의 문화 범위

**04** 다음 유물들의 공통점으로 적절한 것은?

▲ 탁자식 고인돌　　▲ 미송리식 토기

① 철기 시대에 제작되었다.
② 계급의 발생을 알 수 있다.
③ 고조선의 문화 범위와 일치한다.
④ 대부분 한반도 남부에서 발견된다.
⑤ 중국과의 활발한 교류를 증명한다.

**05** 다음 법에 대한 학생들의 설명으로 옳은 것은?

> 「8조법」
> • 사람을 죽인 자는 즉시 죽인다.
> • 남에게 상처를 입힌 자는 곡식으로 갚는다.
> • 도둑질한 자는 노비로 삼는데, 용서받고자 하는 자는 한 사람마다 50만 전을 내야 한다.

① 은지: 한 군현에서 시행한 법이야.
② 석현: 당시는 계급이 존재하지 않았어.
③ 서윤: 사유 재산이 인정되던 시대였어.
④ 민경: 노동력의 가치를 인정하지 않았어.
⑤ 재율: 신석기 시대의 사회 모습을 알 수 있어.

**06** 다음에서 설명하는 시기의 특징으로 옳은 것은?

> • 한반도에 철기 문화가 유입되었다.
> • 고조선에서 '왕' 칭호를 사용하였다.
> • 한반도의 청동기 제작 기술이 발전하였다.

① 한 군대가 왕검성을 함락하였다.
② 단군왕검이 고조선을 건국하였다.
③ 고조선이 중국의 연과 교류하였다.
④ 낙랑군이 고구려의 공격으로 멸망하였다.
⑤ 고조선의 유이민이 한반도 남부로 이동하였다.

**07** (가), (나) 시기 사이에 있었던 사실로 옳은 것은?

> (가) 중국의 전국 시대 혼란기에 고조선에 철기 문화가 유입되었다.
> (나) 한의 공격을 1년 여간 막아 냈으나 지배층의 분열로 왕검성이 함락되었다.

① 위만이 고조선의 왕이 되었다.
② 홍익인간의 건국 이념이 등장하였다.
③ 한반도에 청동기 문화기 시작되었다.
④ 진번, 임둔, 낙랑, 현도군이 설치되었다.
⑤ 단군왕검이 지배자의 칭호로 사용되었다.

<sup>서술형</sup>
**08** 다음 글을 읽고, 물음에 답하시오.

> 조선 왕 부가 죽고 아들 준이 왕이 되었다. 20여 년이 지나 진승과 항우가 일어나 천하가 어지러워졌다. 연·제·조 백성들이 괴로워 하다가 차츰차츰 준에게 도망하였다. …… 연나라 사람 [ (가) ] 도 망명하여 오랑캐 복장을 하고 동쪽으로 패수를 건너 준에게 항복하였다.
> – 「위략」 –

(1) (가)에 들어갈 알맞은 인물을 쓰시오.

(2) (1)의 인물이 집권한 이후 고조선의 발전 모습을 두 가지 서술하시오.

<sup>서술형</sup>
**09** 다음 글을 읽고, 물음에 답하시오.

> (기원전 108) 여름, 니계상 참은 아랫사람을 시켜 왕 우거를 죽이고 와서 항복했으나 [ (가) ]이/가 항복하지 않았다. 우거의 대신 성기가 다시 모반하였다. 좌장군은 우거의 아들 장과 노인의 아들 최를 시켜 백성에게 사실을 알리고, 모의하여 성기를 죽이니 마침내 ㉠조선을 평정하고 '진번, 임둔, 낙랑, 현도 4군'을 세웠다.

(1) (가)에 들어갈 고조선의 수도를 쓰시오.

(2) ㉠의 사실이 이후 우리 역사에 끼친 영향을 두 가지 서술하시오(고조선 유이민의 활동, 한반도의 문화와 관련된 내용을 쓸 것).

# ❷ 여러 나라의 성장

**주제 03** 철기 문화의 발전과 여러 나라의 성장

## 1. 철기 문화의 발전

(1) 철기의 보급

① 철기 문화의 전파　기원전 5~4세기경 고조선에 전파 → 만주와 한반도 전역에 널리 사용

② ❶ [　　　] 의 사용　농기구, 무기 등 다양한 도구 제작

(2) 철의 사용과 사회의 변화

① 철제 도구　철제 농기구로 농업 생산량 증가, 철제 무기로 정복 전쟁 활발

② 사회 변화　철기 문화로 세력을 키운 부족의 영역 확장 → 만주와 한반도에 여러 나라 성립

③ 철기 시대의 유물　철제 농기구와 무기, 명도전(중국과의 교역)과 붓(한자의 전래)

## 2. 여러 나라의 성장

(1) 부여

| 성립 | 만주 쑹화강 유역 |
|---|---|
| 정치 | 연맹 왕국, 왕권이 약함(흉년이 들면 왕에게 책임). |
| 경제·사회 | 밭농사와 목축 발달, 순장의 풍습, ❷ [　　] (제천 행사, 12월), 엄격한 법률 |

(2) 고구려

| 성립 | 부여 이주민 + 압록강 토착 세력이 건국(기원전 37) |
|---|---|
| 정치 | 5부족 연맹 왕국, 제가 회의에서 중요한 일 결정 |
| 경제·사회 | 농경에 불리(→ 정복 활동 활발), 무예 중시, 혼인 풍습 (❸ [　　]), 동맹(제천 행사, 10월) |

(3) 옥저와 동예

| 성립 | 한반도 동해안 지역에 성립 → 발전이 늦음. |
|---|---|
| 정치 | 왕이 없고 ❹ [　　] (읍군, 삼로)이 지배, 고구려의 간섭 |
| 경제·사회 | • 농사 발달, 소금과 해산물 풍부<br>• 옥저: 혼인 풍습(민며느리제), 가족 공동 무덤<br>• 동예: 족외혼 풍습, 책화, 무천(제천 행사, 10월) |

(4) 삼한

| 성립 | 한반도 남부 지역에 철기 문화 확산 → 마한, 변한, 진한 성립 |
|---|---|
| 정치 | 군장이 통치, 마한 ❺ [　　] 의 군장이 삼한 대표 |
| 경제·사회 | 벼농사 발달(저수지), 덩이쇠 생산과 수출(변한), 5월과 10월에 계절제, 제정 분리 사회(천군과 소도) |
| 발전 | 마한의 소국이었던 백제국이 마한 통합, 진한의 사로국은 신라로 발전, 변한의 소국은 ❻ [　　] 으로 발전 |

정답 ❶ 철기 ❷ 영고 ❸ 서옥제 ❹ 군장 ❺ 목지국 ❻ 가야 연맹

---

**01** 다음 유물이 제작된 시기의 사회상에 대한 설명으로 옳은 것은?

① 삼국이 서로 대립하였다.
② 농경이 처음 시작되었다.
③ 정복 전쟁이 증가하였다.
④ 계급이 아직 발생하지 않았다.
⑤ 한반도에 최초의 국가가 들어섰다.

**02** (가)에 들어갈 내용으로 적절한 것은?

> 승윤: 부여의 제가들을 왜 말이나 소처럼 가축의 이름을 붙여서 마가, 우가라고 불렀나요?
> 교사: 그 이유는 [　(가)　] 때문입니다.

① 왕의 세력이 강하였기
② 왕이 존재하지 않았기
③ 제가들이 순장을 당하였기
④ 목축을 중시하던 사회였기
⑤ 벼농사가 크게 발달한 나라였기

**03** 다음은 역사 시간에 한 학생이 필기한 내용이다. (가)에 들어갈 행사로 옳은 것은?

> 주제: 여러 나라의 성장 – ○○
> 1. 성립: 만주 쑹화강 유역
> 2. 정치: 5부족의 연맹 왕국, 왕과 제가들이 각자의 영역을 통치
> 3. 사회: 순장의 풍습, 제천 행사 – [　(가)　] (12월)

① 무천　　　　② 영고　　　　③ 동맹
④ 서옥제　　　⑤ 계절제

**04** 고구려에 대한 설명으로 옳은 것을 〈보기〉에서 고른 것은?

— 보기 —
ㄱ. 책화라는 풍습이 있었다.
ㄴ. 졸본을 도읍으로 건국하였다.
ㄷ. 10월에 무천이라는 제천 행사를 열었다.
ㄹ. 제가 회의에서 국가의 중요한 일을 결정하였다.

① ㄱ, ㄴ     ② ㄱ, ㄷ     ③ ㄴ, ㄷ
④ ㄴ, ㄹ     ⑤ ㄷ, ㄹ

**07** 동예에 대한 설명으로 옳은 것만을 〈보기〉에서 있는 대로 고른 것은?

— 보기 —
ㄱ. 족외혼의 풍습이 있었다.
ㄴ. 신라에 의해 정복당하였다.
ㄷ. 다른 부족의 경계를 침범하면 배상해야 했다.
ㄹ. 단궁, 과하마, 반어피의 특산물이 유명하였다.

① ㄱ, ㄴ     ② ㄷ, ㄹ     ③ ㄱ, ㄴ, ㄷ
④ ㄱ, ㄷ, ㄹ     ⑤ ㄴ, ㄷ, ㄹ

**[05~06]** 지도를 보고, 물음에 답하시오.

**05** 다음과 같은 혼인 풍속을 가진 나라를 지도에서 고르면?

신랑은 혼인이 결정되면 신부의 집 뒤꼍의 '서옥'이라는 집에 머문다. 부부는 아이를 낳고 아이가 장성하면 남자의 집으로 간다.

① ㉠    ② ㉡    ③ ㉢    ④ ㉣    ⑤ ㉤

**06** 밑줄 친 '이곳'에 해당하는 나라를 지도에서 고르면?

'이곳'에는 대군왕은 없었다. 여러 읍락의 군장들은 스스로 삼로라 일컬었다. …… '이곳'에서 장사를 지낼 때는 큰 나무 곽을 만든다. 길이가 10여 장이나 되며 한쪽 머리를 열어 놓아 문을 만든다. 사람이 죽으면 가매장을 한다. …… 온 집 식구를 모두 같은 곽에 넣어 둔다.     – 『삼국지』 「위서 동이전」 –

① ㉠    ② ㉡    ③ ㉢    ④ ㉣    ⑤ ㉤

**서술형**

**08** 다음 유물들이 발견된 시기를 쓰고, 이 유물들을 통해 알 수 있는 사실을 서술하시오.

▲ 명도전(평북 위원 출토)

▲ 붓(경남 창원 출토)

**서술형**

**09** 다음 글을 읽고, 물음에 답하시오.

'이 나라'는 해마다 5월이면 씨뿌리기를 마치고 귀신에게 제사를 지낸다. 떼지어 모여서 노래와 춤을 즐긴다. …… 귀신을 믿기 때문에 ㉠국읍에 각각 한 사람씩 세워 천신의 제사를 주관하게 하는데, 이를 천군이라 한다. 여러 나라에는 각각  (가)  (이)라고 하는 별읍이 있다. …… 다른 지역에서 거기로 도망쳐 온 사람은 누구든 돌려보내지 아니하였다.
    – 『삼국지』 「위서 동이전」 –

(1) (가)에 들어갈 알맞은 장소를 쓰시오.

(2) '이 나라'의 이름을 쓰고, ㉠을 통해 알 수 있는 종교적인 이곳의 특징을 서술하시오.

# ❸ 삼국의 성립과 발전

**주제 04 삼국과 가야의 건국과 성장**

## 1 고구려의 성장

### (1) 천도와 발전

| 천도 | 졸본에서 ❶ 으로 천도 → 나라의 기틀 마련, 영토 확장 |
|---|---|
| 발전 | 주변 지역을 정복하며 성장, 평야 지대 진출 노력 → ❷ 때 옥저 정복, 요동 지방으로 진출 도모 |

### (2) 왕권의 성장

① 초기   5부족 연합 국가 → 계루부 고씨의 왕위 세습
② 고국천왕   부족적 전통의 5부 → 행정적 성격의 5부로 개편, 왕위의 부자 상속 확립, 진대법 시행

## 2 백제의 건국과 성장

**(1) 건국**   부여·고구려계 유이민 세력의 남하 → 한강 하류 지역의 토착 세력과 연합하여 건국(기원전 18)

**(2) 발전**
① 초기   마한의 소국으로 출발, 한강 유역의 ❸ 에 도읍(농경 발달, 육로와 바닷길 편리)
② ❹    주변의 마한 소국 병합, 관등과 관복제 제정 → 중앙 집권 국가의 기틀 마련

## 3 신라의 건국과 성장

**(1) 건국**   진한의 사로국에서 출발, 유이민 세력(박혁거세)과 경주·울산 토착 세력의 연합(기원전 57)

**(2) 발전**
① 초기   고구려, 백제보다 국가 발전이 늦음.
② 3세기 후반   낙동강 중상류 지역의 소국들 정복, 박·석·김 3성의 유력자가 번갈아 연맹장인 '이사금'으로 추대
③ 내물왕   김씨의 왕위 세습 확립, '❺ ' 왕호 사용, 고구려 광개토 대왕의 도움으로 왜의 침략 격퇴 → 중앙 집권 국가의 기틀 마련

## 4 가야 연맹의 형성

| 형성 | 변한 지역의 여러 소국이 연맹 결성 → ❻ 가 전기 가야 연맹 주도 |
|---|---|
| 성장 | 낙랑군과 왜를 잇는 해상 교통의 요지에 위치 → 해상 교역의 발달 |
| 기술 발달 | 우수한 제철 기술로 철제 도구 제작 → 덩이쇠를 동예·낙랑·왜 등에 수출, 단단한 토기를 만드는 기술 발달 |

❶ 국내성 ❷ 태조왕 ❸ 위례성 ❹ 고이왕 ❺ 마립간 ❻ 금관가야

---

**01** 다음 유적지와 관련된 나라에 대한 설명으로 옳은 것은?

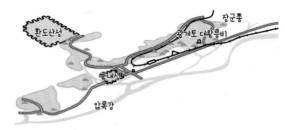

▲ 중국 지린성 일대의 유적

① 진한의 사로국에서 성장하였다.
② 만주 쑹화강 유역에서 성립하였다.
③ 5부족의 연합으로 국가를 형성하였다.
④ 한이 고조선을 멸망시키고 설치하였다.
⑤ 연맹의 우두머리를 '이사금'이라고 불렀다.

**02** 고구려 고국천왕의 업적으로 옳은 것을 〈보기〉에서 고른 것은?

> **보기**
> ㄱ. 5부의 개편
> ㄴ. 왕위의 부자 상속
> ㄷ. 동해안의 옥저 정복
> ㄹ. 계루부 고씨의 왕위 세습 확립

① ㄱ, ㄴ     ② ㄱ, ㄷ     ③ ㄴ, ㄷ
④ ㄴ, ㄹ     ⑤ ㄷ, ㄹ

**03** (가)에 들어갈 내용으로 적절한 것은?

> 백제는 마한의 소국에서 출발하였는데, 북쪽에서 내려온 부여·고구려계 세력과 한강 유역의 토착 세력이 연합하여 건국하였다. 백제가 자리 잡은 위례성은 (가) 이점이 있어 백제는 빠르게 성장해 갔다.

① 김해평야 근처라는
② 목축이 발달하였다는
③ 외적 방어에 유리하다는
④ 육로와 바닷길이 편리하다는
⑤ 철광석이 많이 매장되어 있는

**04** 다음과 같은 명령을 내린 백제의 왕으로 옳은 것은?

> • "내신 좌평은 왕의 명령을 받들고, 내두 좌평은 창고를 관리하고, 내법 좌평은 의식을 맡으라."
> • "6품 이상은 자주색 옷을 입고 16품 이상은 푸른색 옷을 입도록 하라"

① 고이왕　　② 온조왕　　③ 의자왕
④ 무령왕　　⑤ 근초고왕

**[05~06]** 다음 자료를 보고, 물음에 답하시오.

> (가) 왕호의 변화
>
> 거서간 → 차차웅 → 이사금 → 마립간
> 　　　　　　　　　　　　　　 ⑤

**05** (가) 국가에 대한 설명으로 옳지 <u>않은</u> 것은?

① 알과 연관된 건국 설화가 있다.
② 진한의 사로국에서 출발하였다.
③ 낙동강 하류에서 연맹이 시작되었다.
④ 중국 선진 문화의 수용이 비교적 늦었다.
⑤ 박·석·김의 3성이 번갈아 연맹장이 되었다.

**06** ⑤의 변화와 관련된 왕이 한 일로 옳은 것을 〈보기〉에서 고른 것은?

> **보기**
> ㄱ. 김씨의 왕위 세습 확립
> ㄴ. 한강의 위례성으로 천도
> ㄷ. 행정적 성격의 5부 확립
> ㄹ. 고구려군의 도움으로 왜 격퇴

① ㄱ, ㄴ　　② ㄱ, ㄹ　　③ ㄴ, ㄷ
④ ㄴ, ㄹ　　⑤ ㄷ, ㄹ

**07** 3세기 무렵 지도에 나타난 지역에서 발달한 연맹 국가의 유물로 옳은 것은?

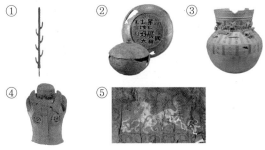

① ② ③
④ ⑤

서술형
**08** 다음 유적을 보고, 물음에 답하시오.

▲ ㉠ 장군총(중국 지린성)　　▲ ㉡ 석촌동 고분(서울 송파)

(1) ㉠, ㉡을 만든 나라를 각각 쓰시오.

(2) 위 유적을 통해 알 수 있는 (1) 나라들의 관계에 대해 서술하시오.

서술형
**09** 다음 건국 설화를 가진 나라를 쓰고, 이 나라의 건국 과정을 서술하시오.

> 어느 날 고허촌장이 양산 아래를 바라보았다. 우물 곁 숲에 말이 무릎을 꿇고서 울고 있었다. 달려가 보니 말은 간 데 없고 큰 알만 있었다. 알을 깨 보니 어린 아이가 나와 거두어 길렀다. …… 6촌의 사람들은 이 상하게 태어난 아이라고 하여 임금으로 모셨다. …… 큰 알이 박과 같았기 때문에 박을 성씨로 삼았다.
> － 『삼국사기』 －

I. 선사 문화와 고대 국가의 형성

# ❸ 삼국의 성립과 발전

## 주제 05 삼국과 가야의 경쟁과 발전

### 1 고구려의 체제 정비와 정복 활동

(1) 체제 정비

| 미천왕 | 낙랑군 점령 → 중국 군현 세력 완전 축출(313) |
|---|---|
| 고국원왕 | 전연과 우호 관계 체결, 한반도 남쪽으로 진출하여 백제 압박 → 백제와의 전투에서 전사 |
| ❶ | 태학 설립, 불교 공인, 율령 반포 등 |

(2) 영토 확장

| 광개토 대왕 | 한강 이북의 땅 차지, 신라에 침입한 왜군 격퇴, 가야 공격, 후연 격파(요동 지역 확보), '영락' 연호 |
|---|---|
| 장수왕 | ❷ 으로 천도, 남진 정책 → 백제의 수도 한성 함락, 한강 유역 차지(475) |

(3) **고구려인의 천하관** 다원적 국제 질서, 정복 활동으로 영토 확장 → 고구려를 세계의 중심으로 인식

### 2 백제의 전성기와 위기

(1) ❸ (4세기) 마한 대부분 복속, 가야에 진출, 고국원왕을 격퇴하여 고구려의 남하 저지

(2) **위기** 고구려의 공격으로 한성 함락, 개로왕 전사 → ❹ 으로 천도(475), 왕권 약화

(3) 중흥 노력

| 동성왕 | 신라와 혼인 동맹, 신진 세력 등용(왕권 강화) |
|---|---|
| 무령왕 | 22담로에 왕족 파견(귀족 세력 통제), 중국 남조의 양과 교류 |

### 3 신라의 중앙 집권 체제 정비

(1) **발전** 진한 지역 통합, 나제 동맹을 이용해 고구려의 간섭에서 벗어남, 도로와 역 개설

(2) **중앙 집권 체제의 정비**(6세기)

| 지증왕 | 순장 금지, 우경 보급, 시장 개설, 국호 '신라' 확정, 왕호 변경(마립간 → 왕), 지방관 파견, 우산국 정복 |
|---|---|
| ❺ | 율령 반포, 병부 설치(군사 지휘권 체계화), 백관 공복의 제도 실시, 불교 공인, 상대등 설치, '건원' 연호 사용, 금관가야 복속 |

### 4 가야 연맹의 성장

(1) **금관가야의 쇠퇴** 고구려의 공격으로 쇠퇴

(2) **대가야의 발전** 고령의 대가야가 후기 가야 연맹 주도, 섬진강을 통해 바닷길 개척

정답 ❶ 소수림왕 ❷ 평양 ❸ 근초고왕 ❹ 웅진 ❺ 법흥왕

---

**01** 밑줄 친 '이 왕'이 한 일로 옳은 것을 〈보기〉에서 고른 것은?

> 백제의 공격으로 타격을 입은 고구려는 국가적인 위기를 맞았다. 고국원왕의 아들로 왕위에 오른 **이 왕**은 즉위 이후 고구려의 체제 정비를 통해 사회 안정을 이루고 재도약의 발판을 마련하였다.

보기
ㄱ. 율령 반포    ㄴ. 병부 설치
ㄷ. 불교 공인    ㄹ. '건원' 연호 사용

① ㄱ, ㄴ    ② ㄱ, ㄷ    ③ ㄴ, ㄷ
④ ㄴ, ㄹ    ⑤ ㄷ, ㄹ

**02** 다음과 같이 고구려의 영토 확장이 이루어지던 시기에 있었던 사실로 옳은 것은?

> • 거란과 동부여를 굴복시켰다.
> • 후연을 격파하여 요동 지역을 확보하였다.
> • 신라에 군대를 보내 왜군을 격파하고 금관가야를 공격하였다.

① 백제의 수도 한성을 함락시켰다.
② '영락'이라는 연호를 사용하였다.
③ 태학을 설립하여 인재를 양성하였다.
④ 졸본에서 국내성으로 도읍을 옮겼다.
⑤ 전연과 우호 관계를 맺고 백제를 압박하였다.

**03** 고구려가 지도와 같이 수도를 옮긴 목적으로 옳은 것은?

① 낙랑군을 정복하기 위해서
② 유연의 공격을 피하기 위해서
③ 남진 정책을 추진하기 위해서
④ 중국의 남조와 동맹을 맺기 위해서
⑤ 귀족의 지방 지배를 강화하기 위해서

**04** (가)의 영토 확장 시기에 대한 설명으로 옳은 것은?

① 순장이 금지되었다.
② 우산국을 정복하였다.
③ 가야에 영향력을 행사하였다.
④ 신라와 나제 동맹을 결성하였다.
⑤ 22담로에 왕족을 파견하여 지방 세력을 통제하였다.

**05** (가)에 들어갈 왕으로 옳은 것은?

 왼쪽 왕릉은 중국 남조 양식의 벽돌무덤으로 만들어졌다. 여기서는 [ (가) ]과 왕비가 묻혔다는 내용이 적힌 묘지명이 발견되어 백제 왕 중 유일하게 무덤을 정확히 알 수 있다.

① 고이왕       ② 개로왕       ③ 동성왕
④ 무령왕       ⑤ 근초고왕

**06** 신라의 지증왕이 한 일로 옳은 것만을 〈보기〉에서 있는 대로 고른 것은?

┌ 보기 ─────────────
㉠ 불교를 공인하였다.
㉡ 우경을 보급하였다.
㉢ 우산국을 정복하였다.
㉣ 국호를 '신라'로 확정하였다.
└────────────────

① ㉠, ㉡        ② ㉢, ㉣        ③ ㉠, ㉡, ㉢
④ ㉠, ㉢, ㉣    ⑤ ㉡, ㉢, ㉣

**07** 다음 유물, 유적과 관련된 나라에 대한 설명으로 옳은 것은?

▲ 금동관(경북 고령 출토)        ▲ 고령 지산동 고분군(경북 고령)

① 진한 지역을 통합하였다.
② 신라의 법흥왕에게 복속되었다.
③ 보은에 삼년산성을 구축하였다.
④ 섬진강을 통해 바닷길을 개척하였다.
⑤ 강력한 중앙 집권 체제를 확립하였다.

서술형

**08** 밑줄 친 부분에 해당하는 정책을 두 가지 서술하시오.

고구려 장수왕의 공격으로 수도 한성을 빼앗기고 개로왕이 전사하는 등 큰 위기를 맞은 백제는 수도를 웅진(충남 공주)으로 옮겼다. 그러나 천도 이후 왕이 신하에게 피살되는 등 왕권이 크게 약화되었다. 이러한 상황에서 왕위에 오른 동성왕은 왕권을 강화하기 위한 정책을 추진하였다.

서술형

**09** 다음 자료를 보고, 물음에 답하시오.

**전시회 – 돌에 새긴 신라 천년**

[이차돈 순교비]
818년에 제작된 이 비문은 이차돈 순교 사건을 기념하기 위한 목적에서 만들어졌습니다. 이차돈 순교를 계기로 신라는 불교를 공인하게 되었습니다.

(1) 밑줄 친 사건이 일어난 시기 신라의 왕을 쓰시오.

(2) (1)의 왕권 강화 정책을 세 가지 이상 서술하시오.

# ❸ 삼국의 성립과 발전

**주제 06 삼국의 항쟁 격화와 가야의 멸망**

## 1 백제의 중흥과 사비 천도

### (1) 성왕의 사비 천도
① 사비 천도　수로 교통이 편리하고 평야 지대인 사비(충청남도 부여)로 천도(538)
② 국호 변경　백제 → ❶　　　, 부여 계승 의식 표방

### (2) 성왕의 체제 재정비

| 제도 정비 | 중앙 관청 설치(실무 관청 ❷　　　설치), 중앙과 지방 통치 조직 정비(5부 5방제), 불교 장려 |
|---|---|
| 대외 관계 | 중국 남조와 교류, 왜에 불교 전파, 오경박사와 기술자들을 왜에 파견 |

## 2 신라의 한강 유역 점령
(1) **배경**　6세기 중반 고구려의 국력 약화 → 백제와 신라의 연합, 고구려 공격
(2) **신라의 한강 유역 차지**　백제가 한성 지역 수복, 신라가 한강 상류 지역 차지 → 신라 진흥왕이 동맹을 깨고 한성 지역 기습 점령 → 백제 성왕의 신라 공격 → ❸　　　전투에서 백제가 신라에 패배, 성왕 전사
(3) **신라의 발전**
① 대외 교류　경제·군사적 요충지인 한강 유역 확보 → 황해를 통해 독자적으로 중국과 교류
② 진흥왕의 정책　황룡사 건립(불교 장려), ❹　　　를 국가적인 조직으로 재편(인재 양성)

## 3 가야 연맹의 멸망
(1) **한계**　대가야가 가야 연맹 주도, 자립적인 지역 세력들이 존재 → 중앙 집권 국가로 발전하지 못함, 연맹 왕국 단계에 머무름.
(2) **멸망**　백제와 신라의 압박으로 약화

| 금관가야의 복속 | 신라 법흥왕에 스스로 항복(532) |
|---|---|
| ❺　　　의 복속 | 신라 진흥왕에 복속(562) → 가야 연맹 소멸 |

## 4 삼국 항쟁의 격화
(1) **신라의 영토 확장**　진흥왕이 동해안을 따라 북상, 함흥평야 일대까지 진출 → 정복한 지역에 ❻　　　건립(신라의 발전 과시)
(2) **고구려와 신라의 대립**　6세기 후반 고구려가 죽령 이북의 땅을 되찾기 위해 신라 공격
(3) **백제와 신라의 대립**　백제의 무왕이 옛 가야 지역으로 진출하여 진주 지역까지 영토 확대 → 신라의 위기

정답 ❶ 남부여 ❷ 22부 ❸ 관산성 ❹ 화랑도 ❺ 대가야 ❻ 순수비

---

**01** 다음 시기 백제의 대외 관계에 대한 설명으로 옳은 것은?

> • 나라의 이름을 일시적으로 '남부여'로 고쳤다.
> • 수도를 수로 교통이 편리한 평야 지대인 사비로 옮겼다.

① 김해평야로 진출하였다.
② 금관가야를 정복하였다.
③ 왜에 불교를 전파하였다.
④ 중국으로부터 불교를 수용하였다.
⑤ 고구려의 고국원왕을 격퇴하였다.

**02** (가)에 들어갈 왕으로 옳은 것은?

역 사 퀴 즈

(가)

중앙에 22부를 설치하고 지방 통치 조직을 5부 5방제로 정비한 백제의 왕은?

① 무왕　　　　② 성왕　　　　③ 고이왕
④ 동성왕　　　⑤ 무령왕

**03** (가)에 들어갈 내용으로 적절한 것은?

> **[역사 용어 사전]**
> **서울 북한산 진흥왕 순수비**
> • 소장: 국립 중앙 박물관
> • 발견 장소: 북한산 비봉
> • 건립 연대: 555년 또는 568년 진흥왕 재위 기간에 건립
> • 건립 목적: 신라의 ┌─(가)─┐ 을/를 대외에 과시하기 위한 목적

① 가야 복속　　　　② 진한 정복
③ 우산국 정복　　　④ 한강 유역 확보
⑤ 함흥평야 진출

**04** 다음 정책의 공통된 목적으로 옳은 것은?

> • 진흥왕은 궁궐을 지으려던 자리에 황룡이 나타나자 궁궐 대신에 절을 짓고 '황룡사'라고 불렀다.
> • 진평왕은 자신의 이름은 '백정', 왕비의 이름은 '마야'로 지었는데, 이는 석가모니의 아버지와 어머니의 이름이었다.

① 왕권의 강화를 견제하기 위해서
② 왕위의 부자 상속을 확립하기 위해서
③ 불교를 통해 왕권을 강화하기 위해서
④ 유교 중심의 인재를 양성하기 위해서
⑤ 지역 세력을 중앙 귀족으로 흡수하기 위해서

**05** (가)에 대한 설명으로 옳은 것은?

> **국가 발전의 발판이 된 [(가)]**
> 진골 귀족의 자제를 선발하고 그를 따르는 낭도와 이들을 가르치는 승려로 구성되었다. 이를 통해 진골 귀족부터 평민까지 여러 신분층이 함께 어우러져 단체 활동을 통해 무예와 사회 규범을 연마하였다.

① 6세기에 폐지되었다.
② 승려를 양성하기 위해 만들어졌다.
③ 중국 문화의 영향으로 만들어졌다.
④ 백제에서 시행한 인재 양성 제도이다.
⑤ 진흥왕 때 국가적 조직으로 재편되었다.

**06** 가야 연맹에 대한 설명으로 옳은 것만을 〈보기〉에서 있는 대로 고른 것은?

> ┌ 보기 ┐
> ㄱ. 연맹 왕국 단계에 머물렀다.
> ㄴ. 대가야의 왕은 율령을 반포하였다.
> ㄷ. 백제와 신라의 압박으로 약화되었다.
> ㄹ. 신라 법흥왕 때 가야 연맹이 멸망하였다.
> ㅁ. 금관가야가 전기 가야 연맹을 주도하였다.

① ㄱ, ㄷ
② ㄴ, ㅁ
③ ㄱ, ㄷ, ㅁ
④ ㄴ, ㄷ, ㅁ
⑤ ㄷ, ㄹ, ㅁ

**07** 다음 사건들을 일어난 순서대로 옳게 나열한 것은?

> (가) 백제가 부여에서 사비로 수도를 옮겼다.
> (나) 관산성 전투에서 백제가 신라에 패배하였다.
> (다) 신라의 공격으로 인해 가야 연맹이 소멸되었다.

① (가) - (나) - (다)
② (가) - (다) - (나)
③ (나) - (가) - (다)
④ (나) - (다) - (가)
⑤ (다) - (가) - (나)

서술형
**08** 지도를 보고, 물음에 답하시오.

(1) 지도와 같이 수도를 옮긴 나라를 쓰시오.

(2) (1)의 나라가 (가), (나)와 같이 수도를 이동하게 된 이유를 각각 서술하시오.

서술형
**09** (가) 왕을 쓰고, 이 왕의 왕권 강화 정책을 두 가지 서술하시오.

I. 선사 문화와 고대 국가의 형성

# ④ 삼국의 문화와 대외 교류

## 주제 07 삼국 시대 의식주 생활과 고분 문화

### 1 신분에 따른 생활 모습

(1) **신분의 구별**  귀족, 평민, 천민으로 구별

(2) **❶ ☐ 제**  신라의 신분 제도, 성골·진골·6~1두품을 구별, 신분에 따라 정치·사회·일상생활 제한

(3) **신분에 따른 생활**

| 구분 | 귀족 ⇔ 평민 |
|------|------------|
| 의 | 화려한 색체의 비단 옷 ⇔ 단조로운 색의 베 옷 |
| 식 | 쌀, 다양한 식재료 ⇔ 잡곡, 흉년에 도토리나 나무껍질 |
| 주 | 벽돌이나 기와집, 탁자와 침상 ⇔ 초가집, 바닥 생활 |

### 2 삼국과 가야 고분 문화

(1) **고분 문화**  사후 세계에 대한 믿음 → 지배층의 무덤 제작, 껴묻거리와 함께 매장

(2) **삼국과 가야 고분**

| 고구려 | 돌무지무덤 → 굴식 돌방무덤, 벽화 제작 |
|--------|--------------------------------------|
| 백제 | 돌무지무덤 → 굴식 돌방무덤, 벽돌무덤 |
| ❷ ☐ | 돌무지덧널무덤 → 굴식 돌방무덤 |
| 가야 | 돌덧널무덤 등 다양한 형태의 무덤 제작 |

(3) **고분 벽화**  ❸ ☐ 의 돌방 벽을 그림으로 장식 → 당시 사람들의 풍속, 신앙, 다양한 생활 모습을 보여 줌.

### 3 종교와 학문의 발전

(1) **불교의 수용과 불교문화의 발전**

① **불교 수용**  백성의 사상 통합, 왕실의 권위 강화

② **불교 예술의 발달**

| 탑 | • 백제: 익산 ❹ ☐ 석탑, 부여 정림사지 오층 석탑<br>• 신라: 황룡사 구층 목탑, 경주 분황사 모전 석탑 |
|----|-----------------------------------------------------------------------------------------------|
| 불상 | • ❺ ☐ : 금동 연가 7년명 여래 입상<br>• 백제: 서산 용현리 마애 여래 삼존상<br>• 신라: 경주 배동 석조 여래 삼존 입상<br>• 삼국 시대 미륵 신앙의 유행 → 미륵보살 반가 사유상 제작 |

(2) **도교의 수용**

① **수용**  중국에서 전래, 신선 사상과 결합, 귀족 사회에 유행

② **도교 예술**  고구려 고분의 벽화(현무도), 백제 산수무늬 벽돌, 백제 금동 대향로 등

(3) **학문과 과학 기술의 발달**

① **학문 발전**  중국에서 한자와 유학의 전래 → 고구려의 ❻ ☐ 설립, 백제의 오경박사, 신라의 임신서기석

② **과학 기술 발전**  천문학과 금속 공예 기술 발달

---

정답 ❶ 골품 ❷ 신라 ❸ 고구려 ❹ 미륵사지 ❺ 고구려 ❻ 태학

---

**01** (가)에 들어갈 내용으로 적절한 것은?

> 삼국의 왕과 지배층은 왕실의 권위를 높이고 백성의 사상을 하나로 통합하기 위해 불교를 받아들였다. 불교를 널리 장려하기 위해 [ (가) ] 하였다.

① 각국은 역사책을 편찬
② 백제는 오경박사를 선발
③ 대형 사찰을 국가에서 건립
④ 지배층의 무덤을 크게 조성
⑤ 신라는 경주에 첨성대를 건립

**02** 다음 문화유산의 명칭으로 옳은 것은?

① 미륵사지 석탑
② 황룡사 9층 목탑
③ 불국사 3층 석탑
④ 분황사 모전 석탑
⑤ 정림사지 5층 석탑

**03** 다음 문화유산을 남긴 나라에 대한 설명으로 옳은 것은?

▲ 경주 배동 석조 여래 삼존 입상    ▲ 분황사 모전 석탑

① 법흥왕 때 불교를 공인하였다.
② 성왕 때 왜에 불교를 전파하였다.
③ 미륵사를 세워 불교를 장려하였다.
④ 중국의 남조로부터 불교를 받아들였다.
⑤ 삼국 가운데 가장 먼저 불교를 수용하였다.

**04** (가)에 들어갈 종교로 옳은 것은?

왼쪽 문화유산은 부여 능산리 절터에서 발견된 높이 64cm의 향로이다. 향로의 뚜껑 부분에는 신선이 산다는 이상향을 표현하여 (가) 의 영향을 받았음을 알 수 있다.

▲ 백제 금동 대향로

① 불교  ② 유교  ③ 도교
④ 토테미즘  ⑤ 무속 신앙

**05** 다음 활동의 공통된 목적으로 옳은 것은?

- 고구려의 고분에 별자리를 그려 넣었다.
- 신라는 천문 관측 시설인 첨성대를 만들었다.
- 백제는 600여 년간 26회의 일식을 관찰하였다.

① 사후 세계에 대한 믿음 때문에
② 하늘과 연결하여 왕의 권위를 높이기 위해서
③ 불교를 통해 백성의 사상을 통합하기 위해서
④ 중국으로부터 선진 문물을 받아들이기 위해서
⑤ 불로장생하는 신선 사상을 유행시키기 위해서

**06** 다음 벽화에 대한 설명으로 옳은 것은?

▲ 무용총 벽화

① 부모와 아이의 모습이다.
② 삼국 시대의 종교 생활을 알 수 있다.
③ 불교문화의 영향을 받아 제작되었다.
④ 고구려인의 생활 모습을 보여 주고 있다.
⑤ 신라의 돌무지덧널무덤에서 나온 벽화의 일부이다.

**07** 다음 고분 양식이 갖는 특징에 대한 설명으로 옳은 것은?

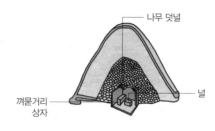

나무 덧널

껴묻거리
상자

널

① 많은 껴묻거리가 보존되었다.
② 대표적인 무덤이 무령왕릉이다.
③ 도굴이 쉬워 껴묻거리가 남기 어렵다.
④ 고구려에서 주로 제작한 고분 양식이다.
⑤ 나무 덧널에 여러 가지 그림이 그려져 있다.

서술형
**08** 다음 문화유산을 통해 알 수 있는 삼국 시대 문화의 특징을 서술하시오.

▲ 현무도   ▲ 산수무늬 벽돌

서술형
**09** 다음 자료를 보고, 물음에 답하시오.

| 등급 | 관등명 | 골품 | | | | 복색 |
|---|---|---|---|---|---|---|
| | | 진골 | 6두품 | 5두품 | 4두품 | |
| 1 | 이벌찬 | | | | | 자색 |
| 2 | 이찬 | | | | | |
| 3 | 잡찬 | | | | | |
| 4 | 파진찬 | | | | | |
| 5 | 대아찬 | | | | | |
| 6 | 아찬 | | | | | 비색 |
| 7 | 일길찬 | | | | | |
| 8 | 사찬 | | | | | |
| 9 | 급벌찬 | | | | | |
| 10 | 대나마 | | | | | 청색 |
| 11 | 나마 | | | | | |
| 12 | 대사 | | | | | 황색 |
| 13 | 사지 | | | | | |
| 14 | 길사 | | | | | |
| 15 | 대오 | | | | | |
| 16 | 소오 | | | | | |
| 17 | 조위 | | | | | |

(1) 위 표와 관련된 신라의 신분 제도를 쓰시오.

(2) (1) 신분제의 특징을 세 가지 서술하시오.

I. 선사 문화와 고대 국가의 형성

# ❹ 삼국의 문화와 대외 교류

**주제 08 삼국 시대의 대외 교류**

## 1 중국과의 교류

(1) **삼국의 대외 교류** 초원길, 사막길, 서·남해안의 바닷길을 통해 주변국과 활발하게 교류

(2) **중국 문화의 수용** 중국을 통해 불교·유교·한자·과학 기술 등 수용

(3) **삼국과 중국의 교류**

| 고구려 | • 초원길을 통해서 유목 민족과 교류<br>• 바닷길을 통해서 중국의 남북조와 교류<br>• 왕산악은 중국 악기를 개조하여 거문고 제작 |
|---|---|
| ❶ | • 중국, 가야, 왜를 연결하는 해상 교역로를 통해 교류<br>• 동진과 남조 계통의 유물이 다수 발견 |
| 신라 | • ❷ 를 통해 중국 문화 수용(지리적 한계)<br>• 한강 유역 확보 이후 중국과 직접 교류 |

## 2 서역과의 교류

(1) **배경** 중국을 넘어 서역까지 연결되는 초원길, 사막길(비단길), 바닷길을 통해 서역과도 접촉

(2) **삼국과 서역의 교류**

| 고구려 | • 고구려 ❸ 벽화에 서역 계통의 인물 등장<br>• 아프라시아브 궁전 벽화에 고구려 사신으로 추정되는 인물 등장 |
|---|---|
| 신라 | 고분에서 발굴된 유리그릇, 금제 장식 보검, 상감 유리구슬, 뿔 모양의 잔 → 서역의 영향 또는 서역의 물건 수입으로 추정 |
| 가야 | 고분에서 중국과 유라시아 계통의 유물 출토 |

## 3 일본과의 교류

(1) **특징** 일본과 교류하면서 문화 전파

(2) **일본으로 전파된 삼국의 문화**

| 고구려 | • 승려 혜자가 쇼토쿠 태자의 스승이 됨.<br>• ❹ 이 종이와 먹의 제조 방법 전수, 호류사 금당 벽화 제작<br>• 다카마쓰 고분 벽화에 고구려의 영향 |
|---|---|
| 백제 | • 삼국 중 일본과 가장 활발히 교류<br>• 일본에 불교 전파<br>• 오경박사와 화가·기술자 등이 건너가 활약<br>• 아직기와 왕인이 한문, 논어, 천자문 전수 |
| 신라 | 배 만드는 기술과 둑 쌓는 기술 전파 |
| 가야 | • 질 좋은 철 수출, 철로 만든 갑옷 전파<br>• 가야 토기 → 일본 ❺ 에 영향 |

(3) **의의** 일본 ❻ 문화의 성립과 발전에 기여

정답 ❶ 백제 ❷ 고구려 ❸ 각저총 ❹ 담징 ❺ 스에키 ❻ 아스카

---

**01** ⑺ 국가의 교류에 대한 설명으로 옳은 것은?

> **탐구 주제:** ⑺ 의 대외 교류
> 특징 1. 서남해를 연결하는 해상 교역로 장악
> 특징 2. 삼국 중 왜와 가장 활발하게 교류

① 중국과는 직접적 교류가 없었다.
② 북중국 나라들과 주로 교류하였다.
③ 동진·남조의 나라들과 주로 교류하였다.
④ 고구려를 통해 중국의 문화를 수용하였다.
⑤ 중국 악기를 개조하여 거문고를 만들었다.

**02** 신라의 대외 교류 모습이 다음과 같이 변화한 계기로 옳은 것은?

> 고구려를 통해 중국의 문화를 받아들였다.
> ↓
> 중국과 직접 교류하였다.

① 신라가 삼국을 통일하였다.
② 신라가 불교를 공인하였다.
③ 신라가 한강 유역을 차지하였다.
④ 신라와 백제가 결혼 동맹을 맺었다.
⑤ 고구려의 광개토 대왕이 신라에 쳐들어온 왜를 격퇴하였다.

**03** 지도를 통해 추론할 수 있는 내용으로 가장 적절한 것은?

① 삼국은 대외 교류에 소극적이었다.
② 고구려만 서역과의 교류가 가능하였다.
③ 가야는 대외 교류에서 소외되어 있었다.
④ 삼국은 중국을 넘어 서역과도 교류하였다.
⑤ 신라는 백제를 통해 중국, 서역과 교류하였다.

**16** I. 선사 문화와 고대 국가의 형성

**04** 삼국과 중국의 대외 교류에 대한 설명으로 옳은 것만을 〈보기〉에서 있는 대로 고른 것은?

보기
ㄱ. 중국을 통해 불교, 유교가 전래되었다.
ㄴ. 고구려는 북중국의 나라들과 교류하였다.
ㄷ. 백제는 고구려를 통해 중국과 교류하였다.
ㄹ. 왕산악은 중국 악기를 개조하여 거문고를 만들었다.

① ㄱ, ㄹ
② ㄷ, ㄹ
③ ㄱ, ㄴ, ㄷ
④ ㄱ, ㄴ, ㄹ
⑤ ㄴ, ㄷ, ㄹ

**05** (가)에 들어갈 주제로 가장 적절한 것은?

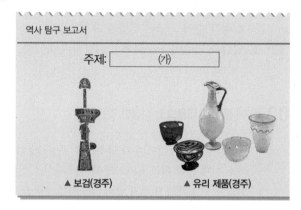

역사 탐구 보고서

주제: (가)

▲ 보검(경주)
▲ 유리 제품(경주)

① 가야와 왜의 교류
② 신라인의 신앙 생활
③ 신라와 서역의 교류
④ 신라 평민의 일상생활
⑤ 골품제와 사회 생활의 관계

**06** 다음 자료를 종합하여 내릴 수 있는 결론으로 가장 적절한 것은?

▲ 가야의 토기와 일본의 스에키
▲ 금동 미륵보살 반가 사유상과 고류사 목조 미륵보살 반가 사유상

① 일본은 불교가 발전하지 못하였다.
② 삼국과 일본의 문화는 차이가 없다.
③ 일본의 영향으로 삼국의 불교가 발전하였다.
④ 백제는 일본과 문화 교류가 활발하지 않았다.
⑤ 삼국 문화가 일본 아스카 문화 성립에 기여하였다.

**07** (가)에 해당하는 내용으로 옳은 것은?

① 스에키 제작에 기여
② 아직기와 왕인이 한문, 논어 전수
③ 다카마쓰 고분 벽화의 제작에 영향
④ 담징이 종이와 먹의 제조 방법 전수
⑤ 배 만드는 기술과 둑 쌓는 기술 전파

서술형
**08** 다음은 무령왕릉에서 출토된 유물이다. 물음에 답하시오.

▲ 일본의 유물과 비슷한 청동 다리미와 금동 신발
▲ 중국의 화폐인 오수전

(1) 무령왕릉을 제작한 나라를 쓰시오.

(2) 위 유물을 통해 알 수 있는 (1) 나라의 대외 교류의 특징을 서술하시오.

서술형
**09** 다음 문화유산을 통해 추론할 수 있는 삼국 시대 대외 교류의 특징을 서술하시오.

▲ 고구려 각저총 벽화(중국 지린성)
▲ 상감 옥 목걸이(경주)

# ❶ 신라의 삼국 통일과 발해의 건국

## 주제 09 고구려와 수·당의 전쟁

### 1 동아시아 국제 정세의 변화

| 6세기 중반 | 신라의 한강 유역 차지 → 중국과 직접 교류, 고구려와 백제가 신라 협공 |
|---|---|
| 6세기 후반 | • 중국의 ❶□□가 대륙 통일(589), 세력 확장 → 고구려가 돌궐과 연합, 남쪽의 백제·왜와 연결 도모<br>• 고구려와 백제의 계속된 신라 공격 → 신라가 수에 도움 요청 |
| 6세기 말 ~7세기 초 | 남북 세력(고구려, 백제, 왜, 돌궐)과 ❷□□ 세력(신라, 수·당)의 대립 |

### 2 수의 고구려 침략과 살수 대첩

(1) **배경** 수가 고구려에 복속 요구 → 고구려의 거절, 고구려의 요서 지방 선제공격

(2) **수의 고구려 침략**

| 수 문제의 침략 | 수의 30만 대군이 고구려 침략 → 홍수, 전염병, 풍랑 등으로 성과 없이 철수 |
|---|---|
| 수 양제의 침략 | 113만 대군을 직접 이끈 양제의 침략 → 고구려군의 저항으로 요동성을 함락하지 못함 → 수의 우중문이 이끈 30만의 별동대가 평양성 공격 → ❸□□□이 살수(청천강)에서 큰 승리(살수 대첩, 612) → 이후 여러 차례 수가 고구려에 침입, 실패 |
| 영향 | 수의 국력 소모 → 멸망 |

### 3 당의 고구려 침략과 안시성 싸움

(1) **배경**

① **당의 외교 관계 변화** 친선 관계 → 당 태종 즉위 후 고구려 압박

② **고구려의 ❹□□□ 축조** 당의 침략 대비

③ **연개소문의 정변** 영류왕 제거 후 권력 장악(642)

(2) **당의 고구려 침략**

| 전개 | ❺□□□의 정변을 구실로 당 태종이 침입 → 요동성·백암성 등 함락, 안시성 포위 → 안시성 성주와 백성이 당군 격퇴(645) → 이후 몇 차례에 걸쳐 당군 침입, 모두 격퇴 |
|---|---|
| 결과 | 고구려의 뛰어난 전술(성곽 이용), 강인한 군사력, 수준 높은 제철 기술 이용 → 당의 침입 격퇴 |

(3) **영향** 수와 당의 침입 격퇴로 한반도 전체 보호, 계속된 전쟁으로 고구려의 국력 약화

정답 ❶ 수 ❷ 동서 ❸ 을지문덕 ❹ 천리장성 ❺ 연개소문

---

**01** 지도에 나타난 국제 관계에 대한 설명으로 옳지 않은 것은?

▲ 6세기 후반~7세기 초 동아시아 국제 정세

① 수가 돌궐을 제압하였다.

② 수가 고구려를 압박하였다.

③ 백제는 신라와 나제 동맹을 맺었다.

④ 신라가 수에 고구려 정벌을 요청하였다.

⑤ 말갈과 거란이 고구려에서 이탈하려 하였다.

**02** (가)에 들어갈 내용으로 적절한 것은?

> 6세기 후반 중국에서 수가 남북조를 통일하였다. 남북조 시대 중국 왕조들은 고구려의 독자성을 인정하였으나 수 문제는 이전과 달리 고구려에 복종을 강요하였다. 이에 （가）

① 영류왕이 왕위에 올랐다.

② 광개토 대왕이 영토를 확장하였다.

③ 영양왕이 요서 지방을 공격하였다.

④ 근초고왕이 활발한 대외 활동을 벌였다.

⑤ 의자왕이 대야성 등 신라의 여러 성을 빼앗았다.

**03** 다음 가상 대화에 나타난 전쟁 과정에서 있었던 사실로 옳은 것은?

> 기자: 살아 돌아간 적이 2,700명에 불과할 정도의 완벽한 승리였습니다. 승리 비결을 말씀해 주세요.
> ○○○○: 고건무 장군께서 적의 식량 보급 부대를 차단하였습니다. 이로 인해 살수를 건넌 적이 지칠 대로 지쳐 쉽게 물리칠 수 있었습니다.

① 수도를 평양으로 옮겼다.

② 광개토 대왕릉비가 건립되었다.

③ 고구려가 천리장성을 축조하였다.

④ 을지문덕이 적을 크게 격퇴하였다.

⑤ 검모잠이 안승을 왕으로 추대하였다.

**04** 지도에 나타난 전쟁에 대한 탐구 활동으로 적절한 것은?

① 매소성 싸움의 의의를 정리한다.
② 연개소문의 대당 정책을 알아본다.
③ 백강 전투가 일어난 계기를 살펴본다.
④ 웅진도독부 설치가 끼친 영향을 파악한다.
⑤ 의자왕의 영토 확장이 끼친 영향을 분석한다.

**05** (가)에 들어갈 내용으로 적절한 것은?

### 1. 고구려의 방어력

(1) 내용

| 항목 | 내용 |
|---|---|
| 산성을 이용한 방어 체제 | 전시에 평지 농작물 태우기, 산성에 들어가 장기간 항전하기 |
| 우수한 전투력 | 머리부터 발끝까지 철갑 무장 |
| 뛰어난 제련술 | 요동 지방의 철광 지대 확보 |

(2) 전개: 수·당과의 전쟁에서 승리
(3) 의의: ┌─────── (가) ───────┐

① 한반도를 방어하였다.
② 남진 정책을 추진하였다.
③ 동모산에서 나라를 세웠다.
④ 민족 통일 의식을 형성하였다.
⑤ 대동강 이남의 땅을 차지하였다.

**06** 다음은 고구려의 발전 과정에서 있었던 사건들이다. 일어난 순서대로 옳게 나열한 것은?

> (가) 고구려가 요서 지방을 선제공격하였다.
> (나) 을지문덕이 살수에서 수군을 크게 격퇴하였다.
> (다) 연개소문이 정변을 일으켜 권력을 장악하였다.
> (라) 안시성 싸움에서 고구려군이 당군을 격퇴하였다.
> (마) 랴오허강 일대의 국경 지역에 천리장성을 쌓았다.

① (가) – (나) – (마) – (다) – (라)
② (나) – (다) – (가) – (라) – (마)
③ (다) – (가) – (마) – (나) – (라)
④ (라) – (다) – (나) – (가) – (마)
⑤ (마) – (라) – (다) – (나) – (가)

서술형
**07** 다음 상황에서 나타난 고구려와 수의 대립 사례 두 가지를 서술하시오.

> 신라가 고구려를 견제하기 위해 수에 고구려 정벌을 요청하는 등 적극적으로 수와 외교 교섭에 나섰다. 이 과정에서 고구려는 수의 침략에 대비하였다.

서술형
**08** 지도의 전쟁이 우리나라 역사에서 갖는 의미를 두 가지 서술하시오.

## Ⅱ. 남북국 시대의 전개
## ❶ 신라의 삼국 통일과 발해의 건국

### 주제 10 신라의 삼국 통일과 발해 건국

#### 1 신라의 위기와 나당 연합
(1) **배경** 백제 의자왕의 신라 공격(신라의 40여 성 함락) → 신라의 김춘추가 고구려에 도움 요청, 고구려의 거절
(2) **나당 연합 결성** 신라의 김춘추가 ❶     에 동맹 제의 → 당의 수용(648), 신라가 대동강 이북의 고구려 땅을 당에 양보할 것을 약속

#### 2 백제의 멸망과 부흥 운동

| 백제의 멸망 | • 배경: 지배 세력의 분열로 정치적 혼란, 나당 연합군의 공격에 적극 대처하지 못함. • 과정: 나당 연합군의 공격 → 계백이 ❷    에서 신라군(김유신)에 패배, 나당 연합군의 사비성 포위 → 사비성 함락, 의자왕 항복(660) |
|---|---|
| 부흥 운동 | 복신·도침(주류성), 흑치상지(임존성)가 주도 → 지도층 분열, 왜 지원군이 ❸     전투에서 패배 → 실패(663) |

#### 3 고구려의 멸망과 부흥 운동

| 고구려 멸망 | 연개소문 사후 권력 다툼 → 나당 연합군의 평양성 함락 (668) |
|---|---|
| 부흥 운동 | 당의 고구려의 옛 땅 차지 검모잠·안승(한성) → ❹    (오골성)가 주도 → 안승이 검모잠 제거 후 신라에 항복 → 실패 |

#### 4 나당 전쟁과 신라의 삼국 통일

| 나당 전쟁 | • 당이 한반도 전체 지배 야심 표출 • 신라의 대응: 고구려의 부흥 운동 지원 • 동아시아의 국제 정세: 토번의 실크로드 장악·당 압박, 신라와 고구려 부흥군의 연합, 당 선제공격 |
|---|---|
| 삼국 통일 | • 과정: 당의 신라 침략 → 신라가 매소성 싸움, 기벌포 싸움에서 대승 → 당군 축출 → 신라의 삼국 통일(676) • 의의: 우리 민족 최초의 통일, 민족 형성의 계기, 새로운 민족 문화 발전의 기틀 마련 • 한계: 외세(당)를 끌어들임, 대동강 이북의 옛 고구려 땅 상실 |

#### 5 고구려를 계승한 발해의 건국
(1) **건국(698)** ❺    이 고구려 유민과 말갈인을 이끌고 동모산에 도읍(남북국 형세를 이룸)
(2) **고구려 계승 국가 표방** 고구려 유민을 중심으로 건국, '고려(고구려) 국왕' 명칭 사용

정답 ❶ 당 ❷ 황산벌 ❸ 백강 ❹ 안승 ❺ 대조영

---

**01** 다음 대화 이후의 상황으로 적절한 것은?

> 김춘추: 백제를 공격할 군사를 빌려주십시오.
> 연개소문: 신라가 빼앗아 간 옛 고구려의 영토를 돌려주지 않으면 신라를 도울 수 없소.

① 나당 연합이 결성되었다.
② 고구려에서 보장왕이 즉위하였다.
③ 백제와 신라가 결혼 동맹을 맺었다.
④ 고구려가 요서 지방을 선제공격하였다.
⑤ 백제 의자왕이 신라의 40여 성을 함락하였다.

**02** 다음 상황으로 인해 나타난 사실로 옳은 것은?

> 백제는 금강 하구에서 당군에 패하였으며, 계백의 결사대마저 황산벌에서 김유신이 이끄는 군대에 패하였다. 나당 연합군이 사비성을 함락하자 의자왕은 웅진성으로 피신하였으나 결국 당군에 항복하면서 백제가 멸망하였다.

① 안동도호부가 설치되었다.
② 나당 연합군이 결성되었다.
③ 고연무가 요동 지역에서 저항하였다.
④ 흑치상지가 임존성에서 세력을 모았다.
⑤ 신라가 왜군을 격퇴하기 위해 고구려의 도움을 받았다.

**03** 다음 전투가 일어나게 된 배경으로 옳은 것은?

> 나당 연합군은 주류성을 공격하였다. 이때 왜가 부흥군을 돕기 위해 한반도에 군대를 파견하였다. 그리하여 왜와의 연합군은 백강에서 나당 연합군과 전투를 벌였다. 이 전투에서 왜와의 연합군은 크게 패하였고, 본토로 돌아간 왜는 곳곳에 성을 쌓아 상대의 공격에 대비하였다.

① 고구려가 멸망하였다.
② 당 태종이 즉위하였다.
③ 백제에서 부흥 운동이 전개되었다.
④ 신라가 기벌포에서 당에 승리하였다.
⑤ 고구려의 국경 지역에 천리장성이 축조되었다.

**04** 밑줄 친 ㉠에 대한 탐구 주제로 적절한 것은?

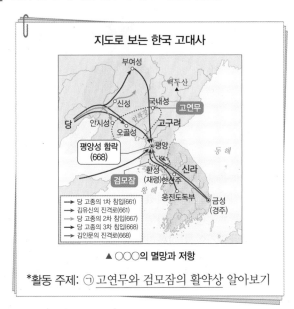

**지도로 보는 한국 고대사**

▲ ○○○의 멸망과 저항

*활동 주제: ㉠ 고연무와 검모잠의 활약상 알아보기

① 연개소문의 대외 정책
② 신라와 당의 전쟁 결과
③ 고구려의 부흥 운동 전개
④ 왜군의 원정과 백강 전투
⑤ 고구려의 한반도 방파제 역할

**06** (가) 국가에 대한 설명으로 옳은 것은?

> 나당 전쟁에서 승리한 신라가 삼국을 통일하였지만, 고구려를 계승한 [ (가) ] 이/가 건국되었기 때문에 이 시기를 남북국 시대라고 부른다.

① 6좌평을 마련하였다.
② 대조영이 건국하였다.
③ 졸본에 도읍을 정하였다.
④ 수도를 웅진으로 옮겼다.
⑤ 왕의 칭호로 마립간을 사용하였다.

서술형
**07** 다음 협상의 결과로 역사적 상황이 어떻게 전개되었는지 서술하시오(신라와 당의 관계, 삼국의 경쟁 결과를 포함할 것).

> 김춘추: 백제를 먼저 없애면, 신라의 보급 부대가 당군의 평양성 공격을 직접 도울 수 있습니다.
> 당 태종: 약속한다. 내가 고구려와 백제 두 나라를 평정하면 평양 이남의 백제 땅은 신라에 주겠다.

**05** (가)에 들어갈 내용으로 가장 적절한 것은?

탐구 주제: [ (가) ]

⊙ 모둠별 조사

| 모둠 | 내용 |
| --- | --- |
| 1, 2 모둠 | 백제, 고구려 멸망 계기 |
| 3, 4 모둠 | 신라의 고구려 부흥 운동 지원 |
| 5, 6 모둠 | 매소성·기벌포 싸움의 의미 |

① 진흥왕의 영토 확장
② 한강 유역 확보 경쟁
③ 고구려와 중국의 전쟁
④ 신라의 삼국 통일 과정
⑤ 고구려와 백제 부흥 운동의 전개

서술형
**08** (가) 국가의 명칭을 쓰고, 해당 국가를 우리나라의 역사로 보는 근거를 두 가지 서술하시오.

# ❷ 남북국의 발전과 변화

## 주제 11 통일 신라와 발해의 발전

### 1 신라의 왕권 강화

| 무열왕 (김춘추) | 김유신의 후원으로 왕위 계승, 이후 직계 자손의 왕위 계승, 유교 정치 이념 수용, 집사부 독립(시중 역할 강화) |
|---|---|
| 문무왕 | 삼국 통일 완성, 친당적인 귀족 세력 축출 |
| 신문왕 | 정책에 반대한 진골 귀족 세력 숙청(김흠돌의 난), 여러 제도 정비(국학 설치, 녹읍 폐지 등) → 왕권 강화, ❶ ___ 세력이 왕의 정치적 조언자로 활동 |

### 2 신라의 통치 제도 정비

(1) **중앙 정치** 집사부와 시중(중시) 중심, 화백 회의의 기능과 ❷ ___ 의 권한 축소

(2) **지방 행정** 신문왕이 9주 5소경 체제 정비

| 9주 | 주 아래 군·현 설치(지방관 파견), 촌은 촌주가 관리 |
|---|---|
| 5소경 | 수도 금성이 동남쪽에 치우친 점을 보완하기 위해 설치 → 지방 정치와 문화의 중심지, 지방 세력 견제에 이용 |

(3) **군사 조직**
① ❸ ___ 중앙군, 신라인 + 고구려 유민, 백제 유민, 말갈인 포함
② 10정 지방군, 9주에 각 1개의 정 설치(한주에 2개)

(4) **국학 설치** 국립 교육 기관, 유학 사상 보급

(5) **토지 제도** 관료전 지급, ❹ ___ 폐지(신문왕)

### 3 발해의 발전

(1) **발전 과정**

| 무왕 | '인안'이라는 독자 연호 사용, 영토 확장, 당과 신라 견제, 장문휴를 시켜 당의 산둥 지방(등주) 공격 |
|---|---|
| 문왕 | • 8세기 후반, ❺ ___ 으로 천도, 중앙과 지방의 통치 체제 정비<br>• 당과의 친선 도모(문물 수용), 신라와 교통로 개설 |
| 선왕 | 9세기 전반, 연해주~요동 지방까지 영토 확장, 옛 고구려 영토의 대부분 차지 → 당으로부터 '해동성국'이라 불림. |

(2) **멸망** 귀족의 권력 다툼으로 쇠퇴, 거란의 침략 → 멸망(926), 이후 부흥 운동 실패

### 4 발해의 통치 제도 정비

| 중앙 | 당의 제도를 본떠 3성 6부 조직, 독자성 유지 |
|---|---|
| 지방 | 5경-15부-62주, 촌락은 말갈 족장이 관리 |
| 군사 | 10위(중앙군), 전략 요충지·국경에 지방군 별도 설치 |
| 교육 | ❻ ___ 설치, 유학 교육 |

정답 ❶ 6두품 ❷ 화백 회의 ❸ 9서당 ❹ 녹읍 ❺ 상경 용천부 ❻ 주자감

**01** 다음 신라의 왕이 추진한 정책으로 옳은 것은?

> 나는 김유신의 후원에 힘입어 진골 출신으로 왕위에 올랐도다.

① 녹읍을 부활시켰다.
② 집사부를 독립시켰다.
③ 관료전을 지급하였다.
④ 금관가야를 정복하였다.
⑤ 김흠돌의 난을 진압하였다.

**02** (가) 왕의 업적으로 옳은 것은?

> 왼쪽은 문무왕이 부처의 힘을 빌려 왜의 침입을 막고자 지은 감은사에 있는 탑이다. 그가 감은사를 완성하지 못하고 세상을 떠나자 그의 아들 [(가)] 이/가 그의 뜻을 이어받아 완성하였다.

① 국학을 설치하였다.
② 상대등을 설치하였다.
③ 남진 정책을 추진하였다.
④ 신라라는 호칭을 사용하였다.
⑤ 김씨 왕위 세습을 확립하였다.

**03** (가)에 들어갈 내용으로 적절한 것은?

> 신라가 지방의 주요 거점에 5소경을 설치한 목적은 [(가)] 하기 위해서였다.

① 후삼국 통일을 완수
② 전국에 지방관을 파견
③ 5경 15부 62주를 보완
④ 수와 당의 침략을 대비
⑤ 수도의 지리적 단점을 보완

**04** 다음과 같이 중앙 정치 기구를 마련한 나라에 대한 설명으로 옳은 것은?

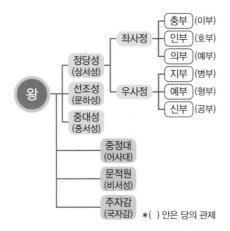

\*( ) 안은 당의 관제

① 천리장성을 세웠다.
② 중앙에 6좌평을 두었다.
③ 지방군으로 10정을 두었다.
④ 정치·군사적 중심지에 5경을 설치하였다.
⑤ 국가의 중요 사항을 화백 회의에서 결정하였다.

**06** (가)에 들어갈 내용으로 적절한 것은?

> 처음에 발해의 왕이 자주 학생들을 당의 태학에 보내어 고금의 제도를 익혀가더니 이때에 이르러 전성기를 맞아 드디어 ____(가)____
> ― 「신당서」 ―

① 율령을 반포하였다.
② 22담로를 설치하였다.
③ 해동성국이라 불리었다.
④ 건원을 연호로 사용하였다.
⑤ 전진에서 불교를 받아들였다.

**서술형**

**07** 다음 개혁 정치를 실시한 신라의 왕과 그 목적을 서술하시오(개혁에 반대한 세력을 포함할 것).

> • 관료에게 관료전을 지급하고, 녹읍을 폐지하였다.
> • 김흠돌의 난을 진압하고 관련된 귀족들을 제거하였다.
> • 국립 교육 기관인 국학을 세워 '충'과 '효'를 강조하는 유학 사상을 보급하였다.

**05** 다음 자료를 통해 밑줄 친 '이 나라'에서 대해 알 수 있는 내용으로 옳은 것은?

▲ 정효 공주 묘지석(복제)

왼쪽 비석은 정효 공주의 묘비이다. 사망 연도로 '대흥 56년'이라 되어 있다. 또한 '황상'이라는 단어를 쓰고 있다. 이를 통해 이 나라에서는 독자적인 연호와 황제라는 칭호 등을 사용하였음을 알 수 있다.

① 삼한을 대표하였다.
② 연맹 왕국 단계에 머물렀다.
③ 민족 통일 의식을 형성하였다.
④ 한강 유역에서 주도권을 차지하였다.
⑤ 당과 대등한 국가라는 의식을 지녔다.

**서술형**

**08** (가) 국가가 전성기를 누릴 때 당으로부터 불렸던 용어와 그 뜻을 서술하시오.

Ⅱ. 남북국 시대의 전개

# ❷ 남북국의 발전과 변화

**주제 12** 신라 말 사회 동요와 후삼국 시대

## 1 진골 귀족의 왕위 다툼

**(1) 중앙 정치의 혼란**

① 배경  8세기 후반부터 소수 진골 귀족에게 권력 집중

② 정치 혼란  왕권 약화, 진골 귀족 간 분열 → 혜공왕이 진골 귀족들의 반란으로 피살(780) → 150여 년간 20명의 왕 교체

**(2) 지방 세력의 혼란**

① 배경  중앙 정치의 혼란 → 지방의 통제력 약화

② 혼란  김헌창의 난, 청해진을 배경으로 ❶ [　　　]의 반란

## 2 농민의 봉기

| 배경 | 녹읍 부활 이후 귀족들의 지나친 농민 수탈, 자연재해, 정부의 세금 독촉 등으로 농민의 삶 피폐 |
|---|---|
| 봉기 | 9세기 말 진성 여왕 때 원종과 애노의 난(사벌주, 889) → 전국 각지에서 잇달아 봉기 |

## 3 새로운 세력의 등장

| ❷ [　　] | • 신분 출신: 대부분 촌주 출신, 중앙에서 지방으로 내려온 귀족, 군진 세력, 해상 세력 등<br>• 세력 확대: 군대를 기반으로 성을 쌓고 지역 방어, 세금 징수, 스스로 '성주'·'장군'으로 칭함 → 지방을 실질적으로 지배 |
|---|---|
| 6두품 | ❸ [　　]의 모순 비판, 개혁 요구 → 지방 호족과 손잡고 새로운 사회 건설 도모 |

## 4 새로운 사상의 유행

| 선종 | 개인의 깨달음 중시 → 호족의 후원으로 전국에 선종 사찰 건립, 새로운 사회 건설의 사상적 기반 |
|---|---|
| 풍수지리 사상 | 신라 말 ❹ [　　]의 보급, 경주 중심의 지리 개념에서 탈피, 지방의 중요성 강조 → 새로운 사회 건설의 사상적 기반 |

## 5 후삼국의 성립

| 후백제 | • 견훤의 성장, 완산주에서 건국(900)<br>• 6두품 세력 등용, 강력한 세력 형성 |
|---|---|
| 후고구려 | • ❺ [　　]가 송악(개성)에서 건국(901)<br>• 철원 천도, 마진·태봉으로 국호 변경<br>• 광평성 설치 등 제도 정비, 영토 확장 |

정답  ❶ 장보고  ❷ 호족  ❸ 골품제  ❹ 풍수지리설  ❺ 궁예

---

**01** 지도와 관련된 시기에 대한 탐구 활동으로 적절한 것은?

① 국학 설립의 효과를 찾아본다.

② 마립간 호칭의 의미를 파악한다.

③ 농민의 세금 납부 규모를 살펴본다.

④ 건원이라는 연호 사용의 배경을 분석한다.

⑤ 녹읍 폐지에 대한 귀족의 반응을 알아본다.

**02** 다음 가상 인터뷰가 이루어진 상황에서 볼 수 있었던 모습으로 가장 적절한 것은?

> 기자: 신라에 나타난 지금 상황을 어떻게 보십니까. 농민 대표로서 한 말씀 부탁드립니다.
>
> 농민 대표: 저는 국가로부터 세금 독촉에 시달리고, 귀족들의 수탈과 횡포로 큰 피해를 입었습니다. 게다가 계속된 흉년으로 수확도 제대로 하지 못하여 생계가 어렵습니다. 이러한 상황에서 저는 봉기를 할 수밖에 없습니다.

① 이두를 정리하는 6두품

② 녹읍 폐지를 환영하는 농민

③ 스스로 장군이라 칭하는 호족

④ 김흠돌의 난을 진압하는 국왕

⑤ 태학에 입학하여 공부하는 귀족

**03** (가) 세력에 대한 설명으로 옳은 것은?

> **신라 말 정치 세력의 동향**
>
> • 대상: (가)
> • 내용
>   – 스스로 성주 또는 장군이라 불렀음.
>   – 왕위 쟁탈전에 가담하는 경우도 있었음.
>   – 중앙에서 내려온 귀족, 군진 세력, 해상 세력 등

① 화백 회의에 참여하였다.
② 대부분 촌주 출신이었다.
③ 녹읍 폐지에 반발하였다.
④ 김흠돌의 난에 참여하였다.
⑤ 골품제로 관직 진출에 제한을 받았다.

**04** (가) 세력이 자료의 시기에 보인 모습으로 적절한 것은?

**신라 말 계층별 움직임**

(상황)

진골 귀족들의 왕위 다툼과 연이은 자연재해로 사회가 불안하였다.

(가) 나는 당까지 유학을 다녀왔는데, 신라에서는 아무 소용이 없어. 진골들이 최고 관직을 독점하고, 우리는 늘 그들의 뒤치다꺼리만 해. 이것만은 고쳐야 돼. 그래야 우리에게도 희망이 보일 거야.

① 주자감을 세웠다.
② 수도에 태학을 세웠다.
③ 오경박사를 역임하였다.
④ 지방 호족과 연결되었다.
⑤ 국왕의 조언자 역할을 맡았다.

**05** (가) 시기에 대한 설명으로 옳은 것은?

> **[수행 평가 보고서]**
>
> ○ 주제: 연극으로 해당 시대상 나타내기
> ○ 대상 시기: (가)
> ○ 연극 대본
>   • 견훤: 신라와 당이 합세하여 백제를 멸망시켰으니, 이제 내가 의자왕의 오랜 울분을 씻겠노라.
>   • 궁예: 신라가 당에 군사를 청하여 고구려를 패배시켰으니, 내가 반드시 그 원수를 갚겠다.

① 안동도호부가 설치되었다.
② 복신과 도침이 봉기하였다.
③ 왜군이 백강 전투에서 패배하였다.
④ 대조영이 동모산에서 발해를 세웠다.
⑤ 완산주를 도읍으로 나라가 건국되었다.

**서술형**

**06** 다음은 신라 말 왕위 계보이다. 이 시기에 어떤 현상이 나타났는지 지배층과 피지배층으로 나누어 서술하시오(귀족과 농민으로 구분하여 제시할 것).

| 36. 혜공왕 (765~780) | 38. 원성왕 (785~798) | 40. 애장왕 (800~809) | 42. 흥덕왕 (826~836) | 44. 민애왕 (838~839) | 46. 문성왕 (839~857) | 48. 경문왕 (861~875) | 50. 정강왕 (886~887) |
| 37. 선덕왕 (780~785) | 39. 소성왕 (798~800) | 41. 헌덕왕 (809~826) | 43. 희강왕 (836~838) | 45. 신무왕 (839) | 47. 헌안왕 (857~861) | 49. 헌강왕 (875~886) | 51. 진성 여왕 (887~897) |

**서술형**

**07** (가)에 들어갈 알맞은 내용을 쓰시오.

> 신라 말 선종 승려 도선은 산이나 하천 등 땅의 기운이 인간의 길흉화복에 영향을 미친다는 풍수지리 사상을 널리 보급하였다. 이 사상은 지방 호족의 환영을 받았는데, 그 까닭은 (가)

# ❸ 남북국의 문화와 대외 관계

## 주제 13 남북국의 문화 발전

### 1 불교 사상의 발달

| 원효 | 화쟁 사상 주장(종파 간 사상 대립의 조화 추구), 불교 대중화에 공헌, 그의 저술이 중국·일본·인도에 전파 |
|------|------|
| 의상 | 신라 화엄종 개창(화엄 사상 주장), 부석사 등 여러 사원 건립 → 사회 통합에 기여, 불교문화의 폭 확대 |
| 혜초 | 인도에 다녀온 이후 ❶ □□□ 저술 |

### 2 불교 예술의 발달

(1) **건축** 불국사, 석굴암(당대 최고의 건축 기술과 예술성 간직)

(2) **불교 문화재**

| 불탑 | 이중 기단 위에 삼층 석탑 양식 유행, 다양한 형태의 탑 제작(불국사 삼층 석탑, 다보탑 등) |
|------|------|
| 승탑과 탑비 | ❷ □□ 의 확산으로 제작 |
| 범종 | 상원사 동종, 성덕 대왕 신종(에밀레종) |

### 3 유학의 발달

(1) **유학 교육의 확대** 신문왕 때 국학 설치(유학 교육), 원성왕 때 ❸ □□ 실시(유교 경전의 이해 수준 평가하여 관리 선발)

(2) **대표 유학자** 주로 6두품 출신

| 강수 | 뛰어난 문장가, 외교 문서 작성에 능함. |
|------|------|
| 설총 | 한자의 음과 뜻을 빌려 우리말로 표기하는 이두 정리 |
| 최치원 | 당의 빈공과 합격, 『계원필경』 등 저술 |
| 김대문 | 진골 출신, 『화랑세기』 등 저술 |

### 4 발해의 문화 발달

(1) **국제적 문화** 고구려 문화를 기반으로 당 문화 수용, 말갈의 토착 문화 존중

(2) **문화유산**

| 상경성 | 당의 장안성 모방, 온돌 시설과 기와 발견(고구려 양식 계승) |
|------|------|
| 불교문화 | 이불병좌상(고구려 불상의 영향), 거대한 석등, 무덤 위에 벽돌로 된 묘탑 제작(영광탑) |
| 고분 | 정혜 공주 묘(고구려의 영향 → 굴식 돌방무덤, 온돌 구조), ❹ □□ 묘(벽돌무덤은 당의 영향, 내부의 천장은 고구려 양식 → 고구려와 당 양식의 혼합) |
| 자기 | 발해 자기(당삼채 수용) |

(3) **유학의 발달** 주자감 설치, 당의 빈공과 합격자 배출

정답 ❶ 왕오천축국전 ❷ 선종 ❸ 독서삼품과 ❹ 정효 공주

---

**01** (가) 승려에 대한 설명으로 옳은 것은?

> (가) : 누구나 '나무아미타불'을 열심히 외우면 극락정토에 갈 수 있습니다.
> 백성: 나무아미타불! 나무아미타불! 대사님, 불교가 어렵지 않네요.

① 부석사를 세웠다.
② 이두를 정리하였다.
③ 화쟁 사상을 제시하였다.
④ 당에서 화엄학을 공부하였다.
⑤ 『왕오천축국전』을 저술하였다.

**02** (가) 인물에 대한 탐구 활동으로 적절한 것은?

왼쪽의 절은 낙산사이다. 신라 문무왕 때 (가) 이/가 관세음보살의 계시를 받고 지었다고 전해지는 절이다. 그는 낙산사를 중심으로 관음 신앙을 전파하려 하였다. 그 외에 그는 부석사도 지었다.

① 선종 도입의 영향을 분석한다.
② 아미타 신앙의 배경을 파악한다.
③ 풍수지리 사상의 의미를 찾아본다.
④ 화엄 사상의 사회적 역할을 알아본다.
⑤ 『왕오천축국전』의 저술 배경을 살펴본다.

**03** (가) 제도를 실시한 목적으로 옳은 것은?

> (가) 은/는 원성왕 4년에 도입된 관리 등용 제도이다. 국학 졸업생을 대상으로 경전에 대한 이해도에 따라 상품, 중품, 하품으로 시험 과목을 나누어 진행하였다.

① 골품제를 도입하고자 하였다.
② 유학 교육을 강화하고자 하였다.
③ 화백 회의를 정착시키고자 하였다.
④ 풍수지리 사상을 확산시키고자 하였다.
⑤ 호족의 사상적 기반을 마련하고자 하였다.

## 04 (가)에 들어갈 사진으로 적절한 것은?

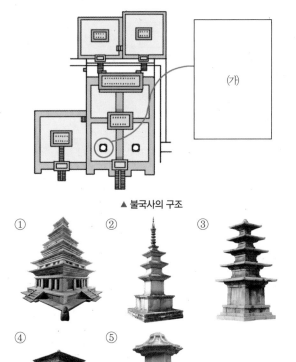

▲ 불국사의 구조

①

## 05 다음 문화유산이 제작된 나라의 문화에 대한 설명으로 옳은 것은?

① 미륵사지 석탑을 세웠다.
② 고구려 문화를 계승하였다.
③ 돌무지덧널무덤을 제작하였다.
④ 금동 연가 7년명 여래 입상을 만들었다.
⑤ 일본의 토기인 스에키에 영향을 주었다.

## 06 (가) 문화유산에 대한 설명으로 옳은 것은?

▲ (가) 내부의 벽화

① 호우명 그릇이 나왔다.
② 벽면에 사신도를 그렸다.
③ 돌무지덧널무덤의 형태이다.
④ 백제의 한성 시기에 만들어졌다.
⑤ 고구려와 당의 양식이 혼합되었다.

서술형

## 07 다음 문화유산의 이름을 쓰고, 그 가치를 서술하시오.

서술형

## 08 다음 자료를 토대로 발해 문화의 특징을 서술하시오.

▲ 발해 온돌 시설          ▲ 영광탑(중국 지린성)

# ❸ 남북국의 문화와 대외 관계

## 주제 14 남북국의 대외 교류

### 1 통일 신라의 대외 교류

#### (1) 주변국과의 교류

| 당과의 교류 | • 삼국 통일 후 나당 전쟁으로 단절되었던 당과의 관계 회복 → 당의 통치 제도·불교 등 수용, 국왕 중심의 국가 체제 정비<br>• 공식 사절·유학생·승려·상인 등이 자주 왕래, 문물 교류 빈번<br>• 당의 산둥반도와 창장강 하류 일대에 ❶_____ (신라인 거주지), 신라소, 신라원, 신라관 형성<br>• 수출품 – 금·은 세공품, 수입품 – 귀족의 사치품 |
|---|---|
| 일본과의 교류 | • 중계 무역: 당과 일본 사이의 중계 무역 → 많은 이익<br>• 물품: 수출품 – 유기 그릇, 고급 직물, 약제 등, 수입품 – 견직물의 원료<br>• 사상: 의상의 화엄 사상이 일본의 화엄종 발전에 기여, 원효가 일본 불교계에서 존경을 받음. |
| 기타 | 동남아시아·서역과 교류: 보석, 약재, 향료 등 수입 |

#### (2) 무역의 확대

| 국제 무역항 | ❷_____(서역의 상인까지 왕래 → 신라의 이름이 이슬람 세계에 알려짐)·당은포(당항성) 등이 번성 |
|---|---|
| 해상 무역 장악 | 9세기 이후 황해와 남해안 일대에서 해적의 약탈 행위 증가 → 장보고의 ❸_____ 설치(완도) → 당·신라·일본을 연결하는 해상 무역 장악 |

### 2 발해의 대외 교류

#### (1) 주변국과의 교류

| 당과 교류 | • ❹_____ 때 친선 관계 형성<br>• 유학생과 유학승, 상인의 왕래 → 선진 문물 수용<br>• 교역 활발 → 당이 산둥반도에 발해관 설치(발해인의 숙소로 이용)<br>• 수출품 – 말·각종 모피류·철·인삼, 수입품 – 비단·서적 |
|---|---|
| 일본과 교류 | • 사신과 수백 명의 상인 파견<br>• 수출품 – 각종 모피류·인삼 등, 수입품 – 면·비단·귀금속, 수은 등 |
| 신라와 교류 | 한때 대립, 사절단을 통해 국가적인 무역, 동경 용원부~신라 국경까지 역 설치(신라도) |

#### (2) 5개의 교통망(❺_____) 설치

| 조공도 | 당을 왕래하는 사신과 유학생이 이용 |
|---|---|
| 영주도 | 요서를 거쳐 장안으로 들어가는 길 |
| 거란도 | 거란, 돌궐, 중앙아시아 등으로 연결 |
| 신라도 | 신라로 통하는 길, 발해와 신라의 관계 회복 구실 |
| 일본도 | • 동해를 건너 일본으로 가는 길<br>• 당과 신라 견제 목적, 이후 경제 교류 확대 구실 |

정답 ❶ 신라방 ❷ 울산항 ❸ 청해진 ❹ 문왕 ❺ 공무 15도

---

## 01

**다음 상황과 관련된 내용으로 적절한 것은?**

신라와 당의 교류가 활발해지면서 당은포(당항성)를 포함하여 서해안 항구에서 중국으로 떠나는 항구들이 발달하였다.

① 선종이 유행하였다.
② 신라방이 형성되었다.
③ 상경성에 온돌이 설치되었다.
④ 삼층 석탑이 널리 제작되었다.
⑤ 당으로부터 해동성국이라 불리게 되었다.

**다음 자료를 통해 알 수 있는 신라의 특징으로 옳은 것은?**

주제: 통일 신라의 문화유산

▲ 초심지 가위    ▲ 뼈 항아리    ▲ 괘릉의 석인상

① 청해진이 설치되었다.
② 신라도가 이용되었다.
③ 신라방이 설치되었다.
④ 도당 유학생이 늘어났다.
⑤ 국제 교역이 활발하였다.

**03** 다음 자료에 대한 설명으로 옳은 것은?

"한 달 만에 구시나국에 이르렀다. 부처님이 열반에 드신 곳이나 성은 이미 황폐하여 아무도 살지 않는다."
– 『왕오천축국전』 –

① 불교가 대중화되는 결과를 낳았다.
② 장보고의 도움을 받아 편찬되었다.
③ 전진에서 불교가 유입되는 배경이 되었다.
④ 당에서 화엄 사상을 들여오는 계기가 되었다.
⑤ 인도와 중앙아시아를 오간 내용이 포함되었다.

**04** (가) 국가의 교역에 대한 설명으로 옳지 <u>않은</u> 것은?

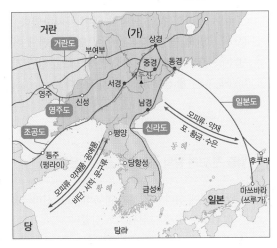

① 신라와 통하는 길이 있었다.
② 교통망으로 5도가 활용되었다.
③ 담비 가죽류가 주로 수출되었다.
④ 당과의 교류에서 발해관이 이용되었다.
⑤ 무왕 때부터 당과의 교역이 활발하였다.

**05** 다음 문화유산을 통해 알 수 있는 두 나라의 공통점으로 옳은 것은?

▲ 발해의 삼채(중국 헤이룽장성 출토)  　　▲ 신라의 뼈 항아리(경주)

① 불교가 유입되었다.
② 당과의 교류가 활발하였다.
③ 민족 통일 의식이 강조되었다.
④ 고구려 계승 의식이 나타났다.
⑤ 각 나라의 독자성이 강조되었다.

서술형
**06** 지도에 나타난 신라의 국제 무역항에 들어온 외국 상인의 범위와 이들의 활동으로 인한 영향은 서술하시오(신라의 국제 무역항이 어디인지 포함할 것).

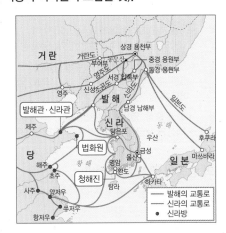

서술형
**07** 밑줄 친 '이 나라'를 쓰고, 해당 국가가 활용한 교통로에 대해 서술하시오(교통로를 활용하여 교류한 나라를 포함할 것).

이 나라의 솔빈부에서는 말이 유명하였다. 솔빈부에서 키운 말은 당에 수출되었다. 한편, 담비 가죽은 <u>이 나라</u>의 대표적인 수출품이었다. 727년 일본과 국교를 맺기 위해 동해를 건넌 고제덕이 가져간 것도 300장의 모피였다고 전한다.

Ⅲ. 고려의 성립과 변천

# ❶ 고려의 건국과 정치 변화

## 주제 15 고려의 후삼국 통일

### 1 고려의 건국과 후삼국 통일

**(1) 고려 건국(918)**

① **왕건의 성장**   송악(개성)의 호족 출신, 궁예의 신하가 되어 공을 세우고 시중의 지위에 오름 → 궁예가 스스로 미륵불 자처, 호족 탄압 → 민심을 잃음.

② **고려 건국**   신하들이 궁예를 몰아내고 왕건을 왕으로 추대 → 국호를 고려로 정하고 송악으로 천도

**(2) 후삼국 통일**

① **후백제 공격**   고창(경북 안동) 전투 승리 후 주도권 장악, 후백제의 견훤이 고려에 귀순

② **신라 경순왕의 항복(935)**   국력 약화 → 스스로 나라를 고려에 넘겨줌.

③ **고려의 통일(936)**   후백제 격파 → 후삼국 통일

### 2 태조의 정책

| 북진 정책 | • 고려가 고구려를 계승한 국가임을 강조<br>• 고구려의 수도였던 평양을 ❶_____으로 삼고 중시 |
|---|---|
| 민족 통합 | 신라, 후백제, 발해 유민까지 포섭 |
| 호족 포섭 | • 공을 세운 호족들에게 관직, 토지 수여<br>• 지방의 유력한 호족과 혼인 관계, 왕씨 성 하사 |
| 호족 통제 | • 중앙 고위 관리를 출신 지역의 사심관으로 임명<br>• 지방 호족의 자제들을 ❷_____으로 임명하여 서울에 머물게 함. |
| 민생 안정 | • 불교 숭상, 연등회·팔관회 등의 국가 행사 중시<br>• 백성의 세금을 줄이고 빈민을 구제하기 위해 노력 |

### 3 광종과 성종의 국가 체제 정비

**(1) 고려 초기의 상황**   태조 사후 혜종·정종 때 외척·공신들의 권력 다툼 → 왕권 불안정

**(2) 광종의 정책**

| ❸_____ 실시 | 호족들이 불법으로 거느리고 있던 노비 해방 |
|---|---|
| ❹_____ 실시 | 유교적 지식과 학문 능력에 따라 관리 선발 |
| 관리 공복 제정 | 관복 색깔에 따른 상하 질서 확립 |
| 호족과 공신 숙청 | 반대파 제거를 통한 왕권 강화 |

**(3) 성종의 정책**

① **유교 통치 이념 확립**   최승로의 ❺_____ 수용, 학교 건립, 유학 교육 장려

② **지방 제도 정비**   지방 주요 거점인 12목에 관리 파견 → 중앙 집권 체제 강화

정답 ❶ 서경 ❷ 기인 ❸ 노비안검법 ❹ 과거제 ❺ 「시무 28조」

---

**01** (가)에 들어갈 신문 기사 제목으로 적절한 것은?

> 역사 신문
>
> | (가) |
>
> 태봉의 왕인 궁예는 스스로를 미륵불이라 칭하며 주변 사람들을 억울하게 죽였다. 이로 인해 민심을 잃어 태봉의 신하들이 궁예를 몰아내고 왕건을 국왕으로 추대하였다고 한다.

① 고려의 건국                ② 무신 정변 발생

③ 남북국 시대의 성립         ④ 진골 귀족의 권력 다툼

⑤ 문벌 귀족 사회의 형성

**02** (가), (나) 지역에 대한 설명으로 옳은 것은?

① (가) - 태봉의 궁예가 확장한 영토이다.

② (가) - 거란의 침입을 막아 내며 차지하였다.

③ (나) - 발해 멸망 후 유민들이 모여 살던 곳이다.

④ (나) - 후백제의 왕위 계승 분쟁으로 분열된 지역이다.

⑤ (가), (나) - 왕건이 확보한 지역이다.

**03** 밑줄 친 고려 왕의 정책으로 옳은 것은?

> 왕 18년에 신라왕 김부가 항복하였다. 신라국을 없애고 김부를 경주 사심관으로 삼았다.

① 기인 제도를 실시하였다.

② 공신과 호족을 숙청하였다.

③ 교육 기관으로 국학을 설치하였다.

④ 연등회·팔관회 행사를 축소하였다.

⑤ 최승로의 「시무 28조」를 수용하였다.

**04** 다음 대화에서 언급한 왕에 대한 설명으로 옳은 것은?

> 신하1: 태조의 아드님께서 왕위에 오르는 것이 이번이 세 번째로군요.
>
> 신하2: 과연 이 불안정한 정국이 해결될 수 있을지 모르겠습니다.
>
> 신하3: 그래도 즉위하시자마자 바로 광덕이라는 연호를 사용하신 것을 보면 기대가 됩니다.

① 농민 봉기를 진압하였다.
② 토지 개혁을 실시하였다.
③ 외세의 침략에 대비하였다.
④ 왕권 강화 정책을 추진하였다.
⑤ 성리학을 통치 이념으로 삼았다.

**05** 고려의 (가) 왕이 추진한 정책으로 옳은 것은?

> (가) 에 대해 조사해야 돼.
>
> 왕권 강화 정책을 조사하면 되지?
>
> 응, 난 과거제를 조사할게.
>
> 관리의 공복을 정한 것도 넣자.

① 후삼국을 통일하였다.
② 이자겸의 난을 진압하였다.
③ 훈요 10조를 남겨 왕실의 안정을 도모하였다.
④ 호족들이 불법적으로 소유한 노비를 해방시켰다.
⑤ 최승로의 건의를 받아들여 지방관을 파견하였다.

**06** 다음 정책을 펼친 고려 왕에 대한 설명으로 옳은 것은?

> "연등회와 팔관회 등의 국가 행사를 축소하여 재정 낭비를 막고 백성들의 어려움을 덜 것이다."

① 과거제를 실시하였다.
② 수도를 평양으로 옮겼다.
③ 독서삼품과를 실시하였다.
④ 당과 적극적으로 교류하였다.
⑤ 최승로의 「시무 28조」를 받아들였다.

**07** 다음 정책을 실시한 공통된 목적으로 적절한 것은?

> • 태조: 기인 제도와 사심관 제도 실시
> • 광종: 관리 공복 제정
> • 성종: 12목에 지방관 파견

① 영토를 확장하고자 하였다.
② 왕권을 강화하고자 하였다.
③ 불교를 숭상하고자 하였다.
④ 재정을 확보하고자 하였다.
⑤ 민생을 안정시키고자 하였다.

**서술형**

**08** 다음 대화를 보고, 물음에 답하시오.

> 자네는 원래부터 노비였는가?
>
> 아닙니다. 후삼국 시기에 억울하게 노비가 되었습니다.

(1) 위 대화와 관련된 광종의 정책을 쓰시오.

(2) 광종이 (1)의 제도를 실시한 목적을 서술하시오.

**서술형**

**09** 다음 글을 읽고, 물음에 답하시오.

> 제7조  태조께서 나라를 통일한 뒤 군현에 수령을 두고자 하였으나, 건국 초 일이 바빠 미처 이 일을 시행할 겨를이 없었습니다. 청컨대 외관(지방관)을 두소서.
>
> 제20조  부처의 가르침을 행하는 것은 자기 자신을 닦는 근본이요, 유교의 가르침을 행하는 것은 나라를 다스리는 근원이니, 자신을 닦는 것은 다음 생을 위한 것이고, 나라를 다스리는 것은 곧 오늘날에 힘쓸 일입니다.

(1) 성종 때 위 자료를 주장한 인물을 쓰시오.

(2) 위 자료를 바탕으로 성종이 실시한 정책을 두 가지 이상 서술하시오.

# ① 고려의 건국과 정치 변화

**주제 16 고려의 통치 체제 정비**

## 1 중앙 정치 제도

(1) **2성 6부제** 당의 3성 6부제를 고려 실정에 맞게 운영
① **❶ [       ]** 최고 관서, 문하시중 중심, 국정 총괄
② **상서성** 6부를 통해 정책 집행
(2) **중추원·어사대·삼사** 중추원(군사 기밀, 왕명 출납), 어사대(관리 감찰), 삼사(국가 재정의 출납과 회계 업무)
(3) **도병마사·식목도감** 중서문하성과 중추원의 고위 관료들이 모여 중대사 논의
(4) **❷ [       ]** 중서문하성의 일부 관리와 어사대의 관원, 정치의 잘잘못을 논함, 관리의 비리 감찰, 사회 풍속 감시

## 2 지방 행정 제도

| 5도 | 일반 행정 구역, 군현 설치, 안찰사 파견 |
|---|---|
| **❸ [       ]** | 북쪽 국경 방어를 위한 군사 행정 구역, 병마사 파견 |
| 경기 | 개경을 둘러싸고 있는 지역 |
| 3경 | 개경, 서경(평양), 동경(경주) → 남경(서울) 설치 이후 동경 제외 |
| 특수 행정 구역 | • 향·부곡(농업 종사)·소(수공업 종사)<br>• 일반 군현에 거주하는 양인에 비해 많은 차별 |
| 특징 | 중앙에서 지방관을 파견한 주현보다 지방관이 파견되지 않은 속현이 더 많음 → **❹ [       ]** 가 실질적 행정 업무 담당 |

## 3 군사 제도

| 중앙군 | 2군(궁궐과 왕실 호위), 6위(개경과 국경 지역 방어) |
|---|---|
| 지방군 | 주현군(5도), 주진군(양계) → 16세 이상의 양인 복무 |

## 4 교육과 관리 등용

(1) **교육 제도**
① **태조** 개경과 서경에 학교 설치 → 인재 양성
② **성종** 최고 교육 기관인 **❺ [       ]** 설치(개경), 지방에 향교 설치
(2) **관리 선발 제도**
① **과거** 법적으로 양인 이상이면 응시 가능

| 문과 | 제술과(문장 짓는 능력), 명경과(유교 경전 이해) → 문관 선출 |
|---|---|
| 잡과 | 법률과 의학 등 기술학 시험 → 기술관 선출 |
| 승과 | 합격한 승려에게 품계 부여 |

② **❻ [       ]** 왕족이나 공신, 5품 이상 고위 관리의 자손을 시험 없이 관리로 임명
③ **천거** 학식과 덕행이 뛰어난 인재를 추천받아 임명

---

답 ❶ 중서문하성 ❷ 대간 ❸ 양계 ❹ 향리 ❺ 국자감 ❻ 음서

---

**01** 다음 학생의 점수로 옳은 것은?

- 역사 쪽지시험: 고려의 중앙 정치 기구 -

※ 빈칸에 알맞은 답을 쓰시오(각 1점).

| 문제 | 답안 | 채점 |
|---|---|---|
| 최고 관서, 국정 총괄 | 중서문하성 | |
| 국방 문제 논의 | 도병마사 | |
| 법 제정과 격식 합의 | 중추원 | |
| 관리 감찰 | 삼사 | |

① 0점 ② 1점 ③ 2점 ④ 3점 ⑤ 4점

**02** (가)에 대한 설명으로 옳은 것은?

[ (가) ]은/는 고려 시대에 주로 국방과 군사 문제를 논의하던 회의 기구였다. 성종 8년에 설치된 동서 북면병마사의 판사제에서 비롯되었으며 충렬왕 때 도평의사사로 바뀌어 그 기능과 역할이 확대되었다.

① 고려 시대의 최고 관서이다.
② 당의 제도를 수용하여 만들어졌다.
③ 각종 임시 업무를 처리하기 위해 설치하였다.
④ 중서문하성과 어사대 관원을 함께 부르던 말이다.
⑤ 중서문하성과 중추원의 고위 관료들이 참여하였다.

**03** 지도에 나타난 시기 지방 행정 제도의 특징으로 옳은 것은?

① 5도에 안찰사를 파견하였다.
② 모든 군현에 지방관을 두었다.
③ 전국을 5경 15부 62주로 나누었다.
④ 지방의 요충지에 5소경을 설치하였다.
⑤ 22담로를 설치하여 왕족을 파견하였다.

**04** 다음은 고려 시대 백성의 가상 일기이다. 밑줄 친 '부곡'에 대한 설명으로 옳은 것을 〈보기〉에서 고른 것은?

> 얼마 전까지 □□현에 사는 사람들을 부러워했었는데 그것도 이제 다 옛날 이야기이다. 우리 부곡이 드디어 주현으로 승격하여 그들과 마찬가지로 살 수 있게 된 것이다. 더 이상의 차별은 없을 것이란 생각에 발뻗고 편히 잘 수 있을 것 같다.

┌ 보기 ─────────────
ㄱ. 거주지 이동에 제한이 있었다.
ㄴ. 국경 방어를 위한 군사 행정 구역이었다.
ㄷ. 특정 물품을 만들어 국가에 바쳐야 했다.
ㄹ. 일반 군현에 비해 많은 세금을 부담해야 했다.
└────────────────

① ㄱ, ㄴ     ② ㄱ, ㄷ     ③ ㄱ, ㄹ
④ ㄴ, ㄹ     ⑤ ㄷ, ㄹ

**05** 다음은 고려의 군사 제도에 대한 표이다. (가), (나)에 대한 설명으로 옳은 것은?

| 중앙군 | 2군, (가) |
|---|---|
| 관리 감찰 | 주현군, (나) |

① (가) - 주마다 1개씩 배치하였다.
② (가) - 궁궐과 왕실 호위를 맡았다.
③ (나) - 특수 행정 구역을 담당하였다.
④ (나) - 양계의 군사 지역에 배치되었다.
⑤ (가), (나) - 16세 이상의 양인들이 복무하였다.

**06** 밑줄 친 '이곳'에 대한 설명으로 옳은 것은?

> 고려 시대 이곳에는 유학학부와 잡학학부가 있었으며 3품 이상의 자제는 국자학, 5품 이상의 자제는 태학, 7품 이상의 자제는 사문학 등으로 아버지의 관품에 따라 학부별로 입학할 수 있는 자격이 부여되었다. 여기서 3년간 재학하면 과거 응시 자격이 주어졌다.

① 기술관을 양성하기 위한 기관이다.
② 학문과 무술을 가르쳤던 경당이다.
③ 성종 때 설치한 최고 교육 기관이다.
④ 문벌 귀족들이 설립한 사립 교육 기관이다.
⑤ 유교를 교육하기 위해 국가에서 각 지방에 설립한 기관이다.

**07** 다음 토론회의 주제로 가장 적절한 것은?

① 무과를 시행해야 한다.
② 천거제의 실시는 부당하다.
③ 음서 제도는 필요하지 않다.
④ 기술관을 뽑는 시험은 무의미하다.
⑤ 양인에게도 과거 응시 자격을 부여해야 한다.

**08** 〔서술형〕 다음 대화를 보고, 물음에 답하시오.

> 수진: 이것은 고려의 중서문하성의 일부 관리와 어사대 관원을 함께 부르는 말이라며?
> 재민: 맞아. 이들은 정치 권력의 균형을 잡는 역할을 했어.

(1) 밑줄 친 '이것'에 해당하는 고려 시대의 직책을 쓰시오.

(2) (1)의 역할을 두 가지 이상 서술하시오.

**09** 〔서술형〕 다음 자료를 보고, 물음에 답하시오.

나는 직책을 자손에게 물려줄 수 있습니다. 나는 호족 출신입니다. 나는 지방에서 실질적인 행정 실무를 맡아보고 있습니다. 나는 누구일까요?

(1) 위 자료에서 설명하는 고려 시대의 계층을 쓰시오.

(2) 고려 시대에 (1)의 권한이 강하였던 배경을 서술하시오.

# ❶ 고려의 건국과 정치 변화

**주제 17** 문벌 사회의 동요와 무신 정권의 수립

## 1 이자겸의 난과 묘청의 서경 천도 운동

(1) **문벌의 형성** 지방 호족과 신라 6두품 출신 → 과거와 음서, 혼인을 통해 문벌 형성

(2) ❶____의 난(1126)

| 배경 | 경원 이씨 가문이 왕실과 거듭된 혼인을 통해 권력 독점 |
|---|---|
| 과정 | 인종의 이자겸 제거 시도 → 이자겸이 난을 일으킴 → 세력의 내부 분열로 곧 진압 |
| 결과 | 왕실의 권위 하락, 문벌 귀족 사회의 동요 |

(3) ❷____의 서경 천도 운동

① **배경** 이자겸의 난 이후 정치적 혼란

② 서경 세력과 개경 세력의 갈등

| 서경 세력 | • 중심인물: 묘청, 정지상 등<br>• 주장: 풍수지리 사상을 바탕으로 서경 천도 주장, 금을 정벌하고 황제를 칭할 것과 연호를 사용할 것 주장 |
|---|---|
| 개경 세력 | • 중심인물: 김부식 등<br>• 주장: 서경 천도 반대, 금에 사대 |

③ **전개** 묘청 등이 서경에서 반란(1135) → 진압

## 2 무신 정변

| 배경 | 무신에 대한 차별 대우, 의종의 사치와 향락 |
|---|---|
| 전개 | 정중부, 이의방 등 무신들이 정변을 일으켜 정권 장악, 의종 폐위 → 중방을 중심으로 권력 장악, 권력 쟁탈전 전개 |
| 이후 변화 | 권력 다툼으로 인한 지방 통제력 약화, 신분제 동요, 집권자의 수탈로 인한 토지 제도 붕괴, 농민·천민 봉기 발생 |

## 3 최씨 무신 정권

| 성립 | 이의민을 제거하고 최충헌이 권력 장악 → 불법적으로 많은 농장 소유, 왕실·문벌 가문과 혼인, 하층민의 봉기를 적극적으로 진압 |
|---|---|
| 권력 기구 | • ❸____: 최충헌이 설치, 최고 정치 기구, 중요 정책 결정<br>• 정방: 최우가 설치, 인사 행정 장악<br>• 도방, 삼별초: 최씨 정권의 사병 집단, 군사 기반 |

## 4 농민과 천민의 봉기

(1) **배경** 무신 집권자들의 가혹한 수탈, 신분 질서의 동요

(2) **농민과 천민의 봉기**

① 망이·망소이의 난 공주 명학소에서 봉기

② 김사미·효심의 난 경상도 일대에서 연합하여 봉기

③ 전주 관노비의 봉기 가혹한 노동력 동원에 반발

④ ❹____의 난 신분 해방 운동, 최충헌의 사노비로 봉기를 계획하였으나 사전에 발각 → 하층민의 의식 성장

정답 ❶ 이자겸 ❷ 묘청 ❸ 교정도감 ❹ 만적

---

**01** 문벌 귀족에 대한 설명으로 옳은 것을 〈보기〉에서 고른 것은?

┌─ 보기 ─────────────────────────────
ㄱ. 왕위 쟁탈전을 전개하였다.
ㄴ. 군사 지휘권은 갖지 못하였다.
ㄷ. 음서를 통해 관직에 오를 수 있었다.
ㄹ. 여러 세대에 걸쳐 고위 관리를 배출하였다.
└──────────────────────────────────────

① ㄱ, ㄴ  　② ㄱ, ㄷ  　③ ㄴ, ㄷ
④ ㄴ, ㄹ  　⑤ ㄷ, ㄹ

**02** 다음 상황이 전개되었던 시기를 연표에서 고른 것은?

이자겸의 여러 아들이 앞다투어 큰집을 지어 집들이 거리에 이어졌다. 세력이 더욱 커짐에 따라 뇌물이 공공연히 오고갔다. 사방에서 바치는 음식과 선물이 넘치게 되니 썩어서 버리는 고기가 항상 수만 근이나 되었다. 남의 토지를 빼앗고 종들을 시켜 수레와 말을 빼앗았다. …… 이자겸은 십팔자(李)가 왕이 된다는 내용을 믿고 왕위를 찬탈하려 하였다.

– 『고려사』 –

| 828 | 918 | 1019 | 1135 | 1170 | 1270 |
|---|---|---|---|---|---|
| | (가) | (나) | (다) | (라) | (마) |
| 장보고, 청해진 설치 | 고려 건국 | 귀주 대첩 | 서경 천도 운동 | 무신 정변 | 개경 환도 |

① (가)　② (나)　③ (다)　④ (라)　⑤ (마)

**03** (가)에 대한 설명으로 옳은 것은?

| 주제: ▢(가)▢ 와/과 관련된 질문 만들기 |
|---|
| • 1모둠: 궁궐은 왜 불에 타게 됐을까?<br>• 2모둠: 인종의 제거 시도는 왜 실패했을까?<br>• 3모둠: 척준경은 왜 회유당했을까? |

① 지배층의 계속된 수탈이 원인이었다.
② 무신에 대한 차별 대우로 발생하였다.
③ 국호를 '대위'라 하며 일으킨 반란이다.
④ 김부식이 이끄는 관군에 의해 진압되었다.
⑤ 문벌 귀족 사회가 흔들리는 계기가 되었다.

**04** (가)에 들어갈 내용으로 적절한 것은?

> 인종의 회유로 이자겸을 제거한 척준경은 자신을 공신으로 내세우며 권력을 휘두르려 하였다. 이에 정지상은 옛 죄를 들어 척준경을 탄핵하는 상소를 올렸고, 이후 왕실의 권위를 회복하기 위해 ____(가)____

① 교정도감을 설치하였다.
② 서경으로 천도할 것을 주장하였다.
③ 지방관을 파견할 것을 제의하였다.
④ 정방을 두어 인사 행정을 장악하였다.
⑤ 능력에 따라 관리를 선발하는 제도를 도입하였다.

**05** 지도에 나타난 사건과 관련된 탐구 활동으로 적절한 것은?

① 정방의 역할을 파악한다.
② 천리장성의 설치 목적을 조사한다.
③ 묘청과 김부식의 주장을 비교한다.
④ 신진 사대부의 성장 배경을 분석한다.
⑤ 성리학 수용으로 인한 변화를 찾아본다.

**06** (가), (나) 주장에 대한 설명으로 옳은 것은?

> (가) 서경 지역에 궁궐을 세우고 수도를 옮기면 국가의 혼란을 막을 수 있습니다.
> (나) 서경 지방은 추수가 아직 끝나지 않았는데 전하께서 만일 이동하신다면 농작물을 짓밟을 것이니 이는 백성을 사랑하는 전하의 뜻과 어긋납니다.

① (가) - 풍수지리 사상을 바탕으로 하였다.
② (가) - 문벌 귀족인 김부식의 주장이다.
③ (나) - 신분 해방 운동을 뒷받침하였다.
④ (나) - 이 주장의 대표적인 인물은 묘청이다.
⑤ (가), (나) - 무신 정변이 일어나는 배경이 되었다.

**07** (가)에 들어갈 내용으로 적절한 것은?

> **○○ 지역의 역사적 탐구**
> • 장수왕이 수도로 삼고 남진 정책의 기지로 삼았다.
> • 훈요 10조 중 제5조: 우리나라 지맥의 근본이 되니 세 달마다 방문하여 백일 이상 머물도록 할 것
> • 왕건이 북진 정책의 기지로 삼았다.
> • ____(가)____

① 망이·망소이의 난이 발생한 지역이다.
② 몽골의 침략을 피해 수도를 옮긴 곳이다.
③ 왕건이 고려를 건국하고 수도로 삼은 곳이다.
④ 묘청, 정지상 등이 수도를 옮기려고 했던 곳이다.
⑤ 궁예의 신하였던 왕건이 차지한 후백제의 영토였다.

**08** 묘청에 대한 설명으로 옳은 것을 〈보기〉에서 고른 것은?

> **보기**
> ㄱ. 금을 정벌할 것을 주장하였다.
> ㄴ. 왕실과 거듭된 혼인 관계를 맺었다.
> ㄷ. 국호를 대위라 하고 서경에서 반란을 일으켰다.
> ㄹ. 별무반을 이끌고 여진 근거지에 동북 9성을 쌓았다.

① ㄱ, ㄴ      ② ㄱ, ㄷ      ③ ㄴ, ㄷ
④ ㄴ, ㄹ      ⑤ ㄷ, ㄹ

**09** 다음 역사 토론 대회에서 다루는 사건에 대한 설명으로 옳은 것은?

> 나래: 당시의 국력으로 금을 정벌하는 것은 무리였습니다. 또한 수도를 옮기는 것도 신중해야 합니다.
> 지민: 금을 정벌하자는 주장은 자주적인 민족 의식을 보여 줍니다. 수도 천도도 그러한 맥락입니다.

① 무신 정변이 일어나는 배경이 되었다.
② 골품제의 부당함을 개혁하고자 하였다.
③ 원의 내정 간섭을 극복하고자 한 시도이다.
④ 김부식이 이끈 관군의 공격으로 진압되었다.
⑤ 강화도 천도를 통해 정권을 유지하고자 하였다.

**10** 다음 가상 인터뷰의 (가)에 들어갈 내용으로 적절한 것은?

> 기자: 안녕하십니까? 무신 정변에 성공하신 것을 축하드립니다. 무신 정변을 일으킨 원인은 무엇입니까?
>
> 정중부: _____ (가) _____

① 몽골과의 강화를 수용할 수 없었소.
② 원의 내정 간섭을 받는 상황을 벗어나고 싶었소.
③ 최씨 정권이 사치를 일삼고 과도한 세금을 거두었소.
④ 서경 천도가 좌절되어 새로운 나라를 만들려고 했소.
⑤ 문신들로부터 받는 차별 대우를 더 이상 견딜 수 없었소.

**11** 밑줄 친 '이 사건'에 대한 설명으로 옳은 것은?

> 무신들은 2품 이상 관직에 없어서 고위 관리들이 모여서 회의하는 도병마사, 식목도감에 참여할 수 없었다. 그들은 중방이라는 회의 기구를 통해 논의하였는데, 이 사건 이후 중방은 국가의 최고 기구가 되었다.

① 강화도로 수도를 옮기게 되었다.
② 묘청 등이 서경에서 반란을 일으켰다.
③ 신진 사대부가 성장하는 배경이 되었다.
④ 문벌 귀족 사회가 형성되는 계기가 되었다.
⑤ 이후 천민 출신의 최고 권력자가 등장하였다.

**12** (가) 시기에 나타난 사회·경제적 변화로 옳은 것은?

| 918 | 1170 | 1270 | 1392 |
|---|---|---|---|
| | (가) | | |
| 고려 건국 | 무신 정변 | 개경 환도 | 조선 건국 |

① 윤관이 별무반을 조직하였다.
② 12목을 설치하고 지방관을 파견하였다.
③ 농장 확대에 따라 토지 제도가 붕괴되었다.
④ 서경에서 대위국이 건설되어 반란이 일어났다.
⑤ 이자겸이 왕실과 혼인을 통해 권력을 장악하였다.

**13** (가)에 들어갈 내용으로 옳은 것을 〈보기〉에서 고른 것은?

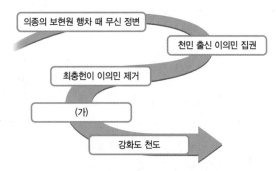

- 보기 -
ㄱ. 중방이 최고 정치 기구가 되었다.
ㄴ. 최우가 정방을 설치하여 인사 행정을 장악하였다.
ㄷ. 여진족의 근거지를 공략하여 동북 9성을 쌓았다.
ㄹ. 교정도감에서 국가의 중요한 정책을 결정하였다.

① ㄱ, ㄴ  ② ㄱ, ㄷ  ③ ㄴ, ㄷ
④ ㄴ, ㄹ  ⑤ ㄷ, ㄹ

**14** (가), (나)에 들어갈 정치 기구를 옳게 짝지은 것은?

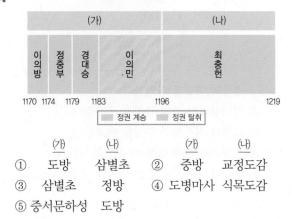

| | (가) | (나) |
|---|---|---|
| ① | 도방 | 삼별초 |
| ② | 중방 | 교정도감 |
| ③ | 삼별초 | 정방 |
| ④ | 도병마사 | 식목도감 |
| ⑤ | 중서문하성 | 도방 |

**15** (가) 인물에 대한 설명으로 옳은 것은?

> 야별초는 [ (가) ]이/가 도적을 잡기 위해 설치한 군대로, 이후 좌별초와 우별초로 분리되었고, 몽골에 포로로 잡혀갔다가 돌아온 병사로 조직된 신의군을 합하여 삼별초로 불리었다.

① 금과의 사대 관계를 수용하였다.
② 봉사 10조라는 개혁안을 제시하였다.
③ 묘청의 서경 천도 운동을 진압하였다.
④ 천민 출신으로 최고 권력자가 되었다.
⑤ 인사 행정을 담당하는 정방을 설치하였다.

**16** 밑줄 친 주장에 대한 근거로 적절한 것은?

> 최충헌이 권력을 잡은 후 최씨 가문이 4대 60여 년간 최고 권력자의 자리를 유지하였다. 이전 시대에 비해 비교적 안정된 정권을 유지하였으며 혼란을 수습하였다는 평가를 받는다. 최충헌은 개혁책을 주장하는 모습까지 보였다. 그러나 실상은 다르다. ……

① 금의 사대 요구를 수용하였다.
② 불법적으로 많은 농장을 소유하였다.
③ 서경을 수도로 새로운 국가를 건설하였다.
④ 과거와 음서, 혼인을 통해 문벌을 형성하였다.
⑤ 의종의 보현원 행차 때 많은 문신을 살해하였다.

**17** (가)에 들어갈 내용과 관련된 탐구 활동으로 적절한 것은?

> **무신 집권기 하층민의 봉기**
> • 배경: [ (가) ]
> • 대표적 저항 운동: 망이·망소이의 난, 김사미·효심의 난, 만적의 난

① 이의민의 삶에 대해 조사한다.
② 도병마사의 역할에 대해 찾아본다.
③ 묘청의 개혁 정책에 대해 살펴본다.
④ 이자겸의 난이 끼친 영향을 파악한다.
⑤ 태조 왕건의 혼인 정책에 대해 알아본다.

**18** (가)에 들어갈 내용으로 가장 적절한 것은?

> **[역사 역할극 수행 평가]**
> ○○ 모둠 주제: 만적의 난
> • 역할: 만적 −○○○, 최충헌 −△△△ ……
> • 주요 대사
>   − 만적: [ (가) ]

① 문신의 관을 쓴 자는 모조리 죽여라.
② 경주를 중심으로 다시 신라의 부흥을 꾀합시다.
③ 전주 지방관의 가혹한 노동력 동원을 참을 수 없다.
④ 장군과 재상이 어찌 처음부터 종자가 따로 있으랴?
⑤ 충순현으로 올리며 위로하는 척은 거짓이었던 것인가?

**19** 밑줄 친 봉기에 대한 설명으로 옳은 것은?

> 왼쪽은 망이·망소이의 난 기념탑이다. 이 기념탑은 이 지역의 과거와 현재, 미래를 뜻하는 3개의 탑 몸체로 이루어졌고, 탑 주변에 백성군 동상을 세워 민중 봉기의 참뜻과 그 정신을 계승하는 의미를 상징하였다.

① 사노비였던 만적이 주도하였다.
② 김사미와 효심이 연합하여 일으킨 봉기이다.
③ 천민들의 의식이 성장하고 있었음을 보여 준다.
④ 특수 행정 구역에 대한 부당한 차별에 저항하였다.
⑤ 고려 왕조를 부정하고 삼국을 부흥하려 한 운동이다.

**서술형**
**20** 다음 글을 읽고, 물음에 답하시오.

> 왕이 보현원으로 행차하던 길에 신하들과 술을 마시던 중, …… 무신들을 위로하기 위해 오병수박희를 열었다. 한뢰는 무신들이 왕의 총애를 얻을까 두려워하며 시기심을 품었다. 대장군 이소응이 수박희에서 패하자, 한뢰가 갑자기 앞으로 나서며 이소응의 뺨을 때리니 계단 아래로 떨어졌다. 왕과 여러 신하가 손뼉을 치면서 크게 웃었다.  − 『고려사』 −

(1) 위와 같은 배경에서 일어난 사건을 쓰시오.

(2) (1)의 사건 이후 사회·경제적 변화상을 두 가지 이상 서술하시오.

**서술형**
**21** 다음 글을 읽고, 물음에 답하시오.

> 무신이 집권한 이래로 천한 무리에서 높은 관직에 오르는 경우가 많았으니, 장군과 재상이 어찌 처음부터 종자가 따로 있으랴? 때가 오면 누구나 할 수 있을 것이다.  − 『고려사』 −

(1) 위와 같이 주장한 인물을 쓰시오.

(2) (1)의 인물이 추구하였던 목표를 서술하시오.

# ❷ 고려의 대외 관계

## 주제 18 다원적 국제 질서의 형성

### 1 동아시아의 국제 정세
(1) **거란** 10세기 초 건국, 발해 멸망 → 강대국으로 성장
(2) **송** 중국의 5대 10국의 혼란기 통일
(3) **다원적 국제 질서** 거란(요), 송, 서하, 대월 등의 군주가 모두 스스로 황제라 칭함.

### 2 고려와 거란의 충돌
(1) **거란의 침입 과정**

|  | 배경 | 전개 |
|---|---|---|
| 1차<br>(993) | 송과 고려의 연합을 막고자 침입 | ❶□□□의 외교 담판 → 강동 6주 획득 |
| 2차<br>(1010) | 고려가 송과의 친선 관계 유지 | 개경 함락 → 양규 등의 활약으로 거란군 격퇴 |
| 3차 | 고려가 거란과 외교 관계를 맺지 않음. | 귀주에서 ❷□□□의 고려군이 거란군에게 큰 승리 |

(2) **이후의 정세** 다원적 국제 질서 유지, 나성·천리장성 축조

### 3 고려의 여진 정벌과 금에 대한 사대
(1) **고려 초** 여진이 고려를 부모의 나라로 섬김.
(2) **고려와 여진의 충돌**
① **배경** 여진의 세력이 커지면서 고려와 충돌
② **전개** 윤관이 ❸□□□을 이끌고 여진족 근거지 점령, ❹□□□ 축조 → 이후 여진족에 반환
(3) **여진의 성장과 군신 관계 요구**
① **여진의 성장** 금 건국(1115) → 거란(요)을 멸망시키고 송을 남쪽으로 몰아 냄.
② **고려와의 관계** 고려에 군신 관계 강요 → 고려의 수용

### 4 고려의 대외 교류
(1) **송과의 교류**
① **무역** 비단·서적·자기 등 수입, 금·은·인삼 등 수출
② **선진 문물 수용** 유학생과 유학승 파견
(2) **거란, 여진과의 교류** 전쟁을 마친 이후 외교 관계 수립
① **무역** 은·모피·말 등 수입, 농기구·곡식 등 수출
② **대장경 편찬에 영향** 거란에서 대장경 수용
(3) **일본과의 교류** 수은·향신료 수입, 식량·인삼·책 수출
(4) **동아시아 국제 교류**
① **이슬람 상인과 무역** 수은·향신료 등 수입, 금·비단 등 수출 → '코리아'라는 이름으로 서방 세계에 알려짐.
② ❺□□□ 국제 무역항으로 발전

정답 ❶ 서희 ❷ 강감찬 ❸ 별무반 ❹ 동북 9성 ❺ 벽란도

---

## 01 밑줄 친 '이 나라'에 대한 설명으로 옳은 것은?

> 926년 발해를 멸망시키며 강성해졌던 <u>이 나라</u>는 주변 국가들과 외교 관계를 확대하였다. 고려와도 국교를 수립하기 위해 태조 왕건에게 사신과 함께 낙타 50필을 보냈으나 태조는 사신을 유배 보내고 낙타를 모두 만부교 아래에서 굶겨 죽였다. 이를 '만부교 사건'이라고 한다.

① 고려를 정복하여 내정 간섭을 하였다.
② 고려에 특산품을 바치며 부모로 섬겼다.
③ 거란을 공격하여 멸망시키고 송을 공격하였다.
④ 고려로부터 동북 지역 9개의 성을 돌려받았다.
⑤ 고려를 침입하였으나 양규 등이 활약하여 막아 내었다.

## 02 다음 대화와 관련하여 획득한 지역을 지도에서 고르면?

> 소손녕: 그대 나라는 신라 땅에서 일어났소. 고구려 땅은 다 우리의 소유인데 어찌하여 그대 나라가 차지하고 있는 것이오? 또 우리와 국경을 맞대고 있는데도 바다를 건너 송을 섬기고 있소. 이 때문에 우리가 와서 치는 것이오.
>
> 서 희: 우리나라는 고구려를 계승한 나라이기 때문에 나라 이름을 고려라 했소. 또 압록강 안팎도 우리 땅인데 지금 여진이 차지하여 국교가 통하지 못하고 있소. 여진을 몰아내고 옛 땅을 회복한다면 국교를 통할 수 있소.

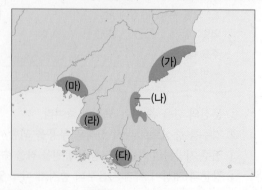

① (가)     ② (나)     ③ (다)
④ (라)     ⑤ (마)

**03** (가)에 들어갈 설명으로 적절한 것은?

① 쓰시마섬을 정벌하였어.
② 묘청의 서경 천도 운동을 진압하였어.
③ 행주산성에서 일본에 크게 승리하였어.
④ 귀주에서 거란군에게 큰 승리를 거두었어.
⑤ 진도, 제주도로 근거지를 옮기며 몽골에 항전하였어.

**04** (가), (나)에서 볼 수 있는 모습으로 적절한 것은?

[특집 다큐멘터리] 고려 왕조의 대외 관계
1부  거란의 세 차례 침입을 막아 내다 …… (가)
2부  여진의 성장으로 달라진 관계 ……… (나)
3부  몽골, 무신 정권을 무너뜨리다

① (가) – 동북 지역에 9개의 성을 쌓는 모습
② (가) – 충주성에서 김윤후가 항전하는 모습
③ (나) – 여진족이 고려에 특산물을 바치는 모습
④ (나) – 양규 등이 활약하여 침입을 막아 내는 모습
⑤ (가), (나) – 수도를 강화도로 옮기는 모습

**05** 고려와 송의 교류에 대한 설명으로 옳은 것을 〈보기〉에서 고른 것은?

ㄱ. 고려에서 유학생과 유학승을 파견하였다.
ㄴ. 발해를 멸망시킨 나라라 초기에는 교류하지 않았다.
ㄷ. 공식적으로 외교를 맺고 가장 활발하게 교류하였다.
ㄹ. 송으로부터 들여온 대장경이 고려의 대장경 제작에 큰 영향을 주었다.

① ㄱ, ㄴ      ② ㄱ, ㄷ      ③ ㄴ, ㄷ
④ ㄴ, ㄹ      ⑤ ㄷ, ㄹ

**06** (가)에 들어갈 질문으로 적절한 것은?

세준: _____(가)_____
승연: 벽란도가 국제 무역항으로 발전했기 때문이 아닐까?
영희: 맞아. 고려 때 이슬람 상인들까지 벽란도에 들어온 것이 영향을 주었을 거야.

① 고려는 수도를 왜 개경으로 정했을까?
② 고려 때 대외 침략을 많이 받았던 배경이 무엇이지?
③ 고려청자가 세계적으로 유명해진 배경을 말해 줄래?
④ 우리나라의 영문 국가명이 코리아인 이유가 무엇일까?
⑤ 고려가 이전 시대에 비해 정치 참여 계층이 많아진 원인이 무엇일까?

서술형
**07** 다음 글을 읽고, 물음에 답하시오.

여진이 힘을 키워 자주 국경을 침범하자 고려도 정주성 밖에 군대를 배치시켰다. 고려 국왕은 여진을 정벌하도록 명하였다. 하지만 여진 군대를 얕잡아 봤던 고려군은 크게 패하였고 승기를 잡은 여진의 군대가 고려의 여러 성을 공격해 수많은 백성을 죽이고 식량과 재물을 약탈해 가는 일이 생겼다. 이에 고려는 대책을 마련하여 여진의 근거지를 점령하였다.

(1) 밑줄 친 '대책'을 건의한 인물을 쓰시오.

(2) 밑줄 친 '대책'과 관련된 (1) 인물의 활약을 서술하시오.

서술형
**08** 다음 가상 대화를 보고, 물음에 답하시오.

왕: 금의 군신 관계 요구에 어떻게 대응하면 좋을지 의견을 말해 보시오.
(가): 금이 급격하게 세력을 일으켜 요를 멸망시켰고 병력도 강성하여 나날이 강대해지고 있으니 섬기지 않을 수 없는 상황입니다.

(1) (가)에 들어갈 대표적인 인물을 쓰시오.

(2) (1)의 인물이 위와 같이 주장한 배경을 서술하시오.

# ❷ 고려의 대외 관계

### 주제 19 고려의 대몽 항쟁

## 1 몽골의 침략

| 몽골의 성장 | • 13세기 ❶ [ ] 이 몽골족 통일<br>• 기마병을 앞세운 막강한 군사력을 바탕으로 활발한 정복 활동 → 동서양에 이르는 대제국 건설 |
| --- | --- |
| 몽골과의 접촉 | 몽골군에 쫓긴 거란족을 고려군과 몽골군이 강동성에서 격파 → 몽골과 외교 관계 수립 |
| 몽골의 침략 | 몽골의 무리한 공물 요구로 갈등 심화 → 몽골 사신이 귀국길에 국경 지대에서 피살 → 이를 구실로 몽골이 고려 침략(1231) |

## 2 몽골군에 맞선 고려의 저항

### (1) 몽골의 1차 침입(1231)

① 고려군의 저항  귀주성을 공격하는 몽골군을 맞아 박서가 이끄는 고려군이 격렬하게 저항하며 방어

② 몽골과 강화  몽골군이 여러 성 함락, 고려의 방어군 패배 → 몽골과 강화

③ 강화도 천도  최씨 무신 정권이 ❷ [ ] 로 천도하여 항전 준비(1232)

### (2) 몽골의 지속된 침입

① 처인성 전투(1232)  승려 ❸ [ ] 가 처인 부곡민을 이끌고 몽골군 대장 살리타 사살

② 충주성 싸움(1253)  관리들의 도망, 김윤후가 군민과 노비를 이끌고 승리 → 몽골군의 남쪽 진격 저지

③ ❹ [ ] 조판(1236~1251)  민심을 모으고 부처의 힘으로 몽골군을 물리치기 위해 조성

### (3) 전쟁의 피해

| 백성의 피해 | 국토의 황폐화, 많은 백성이 죽거나 포로로 끌려감. |
| --- | --- |
| 문화유산 소실 | 황룡사 9층 목탑, 초조대장경 판목 등이 불타 없어짐. |

### (4) 몽골과의 강화

① 최씨 정권의 붕괴  최씨 정권이 전쟁 중에도 사치스러운 생활과 많은 세금 징수 → 민심을 잃음, 지배층 내부에서도 최씨 정권에 대한 불만 고조 → 최씨 정권의 붕괴

② 개경 환도  당시 태자였던 원종이 몽골과의 강화 추진 → 고려 정부의 개경 환도(1270)

② ❺ [ ] 의 항쟁  몽골과의 강화 반대 → 대몽 항쟁 전개(진도 → 제주도) → 고려·몽골 연합군에게 진압(1273)

[답] ❶ 칭기즈 칸 ❷ 강화도 ❸ 김윤후 ❹ 팔만대장경 ❺ 삼별초

## 01 다음 사적지에 대한 설명으로 옳은 것은?

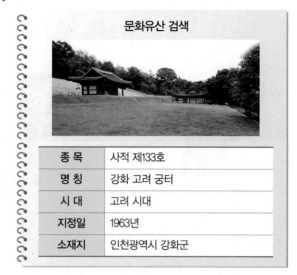

| | 문화유산 검색 |
| --- | --- |
| 종 목 | 사적 제133호 |
| 명 칭 | 강화 고려 궁터 |
| 시 대 | 고려 시대 |
| 지정일 | 1963년 |
| 소재지 | 인천광역시 강화군 |

① 서희의 외교 담판으로 획득한 곳이다.

② 몽골의 침략에 대비한 임시 수도이다.

③ 숙종 때 설치하여 동경 대신 3경으로 삼았다.

④ 북진 정책의 전진 기지로 중요시한 지역이다.

⑤ 고려를 건국한 태조 왕건이 도읍지로 정한 곳이다.

## 02 (가), (나) 지역에서 발생한 대 몽골 항쟁에 대한 설명으로 옳은 것은?

① (가) - 별무반을 중심으로 항전하였다.

② (가) - 박서가 몽골군의 공격을 막아 냈다.

③ (나) - 몽골군 대장 살리타를 사살하였다.

④ (나) - 외교 담판을 통해 몽골의 침략을 물리쳤다.

⑤ (가), (나) - 승려 출신인 김윤후가 활약하였다.

**03** 다음 자료를 활용한 질문 만들기 활동으로 적절한 것은?

> 최우가 왕족과 고관들을 불러 강화도의 자기 집에서 잔치를 열었는데, 비단으로 산더미같이 장막을 만들고 가운데 그네를 매었다. …… 악공 1, 350명이 모두 호화롭게 단장하고 뜰에서 연주하니 거문고와 북, 피리 소리가 천지를 진동하였다. – 『고려사절요』 –

① 무신들이 정변을 일으킨 원인은 무엇일까?
② 광종이 호족 세력을 숙청한 까닭은 무엇일까?
③ 인종이 이자겸을 제거하려 한 이유는 무엇일까?
④ 몽골 침입기에 최씨 정권이 무너진 이유는 무엇일까?
⑤ 무신 집권기 하층민의 봉기가 적었던 배경은 무엇일까?

**04** 다음 자료와 관련된 탐구 주제로 적절한 것은?

**세계 기록 유산**

- 명칭: 팔만대장경판
- 보관: 강화도에서 제작하여 강화도 선원사에서 보관하다 합천 해인사로 옮김.

① 고려의 대몽 항쟁
② 광종의 왕권 강화책
③ 태조 왕건의 훈요 10조
④ 금속 활자 인쇄술의 발전
⑤ 무신 집권기 하층민의 농민 봉기

**05** (가) 시기에 볼 수 있었던 모습으로 적절한 것을 〈보기〉에서 고른 것은?

| 고려 건국 | 최우 집권 | (가) | 개경 환도 | 조선 건국 |
|---|---|---|---|---|

보기
ㄱ. 천리장성 축조에 동원된 농민
ㄴ. 강화도로 수도를 옮기는 최우
ㄷ. 처인성에서 몽골에 항전하는 부곡민
ㄹ. 국가의 주요한 일을 중방에서 논의하는 무신

① ㄱ, ㄴ  ② ㄱ, ㄷ  ③ ㄴ, ㄷ
④ ㄴ, ㄹ  ⑤ ㄷ, ㄹ

**06** (가) 부대에 대한 설명으로 옳은 것을 〈보기〉에서 고른 것은?

보기
ㄱ. 몽골과의 강화를 거부하였다.
ㄴ. 부곡민을 중심으로 저항하였다.
ㄷ. 고려·몽골 연합군에 진압되었다.
ㄹ. 신기군, 신보군, 항마군으로 구성되었다.

① ㄱ, ㄴ  ② ㄱ, ㄷ  ③ ㄴ, ㄷ
④ ㄴ, ㄹ  ⑤ ㄷ, ㄹ

**서술형**
**07** 다음 대화를 보고, 물음에 답하시오.

> 재범: 몽골이 침입해 오자 고려는 왜 [ (가) ] (으)로 수도를 옮겼을까?
> 시영: [ (나) ]

(1) (가)에 들어갈 알맞은 지역을 쓰시오.

(2) (나)에 들어갈 답변을 두 가지 서술하시오.

**서술형**
**08** 밑줄 친 부분에 해당하는 대표적인 사례를 두 가지 이상 서술하시오.

> 40여 년에 걸친 몽골과의 전쟁은 사실상 패배로 끝나 원의 내정 간섭으로 이어졌다. 강력한 기마병을 앞세워 정복 활동을 벌인 몽골에 대해 고려가 치열하게 버틸 수 있었던 것은 피지배층의 활약 덕분이라고 할 수 있다.

# ❸ 몽골의 간섭과 고려의 개혁

**주제 20** 원의 내정 간섭과 권문세족의 등장

## 1 원의 내정 간섭

(1) **정치적 간섭** 고려의 제도와 풍속을 인정하면서도 고려에 영향력을 확대하려 함, 관리를 파견하여 고려의 내정 간섭

(2) **영토 상실** 쌍성총관부(화주), 동녕부(서경), 탐라총관부(제주) 설치 → 고려의 영토 일부를 직접 지배

(3) **관제 격하** 고려 국왕이 원의 공주와 결혼, 왕세자는 왕이 되기 전까지 원에서 교육 → 고려 왕실의 호칭과 관제 등 격하

(4) ❶ [　　] **설치** 일본 정벌을 위해 설치 → 일본 원정 실패 이후 고려의 내정 간섭

(5) **인적·물적 수탈** 고려의 특산물인 금, 은, 인삼, 자기, 사냥용 매 등 요구, 환관과 공녀 요구

(6) **문화 교류**

① ❷ [　　] 변발과 몽골식 복장 유행, 소주, 만두, 설렁탕 등 전래, 왕의 음식을 일컫는 수라, 직업을 나타내는 몽골어 어미인 ~치가 들어가는 장사치, 벼슬아치 등 몽골어 사용

② **고려양** 고려의 의복, 그릇, 음식 등이 원에 전파

## 2 권문세족의 등장

(1) ❸ [　　]**의 등장**

① **친원 세력** 국왕의 측근 세력, 몽골어 통역관, 응방의 관리 등

② **권문세족 형성** 친원 세력, 기존의 문벌 세력, 무신 집권기에 등장한 가문 등이 권문세족 형성 → 새로운 지배 세력으로 성장

(2) **권문세족의 횡포**

| 권력 독점 | 음서를 이용해 관직을 마음대로 차지, 뇌물을 받고 관직 매매 |
|---|---|
| ❹ [　　] 경영 | 불법적 행위를 통해 백성의 토지 수탈 → 대규모 농장 운영, 국가에 세금을 내지 않음, 가난한 백성을 노비로 만들어 자신의 토지에서 일하게 함 → 농민 몰락, 국가 재정 악화 |

(3) **충선왕, 충목왕의 개혁** 원의 간섭과 권문세족의 반발로 실패

정답 ❶ 정동행성 ❷ 몽골풍 ❸ 권문세족 ❹ 농장 ❺ 기타치

**01** ㈎에 들어갈 내용으로 적절한 것은?

> 고려가 몽골과 강화를 맺은 이후 원은 고려에 영향력을 확대하려 하였다. 이에 따라 [　㈎　]

① 쌍성총관부가 설치되었다.
② 사심관 제도가 실시되었다.
③ 신흥 무인 세력이 성장하였다.
④ 특수 행정 구역이 폐지되었다.
⑤ 수많은 문신들이 살해당하였다.

**02** 다음 시에 나타난 시기를 연표에서 고른 것은?

> 온 세상이 갑자기 한집이 되니
> 동쪽 땅에 명령하여 궁녀를 바치라 하네.
> …… 중략 ……
> 부모의 나라가 멀어지니 혼이 바로 끊어지고
> 황제의 궁성이 가까워질수록 눈물이 비오듯 하는구나.

| | (가) | | (나) | | (다) | | (라) | | (마) | |
|---|---|---|---|---|---|---|---|---|---|---|
| 고려 건국 | | 거란의 침입 | | 천리장성 축조 | | 무신 정변 | | 개경 환도 | | 고려 멸망 |

① (가)　② (나)　③ (다)　④ (라)　⑤ (마)

**03** 다음 그림에서 나타난 인물이 살았던 시기 고려인의 모습으로 적절하지 <u>않은</u> 것은?

① 소주를 마셨다.
② 임금의 밥을 수라라 불렀다.
③ 위아래가 붙은 옷을 입었다.
④ 불교식으로 왕의 이름을 지었다.
⑤ 직업을 나타내는 '~치'라는 말을 썼다.

**04** 다음 내용과 관련된 탐구 활동으로 가장 적절한 것은?

[유네스코 문화유산 탐사]

**13개 나라가 공동으로 등재한 무형 유산, 매사냥**

훈련된 매를 이용하여 사냥을 하는 우리나라와 아랍 에미리트, 모로코, 몽골, 벨기에, 사우디아라비아, 시리아, 에스파냐, 체코, 카타르, 프랑스, 오스트리아, 헝가리 등 모두 13개 나라가 공동으로 매사냥을 유네스코 무형 유산에 등재를 신청하여 2010년에 유네스코 세계 무형 유산으로 등재되었습니다. 우리나라에서는 고려 시대에 특히 활성화되었는데, 원 간섭기 몽골에서 매를 조공으로 바치라는 요구가 상당하였습니다.

① 몽골풍의 내용을 조사한다.
② 정동행성의 역할을 살펴본다.
③ 응방의 설치 목적을 알아본다.
④ 쌍성총관부의 위치를 파악한다.
⑤ 공녀의 파견으로 인한 영향을 찾아본다.

**05** 다음 사례를 통해 알 수 있는 사실로 가장 적절한 것은?

나라에서 나이 어린 소년 중 똑똑한 아이들을 골라서 몽골어를 배우게 하였는데, 조인규도 여기에 선발되었다. 실력이 모자란다고 생각한 조인규는 3년 동안 바깥에 나가지 않고 공부해 몽골어에 능통하게 되었다. 이후 조인규는 원의 황제 앞에서 통역을 잘한 것으로 유명해져 장군으로 승진하였다.
– 『고려사』 –

① 무신들이 최고 권력자가 되어 권력을 휘둘렀다.
② 능력을 위주로 한 관리 선발 제도가 정착되었다.
③ 안정된 왕권을 바탕으로 통치 체제가 정비되었다.
④ 문벌 귀족이 왕실과 거듭된 혼인으로 권력을 차지하였다.
⑤ 원과 친밀한 관계에 있는 사람들이 지배층으로 성장하였다.

**06** (가)에 들어갈 내용으로 적절한 것을 〈보기〉에서 고른 것은?

보기
ㄱ. 동북 9성을 반환할 때는 복선이 있는 음악을 배경으로 쓰고 싶어.
ㄴ. 대농장에서 노비처럼 생활하는 농민의 마음을 랩 가사로 표현해 보자.
ㄷ. 강화도에서 호사스럽게 지내는 최씨 정권은 탐욕스럽게 연기하면 좋겠어.
ㄹ. 권문세족이 몽골인과 손잡고 노래하면 밀접한 관계라는 게 표현되지 않을까?

① ㄱ, ㄴ  ② ㄱ, ㄷ  ③ ㄴ, ㄷ
④ ㄴ, ㄹ  ⑤ ㄷ, ㄹ

서술형
**07** 원 간섭기 고려의 관제가 다음과 같이 변화한 이유를 서술하시오.

| 조, 종 | | 충○왕 |
|---|---|---|
| 짐 | ⇒ | 고 |
| 폐하, 태자 | | 전하, 세자 |

서술형
**08** 밑줄 친 기구의 역할 변화를 서술하시오.

<u>정동행성</u>의 행성은 원래 행중서성을 뜻하는 것으로, 행중서성은 중앙 정부인 중서성의 지방 통치 기관을 말한다. 즉, 원이 직할지 통치를 위해 설치한 기구로, 명칭 그대로 '정동(동쪽)'을 정벌하기 위해 설치한 것이다.

# ❸ 몽골의 간섭과 고려의 개혁

**주제 21** 공민왕의 개혁과 새로운 정치 세력의 성장

## 1 공민왕의 반원 개혁 정치

(1) **배경** 14세기 중반 원의 쇠퇴

(2) **반원 개혁 정치**

| 목표 | 고려의 자주성 회복 |
|---|---|
| 내용 | • 몽골식 변발과 옷 금지, 친원 세력(기철) 숙청, 격하된 관제 복구, 정동행성의 일부 기능 폐지<br>• ❶ □□□ 공격 → 원에 빼앗겼던 영토 회복<br>• 원의 연호 사용 중지, 원과의 관계 단절 |

(3) **왕권 강화와 내정 개혁**

① **정방 폐지** 인사권 장악

② **❷ □□□ 설치** 신돈 등용, 전민변정도감 설치 → 권문세족이 불법으로 취득한 토지를 원래 주인에게 반환, 농장의 노비를 양인으로 해방

③ **개혁 세력의 형성** 성균관 재정비, 과거제 개혁 → 신진 사대부가 새로운 정치 세력으로 성장하는 배경

(4) **결과** 권문세족의 반발, 신돈 제거, 공민왕 시해 → 실패

## 2 ❸ □□□ 의 성장

| 출신 | 대부분 하급 관리나 지방 향리의 자제 |
|---|---|
| 등장 | 성리학 공부, 과거에 급제하여 관직에 진출 |
| 특징 | • 도덕과 명분 중시<br>• 성리학을 바탕으로 현실 정치에 참여<br>• 명과 화친할 것 주장 |
| 활동 | 공민왕의 개혁 정치에 참여 → 권문세족의 불법적인 농장 확대, 불교 사원의 부패 비판 |
| 분열 | 개혁 방향을 두고 갈등 발생 → 온건파와 급진파로 분열 |

## 3 신흥 무인 세력의 활약

(1) **홍건적과 왜구의 침입**

| 홍건적 침입 | 14세기 후반 한족의 반란군인 홍건적의 침략, 한때 개경 함락 → 공민왕 때 이방실, 최영 등이 격파 |
|---|---|
| 왜구 침입 | 왜구가 쓰시마섬과 북 규슈 일대를 근거지로 고려 해안 일대 약탈 → 우왕 때 최영·이성계 등이 왜구 토벌, 최무선의 진포 대첩, 박위의 쓰시마섬 토벌 |

(2) **❹ □□□ 의 성장** 홍건적과 왜구 격퇴 과정에서 이성계 등이 새로운 정치 세력으로 성장 → 신진 사대부와 함께 고려의 현실 개혁 노력

정답 ❶ 쌍성총관부 ❷ 전민변정도감 ❸ 신진 사대부 ❹ 신흥 무인 세력

**01** (가) 영역을 회복한 고려 왕의 정책으로 옳은 것은?

① 과거제를 도입하였다.
② 교정도감을 설치하였다
③ 노비안검법을 실시하였다.
④ 훈요 10조를 후손들에게 남겼다.
⑤ 정동행성의 일부 기능을 폐지하였다.

**02** 다음 정책이 발표된 시기를 연표에서 고른 것은?

> 정방은 권력을 가진 신하가 처음 설치한 것이니, 어찌 조정에서 벼슬을 주는 뜻이 될 수 있겠는가. 이제 마땅히 없앨 것이다.

| (가) | (나) | (다) | (라) | (마) |
|---|---|---|---|---|
| 무신<br>정변 | 최충헌<br>집권· | 몽골의<br>침입 | 개경<br>환도 | 공민왕<br>즉위 | 고려<br>멸망 |

① (가)  ② (나)  ③ (다)  ④ (라)  ⑤ (마)

**03** (가)에 들어갈 주제로 가장 적절한 것은?

> 정기 학술 대회
> ### 공민왕에 대하여
> ▶ 일시: 2020. △△. △△.
> ▶ 장소: □□ 박물관 회의실
> ▶ 발표 주제
>   - [ (가) ]
>   - 친원 세력의 숙청 과정과 영향

① 문벌 귀족의 성립과 동요
② 무신 정권기 하층민의 봉기
③ 호족 세력 통합을 위한 노력
④ 묘청의 서경 천도 운동 결과
⑤ 성균관 재정비와 신진 사대부의 성장

**04** (가)에 들어갈 내용으로 옳은 것을 〈보기〉에서 고른 것은?

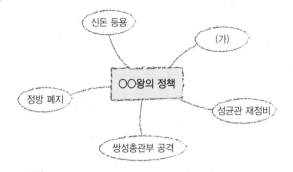

〇〇왕의 정책

신돈 등용 / (가) / 정방 폐지 / 성균관 재정비 / 쌍성총관부 공격

─ 보기 ─
ㄱ. 요동 정벌 시도
ㄴ. 격하된 관제 복구
ㄷ. 12목에 지방관 파견
ㄹ. 몽골식 변발과 옷 금지

① ㄱ, ㄴ    ② ㄱ, ㄷ    ③ ㄴ, ㄷ
④ ㄴ, ㄹ    ⑤ ㄷ, ㄹ

**05** 지도에 대한 학생들의 반응으로 적절한 것은?

→ (가) 침입로  □ (가) 격퇴
→ (나) 침입로  □ (나) 격퇴

원 / 여진
의주 / 북청
안우·김득배·이방실(1360) / 서경 / 정세운·최영·이성계(1362)
황해 / 개경 / 양양 / 명주 / 동해
공민왕의 피란로
최영의 홍산 대첩(1376) / 홍산 / 복주(안동)
최무선의 진포 대첩(1380) / 전주 / 함양 / 박위의 쓰시마섬 정벌(1389)
이성계의 황산 대첩(1380) / 해양 / 남해 / 고성 / 쓰시마섬
관음포 / 정지의 관음포 대첩(1383)
제주

① 고은: 위화도 회군이 일어났음을 알 수 있지.
② 태준: (가)는 거란으로, 세 차례에 걸쳐 고려에 침입하였어.
③ 건우: (나)는 무역의 확대를 위해 온 이슬람 세력이야.
④ 종민: (가), (나) 세력의 침입으로 결국 고려는 멸망하였어.
⑤ 세롬: (가), (나)의 격퇴 과정에서 고려의 현실을 개혁하려는 새로운 세력이 성장하였어.

**06** 다음 자료의 인물과 관련된 정치 세력에 대한 설명으로 옳은 것은?

1360년(공민왕 9년) 과거에 응시하여 장원 급제하였다. 1367년(공민왕 16년) 성균관에서 성리학을 가르쳤다. 1390년(공양왕 원년) 왕이 승려를 스승으로 받아들이려 하자 불교가 그릇된 도라고 주장하였다.

① 서경 천도를 주장하였다.
② 후삼국 통일에 기여하였다.
③ 권문세족의 횡포를 비판하였다.
④ 원과 친밀하게 지내며 성장하였다.
⑤ 중방을 통하여 권력을 독점하였다.

서술형
**07** (가)에 들어갈 알맞은 답변을 서술하시오.

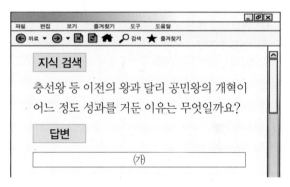

파일  편집  보기  즐겨찾기  도구  도움말
◀ 뒤로 ▾  ● ▾   ✕  📄  🏠  🔍 검색  ★ 즐겨찾기

**지식 검색**

충선왕 등 이전의 왕과 달리 공민왕의 개혁이 어느 정도 성과를 거둔 이유는 무엇일까요?

**답변**

(가)

서술형
**08** 다음 글을 읽고, 물음에 답하시오.

신돈이 왕에게 ⟨ (가) ⟩ 설치를 요청하고 방을 붙여 알리기를 "요사이 기강이 크게 무너져 탐욕을 부리는 것이 풍속이 되었다. …… 이제 도감을 두어 고치려고 하니, 잘못을 알고 스스로 고치는 자는 죄를 묻지 않겠다. 기한이 지나서 일이 발각된 자는 엄히 다스릴 것이다."라고 하였다.

(1) (가)에 들어갈 알맞은 기구를 쓰시오.

(2) (가)의 기능을 구체적으로 서술하시오.

# ❹ 고려의 생활과 문화

## 주제 22 고려의 가족 제도와 문화 발달

### 1 신분에 따른 생활 모습

(1) **고려인의 생활** 양인과 천인으로 나뉜 신분제 사회

| 양인 | • 관료, 향리 등의 지배층<br>• ❶　　　　 농민층: 국가에 세금·특산물·노동력을 바침. 원칙적으로 과거 응시 가능 |
|---|---|
| 천인 | 대부분 노비 → 재산으로 간주, 매매·증여·상속의 대상 |

(2) **혼인과 가족 제도**

① 혼인 제도 일부일처제, 이혼·재혼에 제약이 없음.

② 가족 제도 부모 봉양·제사의 의무에 있어 친가와 외가 구분 없음, 재산 균분 상속, 여성도 호주 가능

### 2 다양한 문화의 발달

(1) **불교 사상의 발달** 국가의 보호와 지원

① 의천의 ❷　　　 개창 교종 중심으로 선종 통합 목적

② 지눌의 정혜결사 조직 무신 정변 이후 불교계 타락 → 불교 본연의 수행 강조, 수선사(송광사) 중심 개혁

(2) **인쇄술의 발전**

① 대장경 조판 목판 인쇄를 통해 대장경 조판 → 초조대장경(거란 침입), ❸　　　(몽골 침입)

② 교장 간행 의천이 주변 국가 불경 정리

③ 금속 활자 발명 『상정고금예문』(1234), 『직지심체요절』(1377)

(3) **역사서의 편찬**

① 김부식의 ❹　　　 유교적 합리주의 사관

② 일연의 『삼국유사』 단군 이야기와 고조선 역사 수록

(4) **성리학의 수용**

① 전파 충렬왕 때 안향이 고려에 소개, 이제현 등이 만권당에서 원의 유학자와 교류

② 발전 이색의 성균관 정비, 후학 양성

③ 신진 사대부의 활동 성리학을 사상적 기반으로 삼아 권문세족과 불교의 폐단 비판, 개혁 주장

### 3 고려의 불교문화와 공예

| 사원<br>건축·<br>석탑 | • 건축: 안동 봉정사 극락전, 영주 부석사 무량수전, 예산 수덕사 대웅전<br>• 석탑: 삼층 석탑 + 다각 다층 석탑 → 원의 영향(개성 경천사지 십층 석탑) |
|---|---|
| 불상·<br>불화 | • 불상: 대형 철불, 석불의 유행<br>• 불화: 왕실이나 문벌 가문의 후원을 받아 제작 |
| 공예 | 청자: 순청자 → 12세기 중엽 ❺　　　 청자 제작 |

답 ❶ 백정 ❷ 천태종 ❸ 팔만대장경(재조대장경) ❹ 『삼국사기』 ❺ 상감

## 01 고려 시대의 백정에 대한 설명으로 옳은 것은?

① 재산으로 간주되었다.

② 녹봉을 받아 생활하였다.

③ 매매·증여·상속의 대상이 되었다.

④ 국가로부터 전지와 시지를 받았다.

⑤ 국가에 세금, 특산물, 노동력 등을 바쳤다.

## 02 다음 자료에 나타난 시기에 볼 수 있었던 모습으로 적절한 것을 〈보기〉에서 고른 것은?

> 어머니가 재산을 나누어 주면서 그에게는 따로 노비 40명을 더 주려 하자, 그는 사양하며 "1남 5녀 사이에 어찌 저만 더 받아서 우리 6남매가 골고루 화목하게 살도록 하려는 어머니의 뜻에 누를 끼칠 수가 있겠습니까?"라고 하니, 어머니가 의롭게 여겨 그의 말을 따랐다.
> 　　　　　　　　　　　　　 - 『고려사』 -

보기
ㄱ. 부모의 제사를 지내는 딸
ㄴ. 남편이 죽어도 재혼을 하지 못하는 여성
ㄷ. 외할아버지로부터 음서의 혜택을 받는 외손자
ㄹ. 재혼한 엄마로 인해 관직 진출에 제한을 받는 아들

① ㄱ, ㄴ　　　② ㄱ, ㄷ　　　③ ㄴ, ㄷ
④ ㄴ, ㄹ　　　⑤ ㄷ, ㄹ

## 03 (가), (나) 인물에 대한 설명으로 옳은 것은?

> (가) 그는 왕에게 아뢰어 교장도감을 설치하고 주변 국가에 사람을 보내 불경을 구입하여 모두 간행하였다.
> (나) 그는 무신 정변 이후 불교계가 타락하는 모습을 보이자 불교 본연의 수행을 강조하며 결사 운동에 정진하였다.

① (가) - 정혜결사를 조직하였다.

② (가) - 불교의 세속화를 비판하였다.

③ (나) - 천태종을 창시하였다.

④ (나) - 과거제에 승과를 설치하였다.

⑤ (가), (나) - 교종과 선종의 통합을 시도하였다.

**04** (가) 문화유산에 대한 설명으로 옳은 것은?

> **우리 문화유산 기념의 날**
>
> 국내 3대 사찰인 해인사에서는 2007년 유네스코 세계 기록 유산으로 등재된 ［ (가) ］을/를 수호하기 위한 불교 문화 행사가 열립니다.
> ◇ 일 시: 4월 12일 14시
> ◇ 위 치: 경남 합천 해인사

① 팔만 장이 넘는 경판으로 이루어졌다.
② 건국 초기부터 7대 목종까지의 기록이다.
③ 고구려를 건국한 주몽을 영웅으로 묘사하였다.
④ 현재까지 전해 내려오는 가장 오래된 역사책이다.
⑤ 우리나라 역사의 출발점을 고조선으로 설정하였다.

**05** (가)에 대한 설명으로 옳은 것은?

> 혜리: ［ (가) ］에 대해 알려 주세요.
> 교사: 김부식이 왕명을 받아 편찬한 책으로, 현존하는 가장 오래된 역사서입니다. 유교적 합리주의 사관에 따라 서술하였습니다.

① 고구려 계승 의식을 강조하였다.
② 단군 조선을 우리 민족의 최초 국가로 기록하였다.
③ 전설, 설화와 같은 믿지 못할 이야기는 쓰지 않았다.
④ 우리의 고유 문화와 불교에 관한 이야기를 담고 있다.
⑤ 건국 초기부터 목종까지 연대별로 기록하여 편찬하였다.

**06** 다음 자료와 관련된 사상에 대한 설명으로 옳은 것은?

| 안향이 소개 | ⇒ | 이제현이 만권당에서 교류 | ⇒ | 이색이 후학 양성 |

① 신진 사대부의 사상적 기반이 되었다.
② 묘청의 서경 천도 운동의 근거가 되었다.
③ 팔관회, 연등회 등의 행사를 중시하였다.
④ 변발, 몽골식 복장 등의 유행을 이끌었다.
⑤ 고려 초기부터 국가의 보호를 받으며 성장하였다.

**07** (가), (나)에 들어갈 설명으로 옳은 것은?

○○ 시대 문화를 들여다보다    역사저널

▲ 부석사 무량수전 / (가)
▲ 경천사지 십층 석탑 / (나)

① (가) – 주심포 양식의 대표적인 목조 건축물이다.
② (가) – 고려 후기 지눌이 개혁 운동을 전개한 곳이다.
③ (나) – 고려 초기의 석탑이다.
④ (나) – 통일 신라의 양식을 계승하였다.
⑤ (가), (나) – 원의 영향을 받아 세워졌다.

**서술형**
**08** (가)에 들어갈 구체적 사례를 두 가지 이상 서술하시오.

> 주연: 고려 때는 여성의 지위가 조선보다 높았던 것 같아.
> 수진: 무엇 때문에 그렇게 말할 수 있을까? 고려 시대 여성의 삶에 대해 말해 보자.
> 연우: ［ (가) ］

**서술형**
**09** 다음 글을 읽고, 물음에 답하시오.

> **주제: ［ (가) ］**
> 남송의 주희가 집대성한 학문으로, 인간의 심성과 우주의 원리를 철학적으로 연구하였다.

(1) (가)에 들어갈 알맞은 사상을 쓰시오.

(2) (1)의 수용으로 인한 고려 후기 사상의 변화 내용을 서술하시오.

# 수학 개념을 쉽게 이해하는 방법?
# 개념수다로 시작하자!

수학의 진짜 실력자가 되는 비결 -
나에게 딱 맞는 개념서를 술술 읽으며 시작하자!

**개념 이해**
친구와 수다 떨듯 쉽고 재미있게,
베테랑 선생님의 동영상 강의로 완벽하게

**개념 확인·정리**
깔끔하게 구조화된 문제로 개념을 확인하고,
개념 전체의 흐름을 한 번에 정리

**개념 끝장**
온라인을 통해 개개인별 성취도 분석과
틀린 문항에 대한 맞춤 클리닉 제공

**| 추천 대상 |**
· 중등 수학 과정을 예습하고 싶은 초등 5~6학년
· 중등 수학을 어려워하는 중학생

수학은 순서를 따라 학습해야 효과적이므로,
초등 수학부터 꼼꼼하게 공부해 보자.

개념이 수학의 전부다
수학 개념을 제대로 공부하는 EASY 개념서
# 개념수다 시리즈 (전7책)

0_초등 핵심 개념
1_중등 수학 1(상), 2_중등 수학 1(하)
3_중등 수학 2(상), 4_중등 수학 2(하)
5_중등 수학 3(상), 6_중등 수학 3(하)

초등 핵심 개념
한 권으로 빠르게 정리!

바른답·
알찬풀이

**개념학습편**과 **시험대비편**의
정답 및 풀이를 제공합니다.

개념 잡고 성적 올리는 필수 개념서

올리드

중등 **역사 ②-1**

올리드 100점 전략 개념을 꽉! · 문제를 싹! · 시험을 확! · 오답을 꼭! 잡아라

# 올리드 100점 전략

1 교과서를 쉽고 알차게 정리한 22개의 **개념 꽉 잡기** ………………

2 개념 - 실력 - 실전 3단계 반복 학습으로 **문제 싹 잡기**

● 개념학습편

3 핵심 정리부터 기출 문제까지 빠르게 **시험 확 잡기** ………………

● 시험대비편

4 문제 해결 노하우를 담은 자세한 풀이로 **오답 꼭 잡기**

● 바른답 • 알찬풀이

# 바른답 · 알찬풀이

## 역사 ❷-1

# I. 선사 문화와 고대 국가의 형성

### 주제 01 만주와 한반도의 선사 문화와 청동기 시대

## 문제로 실력다지기
11~12쪽

**개념 문제** **01** (1) 신 (2) 구 (3) 구 (4) 신 **02** ㄴ, ㄷ **03** (1) × (2) ○ (3) ○

**실력 문제** **04** ② **05** ④ **06** ② **07** ③ **08** ③ **09** ⑤ **10** ③ **11** ② **12** ② **13** (1) 고인돌 (2) **예시답안** 고인돌은 제작 과정에서 많은 노동력이 필요하였다. 이는 당시 족장의 세력이 강하였음을 보여 준다. 또한 지배 세력과 피지배 세력의 구분이 있었음을 알 수 있다.

**03** (1) 기원전 2000년경부터 보급되었다.

**04** 구석기 시대에는 불을 사용하였고, 먹을 것이 떨어지면 먹을거리를 찾아 이동 생활을 하였다.
**바로잡기** ㄴ. 구석기 시대는 한반도에서 약 70만 년 전 시작되었다. ㄹ. 잡곡 농사는 신석기 시대 후기에 시작되었다.

**05** 제시된 유물은 구석기 시대 후기에 사용된 슴베찌르개이다. 구석기인들은 주로 동굴이나 바위 그늘에 살았고, 강가에 막집을 짓고 살았다.
**바로잡기** ①, ②, ⑤ 신석기 시대, ③ 청동기 시대에 대한 설명이다.

**06** 지도는 만주와 한반도의 구석기 유적지를 표시한 지도이다. 한반도의 구석기 시대 유적은 전국에 고루 분포되어 있으며 주로 동굴 유적이 많은 것이 특징이다.

**07** 구석기인들은 무리 지어 이동 생활을 하였으나 신석기 시대에 농경과 목축이 시작되면서 정착 생활을 하게 되었다.
**바로잡기** ⑤ 구석기 시대 말에 빙하기가 끝나고 해수면이 상승하였다.

#### 올리드 포인트 구석기 시대와 신석기 시대

| 구분 | 구석기 시대 | 신석기 시대 |
| --- | --- | --- |
| 시기 | 인류의 등장 ~ 약 1만 년 전 | 약 1만 년 전부터 |
| 도구 | 뼈 도구, 뗀석기 | 간석기, 토기 |
| 생활 | 채집, 사냥, 고기잡이, 이동 생활 | 농경과 목축 시작, 채집과 사냥도 병행 |
| 예술 | 동물 벽화, 조각품 | 토테미즘, 애니미즘 등 |
| 주거지 | 동굴, 바위 그늘, 강가의 막집 | 움집 |

**08** (가)는 신석기 시대에 사용된 가락바퀴이다. 가락바퀴는 신석기 시대에 실을 뽑아 옷을 만들어 입었다는 사실을 보여 주는 유물이다.
**바로잡기** ① 낚싯바늘, ② 간석기, ④ 빗살무늬 토기, ⑤ 갈돌과 갈판이다.

**09** 제시된 유물은 신석기 시대에 만들어진 빗살무늬 토기이다. 빗살무늬 토기는 음식을 조리하고 저장하는 용도로 쓰였으며 흙을 빚어서 구워 단단하게 만들었다.

**10** 청동기는 재료가 귀하고 제작이 어려워서 지배층의 무기나 제사용 도구, 장신구로 사용되었다. 청동기 시대에 농기구는 주로 돌이나 나무로 제작되었다.

**11** 제시된 유물은 청동기 시대에 사용된 반달 돌칼이다. 반달 돌칼은 주로 곡식의 이삭을 자르는 데 사용된 간석기이다. 가운데 구멍에 끈을 끼워서 사용하였다.

**12** 청동기 시대에는 잉여 생산물의 등장으로 빈부 격차가 발생하였고, 청동 무기를 가진 사람들이 그렇지 못한 사람들을 지배하는 계급 사회가 시작되었다. 이에 부족 간의 전쟁도 치열해졌다.
**바로잡기** ㄴ. 청동기 시대 이전에 대한 설명이다. ㄷ. 한반도 남부에서 벼농사가 시작되었다.

**13**

| 구분 | 채점 기준 |
| --- | --- |
| 상 | 족장의 세력이 강하였음과 계급이 있었음을 알 수 있다고 서술한 경우 |
| 중 | 위 내용 중 한 가지만 서술한 경우 |
| 하 | 고인돌 제작에 많은 노동력이 필요하였다고만 서술한 경우 |

### 주제 02 고조선의 건국과 발전

## 문제로 실력다지기
14~15쪽

**개념 문제** **01** (1) × (2) ○ (3) ○ (4) × **02** ㄴ, ㄷ, ㄹ **03** (1) 위만 (2) 한 (3) 삼한

**실력 문제** **04** ① **05** ② **06** ③ **07** ⑤ **08** ③ **09** ① **10** ② **11** ⑤ **12** ③ **13** **예시답안** 탁자식 고인돌, 비파형 동검, 미송리식 토기 등을 통해 고조선의 문화 범위를 짐작할 수 있다.

**01** (1) 고조선은 만주와 한반도 북부의 청동기 문화를 바탕으로 건국되었다. (4) 고조선의 「8조법」을 통해 고조선은 계급 사회였음을 알 수 있다.

**04** 고조선은 청동기 문화와 농경 문화를 바탕으로 건국되었으며 홍익인간의 건국 이념을 내세웠다.
**바로잡기** ㄷ. 농경 문화를 가진 집단이 건국하였다. ㄹ. 단군왕검의 명칭은 제정일치 사회였음을 보여 준다.

**05** 고조선은 기원전 2333년에 만주와 한반도의 청동기 문화를 바탕으로 수립된 우리 역사상 최초의 국가이다.
(바로잡기) ① 단군 이야기는 고조선 건국 세력이 특정 동물을 숭배하는 종교를 갖고 있었음을 보여 준다. ③ 청동기 문화를 바탕으로 건국되었다. ④ 홍익인간의 건국 이념은 지배 세력에 의한 정복과 질서를 보여 준다. ⑤ 요동 지방을 중심으로 성장하다가 후기에는 대동강 유역으로 중심지가 이동하였다.

**06** 고조선의 문화 범위를 짐작하게 해 주는 유물은 비파형 동검, 미송리식 토기, 탁자식 고인돌이다.
(바로잡기) ㄱ, ㄹ. 신석기 시대의 유물이다.

**07** 일연의 『삼국유사』에 수록된 단군 이야기는 단군왕검의 탄생 과정을 통해 고조선 건국의 배경과 고조선 건국 세력의 모습을 보여 주고 있다.
(바로잡기) ④ 우거왕은 고조선의 마지막 왕이다.

**08** 기원전 5~4세기경 고조선은 왕권을 강화하여 왕위를 세습하였고 '왕'의 칭호를 사용하였다. 왕 아래 상, 대부, 장군 등의 관직을 두어 관료제를 운영하였으며 연 등 중국의 여러 나라와 교류 및 대립하였다.
(바로잡기) ㄹ. 중국으로부터 철기 문화가 유입되었다.

**09** 위만은 기원전 2세기경 진·한 교체기의 혼란을 피해 고조선의 준왕에게 와서 신하로 삼아달라고 하였으나, 곧 자기 세력을 키워 준왕을 몰아내고 고조선의 왕위를 차지하였다. 이후의 고조선을 따로 위만 조선으로 부르기도 한다.

**10** 곡식으로 배상을 하였다는 부분, 50만 전을 내야 한다는 부분은 고조선 사회가 사유 재산이 존재하는 사회였음을 보여 준다.
(바로잡기) ①, ⑤ 제시문을 통해서는 알 수 없는 부분이다. ④ 생명력과 노동력을 중시하였음을 알 수 있다.

**11** (가)는 중국의 한이다. 한은 고조선이 흉노와 연결되는 것을 막기 위해 고조선을 공격하였으며 고조선 멸망 이후 일부 지역에 군현을 세워 지배하였다.
(바로잡기) ① 한은 농경 문화를 바탕으로 하였다. ② 위만은 기원전 2세기 무렵의 인물이다. 고조선의 멸망은 기원전 108년이다. ③ 고조선을 멸망시켰다. ④ 이미 철기 문화가 널리 보급되어 있었다.

**12** (가)는 고조선 멸망 이후의 일이다. (나)는 기원전 5~4세기 무렵의 일이다. (다)는 기원전 2세기 무렵의 일이다.

**13**

| 구분 | 채점 기준 |
|---|---|
| 상 | 고조선의 문화 범위를 짐작할 수 있다고 서술한 경우 |
| 하 | 고조선의 문화유산이라고만 서술한 경우 |

주제 **03** 철기 문화의 발전과 여러 나라의 성장

문제로 실력다지기      17~18쪽

개념 문제 **01** (1) ○ (2) × (3) ○ **02** (1) 연맹 왕국 (2) 제가 회의 (3) 민며느리제 (4) 목지국 **03** (1) ⓒ (2) ⓔ (3) ⓛ (4) ⓐ
실력 문제 **04** ④ **05** ③ **06** ① **07** ② **08** ⑤ **09** ③ **10** ① **11** ④ **12** ② **13** (1) ㉠ 부여, ㉡ 고구려 (2) (예시답안) ㉢은 삼한이다. 삼한은 신지, 읍차라고 불리는 군장이 각자의 영역을 다스렸으며, 마한에 있던 목지국의 군장이 삼한을 대표하였다.

**01** (2) 철은 주로 농기구와 무기 제작에 이용되었다.

**04** 철기 문화가 보급되면서 철기를 잘 다루는 집단이 주변 지역을 정복하고 통합하며 세력을 확장하여 점차 국가로 성장하였다.

**05** 명도전은 중국의 전국 시대에 사용한 화폐로, 이를 통해 철기 시대 한반도인들이 중국과 교역하였음을 알 수 있다. 경남 창원의 다호리 유적에서 발견된 붓은 글씨를 쓸 때 사용하였던 것으로, 당시 한반도에 한자가 전래되어 사용되었음을 보여 준다. 모두 중국과의 교류를 나타낸다.

**06** (가)는 만주 쑹화강 주변의 여러 부족이 연합하여 성립한 연맹 왕국인 부여이다. 부여는 왕이 중앙을 다스리고 '가'들이 각자의 영역을 다스렸으며 왕과 가들이 나라의 중요한 일을 함께 의논하여 정하였다.
(바로잡기) ② 고구려, ③ 옥저와 동예, ④, ⑤ 삼한에 대한 설명이다.

**07** 부여는 12월에 영고라는 제천 행사를 열었고, 순장의 풍습이 있었다. 중국과 교류하면서 발전하였지만, 5세기에 강성해진 고구려에 통합되었다.
(바로잡기) ㄴ. 삼한, ㄹ. 옥저와 동예에 대한 설명이다.

**08** (가)는 고구려이다. 부여에서 내려온 세력이 토착민과 결합하여 고구려를 세우고, 압록강 유역의 졸본을 수도로 정하였다.

**09** 옥저는 혼인 풍습으로 민며느리제가 있었는데, 신랑이 될 집안이 혼인을 약속한 여자아이를 데려와 키워 며느리로 삼았다. 옥저는 이와 함께 가족 공동 무덤을 만드는 풍습도 있었다고 전해진다.
(바로잡기) ① 동예에 대한 설명이다. ②, ④, ⑤ 고구려에 대한 설명이다.

올리드 포인트   고구려의 서옥제와 옥저의 민며느리제

| 공통점 | 결혼으로 인해 부족해지는 노동력을 보충하기 위한 결혼 제도 | |
|---|---|---|
| 차이점 | • 서옥제: 처가살이 | • 민며느리제: 시집살이 |

**10** 옥저와 동예에는 왕이 없었고 읍군, 삼로라고 불리는 군장이 각 지역을 다스렸다. 지리적인 한계로 선진 문화의 수용이 늦었으며 고구려의 간섭을 받아 강력한 나라로 성장하지 못하였다.

**11** (가)에 들어갈 삼한의 나라는 변한이다. 변한은 낙동강 유역에 자리 잡았는데, 철이 풍부하여 덩이쇠를 화폐처럼 사용하였고 주변국에 철을 수출하였다. 변한 지역의 소국은 나중에 가야 연맹으로 발전하였다.
바로잡기 ①, ② 마한에 대한 설명이다. ③ 동예에 대한 설명이다. ⑤ 고구려에 대한 설명이다.

**12** 솟대는 수호신으로 여겨져 마을의 입구에 세웠는데, 삼한의 소도에서 유래한 것으로 알려졌다. 소도는 천군이라는 제사장이 제사 의식을 주관하던 곳으로, 정치적으로 독립된 지역이었다. 이는 삼한이 제정 분리 사회였음을 보여준다.

**13**

| 구분 | 채점 기준 |
|---|---|
| 상 | 삼한과 정치적 특징 두 가지를 모두 서술한 경우 |
| 중 | 정치적 특징 두 가지만 서술한 경우 |
| 하 | 삼한만 쓴 경우 |

## 주제 04 삼국과 가야의 건국과 성장

### 문제로 실력다지기 20~21쪽

개념 문제 **01** (1) ○ (2) × (3) ○ (4) × **02** (1) ㄷ (2) ㄴ (3) ㄱ **03** (1) 계루부 (2) 위례성
실력 문제 **04** ⑤ **05** ② **06** ② **07** ④ **08** ② **09** ③ **10** ⑤ **11** ③ **12** ① **13** (1) 가야 (2) 예시답안 가야는 해상 교통의 요지에 위치하여 주변 지역과의 교역에 유리하였다. 또한 우수한 제철 기술로 만든 철제 도구를 주변 지역에 수출하였다.

**01** (2) 백제는 부여·고구려계 유이민과 한강 유역의 토착민과 유이민이 연합하여 건국하였다. (4) 가야는 변한 지역의 금관가야가 중심이 되어 형성되었다.

**04** (가)는 고구려이다. 고구려의 두 번째 도읍지인 국내성은 외적의 침략을 방어하기에 유리하였다.

**05** 고구려는 5부가 연합하여 형성된 연맹 국가였으나 점차 왕권이 성장하면서 계루부의 고씨가 왕위를 세습하였다.
바로잡기 ㄴ. 중국의 군현에 맞서면서 영토를 확장하였다. ㄷ. 졸본에서 국내성으로 도읍을 옮겼다.

**06** 고구려의 제9대 왕인 고국천왕의 업적을 묻는 문제이다. 고국천왕은 부족적 전통의 5부를 행정적 성격의 5부로 개편하고 독자적 세력을 가졌던 족장들을 중앙 귀족으로 편입하였다. 또한 왕위 계승을 형제 상속에서 부자 상속으로 바꾸었다.

**07** 고구려와 백제의 초기 무덤 양식은 모두 같은 계단식 돌무지무덤이다. 이는 백제의 건국 세력이 고구려의 유이민 세력이었다는 기록을 뒷받침하는 것으로 이해할 수 있다.

**08** 제시문은 『삼국사기』에 나오는 백제의 건국 신화이다. 비류와 온조 등 부여·고구려계 유이민 세력이 남하하여 한강 하류의 토착 세력과 연합하여 백제를 건국하였다.

**09** 고이왕은 마한의 소국을 통합하였고, 관직 및 관리의 등급을 마련하고 관복을 제정하여 중앙 집권 국가의 기틀을 마련하였다.
바로잡기 ㄱ. 백제는 본래 위례성을 도읍으로 삼아 건국되었다. ㄹ. 금관가야에 대한 설명이다.

**10** 제시문은 신라의 건국 설화이다. 신라는 진한의 사로국에서 출발하여 주변 지역을 복속시키면서 세력을 확장해 나갔다.
바로잡기 ① 고구려에 대한 설명이다. ②, ④ 백제에 대한 설명이다. ③ 가야에 대한 설명이다.

**11** (가)에 들어갈 왕호는 대군장이라는 뜻의 '마립간'이다. 이는 내물왕이 김씨 왕위 세습을 확립하고 왕권을 강화하면서 사용하였다.
바로잡기 ① '차차웅'에 대한 설명이다. ⑤ 중국식 왕호는 '왕'이다.

### 올리드 키워드

☑ **신라의 왕호 변천**: 거서간(귀인) → 차차웅(제사장) → 이사금(연장자) → 마립간(대군장) → 왕(중국식 호칭)

**12** 가야 연맹은 변한이 있던 낙동강 하류 지역에서 금관가야를 중심으로 형성되었다.
바로잡기 ② 가야는 연맹 왕국 단계에 머물렀다. ③ 고구려에 대한 설명이다. ④ 금관가야가 중심이 되었다. ⑤ 신라에 대한 설명이다.

**13**

| 구분 | 채점 기준 |
|---|---|
| 상 | 가야의 발전 요인을 두 가지 이상 서술한 경우 |
| 하 | 가야의 발전 요인을 한 가지만 서술한 경우 |

## 문제로 실력다지기 23~24쪽

**개념 문제** **01** (1) ○ (2) ○ (3) × **02** (1) ㉣ (2) ㉢ (3) ㉡ (4) ㉠ **03** (1) 근초고왕 (2) 나제 동맹 (3) 왕 (4) 법흥왕
**실력 문제** **04** ③ **05** ② **06** ③ **07** ④ **08** ① **09** ② **10** ④ **11** ③ **12** ⑤ **13** (1) 고구려 (2) **예시답안** 고구려는 자신들이 세계의 중심이라는 독자적인 천하관을 내세웠다. 이는 광개토 대왕과 장수왕 대 고구려의 정복과 발전을 통해 중국이나 유목 세력과 구별되는 독자적인 세력권을 확립하면서 형성되었다.

**01** (3) 장수왕은 국내성에서 평양으로 천도하고 적극적인 남진 정책을 추진하였다.

**04** 소수림왕은 전연 및 백제와의 대립에서 약화된 고구려를 다시 강화하기 위해 체제를 정비하였다. 이를 위해 불교 수용, 태학 설립, 율령 반포 등을 추진하였다.
**바로잡기** ㄱ. 졸본에서 국내성으로 천도한 것은 유리왕 때의 일이다. ㄹ. 미천왕에 대한 설명이다.

**05** 호우명 그릇은 광개토 대왕의 장례식 일주년이 되는 415년에 이를 기념하여 고구려에서 제작되었다가 신라에 건너온 것으로 추측된다. 이를 통해 당시 신라에 진출하였던 고구려의 영향력을 짐작할 수 있다. 당시 신라의 왕실과 귀족은 고구려의 군대를 이용하여 자신들의 권력을 강화하고 왜와 가야를 물리칠 수 있었다.

**06** 제시문은 고구려 장수왕의 업적을 설명하고 있다. 장수왕은 평양으로 수도를 옮기고 적극적인 남진 정책을 추진하였다.
**바로잡기** ① 백제 근초고왕에 대한 설명이다. ②, ⑤ 소수림왕에 대한 설명이다. ④ 광개토 대왕에 대한 설명이다.

**07** 지도는 4세기 백제의 대외 관계를 보여 준다. (가)는 백제, (나)는 고구려, (다)는 가야이다. 백제는 4세기 무렵 마한을 병합하고 평양성을 공격하였고 가야에까지 진출하여 전성기를 누렸다.
**바로잡기** ④ 백제의 고구려 공격으로 고국원왕이 전사하였다.

**08** (가)는 칠지도이다. 칠지도는 4세기 백제에서 왜에게 하사한 물건으로, 의식용 칼이다. 당시 백제와 왜의 밀접한 정치적 관계를 보여 주는 유물로, 현재 일본의 이소노카미신궁에 보관되어 있다.

**09** 제시된 문화유산은 백제의 무령왕릉과 그곳에서 출토된 금송관이다. 무령왕은 동성왕이 피살된 이후 즉위하여 고구려와 말갈의 침입을 격파하였고, 중국 및 왜와 외교 관계를 강화하여 백제의 발전을 이끌었다. 한편 지방 세력을 통제하기 위해 22담로에 왕족을 파견하였다.
**바로잡기** ① 동성왕에 대한 설명이다. ③ 성왕에 대한 설명이다. ④ 고구려의 광개토 대왕에 대한 설명이다. ⑤ 근초고왕에 대한 설명이다.

### 올리드 키워드

✓ **백제 무령왕릉**: 무령왕릉은 중국 남조 양의 벽돌무덤 양식으로 만들어졌다. 무령왕릉에서 출토된 중국의 청자나 일본산 금송으로 만든 관, 청동 거울 등은 백제가 중국 남조 및 왜와 활발하게 교류하였음을 보여 준다.

**10** 신라의 지증왕은 우경을 보급하고 국호를 사로국에서 '신라'로 고쳤다. 법흥왕은 율령 반포, 불교 공인 등을 통해 제도를 정비하고 상대등 관직을 설치하여 왕권을 강화하고자 하였다. 담로는 백제 무령왕이 설치한 지방 제도이다.

**11** 광개토 대왕의 신라 파병은 400년의 일이다. 법흥왕의 불교 공인은 528년의 일이다.
**바로잡기** ① 고구려 미천왕 대인 4세기 초의 일이다. ② 백제의 마한 병합은 4세기 후반의 일이다. ④ 소수림왕은 광개토 대왕 직전의 왕이다. ⑤ 금관가야는 2~3세기 전기 가야 연맹을 주도하였다.

**12** (가)는 후기 가야 연맹을 주도한 대가야이다. 대가야는 내륙에 위치하여 섬진강 쪽으로 진출하여 바닷길을 개척하고 중국 남조, 왜 등과 교역을 시도하였다.
**바로잡기** ①, ③ 금관가야에 대한 설명이다. ②, ④ 신라에 대한 설명이다.

**13**

| 구분 | 채점 기준 |
|---|---|
| 상 | 고구려의 천하관과 배경을 모두 서술한 경우 |
| 하 | 고구려의 천하관과 배경 중 한 가지만 서술한 경우 |

### 주제 06 삼국의 항쟁 격화와 가야의 멸망

## 문제로 실력다지기 26~27쪽

**개념 문제** **01** (1) × (2) ○ (3) ○ **02** (1) ㄱ, ㄹ, ㅂ (2) ㄴ, ㄷ, ㅁ **03** (1) 관산성 전투 (2) 연맹 왕국 (3) 순수비
**실력 문제** **04** ③ **05** ③ **06** ⑤ **07** ④ **08** ⑤ **09** ③ **10** ① **11** ④ **12** ④ **13** (1) 신라 (2) **예시답안** 단양 적성비를 세운 신라의 진흥왕은 백제를 공격해 한강 유역을 모두 확보하였으며 북쪽으로 함흥평야까지 진출하였고 대가야를 정복하였다. 한편 화랑도를 재편해 인재를 양성하였고 황룡사를 지어 불교를 장려하였다.

**01** (1) 백제의 성왕은 부여 계승 의식을 내세우며 한때 국호를 일시적으로 백제에서 남부여로 바꾸기도 하였다.

**04** 백제 왕족의 성씨는 '부여씨'이다. 국호를 백제에서 남부여로 고친 것은 부여 계승 의식을 표방하여 백제 왕족의 권위를 높이고 왕권을 강화하기 위한 목적이었다.

**05** 고구려의 장수왕은 적극적인 남진 정책을 추진하였다. 백제는 고구려 군대가 한성을 함락하자 475년 수도를 한성에서 웅진으로 옮기게 되었다.

**06** 성왕은 백제의 수도를 넓은 평야 지대가 있고 교통이 편리한 사비로 옮겼다. 또 22부의 관청을 설치하여 통치 조직을 재편하였다. 대외적으로는 중국의 남조와 교류하였고 왜에 불교와 선진 문물을 전해주었다.
**바로잡기** ㄱ. 신라 법흥왕 때의 일이다.

**07** (가)는 551년의 일이다. (나)는 6세기 후반의 일이다.
**바로잡기** ①, ②, ③, ⑤ 모두 (가) 이전의 일이다.

**08** 제시문은 원광의 세속 5계로, 이는 화랑도의 기본 원칙으로 여겨졌다. 진골 귀족인 화랑과 그 이하 신분인 낭도로 구성된 청소년 단체인 화랑도는 신라의 신분 갈등을 억제하는 역할을 하기도 하였다.
**바로잡기** ③ 왜에 불교를 전파한 것은 백제이다.

**09** 진흥왕은 나제 동맹을 깨고 백제를 공격하여 한강 유역을 모두 확보하였다. 또 황룡사를 건축하는 등 불교를 장려하여 국가의 정신적 통합을 꾀하는 한편, 화랑도를 국가적인 조직으로 재편하였다.
**바로잡기** ㄴ. 법흥왕에 대한 설명이다. ㄷ. 지증왕에 대한 설명이다.

**10** (가)는 가야이다. 가야 연맹은 연맹 왕국 단계에 머물렀고 다른 삼국의 나라들처럼 중앙 집권 국가로 성장하지 못하였다.

**올리드 포인트** 중앙 집권 국가와 연맹 왕국

| 중앙 집권 국가 | 강력한 왕권 확립 → 지방 세력 복속 |
|---|---|
| 연맹 왕국 | 왕위 세습 불안, 지방 세력의 권력이 강함. |

**11** 제시된 자료는 신라의 왕호 변화를 보여 주고 있다. 신라는 6세기 말 고구려와 백제의 공격으로 위기에 처하였다.

**12** (다) 백제 근초고왕의 활동 – (라) 고구려 광개토 대왕의 활동 – (가) 고구려 장수왕의 활동 – (나) 신라 진흥왕의 활동 순으로 전개되었다.

**13**

| 구분 | 채점 기준 |
|---|---|
| 상 | 진흥왕의 업적을 세 가지 이상 서술한 경우 |
| 중 | 진흥왕의 업적을 두 가지만 서술한 경우 |
| 하 | 진흥왕의 업적을 한 가지만 서술한 경우 |

**올리드 특강**                 29쪽

| 유형1 ⑤ | 유형2 ② |
|---|---|
| 유형3 ⑤ | 유형4 ③ |

## 주제 07 삼국 시대 의식주 생활과 고분 문화

**문제로 실력다지기**        31~32쪽

**개념 문제** **01** (1) ㄷ (2) ㄱ (3) ㄴ **02** (1) ○ (2) × (3) ○ **03** (1) 굴식 돌방무덤 (2) 신라 천마총 (3) 돌무지무덤
**실력 문제** **04** ② **05** ② **06** ① **07** ⑤ **08** ③ **09** ④ **10** ④ **11** ② **12** ⑤ **13** (1) (가) 굴식 돌방무덤 (나) 돌무지덧널무덤 (2) **예시답안** 굴식 돌방무덤은 돌방 안의 천장과 벽에 벽화를 그려 넣어 당시의 생활상이나 생각을 알 수 있게 한다. 돌무지덧널무덤은 벽화는 없으나 도굴이 어려워 많은 껴묻거리가 보존되었다. 이를 통해 삼국 시대의 생활 도구와 장식품을 확인할 수 있다.

**01** (2) 신라의 골품제는 일상생활에서도 차이를 두었다.

**04** 삼국은 왕실의 권위를 높이고 백성의 사상을 통합하기 위해 불교를 받아들여 널리 장려하였다.

**05** 삼국은 불교 예술이 발달하여 많은 사찰과 탑, 불상을 만들었다. 대표적인 사찰로 황룡사, 미륵사가 있었으나 현재는 터만 남아 있다. 초기에는 목탑을 만들었는데 점차 석탑을 만들었다.

**06** 현무도는 도교의 사신 중 하나인 현무를 그린 고구려의 고분 벽화이다. 백제의 산수무늬 벽돌은 도교의 신선 사상이 나타나 있다. 도교는 산천 숭배나 불로장생을 추구하는 신선 사상이 결합되어 귀족 사회에서 유행하였다.

**07** 임신서기석에는 신라의 젊은이들이 유학 경전을 읽기로 약속한 내용이 기록되어 있다. 중국에서 유학이 전래되면서 유학 교육 기관이 만들어졌는데 고구려는 태학을 세웠고 백제는 오경박사를 두어 유교 경전을 가르쳤다.
**바로잡기** ①, ③ 천문학, ② 도교와 불교, ④ 불교와 관련된 활동이다.

**08** 제시문은 백제의 학문 활동과 관련이 있다.

**바로잡기** ① 신라의 금관총 출토 허리띠, ② 고구려의 금동 연가 7년명 여래 입상, ④ 신라의 황남 대총 출토 금관, ⑤ 가야의 바퀴 장식 뿔잔이다.

**09** 삼국에서는 천문학이 발달하였는데 천체 현상이 왕의 권위와 연결된다고 여겼을 뿐 아니라 농업을 위한 정보를 얻기 위해서이기도 하였다. 사진은 경주 첨성대로 7세기에 건립한 신라의 천문 관측 기구로 알려져 있다.

**10** 두 벽화는 시종 또는 노비의 접대를 받는 귀족의 모습을 표현하고 있다. 사람의 크기를 다르게 그려 넣어 신분의 차이를 표현하고 있다. 이는 당시 삼국의 사회가 신분제 사회였음을 보여 준다.

**11** 제시된 자료는 신라의 신분제인 골품과 그에 따른 관등을 나타낸 표이다. 신라는 다른 나라와 구별되는 골품제라는 독특한 신분 제도를 갖고 있었다. 천마총은 신라의 대표적인 돌무지덧널무덤이다.
**바로잡기** ①, ③ 고구려의 고분, ④, ⑤ 백제의 고분이다.

**12** 고구려와 백제의 초기 무덤은 양식이 유사하다. 가야에서는 돌로 벽을 쌓아 만든 돌덧널무덤을 만들었다.
**바로잡기** ㄱ. 고구려는 초기에 돌무지무덤을 만들다가 점차 굴식 돌방무덤을 만들었다. ㄴ. 백제의 무령왕릉은 중국의 영향으로 만들어진 벽돌무덤이다.

**13**

| 구분 | 채점 기준 |
|---|---|
| 상 | 각각의 무덤 양식이 갖는 특징을 모두 서술한 경우 |
| 하 | 각각의 무덤 양식이 갖는 특징 중 한 가지만 서술한 경우 |

**주제 08 삼국 시대의 대외 교류**

**문제로 실력다지기** 34~35쪽

**개념 문제** **01** (1) ○ (2) ○ (3) × **02** (1) 백제 (2) 서역 (3) 담징 **03** (1) ㄱ (2) ㄹ, ㅂ (3) ㄷ, ㅁ (4) ㄴ
**실력 문제** **04** ② **05** ② **06** ② **07** ③ **08** ② **09** ④ **10** ④
**11** ⑤ **12** ③ **13** (1) **예시답안** 삼국의 문화는 일본에 전해져 일본의 문화 발전에 영향을 주었다. (2) **예시답안** 고구려의 수산리 고분 벽화와 일본의 다카마쓰 고분 벽화의 그림이 유사하여 고구려의 영향을 받은 것으로 보인다. 가야 토기는 일본에 영향을 주어 일본의 스에키에 영향을 주었다. 고구려의 담징은 종이와 먹의 제조 방법을 일본에 전하였다. 백제는 일본에 한문, 유학 등을 전하였다.

**01** (3) 신라는 직접 교역로가 없어 고구려나 백제에 비해 중국과의 교류가 늦었다. 이후 한강 유역을 차지하면서 중국과의 교류가 활발해졌다.

**04** 삼국은 중국과 활발하게 교류하였고 중국을 통해 서역 문화와도 접촉하였다. 신라는 초기에는 주로 고구려를 통해 중국 문화를 받아들였으나 한강 유역을 차지한 후 중국과 직접 교류하였다.
**바로잡기** ㄴ. 삼국은 중국을 통해 서역 문화를 수용하였다. ㄷ. 왕산악은 중국의 악기를 개조하여 거문고를 만들었다.

**05** 제시된 그림은 중국 당에 파견된 삼국의 사신을 나타낸 그림이다. 이는 삼국이 사신을 파견하여 중국과 적극적으로 교류하려고 하였음을 보여 준다.

**06** 충남 공주에서 출토된 청자 항아리는 중국 동진 계통의 청자 항아리와 모습이 매우 유사하다. 옛 백제 지역에는 동진과 남조 계통의 유물이 다수 발견되고 있다.

**07** 삼국은 중국을 통해 서역의 문화와 접촉하였다. 당시 삼국, 중국, 서역은 초원길과 비단길을 통해 연결되어 있었다.
**바로잡기** ㄱ. 한자는 중국 문화에서 유래하였다. ㄹ. 삼국의 고분 양식은 서역 문화와는 관련이 없다.

**08** 고구려의 각저총 벽화의 씨름하는 인물 중 한 명이 서역인의 모습을 하고 있다. 아프가니스탄에 남아 있는 아프라시아브 궁전 벽화에는 고구려 사신으로 추정되는 인물이 있다. 이는 고구려와 서역의 교류를 보여 주는 벽화들이다.

**09** 신라에 전해진 서역 문화를 보여 주는 유물은 신라의 고분에서 출토된 유리 제품들이 있다. 이는 로마의 유리 제품과 유사한 형태를 갖고 있다.

**10** 삼국은 일본과 교류하면서 삼국 및 중국의 문화를 전파하였다.
**바로잡기** ④ 신라는 일본에 배 만드는 기술과 둑 쌓는 기술을 전해주었다.

**11** (가)는 고구려에서 일본으로의 문화 전파를 나타낸다. 고구려는 승려 혜자가 쇼토쿠 태자의 스승이 되었다. 일본의 다카마쓰 고분 벽화는 고구려의 수산리 고분 벽화와 비슷하여 그 영향을 받은 것으로 전해진다.
**바로잡기** ①, ②, ③ 백제를 통해 일본에 전해졌다. ④ 담징은 종이와 먹의 제조 방법을 전하였다.

**12** 백제는 삼국 중 일본과 가장 활발하게 교류하였다. 일본에 불교를 전하였으며 오경박사와 기술자 등이 건너가 활약하였다. 아직기와 왕인은 일본에 한문, 논어, 천자문을 전해주었다.

바로잡기 ㄱ. 가야와 관련된 탐구 활동이다. ㄹ. 고구려와 관련된 탐구 활동이다.

**13**

| 구분 | 채점 기준 |
| --- | --- |
| 상 | 삼국 및 가야 문화의 일본 전파 사례를 세 가지 이상 서술한 경우 |
| 중 | 삼국 및 가야 문화의 일본 전파 사례 중 두 가지만 서술한 경우 |
| 하 | 삼국 및 가야 문화의 일본 전파 사례 중 한 가지만 서술한 경우 |

### Ⅰ단원 표와 자료로 마무리하기 36~37쪽

자료1 ❶ 신석기 ❷ 간석기
자료2 ❶ 노동력
자료3 ❶ 돌무지 ❷ 고구려
자료4 ❶ 진흥왕 ❷ 순수비
자료5 ❶ 굴식 돌방무덤 ❷ 껴묻거리

### Ⅰ단원 실전문제로 마무리하기 38~41쪽

**01** ④ **02** ③ **03** ⑤ **04** ② **05** ① **06** ⑤ **07** ① **08** ③
**09** ④ **10** ② **11** ⑤ **12** ④ **13** ② **14** ③ **15** ② **16** ①
**17** ② **18** ④ **19** ④ **20** ③

✏️서술형 문제
**21** (1) 신석기 시대 (2) 예시답안 신석기 시대에는 농경과 목축이 처음으로 시작되었다. 이를 통해 정착 생활이 이루어졌다. 그러나 아직은 생산물이 많지 않아 공동 분배가 이루어지는 평등 사회였다.
**22** (가)는 고구려이다. 5세기 당시 동북아시아는 중국의 남북조가 대립하는 다원적인 국제 질서가 성립하였다. 고구려는 이런 상황에서 강한 군사력과 외교를 통해 동북아시아의 최강국이 되었다. 이러한 자부심을 바탕으로 독자적인 천하관을 표방하였다.
**23** (1) 신라 (2) 예시답안 (가)는 돌무지덧널무덤이다. 돌무지덧널무덤은 벽화가 없으며, 도굴이 어려워 많은 껴묻거리가 보존되어 있는 특징이 있다.

**01** 지도는 만주와 한반도의 구석기 유적을 나타내고 있다. 구석기 시대에는 사냥과 채집을 통해 먹을거리를 구하였고 무리 지어 이동 생활을 하였다.
바로잡기 ①, ② 신석기 시대에 대한 설명이다. ③, ⑤ 청동기 시대에 대한 설명이다.

**02** 제시된 유적은 청동기 시대에 만들어진 탁자식 고인돌이다. 청동기 시대에는 농사 도구로 반달 돌칼이 제작되어 사

용되었다.
바로잡기 ①, ②, ⑤ 신석기 시대의 유물이다. ④ 구석기 시대의 유물이다.

**03** 비파형 동검과 미송리식 토기는 고조선의 문화 범위를 유물이다. 고조선은 우리 역사 최초의 국가로『삼국유사』의 건국 이야기에 홍익인간의 건국 이념과 건국 과정이 등장한다.
바로잡기 ⑤ '단군왕검' 명칭은 제정일치 사회였음을 보여 준다.

**04** 제시문은 고조선의「8조법」내용이다.「8조법」의 내용을 통해 고조선이 사유 재산을 인정하고 계급 구분(노비)이 있었으며 생명력과 노동력을 중시하던 사회였음을 알 수 있다.
바로잡기 ㄴ. 계급이 있었다. ㄹ. 위만은 준왕을 몰아내고 고조선의 왕위에 올랐다. 이때부터 위만 조선이라고 한다.

**05** (가)는 한이 고조선을 멸망시키고 설치한 한 군현이다. 이는 중국 문화가 한반도에 유입되는 통로가 되기도 하였으나 토착민의 많은 저항을 받았다. 이후 고구려가 성장하면서 마지막으로 낙랑군이 정복되어 멸망하였다.

**06** 기원전 5~4세기경 중국으로부터 한반도에 철기 문화가 전파되었다. 철기는 농기구, 무기 등 여러 도구로 제작되어 사용되었으며 특히 철제 무기는 값싸고 튼튼하여 대규모의 무장을 가능하게 하였다. 이에 정복 전쟁이 증가하였다.

**07** 제시문은 부여에 대한 설명이다. 만주 쑹화강 유역을 중심으로 발전한 부여는 중국과 교류하면서 발전하였고 왕권이 약한 연맹 왕국이었다.

**08** ㉣은 한반도 동해안 지역에 성립한 동예이다. 동예는 책화와 족외혼의 풍습이 있었다.
바로잡기 ㄷ. 동예에는 무천이라는 제천 행사가 있었다. 동맹은 고구려의 제천 행사이다.

**09** ㉤은 삼한이다. 삼한은 군장의 지배력이 미치지 못하는 소도라는 신성 지역이 존재하였다. 소도의 입구에 세워졌던 것에서 솟대가 유래하였다.

**10** (가)는 백제, (나)는 고구려, (다)는 신라의 건국 설화이다. 고구려는 5부의 연합 국가로 건국되었으며 점차 왕권을 강화시켜 나갔다.
바로잡기 ① 고구려가 가장 먼저 건국된 것으로 추정된다. ③ 고구려의 유이민 세력이 백제 건국에 참여하였다. ④ 신라는 진한의 소국에서 출발하였다. ⑤ 신라는 고구려의 도움으로 왜의 침략을 물리쳤다.

**11** (가)는 백제이다. 백제는 한강 유역의 위례성을 도읍으로 삼았고 중국 남조와 가야, 왜 등과 활발하게 교류하였다. 3세기 고이왕 때 마한의 소국을 병합하고 관복제를 제정하여

중앙 집권 국가의 기틀을 마련하였다.

**바로잡기** ㄱ, ㄴ. 고구려에 대한 설명이다.

**12** (가)는 경남 고령에서 출토된 금동관, (나)는 경남 김해에서 출토된 판갑옷이다. 모두 가야 문화권에서 나온 유물들이다.

**바로잡기** ① 부여, ② 고구려, ③ 백제, ⑤ 신라의 유물이 출토되는 지역이다.

**13** 한성 함락과 개로왕의 전사 이후 백제는 475년 웅진으로 수도를 옮겼다. 이후 동성왕은 신라와 혼인 동맹을 맺고 왕권을 강화하여 백제의 위기를 극복해 나갔다. 동성왕의 아들인 무령왕 때는 고구려에 대한 공세를 강화하는 한편 22 담로를 설치하여 지방 세력을 통제하였다.

**바로잡기** ①, ④ 백제 무령왕의 아들인 성왕 때의 일이다. ③, ⑤ 4세기 근초고왕 때의 일이다.

**14** (가)는 신라 법흥왕이다. 법흥왕은 율령 반포와 병부 설치, 상대등 설치, 백관 공복 제정 등 신라의 중앙 집권 체제를 확립하였다. 김해의 금관가야가 법흥왕 때 신라에 복속되었다.

**바로잡기** ① 지증왕 때, ②, ④, ⑤ 진흥왕 때의 일이다.

**15** (가)는 진흥왕이다. 진흥왕은 황룡사를 세워 불교를 중심으로 사상의 통합을 꾀하였으며, 화랑도를 재편하여 인재 양성을 도모하였다. 또한 활발한 정복 활동을 전개하여 함흥 평야 일대에 진출하였으며 한강 유역을 장악하고 대가야를 복속시켰다.

**바로잡기** ② 불교를 공인한 것은 법흥왕이다.

**16** (가)는 후기 가야 연맹을 주도한 대가야이고, (나)는 전기 가야 연맹을 주도한 금관가야이다. 금관가야는 광개토 대왕의 공격으로 쇠퇴하였고, 이후 가야 연맹의 주도권이 내륙의 대가야로 넘어갔다. 가야 연맹은 중앙 집권 국가로 나아가지 못하고 연맹 왕국 단계에 머물렀다.

**바로잡기** ② (나)에 대한 설명이다. ③ 가야는 연맹 왕국 단계에 머물렀다. ④ 신라 법흥왕 때 복속되었다. ⑤ 왜의 군사적인 지배는 없었다.

**17** 제시된 유물은 이차돈의 순교를 기리기 위해 제작된 이차돈 순교비이다. 이차돈은 법흥왕 시기 불교 수용을 주장하다가 죽음을 맞았다.

**18** 제시된 자료는 신라에서 시행된 골품제와 그에 따른 관등표이다. 골품제는 신분에 따라 관등 진출의 상한선이 다를 뿐 아니라 옷의 색깔, 집의 크기, 소유할 수 있는 말의 수가 달라지는 등 일상생활을 구분하였다.

**바로잡기** ①, ② 골품제는 신라의 신분 제도이다. ③ 지배층을 대상으로 한 신분 제도이다. ⑤ 신분은 혈통에 의해 구분되었으며 능력과 관련 없었다.

**19** 제시문은 도교에 대한 설명이다. 도교는 중국에서 전래되어 귀족 사회에서 유행하였다. 고구려 고분 벽화의 현무도, 백제 산수무늬 벽돌, 백제 금동 대향로 등에 반영되었다.

**바로잡기** ①, ③, ⑤ 불교, ② 유학과 관련된다.

**20** 삼국은 중국을 통해 불교, 한자를 수용하였다. 고구려의 각저총 벽화는 서역과의 교류를 보여 주는 유물이다. 가야 문화가 일본에 전파되어 일본의 스에키에 영향을 주었다.

**바로잡기** ㄹ. 백제의 아직기와 왕인은 일본에 한문, 논어, 천자문을 전수하였다.

**21**

| 구분 | 채점 기준 |
|---|---|
| 상 | 신석기 시대의 사회·경제적 특징을 세 가지 이상 서술한 경우 |
| 중 | 신석기 시대의 사회·경제적 특징 중 두 가지만 서술한 경우 |
| 하 | 신석기 시대의 사회·경제적 특징 중 한 가지만 서술한 경우 |

**22**

| 구분 | 채점 기준 |
|---|---|
| 상 | 국가와 배경을 모두 서술한 경우 |
| 중 | 배경만 서술한 경우 |
| 하 | 국가만 쓴 경우 |

**23**

| 구분 | 채점 기준 |
|---|---|
| 상 | 명칭과 문화적 특징을 모두 서술한 경우 |
| 중 | 특징만 서술한 경우 |
| 하 | 명칭만 쓴 경우 |

## Ⅱ. 남북국 시대의 전개

### 주제 09 고구려와 수·당의 전쟁

**문제로 실력다지기** 45~46쪽

개념 문제 **01** (1) × (2) × (3) ○ **02** ⊙ 살수, ⓒ 연개소문 **03** (1) 고구려 (2) 당
실력 문제 **04** ⑤ **05** ② **06** ② **07** ② **08** ④ **09** ④ **10** ③
**11** ⑤ **12** (1) 당 (2) 예시답안 고구려는 당의 공격에 대비하여 천리장성을 쌓았다. 이후 당이 고구려를 침략하였고 그 결과 고구려는 안시성을 지키며 당의 침략을 막아 냈다.

**01** (1) 신라는 고구려를 견제하였다. (2) 고구려는 수의 침략에 대비하여 요서 지방을 공격하였다.

**04** 지도는 6세기 후반 이후의 동아시아 정세를 나타낸다. 이 시기 고구려는 돌궐과 연합하였고, 남쪽의 백제, 왜와의 연결을 추진하였다.
바로잡기 ① 7세기 후반, ② 4세기, ③ 4세기 말 ~ 5세기 초, ④ 5세기의 사실이다.

**05** 제시문은 을지문덕이 수의 장군 우중문에게 보낸 시이다. 이는 수가 고구려를 침입하였을 때의 상황이다.
바로잡기 ① 7세기, ③ 1세기, ④, ⑤ 4세기의 상황이다.

**06** 제시된 인터뷰는 612년의 살수 대첩에 대한 내용이다. 고구려는 7세기 당시 수와 대립하였다.
바로잡기 ① 3세기, ③ 5세기, ④ 6세기, ⑤ 2세기의 상황이다.

**07** 제시된 자료는 고구려가 7세기 당의 침입에 대비하여 쌓은 천리장성을 보여 주고 있다.

**08** (가)는 수, (나)는 당이다. 연개소문이 정변을 일으켜 정권을 장악하자, 당 태종은 연개소문의 정변을 구실로 고구려를 침공하였다.
바로잡기 ① 당, ②, ③ 고구려에 대한 설명이다. ⑤ 수·당 모두 고구려를 침입하였다.

**09** 고구려는 7세기 중국의 수, 당과 대결하였다.
바로잡기 ① 4세기 말, ② 5세기, ③ 4세기, ⑤ 1세기에 해당하는 내용이다.

**올리드 포인트** 고구려와 수·당의 전쟁

| 수와의 전쟁 | 수 문제의 침입 격퇴 → 수 양제의 침입 → 살수 대첩에서 크게 승리 |
|---|---|
| 당과의 전쟁 | 당 태종의 침입 → 안시성 전투에서 당의 군대를 막아 냄. |
| 의의 | 수와 당의 침입 격퇴로 한반도 전체 보호 |

**10** (가)는 당이다. 고구려는 안시성 전투에서 당의 침입을 막아 냈다.
바로잡기 ①, ② 5세기 장수왕 때의 사실이다. ④ 수와 관련된 내용이다. ⑤ 고구려와 수의 전쟁 과정에서 있었던 사실이다.

**11** 고구려의 항전은 고구려를 지켰을 뿐 아니라 중국의 한반도 침략을 저지하였다는 의의가 있다.

**12**

| 구분 | 채점 기준 |
|---|---|
| 상 | 고구려의 대응과 결과를 모두 서술한 경우 |
| 중 | 고구려의 대응이나 결과 중 한 가지만 서술한 경우 |
| 하 | 고구려와 당이 싸웠다고만 서술한 경우 |

### 주제 10 신라의 삼국 통일과 발해 건국

**문제로 실력다지기** 48~49쪽

개념 문제 **01** (1) ○ (2) ○ (3) × **02** ⊙ 계백, ⓒ 안승 **03** (1) 당 (2) 매소성
실력 문제 **04** ② **05** ④ **06** ② **07** ① **08** ④ **09** ② **10** ⑤
**11** ③ **12** (1) 당 (2) 예시답안 제시된 상황 이후 신라는 삼국 통일을 완성하였다. 이는 우리 민족 최초의 통일이면서 새로운 민족 문화가 발전하는 토대를 마련한 점에서 의의가 있다. 하지만 외세인 당을 끌어들였으며, 영토가 대동강 이남 지역으로 줄어들었다는 한계가 있다.

**01** (3) 동모산에 도읍을 정하고 발해를 세운 사람은 대조영이다.

**04** 제시된 자료는 김춘추와 연개소문의 협상 내용이다. 이 협상이 실패로 돌아가자 김춘추는 당 태종을 찾아가 나당 연합을 성사시켰다.
바로잡기 ①, ③, ④, ⑤ 제시된 대화 이전 시기에 해당하는 내용이다.

**05** 제시문은 백제 부흥군·왜의 연합 세력과 나당 연합군이 격돌한 백강 전투 장면을 보여 준다. 이는 백제 부흥 운동에 해당한다.
바로잡기 ① 7세기 고구려와 수의 전쟁, ② 7세기 백제가 신라를 공격할 때의 상황, ③ 제시된 상황 이후의 시기, ⑤ 4세기 말과 관련된 탐구 주제이다.

**06** 7세기 백제의 공격으로 위기를 맞은 신라는 김춘추를 고구려로 보내 군사적 도움을 요청하였지만 실패하였다. 이후 당과 동맹을 맺은 신라는 황산벌 전투에서 백제군을 물리쳤고, 사비성이 함락되자 백제의 의자왕이 항복하였다(660). 한편 고구려에서는 연개소문 사후 권력 다툼이 일

어났고, 이를 틈타 나당 연합군이 총공세하여 668년 평양성을 함락시켰다.

**07** (가)는 고구려이다. 연개소문이 죽은 뒤 그의 아들들 사이에 권력 다툼이 일어났다. 고구려 멸망 후 검모잠, 고연무 등이 고구려 부흥 운동을 전개하였다.

**바로잡기** ② 백제의 부흥 운동, ③ 백제의 멸망 과정과 관련된 내용이다. ④ 웅진도독부는 백제의 멸망 이후 당이 백제의 영토에 세운 것이다. ⑤ 천리장성은 고구려가 당의 침입에 대비하여 세운 것이다.

**08** 지도는 나당 전쟁에 대한 내용이다. 신라는 당군을 매소성과 기벌포에서 크게 격파하였다.

**바로잡기** ① 백강 전투 등, ② 고구려와 당의 전쟁, ③ 고구려의 당 침략 대비, ⑤ 고구려와 수의 전쟁과 관련 있는 내용이다.

**09** 제시문은 7세기 당이 한반도를 차지하려는 야심을 보여 준다. 이로 인해 신라와 당 사이에 전쟁이 전개되었다. 대표적인 전투로는 매소성, 기벌포 전투를 들 수 있다.

**바로잡기** ①, ⑤ 신라 진흥왕, ③ 5세기, ④ 백제 멸망 이전과 관련된 내용이다.

**10** 제시된 자료는 신라의 삼국 통일 과정을 보여 준다. 신라의 삼국 통일로 민족 문화 발전의 기틀이 마련되었다.

**바로잡기** ① 고구려와 수·당의 전쟁, ② 고구려, 백제, 신라 삼국의 경쟁, ③ 신라의 4세기 모습, ④ 백제와 고구려 멸망 이후의 저항과 관련된 내용이다.

**11** 제시된 자료는 발해의 건국을 보여 준다. 발해는 고구려 유민이 중심이 되어 세운 나라인 만큼 고구려 계승 의식이 강하였다.

**바로잡기** ① 백제, ② 고구려, ⑤ 신라에 대한 설명이다.

**올리드 키워드**

☑ **발해의 고구려 계승 의식:** 발해 왕은 자신을 고려(고구려) 왕이라 칭하였고, 일본도 발해를 고려라고 불렀다. 발해를 건국한 대조영은 고구려 장군 출신이고, 발해 지배층의 상당수가 고씨인 점으로 보아 발해가 고구려를 계승한 국가임을 알 수 있다.

**12**

| 구분 | 채점 기준 |
|------|-----------|
| 상 | 결과 및 의의와 한계를 모두 서술한 경우 |
| 중 | 결과를 서술하였으나 의의와 한계 중 한 가지만 서술한 경우 |
| 하 | 결과만 서술한 경우 |

---

**문제로 실력 다지기**  51~52쪽

**개념 문제** **01** (1) ○ (2) × (3) ○ **02** ㉠ 대립, ㉡ 상경성 **03** (1) 신문왕 (2) 5경

**실력 문제** **04** ⑤ **05** ② **06** ② **07** ① **08** ④ **09** ① **10** ⑤

**11** (1) 발해, 해동성국 (2) **예시답안** 정당성이 6부의 행정을 총괄하였고, 6부의 명칭에 유교 덕목을 반영하였다.

**01** (2) 신문왕 때 관료전을 지급하고 녹읍을 폐지하였다.

**04** 제시된 자료는 국왕의 명령을 집행하는 기구이기 때문에 (가)는 집사부에 해당한다.

**바로잡기** ① 발해의 정당성, ② 신라의 화백 회의 등, ③ 발해의 정당성에 대한 설명이다. ④ 상대등의 역할이 축소되는 계기가 되었다.

**05** 제시된 자료는 김흠돌의 난을 진압한 신문왕에 대한 내용이다. 신문왕은 난을 일으킨 김흠돌을 숙청하고 진골 귀족을 제압하였다. 한편 국립 교육 기관인 국학을 설치하여 귀족 자제들에게 유학을 가르쳤다.

**바로잡기** ① 신문왕 때 녹읍을 폐지하였다. ③ 진흥왕, ④ 문무왕, ⑤ 고구려의 소수림왕과 관련된 내용이다.

**06** 제시된 자료는 통일 이후 신라의 통치 제도 정비에 대한 내용이다. 신문왕은 관료전을 지급하고 9주 5소경 체제를 정비하였다.

**바로잡기** ㄴ. 발해, ㄹ. 신라 진흥왕과 관련된 내용이다.

**07** 제시된 자료는 통일 신라의 중앙군인 9서당이다. 9서당에 신라인 외에도 고구려, 백제, 말갈인까지 포함된 점을 통해 신라의 민족 통합 의지를 엿볼 수 있다.

**바로잡기** ② 녹읍 폐지 등, ③ 국학 설립 등, ④ 관료전 지급, ⑤ 5소경 설치와 관련된 내용이다.

**08** 제시문은 발해 무왕 시기 당의 산둥 지방(등주)을 공격한 내용을 담고 있다.

**바로잡기** ① 신라 법흥왕, ② 백제 무령왕, ③ 발해 문왕, ⑤ 신라 진흥왕 시기의 사실이다.

**올리드 포인트** **발해의 발전**

| 무왕 | 영토 확장, 독자적 연호 사용(인안), 당의 산둥 지방(등주) 공격 |
|------|------|
| 문왕 | 상경성 천도, 통치 체제 정비, 당과의 친선 도모, 신라와 교통로 개설 |
| 선왕 | 최대 영토 차지 → 이후 중국으로부터 '해동성국'이라 불림. |

**09** 제시된 자료는 발해 주민의 성씨 구성을 나타낸다. 발해의

---

중앙 조직으로 3성 6부가 있었다.

**바로잡기** ② 신라의 집사부, ③ 신라의 9서당에 대한 설명이다. ④ 독자적인 명칭을 사용하였다. ⑤ 신라의 진골 귀족 등과 관련된 내용이다.

**10** (개)는 발해이다. 발해는 중앙의 3성 중 정당성이 중심에 있었으며, 주민은 고구려 유민과 말갈인으로 구성되었다.

**바로잡기** ㄱ. 고구려, 백제, ㄴ. 신라와 관련된 내용이다.

**11**

| 구분 | 채점 기준 |
|---|---|
| 상 | 정당성의 6부 총괄, 6부의 명칭 차이 두 가지를 모두 서술한 경우 |
| 하 | 정당성의 6부 총괄, 6부의 명칭 차이 중 한 가지만 서술한 경우 |

## 주제 12 신라 말 사회 동요와 후삼국 시대

### 문제로 실력다지기

54~55쪽

**개념 문제** **01** (1) ○ (2) × (3) ○ **02** (1) 김헌창 (2) 풍수지리 사상 **03** ㉠ 견훤, ㉡ 철원

**실력 문제** **04** ④ **05** ① **06** ② **07** ③ **08** ② **09** ⑤ **10** ③
**11** (1) 6두품 (2) **예시답안** 6두품 세력은 신라 말 골품제를 비판하고 지방 호족과 함께 새로운 사회 건설을 추구하였다.

**01** (2) 889년 사벌주에서 일어난 난은 원종과 애노의 난이다. 김헌창의 난은 진골 귀족의 난이다.

**04** 제시된 자료는 청해진을 세운 장보고에 대한 내용이다. 장보고는 해상 활동으로 세력을 키웠으며 왕위 다툼에 관여하기도 하였다.

**05** 제시문은 9세기 말 진성 여왕 시기의 상황이다. 원종과 애노의 난 등에 참여한 농민들은 세금 납부를 거부하고 관아를 습격하였다.

**바로잡기** ② 7세기, ③, ⑤ 7세기 후반 신문왕의 정책, ④ 7세기 고구려와 관련된 모습이다.

**06** 제시된 자료는 신라 말 지방 호족에 대한 내용이므로 (개)는 지방 호족이다. 호족은 지방 촌주 출신이 가장 많았고 귀족, 군진 세력, 농민 출신의 도적도 있었다.

**바로잡기** ① 문무왕, ③ 진골 귀족, ④ 농민, ⑤ 6두품에 대한 설명이다.

**07** 제시문은 6두품 관련 내용이고 밑줄 친 '이 인물'은 최치원이다. 6두품 지식인들은 골품제의 모순을 비판하였다.

**바로잡기** ① 상대등, ② 진골 귀족, ④ 발해의 지배층, ⑤ 지방 호족에 대한 설명이다.

**08** 제시된 자료는 신라 말 승탑에 대한 내용이다. 승탑은 선종의 유행과 관련 있다. 선종은 호족의 후원을 받았다.

**바로잡기** ① 불교의 유입, ③ 불교의 왜 전파, ④ 삼국 통일의 의의, ⑤ 풍수지리 사상과 관련된 탐구 주제이다.

**09** 제시된 자료는 후백제를 세운 견훤의 주장이다. 후백제는 전라도, 충청도와 경상도 서쪽 지역을 지배하였다.

**바로잡기** ①, ②, ③ 신라 말 상황이다. ④ 고구려의 부흥 운동과 관련된 내용이다.

**올리드 포인트** 후백제와 후고구려

| 후백제 | 견훤이 완산주에서 건국(900), 전라도·충청도·경상도 서쪽 지역 지배, 6두품 세력 등용 |
|---|---|
| 후고구려 | 궁예가 송악에서 건국(901), 철원 천도, 마진·태봉 등으로 국호 변경, 광평성 설치 |

**10** (개)는 후고구려이다. 후고구려는 수도를 송악에서 철원으로 옮긴 후 국호를 마진, 태봉 등으로 바꾸었다.

**바로잡기** ① 통일 신라, ② 발해, ④ 통일 신라, ⑤ 백제의 부흥 운동에 대한 설명이다.

**11**

| 구분 | 채점 기준 |
|---|---|
| 상 | 6두품의 골품제 비판, 지방 호족과의 연계를 모두 서술한 경우 |
| 중 | 6두품의 골품제 비판이나 지방 호족과의 연계 중 한 가지만 서술한 경우 |
| 하 | 6두품이 사회를 비판하였다는 내용만 서술한 경우 |

## 주제 13 남북국의 문화 발전

### 문제로 실력다지기

57~58쪽

**개념 문제** **01** ㉠ 원효, ㉡ 화엄 **02** (1) × (2) × (3) ○ **03** (1) 의상 (2) 설총 (3) 주자감

**실력 문제** **04** ⑤ **05** ③ **06** ⑤ **07** ④ **08** ⑤ **09** ④ **10** ①
**11** ③ **12** (1) 발해 (2) **예시답안** 발해의 기와는 고구려의 영향을, 발해의 도자기는 당의 영향을 받았다. 이를 통해 발해의 문화는 고구려와 당의 영향을 받아 국제성을 띠었음을 알 수 있다.

**01** (1) 선종이 퍼지면서 승탑과 탑비가 유행하였다. (2) 원성왕이 독서삼품과를 시행하였다.

**04** 밑줄 친 '그'는 원효이다. 원효는 화쟁 사상을 통해 사상적 대립을 해소하려 하였다.
**바로잡기** ①, ② 의상, ③ 혜초, ④ 이차돈에 대한 설명이다.

**05** 제시된 자료는 석굴암으로, 통일 신라의 문화유산이다. 통일 신라에서는 전형적인 삼층 석탑을 제작하였다.
**바로잡기** ①, ④, ⑤ 발해, ② 백제, 발해 등에 대한 설명이다.

**06** 제시된 자료는 『무구정광대다라니경』에 관한 내용이다. 이 불경은 현존하는 목판 인쇄물 중 가장 오래되었다.
**바로잡기** ① 발해의 문화유산, ② 『왕오천축국전』, ③ 발해의 문화유산, ④ 경주 원성왕릉 등과 관련된 내용이다.

**07** 승탑과 탑비는 선종의 유행으로 제작되었다.

**08** 제시된 자료는 독서삼품과에 대한 내용이다. 원성왕은 독서삼품과를 실시하여 유교 경전 이해 수준을 평가하여 관리를 선발하였다.
**바로잡기** ① 삼국의 왕권 강화, ② 신라 신문왕, ③ 고구려 소수림왕, ④ 발해와 관련된 내용이다.

**09** 제시문은 강수에 대한 내용이다. 강수는 외교 문서 작성에 능한 것으로 유명하였다.
**바로잡기** ① 설총, ② 김춘추, ③ 최치원 등, ⑤ 진흥왕에 대한 설명이다.

**10** 부처의 모습, 부처의 손이 연결되어 있는 것 등을 통해 고구려 양식의 영향을 받았음을 알 수 있다.

**11** 상경성은 당의 장안성을 모방하였으며, 온돌 시설 등이 발견되었다.
**바로잡기** ㄱ. 발해의 첫 도읍지는 동모산에 있었다. ㄹ. 통일 신라의 문화유산에 해당한다.

**12**

| 구분 | 채점 기준 |
| --- | --- |
| 상 | 문화유산에 영향을 준 나라와 특징을 서술한 경우 |
| 하 | 문화유산에 영향을 준 나라나 특징 중 한 가지만 서술한 경우 |

**문제로 실력다지기** 60~61쪽

**개념 문제** **01** (1) ○ (2) × (3) ○ **02** ㉠ 신라도, ㉡ 신라 **03** (1) 신라방 (2) 일본 (3) 친선
**실력 문제** **04** ② **05** ⑤ **06** ② **07** ④ **08** ① **09** ⑤ **10** ①
**11** (1) 청해진, 장보고 (2) **예시답안** 장보고가 완도에 청해진을 세운 후 해적을 소탕하고 당과 신라, 일본을 연결하는 해상 무역을 장악하였다.

**01** (2) 당은 산둥반도에 발해관을 설치하였다.

**04** 제시된 괘릉의 석인상은 서역인의 모습을 하고 있어 서역과의 교류를 보여 준다. 뼈 항아리는 당과의 교류를, 유기 그릇은 일본과의 교류를 보여 준다..
**바로잡기** ① 신라인의 숙소, ③ 발해의 교류에 해당한다. ④ 뼈 항아리에만 해당한다. ⑤ 신라와 발해의 도당 유학생과 관련 있다.

**05** 제시된 자료는 울산항과 신라 괘릉의 석인상이다. 울산항에는 서역의 상인도 왕래하였다.
**바로잡기** ① 완도, ② 발해의 교류, ③ 산둥반도, ④ 경주에서 멀리 떨어진 지역과 관련 있다.

**06** 제시된 자료는 장보고의 청해진에 대한 내용이다. 장보고는 9세기 완도에 청해진을 설치하고 당과 신라, 일본을 잇는 해상 무역을 장악하였다.
**바로잡기** ① 발해 사신의 숙소, ③ 고구려의 당 침입 방어, ④ 신라와 고구려 유민의 연합 등, ⑤ 발해 전성기와 관련된 내용이다.

**07** 제시된 자료는 발해관과 신라관에 관한 내용이다. 이들 장소는 발해와 신라 사신이 머물 수 있는 장소였다.

**08** 제시된 자료는 발해가 일본에 보낸 문서이다. 발해는 일본도를 통해 일본과 교류하였다.

**09** 발해는 신라를 견제하기 위해 일본과 일찍부터 친선 관계를 유지하였고 무역도 활발하게 전개하였다. 발해와 일본의 교류 모습은 일본에 남아 있는 목간과 외교 문서 등을 통해 알 수 있다.

**10** 제시된 자료는 발해의 대외 교류에 관한 내용이다. 발해는 영주도, 신라도, 일본도 등 5개의 교통로를 이용하였다.
**바로잡기** ② 신라도를 통해 교류하였다. ③ 발해의 수입품에 해당한다. ④, ⑤ 신라에 대한 설명이다.

**11**

| 구분 | 채점 기준 |
| --- | --- |
| 상 | 해적 소탕과 해상 무역 장악 두 가지를 서술한 경우 |
| 중 | 위 내용 중 한 가지만 서술한 경우 |
| 하 | 장보고가 청해진을 세웠다는 사실만 서술한 경우 |

올리드 특강     63쪽

| 유형 1 ④ | 유형 2 ① |
|---|---|
| 유형 3 ② | 유형 4 ③ |

**Ⅱ단원 표와 자료로 마무리하기**    64~65쪽

| 자료 1 | ❶ 을지문덕 ❷ 안시성 |
|---|---|
| 자료 2 | ❶ 백제 ❷ 고구려 ❸ 매소성 |
| 자료 3 | ❶ 국학 ❷ 관료전 ❸ 집사부 |
| 자료 4 | ❶ 견훤 ❷ 궁예 ❸ 철원 |
| 자료 5 | ❶ 지배층 |
| 자료 6 | ❶ 당 ❷ 울산항 |

**Ⅱ단원 실전문제로 마무리하기**    66~69쪽

**01** ⑤   **02** ⑤   **03** ⑤   **04** ①   **05** ③   **06** ②   **07** ①   **08** ①
**09** ④   **10** ⑤   **11** ④   **12** ③   **13** ③   **14** ⑤

**✎ 서술형 문제**

**15** (1) 을지문덕 (2) **예시답안** 두 나라는 고구려와 수이다. 고구려는 수의 침입으로 일어난 살수 대첩에서 승리하였다. 이후에도 수는 고구려를 침입하였으며 잦은 정벌과 토목 공사로 민심을 잃어 결국 멸망하였다.

**16** (1) 남국 – 신라, 북국 – 발해 (2) **예시답안** 발해는 고구려를 계승한 나라이기 때문에 발해 또한 고구려와 같이 우리나라의 역사로 보아야 한다. 따라서 당시 남쪽과 북쪽에 우리나라에 해당하는 두 나라가 공존하므로 남북국이라는 용어를 사용하였다.

**17** **예시답안** 발해는 고구려 문화를 바탕으로 당의 문화를 받아들여 국제적인 성격을 띠었다.

**01** 제시된 자료는 7세기 고구려의 대외 관계에 대한 내용이다. 7세기 고구려는 수와 당의 침입을 받았으나 이를 모두 막아 냈다.
**바로잡기** ① 5세기의 상황이다. ② 고구려와 수·당의 관계이다. ③ 고구려가 신라에 정치적 영향력을 끼쳤음을 보여 준다. ④ 한반도 내의 주도권 경쟁과 관련 있다.

**02** 천리장성 축조의 책임을 맡았던 연개소문은 정변으로 정권을 잡았다. 이를 구실로 당은 고구려를 여러 차례 침입하였는데, 고구려는 이를 모두 물리쳐 한반도 전체를 보호할 수 있었다.
**바로잡기** ① 소수림왕, ②, ③ 장수왕, ④ 을지문덕과 관련된 내용이다.

**03** 제시된 자료는 나당 연합을 맺는 과정을 보여 준다. 신라가 고구려와 당을 찾아가게 된 것은 백제가 신라의 40여 개 성을 차지하고 수도를 위협하였기 때문이다.
**바로잡기** ① 5세기, ② 고구려 멸망 이후인 7세기 후반, ③ 7세기 후반, ④ 7세기 초반의 일이다.

**04** 제시된 자료의 이 나라는 백제이다. 백제 부흥군은 왜군과 함께 백강 전투를 치렀으나 나당 연합군에게 패배하였다.
**바로잡기** ② 고구려, ③, ⑤ 고구려 부흥 운동, ④ 백제 멸망 직전의 일과 관련된 내용이다.

**05** 제시된 자료는 고구려가 멸망한 직후 당이 안동도호부를 평양에 둔 상황과 나당 전쟁 이후 당이 한반도에서 물러나는 과정을 보여 준다. 신라는 매소성, 기벌포 싸움에서 당에 승리하였다.
**바로잡기** ① 4세기 고구려 소수림왕, ② 6세기 신라 법흥왕, ④ 6세기 백제 성왕, ⑤ 6세기 신라 진흥왕과 관련된 내용이다.

**06** 제시된 자료는 7세기 후반 문무왕과 신문왕에 대한 내용이다. 신문왕은 김흠돌의 난을 진압하였다.
**바로잡기** ① 8세기 후반, ③ 9세기, ④ 삼국 통일 전, ⑤ 10세기에 해당하는 내용이다.

**07** 제시문은 발해에 대한 내용으로, 밑줄 친 '이 사람'은 대조영이다. 대조영은 동모산 근처에 698년 발해를 건국하였다.
**바로잡기** ② 고구려 장수왕, ③ 7세기 고구려, ④, ⑤ 통일 신라의 제도와 관련된 내용이다.

**08** 제시된 자료는 발해의 중앙 조직인 3성 6부를 나타내고 있다. 발해는 당과 달리 정당성이 6부를 총괄하였으며, 6부에 유교적 명칭을 사용하였다.
**바로잡기** ㄷ. 당의 제도를 본떴다. ㄹ. 집사부와 시중에 대한 설명이다.

**09** 제시된 가상 인물은 호족이다. 지방 호족은 스스로를 성주, 장군이라 불렀다.
**바로잡기** ① 발해의 관리, ② 6두품, ③ 진골 귀족, ⑤ 도선에 해당한다.

**10** ㉠은 선종, ㉡은 풍수지리 사상이다. 두 가지 사상 모두 지방 호족의 사상적 기반이 되었다.

**11** 제시된 대화는 화엄 사상에 대한 것으로 (개)는 의상이다. 의상은 당에서 화엄학을 공부하고 돌아와 '하나가 전체요, 전체가 하나'라는 모든 존재의 연관성을 주장하였다.
**바로잡기** ① 김대성, ② 원효, ③ 지방 호족, ⑤ 도선에 대한 설명이다.

**12** 제시된 자료는 정효 공주 묘의 복원도이다. 정효 공주 묘는 당의 영향을 받아 벽돌무덤으로 만들어졌지만, 내부 천장은 고구려 양식을 계승하였다.
**바로잡기** ① 발해의 문화유산이다. ② 승탑 등, ④ 석굴암, ⑤ 정혜 공주 묘 등에 대한 설명이다.

**13** (가)는 발해의 이불병좌상, (나)는 통일 신라의 석굴암 본존불
상이다.

**바로잡기** ③ 선종의 유행으로 통일 신라에서는 승탑과 탑비가 만들어
졌다.

**14** 신라의 장보고는 완도에 청해진을 세운 후 해적을 소탕하
고 당과 신라, 일본을 연결하는 해상 무역을 장악하였다.

**바로잡기** ① 당의 산둥반도, ② 당의 장안, ④ 당의 수도, ⑤ 신라의 경
주 등과 관련 있는 내용이다.

**15**

| 구분 | 채점 기준 |
|------|-----------|
| 상 | 대립한 두 나라, 대표 전투, 영향을 모두 서술한 경우 |
| 중 | 대립한 두 나라, 대표 전투, 영향 중 두 가지만 서술한 경우 |
| 하 | 대립한 두 나라, 대표 전투, 영향 중 한 가지만 서술한 경우 |

**16**

| 구분 | 채점 기준 |
|------|-----------|
| 상 | 발해의 고구려 계승, 우리나라의 남북 공존을 모두 서술한 경우 |
| 중 | 발해의 고구려 계승, 우리나라의 남북 공존 중 한 가지만 서술한 경우 |
| 하 | 발해와 신라의 명칭만을 들어 이유를 제시한 경우 |

**17**

| 구분 | 채점 기준 |
|------|-----------|
| 상 | 고구려 문화와 당의 문화 수용을 모두 서술한 경우 |
| 중 | 고구려 문화와 당의 문화 수용 중 한 가지만 서술한 경우 |
| 하 | 외부의 문화를 수용하였다는 사실만 서술한 경우 |

# III. 고려의 성립과 변천

**주제 15** 고려의 후삼국 통일

## 문제로 실력다지기
73~74쪽

**개념 문제** **01** (1) ○ (2) × **02** (1) 궁예 (2) 북진 **03** (1) 과거제
(2) 「시무 28조」

**실력 문제** **04** ① **05** ① **06** ③ **07** ④ **08** ④ **09** ④ **10** ③
**11** ④ **12** (1) (가) 기인 제도, (나) 사심관 제도 (2) **예시답안** 호족들을
효과적으로 통제하고자 하였다.

**01** (2) 성종에 대한 설명이다.

**04** (가)는 고려, (나)는 후백제, (다)는 신라이다. 고려 왕건은 미
륵불을 자처하며 무리하게 통치한 궁예를 몰아내고 왕이
되었으며, 고창(안동) 전투에서 후백제에 승리하고 후삼국
통일의 주도권을 잡았다. 이후 신라 경순왕의 항복을 받아
내고 왕위 계승 과정에서 분열된 후백제를 격파하며 후삼
국을 통일하였다.

**바로잡기** ② 후백제, ③ 고려, ④ 신라, ⑤ 고려 건국 이전 궁예가 세운
태봉에 대한 설명이다.

**05** 제시된 대화는 태조 왕건이 신라, 발해의 유민을 받아들이
며 적극적으로 민족을 통합하는 모습을 보여 준다.

**바로잡기** ② 광종의 과거제, ③ 태조 왕건의 사심관·기인 제도, ④ 지
방관 파견, 유학 교육 장려, ⑤ 노비안검법, 연호 사용 등과 관련된 주
제이다.

**06** 제시된 자료는 태조 왕건의 훈요 10조이다. 훈요 10조에
서 태조 왕건은 불교와 풍수지리설을 중시하였으며 평양
을 서경으로 삼고 거란을 배척하는 등 북진 정책을 추진하
였음을 알 수 있다.

**바로잡기** ㄱ, ㄹ. 성종에 대한 설명이다.

**07** 제시문은 태조 사후의 상황에 대한 설명이다. 지방의 유력
호족과 혼인을 맺으며 호족을 포섭하였던 태조의 정책은
태조 사후, 외척과 연계된 왕위 계승 다툼으로 이어져 혜
종, 정종 대에 불안정한 정국을 형성하였다. 이에 광종은
즉위 후 왕권을 강화하기 위한 정책을 실시하였다.

**08** 지도는 태조 왕건 부인들의 출신지를 분류한 자료로, 태조
가 지방의 유력 호족들과 혼인 관계를 맺으며 호족들을 포
섭하고자 하였음을 알 수 있다. 태조 왕건은 혼인 정책 외
에도 왕씨 성을 하사하거나 관직, 토지 등을 호족에게 지
급하며 호족 세력을 통합하고자 하였다.

**09** 밑줄 친 '왕'은 광종이다. 광종은 왕권 강화 정책을 추진하여 연호를 제정하고 호족들의 경제적 기반을 약화시키기 위한 노비안검법을 실시하였다. 또한 관리의 공복을 새롭게 정하여 상하 질서를 확립하고 능력에 따라 관리를 선발하는 과거제를 실시하였다.
**바로잡기** ㄱ. 태조 왕건, ㄷ. 성종에 대한 설명이다.

**10** 제시문은 최승로의 「시무 28조」이다. 성종은 최승로의 의견을 받아들여 지방 주요 거점에 12목을 설치하고 관리를 파견하여 중앙 집권 체제를 강화하였다.
**바로잡기** ① 광종, ② 신라 신문왕, ④ 태조 왕건, ⑤ 백제 무령왕에 대한 설명이다.

**11** 제시된 자료는 성종의 즉위 이후 통치 체제 정비 과정에 대한 내용이다. 성종은 광종 이후 강화된 왕권을 바탕으로 최승로의 「시무 28조」를 수용하여 유교를 통치 이념으로 삼고 여러 제도를 정비하였다.
**바로잡기** ①, ⑤ 태조 왕건, ② 신라, ③ 광종에 대한 탐구 활동이다.

**올리드 포인트** 고려 초기의 왕권 강화책

| 태조 | 호족 세력 포섭 및 견제 |
|---|---|
| 광종 | 호족 세력 숙청, 노비안검법 실시, 과거제 실시 |
| 성종 | 유교 통치 이념 확립, 통치 체제 정비 |

**12**

| 구분 | 채점 기준 |
|---|---|
| 상 | 호족들을 통제하려고 하였음을 정확하게 서술한 경우 |
| 중 | 왕권을 안정시키려고 하였다고만 서술한 경우 |
| 하 | 정치 체제를 정비하려 하였다고만 서술한 경우 |

## 주제 16 고려의 통치 체제 정비

### 문제로 실력다지기
76~77쪽

**개념 문제** **01** (1) × (2) ○ **02** (1) 대간 (2) 향리 **03** (1) 중추원 (2) 양계
**실력 문제** **04** ① **05** ⑤ **06** ⑤ **07** ① **08** ② **09** ④ **10** (1) 향·부곡·소 (2) **예시답안** 일반 군현민에 비해 더 많은 세금을 부담하고 거주지 이동에 제한을 받았다.

**01** (1) 고려는 지방관이 파견된 주현보다 지방관이 파견되지 않은 속현이 더 많았다.

**04** 도병마사와 식목도감은 중서문하성과 중추원의 고위 관료들이 모이는 회의 기구였다. 도병마사는 주로 국방 문제를 논의하였고, 식목도감은 제도와 시행 규칙을 제정하였다.
**바로잡기** ②, ③ 중서문하성, ④ 삼사에 대한 설명이다. ⑤ 중서문하성의 일부 관리와 어사대의 관원을 합쳐 부르는 말이다.

**05** 제시된 대화는 고려에서 관리 감찰 업무를 담당하였던 어사대에 대한 내용이다. 어사대의 관원은 중서문하성의 일부 관리와 합쳐 대간이라 불렸다. 이들은 정치의 잘잘못을 논하고 관리의 비리를 감찰하며 사회 풍속을 감시하였다.
**바로잡기** ① 식목도감, ② 삼사, ③ 상서성, ④ 중추원에 대한 설명이다.

**06** 고려의 중앙 정치 기구는 당의 3성 6부제를 본딴 중서문하성, 상서성과 송의 제도를 도입하여 설치한 중추원과 삼사, 고려의 독자적인 기구인 도병마사, 식목도감 등으로 구성되었다. 중추원은 왕명의 출납과 군사 기밀을 담당하였으며 식목도감은 도병마사와 함께 고위 관료들이 모여 회의하는 합의 기구로 법 제정 및 격식에 대한 문제를 담당하였다.
**바로잡기** ㄱ. 발해, ㄴ. 신라와 관련된 내용이다.

**올리드 포인트** 고려의 중앙 정치 기구

| 중서문하성 | 최고 관서, 국정 총괄 |
|---|---|
| 상서성 | 아래에 6부를 두고 정책 집행 |
| 중추원 | 군사 기밀, 왕명 출납 |
| 어사대 | 관리 감찰 |
| 삼사 | 국가 재정의 출납과 회계 업무 |
| 도병마사 | 국방과 군사 문제 논의 |
| 식목도감 | 법 및 각종 제도, 시행 규칙 제정 |

**07** 빗금 친 지역은 군사 행정 구역인 양계이다. 양계는 북쪽 국경을 방어하기 위한 지역으로 병마사를 파견하였다.
**바로잡기** ② 경기, ③ 개경, 서경(평양), 동경(경주) 후에 동경(경주) 대신 남경(서울), ④ 소, ⑤ 특수 행정 구역에 대한 설명이다.

**08** 도병마사, 식목도감은 중서문하성과 중추원의 고위 관리들이 모여서 국가 중대사를 논의하였고, 음서제는 왕족, 공신, 고위 관리의 자손들이 과거 시험을 거치지 않고 관리로 등용될 수 있었다.
**바로잡기** ㄴ, ㄹ. 통일 신라의 제도와 관련된 활동이다.

**09** 제시된 표는 고려의 관리 등용 제도를 보여 주는 자료이다. 음서는 왕족이나 공신, 고위 관리의 자손을 시험 없이 임명하는 제도이고, 잡과는 법률과 의학 등 기술학 시험을 통해 기술관을 뽑는 제도이다.
**바로잡기** ㄱ. 문과 중 명경과, ㄷ. 문과 중 제술과에 대한 설명이다.

**10**

| 구분 | 채점 기준 |
|---|---|
| 상 | 많은 세금의 부담과 거주지 이동 제한을 모두 서술한 경우 |
| 하 | 위 내용 중 한 가지만 서술한 경우 |

**올리드 포인트** 개경 세력과 서경 세력

|  | 개경 세력 | 서경 세력 |
|---|---|---|
| 중심 인물 | 김부식 | 묘청, 정지상 |
| 사상 | 유교 | 풍수지리 사상 |
| 주장 | 금에 사대 | 금 정벌 |

**08** 제시문은 무신 정변에 성공하고 정권을 잡은 무신들의 상황을 보여 준다. 무신 집권자들은 부정부패를 일삼고 농민을 수탈하여 백성의 원망을 샀다.

**09** (가)는 최충헌이다. 이의민을 제거하고 권력을 잡은 최충헌은 교정도감을 설치하여 반대 세력을 감시하고, 국가의 중요 정책을 결정하였다.
**바로잡기** ① 이자겸, ② 묘청, ③ 최우, ④ 김부식등 개경 세력에 대한 설명이다.

**10** (가)는 최씨 무신 정권 시기이다. 최충헌이 집권하며 성립된 최씨 무신 정권은 교정도감, 정방 등의 정치 기구와 사병 집단인 도방과 삼별초를 통해 4대 60여 년간 비교적 안정적으로 정권을 유지하였다.
**바로잡기** ①, ⑤ 무신 정권 초기의 상황이다. ③ 개혁책은 주장하였으나 실제로 반영되지 않고 자신의 권력만을 강화하였다.

**11** 제시된 주장은 최씨 무신 정권기 발생한 만적의 난에 대한 내용이다. 만적의 난은 사노비였던 만적이 신분 해방을 목적으로 계획한 봉기였으나 사전에 발각되어 실패하였다.
**바로잡기** ① 망이·망소이의 난, ③ 조선 시대 홍경래의 난, ④ 묘청의 서경 천도 운동에 대한 설명이다.

---

**주제 17** 문벌 사회의 동요와 무신 정권의 수립

**문제로 실력다지기** 79~80쪽

**개념 문제** 01 (1) ○ (2) × (3) ○ 02 (1) 이자겸 (2) 정방 03 (1) 묘청 (2) 교정도감 (3) 만적의 난
**실력 문제** 04 ⑤ 05 ① 06 ④ 07 ③ 08 ⑤ 09 ⑤ 10 ② 11 ② 12 (1) 묘청 등 서경 세력 (2) **예시답안** 서경으로 천도할 것을 주장하였고 금을 정벌하고 황제를 칭하며 연호를 사용할 것을 주장하였다.

**01** (2) 정지상은 대표적인 서경 세력으로 서경 천도를 주장하였다.

**04** (가)에 들어갈 지배 세력은 문벌이다. 문벌은 과거와 음서를 통해 고위 관직을 차지하고 왕실이나 다른 문벌 집안과의 혼인을 통해 권력을 유지하였다.
**바로잡기** ① 신라의 진골, ② 무신, ③ 신라의 6두품, ④ 신라 말 지방 호족에 대한 설명이다.

**05** (가)는 이자겸이다. 이자겸은 인종의 외할아버지이자 장인으로 막강한 권력을 행사하였다. 이에 인종이 제거하려 하였으나 오히려 난을 일으켜 왕권을 위협하였다.
**바로잡기** ② 무신, ③ 척준경, ④ 최충헌, ⑤ 묘청에 대한 설명이다.

**06** 제시된 자료는 이자겸의 난 이후의 상황을 보여 준다. 이자겸의 난으로 궁궐이 불타 없어지고 왕실의 권위가 떨어지자 인종은 정지상 등의 개혁 세력과 개혁을 추진하였고 정지상이 추천한 승려 묘청을 등용하였다.
**바로잡기** ㄱ. 성종, ㄹ. 숙종 때 윤관에 대한 설명이다.

**07** 제시된 자료는 묘청의 서경 천도 주장을 둘러싸고 일어난 갈등을 보여 준다. 묘청은 풍수지리 사상을 내세워 서경 천도를 주장하며 인종으로 하여금 대화궁을 건설하게 하였다.
**바로잡기** ① 최씨 무신 정권, ② 고려와 거란의 충돌, ④ 신진 사대부, ⑤ 무신정변과 관련된 탐구 활동이다.

**12**

| 구분 | 채점 기준 |
|---|---|
| 상 | 서경 천도, 금 정벌, 황제 칭호와 연호 사용 중 두 가지 이상 서술한 경우 |
| 하 | 위 내용 중 한 가지만 서술한 경우 |

---

**주제 18** 다원적 국제 질서의 형성

**문제로 실력다지기** 82~83쪽

**개념 문제** 01 (1) × (2) ○ 02 (1) 별무반 (2) 벽란도 03 (1) 강동 6주 (2) 천리장성
**실력 문제** 04 ③ 05 ② 06 ③ 07 ① 08 ⑤ 09 ④ 10 ② 11 (1) 강동 6주 (2) **예시답안** 국호에서 알 수 있듯이 고구려를 계승한 것은 고려이다. 또한 여진이 길을 막고 있어 교류를 하지 못하는 것이니 우리의 옛 땅을 회복한다면 교류를 할 수 있다.

**01** (1) 귀주에서 거란군의 침입을 막아 낸 것은 강감찬이다.

**04** 지도는 10 ~ 13세기 동아시아 정세를 나타낸다. 5대 10국의 혼란기와 국방력이 약하였던 송의 건국으로 거란, 여진과 같은 북방 민족이 성장하였다. 다원적 국제 질서 속에서 고려는 실리를 추구하며 대내적으로는 황제국 체제를 지향하였다. 발해를 멸망시킨 거란을 배격하고 선진 문물을 받아들이기 위해 송과 친선 관계를 맺는 등의 모습을 보였다.

**바로잡기** ① 대립 관계에 있었던 거란, 여진과도 교류하였다. ② 몽골의 침입과 관련된 설명이다. ④ 송과 친선 관계를 맺고 북방 민족과 대립하였다. ⑤ 여진족이 강성해져 금을 건국하자 고려는 군신 관계를 수용하였다.

**05** 지도는 고려에 대한 거란의 침입을 보여 주는 지도이다. 송과의 연합을 막고자 침입한 거란은 세 번이나 고려를 침입하였으며 세 번째 침입 과정에서 강감찬의 고려군이 귀주에서 거란을 물리치며 큰 승리를 거두었다.

**바로잡기** ① 고구에 침입한 수, ③ 여진, ④ 태조 왕건이 훈요 10조에도 언급한 것처럼 고려는 초기부터 발해를 멸망시킨 거란에 적대적이었다. ⑤ 대몽 항쟁과 관련된 설명이다.

**06** 제시문은 거란의 3차 침입을 막아 낸 강감찬의 귀주 대첩에 대한 설명이다. 이후 고려·송·거란 사이에 세력 균형을 이룰 수 있었으며 고려는 개경에 나성을 쌓고 국경 지역에 천리장성을 쌓아 북방 민족의 침입에 대비하였다.

**바로잡기** ㄱ. 여진, ㄹ. 몽골과 관련된 내용이다.

**올리드 포인트** 거란, 여진과의 충돌

| 구분 | 거란의 침입 | 여진의 침입 |
|------|------------|------------|
| 활약한 인물 | 서희, 양규, 강감찬 등 | 윤관 |
| 획득 지역 | 강동 6주 | 동북 9성 |

**07** 고려 예종 때 윤관은 여진을 정벌하고자 별무반 편성을 건의하였다. 이후 그는 별무반을 이끌고 여진족의 근거지를 점령하여 동북 9성을 쌓았다.

**바로잡기** ② 강감찬, ③, ④ 서희, ⑤ 이자겸에 대한 설명이다.

**08** 제시된 자료는 여진과의 관계를 보여 주는 내용이다. 여진은 초기에는 고려를 섬겼으나 점차 강성해지면서 고려와 자주 충돌하였다. 윤관이 이끈 별무반의 활약으로 한때 동북 9성을 축조하였으나 이후 반환하고 여진이 강성해짐에 따라 이자겸의 집권 시기에는 군신 관계를 수용하였다.

**바로잡기** ①, ②, ③, ④ 거란과 관련된 탐구 활동이다.

**09** 제시된 시는 무역항으로서의 벽란도의 모습을 이규보가

『동국이상국집』에 담은 시이다. 당시의 벽란도는 송, 일본, 서역의 이슬람 상인까지 자주 드나들던 항구로 국제 무역항으로 성장하였다.

**10** 지도는 고려의 대외 교류를 보여 준다. 고려는 송, 거란, 여진, 일본 등과 활발하게 교류하였고 벽란도는 이슬람 상인들도 드나들 정도로 국제 무역항으로 성장하였다. 이를 통해 '코리아'라는 이름이 세상에 널리 퍼졌을 것이라 추정된다.

**바로잡기** ㄴ. 통일 신라에 대한 설명이다. ㄹ. 거란의 침입을 물리친 이후 거란과 외교 관계를 맺고 교류하였다.

**11**

| 구분 | 채점 기준 |
|------|----------|
| 상 | 고구려 계승과 여진족의 차단으로 인한 교류의 어려움에 대한 내용을 모두 서술한 경우 |
| 중 | 위 내용 중 한 가지만 서술한 경우 |
| 하 | 교류를 하겠다는 맥락으로만 서술한 경우 |

**올리드 특강** 85쪽

유형 1 **1** ①      **2** ④
유형 2 **1** ③      **2** ④

---

**주제 19 고려의 대몽 항쟁**

**문제로 실력다지기** 87~88쪽

개념 문제 **01** (1) ○ (2) × **02** (1) 팔만대장경 (2) 삼별초 **03** (1) 강화도 (2) 김윤후
실력 문제 **04** ② **05** ③ **06** ② **07** ③ **08** ① **09** ③ **10** ④
**11** ② **12** 예시답안 사치를 일삼고 과도한 세금을 거두었어.

**01** (2) 최씨 정권이 무너지고 고려 정부는 몽골과 강화를 맺은 뒤 개경으로 환도하였다.

**04** 제시된 신문 기사는 몽골 사신 피살 사건에 대한 내용으로, 몽골은 이를 구실로 1231년 고려를 침략하였다.

**바로잡기** ①, ⑤ 여진, ③ 거란에 대한 내용이다.

**05** 지도는 고려가 대몽 항쟁을 위해 수도를 강화도로 옮긴 것을 보여 준다. 최씨 무신 정권은 물살이 빠르고 암초가 많아 방어에 유리한 강화도를 임시 수도로 삼아 장기 항전에

대비하였다.

**06** 지도는 고려와 몽골의 전쟁을 보여 준다. 몽골과의 항쟁은 40여 년에 걸쳐 전개되었으며 고려 정부는 강화도 천도, 팔만대장경 조판, 처인성과 충주성에서의 항전 등으로 대응하였다.

**올리드 포인트** 몽골과의 전쟁 과정

| 1219년 | 강동성에서 함께 거란군을 격퇴 |
|---|---|
| 1231년 | 몽골군의 침입, 귀주성에서 박서의 저항 |
| 1232년 | 최씨 무신 정권의 강화도 천도, 처인성 전투(김윤후와 처인 부곡민이 몽골군 대장 살리타 사살) |
| 1253년 | 충주성 싸움(김윤후가 국민과 노비를 이끌고 승리) |
| 1270년 | 개경 환도 |
| 1273년 | 삼별초의 항쟁이 고려·몽골 연합군에 진압됨. |

**07** 김윤후는 처인성에서 부곡민을 이끌고 몽골군 대장 살리타를 사살하였으며, 충주성에서는 노비 문서를 불태우고 노비들의 사기를 북돋아 몽골군의 침입을 물리쳤다.
**바로잡기** ㄹ. 삼별초에 대한 설명이다.

**08** 제시문은 충주성 싸움에 대한 자료이다. 충주성 싸움에서 지휘관 일부는 성을 버리고 도망가는 모습을 보였으나 천민들은 끝까지 항쟁하여 몽골군이 남하하는 것을 격퇴하였다.

**09** 제시문은 거란의 침입 때 초조대장경을 조판하며 불교의 힘으로 민심을 모아 항쟁하였던 것처럼 몽골의 침입도 대장경 조판을 통해 막아 낼 수 있다고 주장하는 글이다. 몽골의 침입 때에는 강화도에서 팔만대장경을 조판하였다.

**10** 몽골의 침략으로 초조대장경과 황룡사 구층 목탑 등 많은 문화유산이 불에 타는 피해를 입었다.
**바로잡기** ㄱ. 여진 ㄷ. 고구려 – 수에 대한 설명이다.

**11** 삼별초는 몽골과의 강화를 거부하고 진도, 제주도로 근거지를 옮겨 가며 대몽 항쟁을 계속하였다.

**12**

| 구분 | 채점 기준 |
|---|---|
| 상 | 사치스러운 생활, 과도한 세금 징수를 모두 서술한 경우 |
| 하 | 위 내용 중 한 가지만 서술한 경우 |

**주제 20** 원의 내정 간섭과 권문세족의 등장

**문제로 실력 다지기** 90~91쪽

**개념 문제** 01 (1) × (2) ○ (3) ○ 02 (1) 정동행성 (2) 공녀 (3) 권문세족 03 (1) 몽골풍 (2) 음서 (3) 원
**실력 문제** 04 ④ 05 ⑤ 06 ③ 07 ⑤ 08 ② 09 ① 10 ②
11 (1) 권문세족 (2) **예시답안** 몽골어 통역관, 응방의 관리, 원에서 국왕과 함께 지낸 측근 세력 등 원과 밀접한 관계를 맺은 사람들이 원의 세력을 등에 업고 지배층으로 성장하였다.

**01** (1) 원은 고려의 제도와 풍속은 인정하면서 고려에 영향력을 확대하고자 하였다.

**04** 제시된 자료는 원 간섭기의 고려 상황을 보여 주는 내용이다. 원과 강화를 체결하면서 개경으로 환도한 고려 정부는 제도와 풍속은 유지한 채로 원의 영향력이 확대되어 영토 상실, 경제적 수탈 등을 겪어야 했다.

**05** 제시된 자료는 원 간섭기 고려의 국왕이 원의 공주와 혼인하며 제후국 수준으로 격하되어 왕실의 호칭과 관제 등이 변화된 상황을 보여 준다. 이 시기에는 원 황제에게 충성을 맹세하는 '충'이 붙은 시호가 내려지고, 폐하와 태자 대신 전하와 세자로 명칭을 고치게 되었다.

**06** 제시문은 원 간섭기 원이 고려에 공녀를 요구하는 것에 대한 내용이다. 원 간섭기에 고려는 사냥용 매를 바치기 위해 응방을 설치하였고, 원과 친밀한 관계로 성장한 권문세족은 대농장을 경영하며 가난한 농민들을 노비로 만들었다.
**바로잡기** ㄱ. 거란 격퇴 이후, ㄹ. 무신 정권 시기에 대한 설명이다.

**07** 앞 머리털을 밀고 뒤 머리털만 남겨서 땋는 변발, 그 위에 쓰는 발립, 위아래가 붙은 옷인 철릭 등의 몽골식 복장과 소주, 설렁탕, 만두 등의 음식, 수라·무수리·~치 등의 몽골어 등이 몽골풍의 대표적인 사례이다.

**08** 제시된 대화는 원 간섭기에 등장한 권문세족에 대한 내용이다. 권문세족들은 종을 풀어서 좋은 토지를 가진 사람들의 공식 토지 문서를 무시하고 수정목(물푸레 나무)으로 때려 땅을 빼앗았다. 이를 수정목 공문이라 불렀다.

**09** (가)는 권문세족이다. 권문세족은 관직을 독점하고 음서로 권력을 세습하였으며 관직을 매매하고 대농장을 소유하였다.
**바로잡기** ② 무신, ③ 서경 세력, ④ 호족, ⑤ 문벌 귀족(경원 이씨 가문)에 대한 설명이다.

**10** 충선왕은 권문세족이 국가 재정을 약화시키고 백성의 삶

을 어렵게 하자 신진 세력과 더불어 개혁을 추진하려 하였으나 원의 간섭과 권문세족의 반발로 실패하였다.

**바로잡기** ①, ③ 태조 왕건, ④ 광종, ⑤ 성종에 대한 설명이다.

**11**

| 구분 | 채점 기준 |
|---|---|
| 상 | 몽골어 통역관, 응방 관리, 원에서 국왕과 함께 지낸 측근 세력 등의 사례를 구체적으로 들어 서술한 경우 |
| 중 | 사례가 구체적이지 않거나 정확하지 않게 서술한 경우 |
| 하 | 단순히 원과 밀접한 관계에 있었다고만 서술한 경우 |

## 주제 21 공민왕의 개혁과 새로운 정치 세력의 성장

### 문제로 실력다지기

93~94쪽

**개념 문제** **01** (1) ○ (2) × **02** (1) 전민변정도감 (2) 성리학 **03** (1) 신진 사대부 (2) 최무선

**실력 문제** **04** ① **05** ③ **06** ② **07** ③ **08** ③ **09** ③ **10** ① **11** ② **12** ④ **13** 예시답안 홍건적과 왜구의 침입을 격퇴하는 과정에서 신흥 무인 세력이 새로운 정치 세력으로 성장하였다.

**01** (2) 천리장성은 거란의 침입 이후에 세웠으며 이성계, 최영 등이 홍건적과 왜구의 침입을 막아 내었다.

**04** 지도는 한족들의 반란으로 원이 쇠퇴해 가면서 명이 건국되는 상황을 보여 준다. 이 당시 공민왕은 명과 교류하며 반원 자주 정책을 펼쳤다.

**05** 밑줄 친 '왕'은 공민왕이다. 공민왕은 원의 연호를 사용하는 것을 중지하고 쌍성총관부를 공격하여 영토를 회복하였다. 또한 기철 등 친원 세력을 숙청하여 왕권을 강화하고자 하였다.

**바로잡기** ①, ② 인종, ④ 고종, ⑤ 우왕에 대한 설명이다.

**06** 제시된 자료는 공민왕의 반원 개혁 정치에 대한 내용이다. 공민왕은 기철을 비롯한 친원 세력 숙청, 내정 간섭 기구였던 정동행성의 일부 기능 폐지, 원에 빼앗겼던 쌍성총관부 공격 등 원의 간섭에서 벗어나기 위해 노력하였다.

**07** 제시된 정책 모두 당시 지배층 세력의 경제적 기반을 약화시키며 왕권과 국가 재정을 강화하려는 목적에서 실시되었다.

**08** (가)는 신돈이다. 신돈은 공민왕의 개혁 때 등용되어 전민변정도감을 설치하고 부당하게 빼앗긴 토지와 강압적으로 노비가 된 백성을 원래의 상태로 돌려놓는 개혁을 추진하였다. 그러나 역모를 꾀한다는 혐의로 제거되었다.

**바로잡기** ① 윤관, ② 태조 왕건, ④ 최승로, ⑤ 묘청에 대한 설명이다.

**09** 제시된 자료는 고려의 수도였던 개성에 있는 성균관의 사진이다. 본래 고려의 최고 교육 기관이었던 국자감은 공민왕 때 성균관으로 고쳐 재정비되었다.

**바로잡기** ① 신라, ② 고구려, ④ 발해의 최고 교육 기관이다. ⑤ 공민왕 때 설치한 개혁 기구이다.

**10** 제시문은 신진 사대부에 대한 설명이다. 공민왕의 개혁 과정에서 성장한 신진 사대부는 성리학을 개혁의 사상적 기반으로 삼았다. 이들은 공민왕 사후 신흥 무인 세력과 함께 고려의 현실을 개혁하는 데 노력하였다.

### 올리드 포인트 권문세족과 신진 사대부

| 구분 | 권문세족 | 신진 사대부 |
|---|---|---|
| 정치 성향 | 보수적 | 개혁적 |
| 외교 성향 | 친원 | 친명 |
| 경제 기반 | 대지주 – 농장 경영 | 중소 지주 |
| 사상 | 불교 숭상 | 성리학 |

**11** 제시된 자료는 고려 후기에 등장한 신진 사대부의 주장이다. 공민왕의 개혁 추진 과정에서 성장한 신진 사대부는 권문세족의 횡포와 불교의 폐단을 비판하고 명과 화친할 것을 주장하였다.

**바로잡기** ① 6두품, ③, ⑤ 권문세족, ④ 무신에 대한 설명이다.

**12** 최영은 대표적인 신흥 무인 세력으로, 홍건적과 왜구의 침입을 물리치면서 권력을 차지하였다.

**바로잡기** ① 윤관, ② 박위, ③ 이성계, ⑤ 최무선에 대한 설명이다.

**13**

| 구분 | 채점 기준 |
|---|---|
| 상 | 신흥 무인 세력이 새로운 정치 세력으로 성장하였다고 서술한 경우 |
| 중 | 신흥 무인 세력이 백성의 신망을 얻었다고만 서술한 경우 |
| 하 | 무인 세력이 성장하였다고만 서술한 경우 |

## 주제 22 고려의 가족 제도와 문화 발달

### 문제로 실력다지기
96~97쪽

**개념 문제** **01** (1) × (2) ○ **02** (1) 백정 (2) 성리학 **03** (1) 지눌 (2) 『삼국사기』

**실력 문제** **04** ① **05** ⑤ **06** ② **07** ③ **08** ② **09** ④ **10** ③ **11** ⑤ **12** (1) 지눌 (2) **예시답안** 승려 본연의 자세로 돌아가 불경, 수행, 노동에 힘쓰자고 주장하였다.

**01** (1) 고려 시대에는 여성의 이혼과 재혼에 거의 제약이 없었으며 여성의 지위가 높은 편이었다.

**04** 제시문은 고려 시대 농민층의 생활을 보여 주고 있다. 양인의 대다수를 차지하였던 농민은 백정이라 불렸으며 국가에 세금을 바치는 피지배층이었다.
**바로잡기** ㄷ. 농민은 양인에 해당한다. ㄹ. 노비에 대한 설명이다.

**05** (가) 신분 계층은 노비이다. 천인의 대다수를 차지한 노비는 재산으로 간주되어 매매·증여·상속의 대상이 되었다.
**바로잡기** ①, ② 백정 농민층, ③ 대다수 농민층, ④ 특수 행정 구역민에 대한 설명이다.

**06** 제시문은 고려의 관리였던 이규보의 처가에 대한 인식을 보여 주는 내용으로, 고려의 가족 제도를 살펴볼 수 있다. 고려 시대에는 남자가 처가살이를 하는 경우도 많았으며 가족 간의 의무나 혜택에 있어 친가와 외가를 구분하지 않았다.

### 올리드 포인트 고려와 조선 시대의 여성 지위

| 구분 | 고려 | 조선 후기 |
|---|---|---|
| 상속 | 자녀 균등 분배 | 적장자 우선 |
| 호적 | 남녀 구분 없이 출생순 기재 | 부계의 자손만 기재(남성 중심) |
| 제사 | 딸도 가능 | 남성이 없으면 양자 입적 |
| 재혼 | 재혼 가능 | 재혼 불가, 재가시 자손들에게 불이익 |

**07** 문종의 아들로 왕족 출신인 의천은 송에 건너가 불교 교리를 연구하여 돌아왔으며 천태종을 개창하여 교종을 중심으로 선종을 통합하고자 하였다. 또한 초조대장경을 보완하고자 주변 국가 불경의 해석서들을 모아 교장을 간행하였다.
**바로잡기** ㄱ. 통일 신라 시대의 승려 혜초, ㄹ. 지눌에 대한 설명이다.

**08** 제시된 자료는 고려 시대의 대표 문화유산인 팔만대장경에 대한 설명이다. 팔만대장경은 몽골의 침입을 물리치기 위해 제작되었으며 고려 목판 인쇄술의 높은 수준을 보여 준다.
**바로잡기** ① 일연의 『삼국유사』, 이승휴의 『제왕운기』에 대한 설명이다. ③ 팔만대장경은 목판으로 제작되었다. ④ 김부식의 『삼국사기』, ⑤ 교장에 대한 설명이다.

**09** 제시된 대화는 1377년 청주 흥덕사에서 인쇄한 『직지심체요절』에 대한 설명이다. 『직지심체요절』은 현존하는 세계에서 가장 오래된 금속 활자본으로, 현재 프랑스 국립 도서관에서 소장하고 있다.
**바로잡기** ① 『무구정광대다라니경』, ② 교장, ③ 초조대장경, ⑤ 『해동고승전』에 대한 설명이다.

**10** 고려 후기 원의 영향을 받아 세워진 탑은 개성 경천사지 십층 석탑이다.
**바로잡기** ① 논산 관촉사 석조 미륵보살 입상이다. ② 여주 고달사지 승탑으로 신라 후기의 승탑 양식을 계승하였다. ④ 평창 월정사 팔각 구층 석탑이다. ⑤ 영주 부석사 무량수전은 주심포 양식의 건물로, 다포 양식은 원의 영향을 받았다.

**11** 제시된 자료는 고려 시대의 대표적인 문화재인 청자 상감 운학문 매병과 자기 공예에 대한 설명이다. 고려 시대 초기에는 무늬가 없는 순청자가 주로 만들어지다가 12세기 중엽부터 다양한 무늬를 새긴 상감 청자가 유행하였다.
**바로잡기** ① 백제, ② 통일 신라, ④, ⑤ 조선에 대한 설명이다.

**12**

| 구분 | 채점 기준 |
|---|---|
| 상 | 승려 또는 불교 본연의 자세로 돌아가 수행하자고 주장하였다고 서술한 경우 |
| 하 | 불교의 세속화를 비판하였다고만 서술한 경우 |

### III단원 표와 자료로 마무리하기
98~99쪽

**자료 1** ❶ 성종 ❷ 유교 ❸ 12목
**자료 2** ❶ 풍수지리설 ❷ 김부식
**자료 3** ❶ 송 ❷ 여진
**자료 4** ❶ 강화도 ❷ 김윤후
**자료 5** ❶ 음서 ❷ 대농장
**자료 6** ❶ 쌍성총관부 ❷ 신돈 ❸ 전민변정도감
**자료 7** ❶ 팔만대장경 ❷ 직지심체요절

## Ⅲ단원 실전문제로 마무리하기

| 01 ④ | 02 ④ | 03 ⑤ | 04 ④ | 05 ② | 06 ⑤ | 07 ⑤ | 08 ① |
| 09 ④ | 10 ⑤ | 11 ① | 12 ④ | 13 ① | 14 ⑤ | 15 ② | 16 ① |
| 17 ④ | 18 ① | 19 ④ | 20 ③ | | | | |

**서술형 문제**

**21** (1) 훈요 10조  (2) **예시답안** 불교를 숭상하여 연등회, 팔관회 등의 국가 행사를 중시하였고, 서경을 중시하며 북진 정책을 펼쳤다.

**22** **예시답안** 서희는 거란의 침입을 외교 담판으로 막아 내고 강동 6주를 확보하였다.

**23** (1) 팔만대장경  (2) **예시답안** 몽골의 침입을 물리치기 위해 제작하였다.

**01** 왕건은 918년 고려를 건국한 뒤 신라 경순왕의 항복(935)으로 신라를 통합하고 왕위 계승을 둘러싼 내분이 일어난 후백제를 멸망(936)시키며 후삼국을 통일하였다.

**02** 왕건은 호족들을 포섭하기 위해 지방의 유력 호족들과 혼인 관계를 맺었으며, 관직과 토지, 왕씨 성 등도 하사하였다.

**03** (가)는 광종 시기이다. 광종은 왕권을 강화하기 위해 노비안검법과 과거제를 실시하였다.
**바로잡기** ㄱ. 태조 왕건, ㄴ. 성종과 관련된 내용이다.

**04** 제시된 자료는 도병마사에 관한 내용이다. 도병마사는 중서문하성과 중추원의 고위 관료들이 국방 문제에 대한 중요한 정책을 합의하여 처리한 기구이다.

**05** 지도는 고려의 지방 행정 제도를 보여 준다. 고려는 전국을 5도, 양계, 경기로 나누었다. 일반 행정 구역인 5도에 안찰사를 파견하고, 북쪽 국경을 방어하기 위한 군사 행정 구역인 양계에 병마사를 파견하였다.
**바로잡기** ① 진골 귀족은 신라 시대의 지배층이다. ③ 지방관이 파견되지 않은 속현이 더 많았고 향리가 조세나 공물의 징수 등 실질적인 지방 행정의 실무를 담당하였다. ④ 고려 시대에는 특수 행정 구역인 향·부곡·소가 존재하였는데 향·부곡의 주민들은 농업에, 소의 주민들은 수공업에 종사하였다. ⑤ 통일 신라에 대한 설명이다.

**06** 제시된 표는 고려의 군사 제도에 대한 내용이다. 중앙군인 2군은 국왕의 친위 부대로 궁궐과 왕실 호위를 담당하였고, 6위는 개경과 국경 지역의 방어를 담당하였다. 지방군은 5도의 주현군과 양계의 주진군으로 구성되었고, 16세 이상의 군역 의무를 진 양인들이 복무하였다.
**바로잡기** ① 주진군, ② 2군, ③ 6위, ④ 통일 신라의 9서당에 대한 설명이다.

**07** (가)는 음서이다. 왕족, 공신, 5품 이상 고위 관리의 자손을

과거 시험을 거치지 않고 관리로 임명한 음서 제도는 아들과 사위, 친손과 외손까지 혜택을 부여하였다.
**바로잡기** ① 과거의 문과 중 제술과에 대한 설명이다. ② 무과가 없던 고려에서 무관을 뽑은 방법이다. ③ 잡과, ④ 천거에 대한 설명이다.

**08** 제시된 자료는 이자겸의 난에 대한 내용이다. 이자겸의 난으로 문벌 귀족 사회가 동요하고 왕실의 권위가 약화되는 결과를 가져왔다.

**09** 제시문은 무신 정변의 배경이 되는 당시의 상황을 보여 준다. 무신에 대한 차별 대우로 일어난 무신 정변(1170)으로 무신이 권력을 장악하였다.
**바로잡기** ①, ② 묘청의 서경 천도 운동, ③ 성종, ⑤ 신라 말에 대한 설명이다.

**10** 제시된 자료는 고려와 거란의 대외 관계를 보여 주는 자료이다. 고려는 거란의 1차 침입에서 서희가 거란의 소손녕과 외교 담판을 벌여 여진족을 몰아낸 뒤 강동 6주를 확보하였다.
**바로잡기** ㄱ. 몽골, ㄴ. 여진과 관련된 내용이다.

**11** 고려 초 여진은 고려에 특산물을 바치며 섬겼으나 세력이 강성해지자 고려와 충돌하였다. 이에 윤관이 별무반을 이끌고 동북 9성을 쌓았으나 이후 강성해진 여진이 금을 건국하여 고려에 군신 관계를 강요하였다. 이때 권력을 잡고 있던 이자겸은 정권의 안정을 위해 금의 군신 관계 요구를 수용하였다.
**바로잡기** ①, ②, ③, ④ (나) 이후의 사실이다.

**12** 지도는 고려 때 국제 무역항으로 발달하였던 벽란도의 교역로를 보여 준다. 벽란도에는 중국의 송 상인뿐만 아니라 일본, 동남아시아, 이슬람 상인들까지 자주 드나들었다.

**13** 제시된 자료는 몽골의 침입에 맞서 활약한 김윤후에 대한 내용이다. 김윤후는 몽골군이 처인성을 공격하자 부곡민을 이끌고 몽골군 대장 살리타를 사살하였다.
**바로잡기** ② 윤관, ③ 거란 – 강감찬, 몽골 – 박서, ④ 서희, ⑤ 고구려의 을지문덕에 대한 내용이다.

**14** 제시문은 강화도로 천도한 최씨 무신 정권에 대한 내용이다. 최우는 몽골의 침입으로 강화도로 천도하였으나 잔치를 열고 사치스러운 생활을 누리며, 과도한 세금을 걷는 등 전반적으로 민심을 잃었다. 결국 몽골과 강화를 맺자는 여론이 강해져 최씨 정권은 무너지게 되었다.

**15** 지도는 고려와 몽골의 전쟁이다. 약 40년에 걸쳐 몽골과 전쟁을 치르는 과정에서 최씨 정권이 무너지고 몽골과의

강화가 추진되었다.

**바로잡기** ③ 신라 말의 상황이다. ④ 이자겸의 난과 묘청의 서경 천도 운동의 영향이다. ⑤ 거란의 침입 이후에 대한 설명이다.

**16** 제시된 가상 인물이 쓰고 있는 것은 원 간섭기 고려와 몽골의 교류가 활발해지면서 들어온 몽골의 갓으로, 당시 고려에 변발, 몽골식 복장 등 몽골풍이 유행하였음을 보여준다.

**17** 제시문은 권문세족의 횡포를 보여 주는 흑책정사에 대한 내용이다. 이 시기 권문세족은 권력을 독점하고 불법적으로 농민의 토지를 빼앗아 대규모 농장을 운영하였다.

**바로잡기** ① 성종, ② 광종, ③ 최씨 무신 정권, ⑤ 인종 시기에 볼 수 있었던 모습이다.

**18** 제시문은 공민왕에 대한 설명이다. 공민왕은 원·명 교체기를 틈타 반원 개혁 정치를 실시하여 몽골식 복장과 변발의 폐지, 정방 폐지, 친원 세력 숙청, 쌍성총관부 회복 등의 성과를 거두었다.

**바로잡기** ㄷ. 광종, ㄹ. 성종에 대한 설명이다.

**19** 고려 후기에는 공민왕의 개혁 정치 과정에서 신진 사대부가, 홍건적과 왜구의 침입을 격퇴하는 과정에서 신흥 무인 세력이 성장하였다. 신진 사대부는 성리학을 사상적 기반으로 삼고 권문세족의 횡포를 비판하였다.

**바로잡기** ㄱ. 문벌 귀족, ㄷ. 무신에 대한 설명이다.

**20** (가)는 김부식의 『삼국사기』, (나)는 일연의 『삼국유사』의 내용이다. 김부식의 『삼국사기』는 묘청의 서경 천도 운동 진압 후 유교적 합리주의 사관에 따라 기록되었으며, 일연의 『삼국유사』는 몽골과의 항쟁 시기에 저술되어 불교 신앙과 민족의 전통을 기록하였으며 최초로 단군 이야기를 수록하였다.

**바로잡기** ① 『해동고승전』, ②, ⑤ 『삼국유사』, ④ 『삼국사기』에 대한 설명이다.

**올리드 키워드**

☑ **『삼국사기』와 『삼국유사』** : 『삼국사기』와 『삼국유사』는 모두 삼국 시대에 대한 역사서로, 우리나라 고대사를 이해하는 데 중요한 자료이다. 김부식이 쓴 『삼국사기』는 국가 운영과 관련된 서술이 잘 되어 있고, 몽골과의 항쟁 시기에 저술된 일연의 『삼국유사』는 불교 신앙과 민족의 전통 이야기가 많이 수록되어 있다.

**21**

| 구분 | 채점 기준 |
|---|---|
| 상 | 불교를 중시하고 북진 정책을 추진하였음을 서술한 경우 |
| 하 | 위 내용 중 한 가지만 서술한 경우 |

**22**

| 구분 | 채점 기준 |
|---|---|
| 상 | 거란의 침입을 외교 담판으로 막아 내고 강동 6주를 확보하였음을 서술한 경우 |
| 하 | 위 내용 중 한 가지만 서술한 경우 |

**23**

| 구분 | 채점 기준 |
|---|---|
| 상 | 대몽 항쟁을 위해서라고 서술한 경우 |
| 하 | 몽골에 대한 언급 없이 외세의 침입을 막아 내기 위해서라고만 서술한 경우 |

# I. 선사 문화와 고대 국가의 형성

## ① 만주와 한반도의 선사 문화와 청동기 시대 2~3쪽

**01** ④  **02** ②  **03** ③  **04** ②  **05** ③  **06** ⑤  **07** ④
**08** (1) (탁자식) 고인돌  (2) **예시답안** 청동기 시대에는 농경이 발달하면서 잉여 생산물이 많아졌다. 이에 사유 재산이 생기고 빈부 차이와 계급이 발생하였다. 또한 청동기를 가진 집단이 주변 지역을 정복하면서 전쟁이 일어나기도 하였다.
**09** **예시답안** 청동으로 만들어진 도구들이다. 이들 도구는 군장이 착용하고 제사에 사용함으로써 자신의 권위를 높이는 데 이용되었다.

**01** 구석기인들은 사람이 죽으면 시체를 매장하기도 하였고, 동물의 뼈 등을 이용한 조각품을 만들어 사냥의 성공과 사냥감의 풍요를 기원하기도 하였다.

**02** 지도는 만주와 한반도의 구석기 유적을 나타낸다. 구석기 시대에는 빈부의 차이나 계급이 없는 평등한 사회였다.
**바로잡기** ①, ③, ④, ⑤ 청동기 시대에 가서야 나타난 사회 현상이다.

**03** 슴베찌르개는 구석기 시대 후기에 등장한 도구로, 나무와 돌을 결합하여 사용하던 사냥 도구였다. 주먹도끼, 슴베찌르개 등은 모두 뗀석기에 포함된다.

**04** 신석기 시대에는 농경과 목축이 시작되었고 이동 생활 대신 움집을 지어 정착 생활을 하였다. 그러나 농업 생산량이 많지 않아 사유 재산이나 빈부의 차이가 없는 평등한 사회였다.
**바로잡기** ㄴ, ㄹ. 청동기 시대에 대한 설명이다.

**05** 제시된 사진은 서울 암사동의 신석기 시대 집터 유적지이다. 신석기인들은 강가 옆에 얕은 구덩이를 파고 그 위에 움집을 지어 살았다. 빗살무늬 토기는 한반도의 대표적인 신석기 시대 유물이다.
**바로잡기** ① 구석기 시대의 유물이다. ②, ④, ⑤ 청동기 시대의 유물이다.

**06** 제시된 유물은 신석기 시대에 사용된 유물들이다. 신석기 시대에는 농사에 영향을 끼치는 자연에 위대한 힘이 있다고 믿었다. 이를 통해 자연물에 영혼이 있다고 믿는 애니미즘, 특정 동식물을 숭배하는 토테미즘 등이 생겨났다.
**바로잡기** ①, ③ 청동기 시대에 대한 설명이다. ② 구석기 시대부터 죽은 사람을 매장하였다. ④ 구석기 시대에 대한 설명이다.

**07** (가)에 들어갈 도구는 반달 돌칼이다.
**바로잡기** ① 청동기 시대 비파형 동검이다. ② 청동기 시대 청동 거푸집이다. ③ 신석기 시대 낚싯바늘이다. ⑤ 신석기 시대 가락바퀴이다.

**08**

| 구분 | 채점 기준 |
|---|---|
| 상 | 청동기 시대의 사회·경제적 특징을 세 가지 이상 서술한 경우 |
| 중 | 청동기 시대의 사회·경제적 특징을 두 가지만 서술한 경우 |
| 하 | 청동기 시대의 사회·경제적 특징을 한 가지만 서술한 경우 |

**09**

| 구분 | 채점 기준 |
|---|---|
| 상 | 재료, 용도를 모두 서술한 경우 |
| 중 | 용도만 서술한 경우 |
| 하 | 재료만 서술한 경우 |

## ② 고조선의 건국과 발전 4~5쪽

**01** ③  **02** ③  **03** ④  **04** ③  **05** ③  **06** ③  **07** ①
**08** (1) 위만  (2) **예시답안** 위만 조선 시기 고조선은 철기 문화가 크게 발달하였다. 또한 한반도의 동남부 지역과 중국 사이의 중계 무역을 통해 경제적 이익을 얻었다.
**09** (1) 왕검성  (2) **예시답안** 한의 군현이 설치되자 고조선의 유이민들이 한반도의 남쪽으로 내려가 삼한의 성립과 발전에 영향을 미쳤다. 한 군현은 중국의 문화가 유입되는 통로 역할을 하기도 하였다.

**01** 고조선은 청동기를 가진 환웅 부족과 곰을 토템으로 숭배하는 집단의 연합으로 성립한 국가로 여겨지고 있다. 이를 단군 이야기에서는 곰과 환웅의 혼인으로 묘사하고 있다.

**02** (가)는 고조선(조선)이다. 고조선은 홍익인간의 건국 이념을 내세웠으며 초기 요동 지방을 중심으로 성장하였다가 후기에 대동강 유역으로 중심지를 이동하였다.
**바로잡기** ㄱ. 청동기 문화를 배경으로 건국되었다. ㄹ. 우리 민족이 세운 최초의 국가이다.

**03** 고조선의 문화 범위는 대체로 비파형 동검, 탁자식 고인돌, 미송리식 토기의 분포 범위와 일치하는 것으로 파악되고 있다.
**바로잡기** ①, ②, ⑤ 신석기 시대의 유물이다. ③ 구석기 시대의 유물이다.

**04** 탁자식 고인돌과 미송리식 토기는 주로 만주와 한반도 북부 지역에서 발견된다. 이는 고조선의 문화 범위와 대체로 일치하는 것으로 파악된다.
**바로잡기** ① 청동기 시대에 제작되었다. ② 고인돌에만 해당하는 설명이다.

**05** 제시문은 고조선의 「8조법」 일부이다. 고조선은 사회가 복잡해지면서 다양한 신분이 형성되었고 이를 「8조법」의 내용을 통해 확인할 수 있다. 생명력과 노동력의 중시, 화폐의 사용, 계급 사회의 모습을 확인할 수 있다.
**바로잡기** ⑤ 청동기 시대와 철기 시대의 사회 모습을 알 수 있다. 신석기 시대는 아직 사유 재산이 발생하지 않은 사회였다.

**06** 제시문은 기원전 5~4세기 무렵의 한반도에 대한 설명이다. 이 시기 고조선은 중국의 연과 교류 및 대립하면서 성장하였다.
**바로잡기** ④, ⑤ 한의 공격으로 고조선이 멸망한 이후의 일이다.

**07** (가)는 기원전 5~4세기경의 일이다. (나)는 기원전 108년의 일이다. 기원전 194년 위만이 고조선의 준왕을 몰아내고 고조선의 왕위를 차지하였다. 이때부터 고조선의 멸망까지를 위만 조선이라고 부른다.
**바로잡기** ②, ③, ⑤ (가) 시기 이전의 일이다. ④ (나) 시기 이후의 일이다.

**08**

| 구분 | 채점 기준 |
|---|---|
| 상 | 고조선의 발전 모습 두 가지를 모두 서술한 경우 |
| 하 | 고조선의 발전 모습 중 한 가지만 서술한 경우 |

**09**

| 구분 | 채점 기준 |
|---|---|
| 상 | 한 군현 설치의 영향을 두 가지 모두 서술한 경우 |
| 하 | 한 군현 설치의 영향을 한 가지만 서술한 경우 |

### ❸ 철기 문화의 발전과 여러 나라의 성장 6~7쪽

**01** ③  **02** ④  **03** ②  **04** ④  **05** ②  **06** ③  **07** ④
**08** (예시답안) 모두 철기 시대의 유물들이다. 명도전은 중국의 전국 시대에 사용한 화폐이고, 붓은 한자를 쓸 때 사용하던 도구이다. 이는 당시 한반도 사람들이 중국과 활발하게 교류하였음을 알려 준다.
**09** (1) 소도 (2) (예시답안) '이 나라'는 삼한이다. 삼한은 천군이 제사 의식을 맡고 소도라는 별도의 지역을 다스렸는데, 이곳에는 군장의 영향력이 미치지 않았다. 이는 삼한이 정치와 종교가 분리된 제정 분리 사회였음을 보여 준다.

**01** 제시된 유물은 철기 시대에 사용된 농기구와 무기이다. 철

은 청동기에 비해 구하기 쉽고 제작이 쉬워 대량 생산이 가능하였다. 철제 도구를 통해 농업 생산력이 향상되고 정복 전쟁이 늘어나게 되었다.
**바로잡기** ②, ④ 신석기 시대에 대한 설명이다. ⑤ 청동기 시대에 대한 설명이다.

**02** 부여는 넓은 평야와 초원 지대에 위치하여 밭농사와 목축이 크게 발달하였다. 제가들의 명칭에 말, 소 등의 가축 이름이 붙은 것은 그러한 사회 특성을 보여주는 것으로 이해할 수 있다.

**03** 제시문은 부여에 대한 설명이다. 부여는 12월에 영고라는 제천 행사를 열어 하늘을 숭배하고 제사를 지냈다.

**04** 고구려는 압록강 중류 일대를 중심으로 졸본을 도읍으로 삼아 건국되었다. 제가 회의는 여러 '가'가 모인 회의라는 의미로, 고구려의 중요 국가 정책을 의논하고 결정하였다.
**바로잡기** ㄱ. 동예에 대한 설명이다. ㄷ. 10월에 동맹이라는 제천 행사를 열었다.

**05** 제시문은 고구려의 서옥제(데릴사위제)를 보여 준다. 고구려에서는 혼인이 결정되면 신랑이 신부의 집 뒤꼍의 '서옥'이라는 집에 머물렀다. 부부가 아이를 낳아 자라면 다시 남자의 집으로 갔다. ㉠은 부여, ㉡은 고구려, ㉢은 옥저, ㉣은 동예, ㉤은 삼한이다.

**06** 제시문은 옥저에 대한 사료이다. 옥저는 왕이 없고 읍군, 삼로라는 군장이 자기 부족을 다스렸으며, 가족 공동 무덤의 풍습이 있었다고 한다.

**07** 동예는 한반도 동해안 지역에 성립되었는데 단궁, 과하마, 반어피 등의 특산물이 유명하였다. 왕이 없고 군장이 각 부족을 다스렸는데, 다른 부족의 경계를 침범하면 배상하는 책화의 풍속이 있었다. 정치 발전이 늦었고 고구려의 간섭을 받다가 나중에 고구려에 의해 멸망하였다.

**08**

| 구분 | 채점 기준 |
|---|---|
| 상 | 철기 시대와 중국과의 교류를 모두 서술한 경우 |
| 중 | 중국과의 교류만 서술한 경우 |
| 하 | 철기 시대만 쓴 경우 |

**09**

| 구분 | 채점 기준 |
|---|---|
| 상 | 나라 이름과 종교적 특징을 모두 서술한 경우 |
| 중 | 종교적 특징만 서술한 경우 |
| 하 | 나라 이름만 쓴 경우 |

## ❹ 삼국과 가야의 건국과 성장　8~9쪽

**01** ③　**02** ①　**03** ④　**04** ①　**05** ③　**06** ②　**07** ④
**08** (1) ㉠ 고구려, ㉡ 백제　(2) **예시답안** 고구려와 백제의 초기 무덤은 계단식 돌무지무덤으로 같은 고분 양식을 갖고 있다. 이는 백제의 건국 세력이 고구려의 유이민 세력이었다는 점을 보여 준다.
**09** **예시답안** 제시문은 신라의 건국 설화이다. 신라는 진한의 소국인 사로국에서 출발하여 박혁거세로 상징되는 유이민 세력과 경주·울산 지역의 토착 세력이 결합하여 건국되었다.

**01** 자료는 중국 지린성 지안 일대의 고구려 유적을 보여 준다. 5부족 연합으로 형성된 고구려는 졸본에서 건국되었다가 넓은 벌판을 끼고 있는 국내성으로 옮겨 나라의 기틀을 마련하고 영토를 확장하였다.
　**바로잡기** ①, ⑤ 신라에 대한 설명이다. ② 부여에 대한 설명이다. ④ 한 군현에 대한 설명이다.

**02** 고구려의 고국천왕은 왕권을 강화하여 부족적 전통의 5부를 행정적 성격의 5부로 개편하고 왕위의 부자 상속을 확립하였다.
　**바로잡기** ㄷ, ㄹ. 고구려 태조왕의 업적이다.

**03** 위례성은 현재 서울 송파 지역으로 알려져 있다. 이곳은 한강을 통해 해상 교역이 편리하고 한반도의 가운데에 위치하여 육상 교통이 발달한 곳이다. 또한 농사에 유리한 평야 지대에 위치하고 있다.

**04** 백제의 고이왕은 관직과 관리의 등급을 마련하고 관복제를 제정하는 등 중앙의 행정을 체계화하고 왕권을 강화하여 백제의 국가 기틀을 확립하였다.

**05** (가)는 신라이다. 신라는 진한의 사로국에서 출발하여 박·석·김의 3성이 번갈아 연맹장인 '이사금'으로 추대되었다. 한반도의 동남쪽 끝에 위치하여 중국의 선진 문화 수용이 다른 나라에 비해 비교적 늦었다.
　**바로잡기** ③ 변한 지역에서 성장한 가야 연맹에 대한 설명이다.

**06** 내물왕 때 이사금의 호칭을 마립간으로 바꾸었다. 내물왕은 김씨의 왕위 세습을 확립하고, 고구려 광개토 대왕의 도움으로 왜의 침략을 격퇴하는 등 신라의 중앙 집권 국가의 기틀을 마련하였다.

**07** 지도는 금관가야가 성장한 지역이다. 가야는 철광석이 풍부한 지역에 위치하여 철제 도구의 생산과 수출이 활발하였다.

**08**

| 구분 | 채점 기준 |
| --- | --- |
| 상 | 무덤의 유사성과 정치적 의미를 모두 서술한 경우 |
| 하 | 무덤의 유사성과 정치적 의미 중 한 가지만 서술한 경우 |

**09**

| 구분 | 채점 기준 |
| --- | --- |
| 상 | 나라 이름과 건국 과정을 모두 서술한 경우 |
| 중 | 건국 과정만 서술한 경우 |
| 하 | 나라 이름만 쓴 경우 |

## ❺ 삼국과 가야의 경쟁과 발전　10~11쪽

**01** ②　**02** ②　**03** ③　**04** ③　**05** ④　**06** ⑤　**07** ④
**08** 동성왕은 혼인을 통해 신라와 동맹을 강화하였고, 신진 세력을 등용하여 귀족 세력을 견제하였다.
**09** (1) 법흥왕　(2) **예시답안** 법흥왕은 병부를 설치하여 군사 지휘권을 체계화하였다. 또한 율령을 반포하고 백관 공복의 제도를 실시하였다. 한편 상대등을 설치하여 귀족 세력을 장악하려 하였다.

**01** 밑줄 친 '이 왕'은 고구려의 소수림왕이다. 소수림왕은 위기를 맞은 고구려의 체제 정비를 위해 태학을 설립하여 인재를 양성하고 율령을 반포하여 법에 의한 통치를 확립하였다. 또한 불교를 공인하여 사상의 통합을 꾀하였다.
　**바로잡기** ㄴ, ㄹ. 신라 법흥왕이 한 일이다.

**02** 제시문은 5세기 광개토 대왕 때의 영토 확장에 대한 내용이다. 광개토 대왕은 '영락'이라는 연호를 사용하여 고구려가 중국과 대등한 국가라는 자신감을 표현하였다.
　**바로잡기** ① 장수왕 때의 일이다. ③ 소수림왕 때의 일이다. ④ 국내성으로의 천도는 유리왕 때의 일이다. ⑤ 고국원왕 때의 일이다.

**03** 고구려는 427년 장수왕 때 국내성에서 평양성으로 천도하였다. 이는 국내성 중심의 귀족 세력을 약화시켜 왕권을 강화하는 동시에 평양성을 근거지로 남진 정책을 추진하기 위한 목적이었다. 이에 위협을 느낀 백제와 신라는 군사 동맹을 맺어 고구려에 맞섰다.

**04** 지도는 4세기 근초고왕 시대 백제의 영토 확장을 보여 주고 있다. 근초고왕은 마한을 복속시키고 중국의 동진과 왜를 잇는 해상 교역을 전개하였다. 또한 고구려의 남하를 저지하고 해상 교역로를 확보하여 한반도의 주도권을 장악하였다.
　**바로잡기** ①, ② 신라 지증왕 때의 일이다. ④ 5세기의 일이다. ⑤ 6세기 무령왕 때의 일이다.

**05** 제시된 자료는 무령왕에 대한 것이다. 무령왕은 동성왕이 피살된 이후 즉위하였는데, 고구려와 말갈의 침입을 여러

차례 격파하고 백제의 대외적 위상을 회복하였다.

**06** 신라의 지증왕은 순장 금지, 우경 보급, 수도에 시장 개설 등의 정책을 추진하였다. 이를 토대로 국호를 '신라'로 확정하고 왕호를 마립간에서 중국식 호칭인 '왕'으로 개편하였다. 한편, 우산국(울릉도)을 정복하였다.
**바로잡기** ㉠ 법흥왕이 한 일이다.

**07** 제시된 자료는 경북 고령 지방을 중심으로 후기 가야 연맹을 이끌었던 대가야와 관련된 유물과 유적이다. 내륙에 위치하였던 대가야는 섬진강을 통해 바닷길을 개척하고 남조, 왜 등과 교역하였다.
**바로잡기** ①, ③ 신라에 대한 설명이다. ② 금관가야에 대한 설명이다. ⑤ 가야는 연맹 왕국 단계에 머물렀다.

**08**

| 구분 | 채점 기준 |
|---|---|
| 상 | 동성왕의 정책 두 가지를 모두 서술한 경우 |
| 하 | 동성왕의 정책 중 한 가지만 서술한 경우 |

**09**

| 구분 | 채점 기준 |
|---|---|
| 상 | 법흥왕의 왕권 강화 정책을 세 가지 이상 서술한 경우 |
| 중 | 법흥왕의 왕권 강화 정책 중 두 가지만 서술한 경우 |
| 하 | 법흥왕의 왕권 강화 정책 중 한 가지만 서술한 경우 |

## ❻ 삼국의 항쟁 격화와 가야의 멸망    12~13쪽

**01** ③   **02** ②   **03** ④   **04** ③   **05** ⑤   **06** ③   **07** ①
**08** (1) 백제   (2) **예시답안** ㈎의 천도는 고구려의 공격으로 한성이 함락되면서 방어에 유리한 지역을 찾아 옮기면서 이루어졌다. ㈏의 천도는 좁은 웅진에서 벗어나 수로 교통이 편리하고 넓은 평야가 있는 사비로 수도를 옮기기 위해 이루어졌다.
**09** **예시답안** ㈎ 왕은 신라 진흥왕이다. 진흥왕은 황룡사를 지어 불교를 중심으로 국가의 정신적 통합을 꾀하였다. 둘째 화랑도를 국가적인 조직으로 재편하여 인재를 양성하였다.

**01** 제시문은 백제 성왕 대의 일이다. 성왕은 중국의 남조와 교류하고 왜에 불교를 전파하는 등 활발한 대외 교류를 펼쳤다.

**02** 백제 성왕은 제도 정비에 주력하여 중앙에 22부를 설치하고 5부 5방제를 마련하여 통치 조직을 정비하였다.

**03** 북한산 신라 진흥왕 순수비는 6세기 신라의 한강 유역 정

복을 대외에 과시하기 위한 목적에서 건립되었다. 비문의 내용이 상당 부분 마모되어서 정확한 건립 연대를 확인하기는 어렵다.

**04** 신라의 왕들은 불교를 통해 왕권을 강화하고 국가의 사상을 통합하려 하였다. 진흥왕의 황룡사 건립, 불교식 왕명의 사용 등은 그러한 목적에서 이루어진 일이었다.

**05** ㈎는 화랑도이다. 화랑도는 신라의 인재 양성 제도로, 신라의 고유한 제도였는데 진흥왕 때 국가적 조직으로 재편되었다.
**바로잡기** ① 6세기 진흥왕 때 재편되었다.

**06** 가야 연맹은 백제와 신라의 압박 속에서 자립적인 지방 세력들이 존재하여 중앙 집권 국가로 발전하지 못하고 연맹 왕국 단계에 머물렀다. 신라 법흥왕 때 금관가야가 복속되고 신라 진흥왕 때 대가야가 정복되면서 가야 연맹은 멸망하였다.
**바로잡기** ㄴ. 연맹 왕국 단계에 머물렀던 가야는 율령은 반포하지 못하였다. ㄹ. 신라 진흥왕 때 멸망하였다.

**07** ㈎는 538년의 일로 성왕 때의 일이다. ㈏는 554년의 일로 이때 성왕이 전사하였다. ㈐는 562년의 일이다.

**08**

| 구분 | 채점 기준 |
|---|---|
| 상 | ㈎, ㈏와 관련된 천도 이유를 모두 서술한 경우 |
| 하 | ㈎, ㈏와 관련된 천도 이유 중 한 가지만 서술한 경우 |

**09**

| 구분 | 채점 기준 |
|---|---|
| 상 | 진흥왕을 쓰고 진흥왕의 왕권 강화 정책 두 가지를 모두 서술한 경우 |
| 중 | 진흥왕의 왕권 강화 정책 두 가지만 서술한 경우 |
| 하 | 진흥왕만 쓴 경우 |

## ❼ 삼국 시대 의식주 생활과 고분 문화    14~15쪽

**01** ③   **02** ①   **03** ①   **04** ③   **05** ②   **06** ④   **07** ①
**08** **예시답안** 도교가 삼국에 전래되어 귀족 사회에서 유행하였다.
**09** (1) 골품제   (2) **예시답안** 골품제는 신라의 지배층을 대상으로 한 신분 제도이다. 성골, 진골, 6~1두품을 구분하였다. 신분에 따라 진출할 수 있는 관등의 높이가 달랐으며 옷의 색깔, 집의 크기 등 사회 활동과 일상생활까지 제한하였다.

**01** 제시문은 삼국이 불교를 수용하여 장려한 배경이 나타나 있다. 불교 장려를 위해 삼국은 대형 사찰을 세우고 승려를 정치와 교육에 참여시켰으며, 불교식 왕명을 사용하기도 하였다.

**02** 제시된 문화유산은 익산 미륵사지 석탑이다. 백제 무왕 때 만들어졌는데, 크게 파손되었으나 최근 완전 해체하여 새롭게 보수하였다.

**03** 제시된 문화유산은 모두 신라의 불교 문화유산이다. 신라는 삼국 가운데 가장 늦게 불교를 받아들여 법흥왕 때 불교를 공인하였다. 이후 적극적인 불교 장려 정책을 추진하였다.
**바로잡기** ②, ③, ④ 백제에 대한 설명이다. ⑤ 고구려에 대한 설명이다.

**04** 백제 금동 대향로는 불교, 도교 등 여러 종교적 상징이 포함된 뛰어난 금속 공예 기술을 보여 주는 걸작이다. 향로의 뚜껑 부분은 도교에서 신선이 산다는 이상향을 표현하고 있다.

**05** 삼국 시대 왕들은 하늘과 연결하여 자신의 권위를 높이고자 천문 관측에 노력하였다. 그 결과 천문학이 발달하여 일식, 혜성의 출현 등을 기록하기도 하였고, 고분에 별자리를 그리기도 하였으며, 천문 관측 시설을 만들기도 하였다.

**06** 제시된 벽화는 고구려 무용총 벽화의 일부이다. 의자에 앉은 귀족을 접대하는 하인의 모습이 그려져 있어 고구려인의 일상생활을 알 수 있는 그림이다.
**바로잡기** ① 크기의 차이는 신분의 차이를 나타낸다. ⑤ 고구려의 굴식 돌방무덤에서 나온 벽화의 일부이다.

**07** 제시된 자료는 돌무지덧널무덤을 나타낸다. 돌무지덧널무덤은 신라 초기 고분 양식으로 도굴이 어려워 많은 껴묻거리가 보존되어 있으며, 벽화는 그리지 않았다.
**바로잡기** ② 무령왕릉은 벽돌무덤이다. ③ 굴식 돌방무덤에 대한 설명이다. ④ 고구려는 돌무지무덤, 굴식 돌방무덤 등을 제작하였다. ⑤ 나무 덧널에는 그림을 그리지 않았다.

**08**

| 구분 | 채점 기준 |
|---|---|
| 상 | 도교가 전래되어 귀족 사회에서 유행하였다고 서술한 경우 |
| 하 | 도교가 전래되었다고만 서술한 경우 |

**09**

| 구분 | 채점 기준 |
|---|---|
| 상 | 골품제의 특징을 세 가지 모두 서술한 경우 |
| 중 | 골품제의 특징 중 두 가지만 서술한 경우 |
| 하 | 골품제의 특징 중 한 가지만 서술한 경우 |

## ⑧ 삼국 시대의 대외 교류　　16~17쪽

**01** ③　**02** ③　**03** ④　**04** ④　**05** ③　**06** ⑤　**07** ②
**08** (1) 백제　(2) **예시답안** 무령왕릉에서 출토되는 일본의 유물과 비슷한 청동 다리미와 금동 신발, 중국의 화폐인 오수전 등을 통해 백제가 중국, 일본과 활발히 교류하였음을 알 수 있다.
**09** **예시답안** 삼국은 초원길, 비단길, 바닷길 등을 통해 중국뿐 아니라 서역과도 교류를 하였다.

**01** (가)는 백제이다. 백제는 동진, 남조 등의 나라들과 주로 교류하였으며 백제의 고분에서는 이들 계통의 유물이 다수 발견되고 있다.

**02** 신라는 초기에는 고구려를 통해 중국의 문화를 받아들였으나, 한강 유역을 차지한 이후 중국과 직접 교류하였다.

**03** 삼국은 초원길, 사막길, 바닷길 등을 통해 중국 및 그 너머의 서역 문화와도 접촉하였다.
**바로잡기** ③ 가야는 바다를 통해 중국과 교류하였다. ⑤ 신라는 초기 고구려를 통해 교류하다가 한강 유역을 확보한 이후 직접 교류하였다.

**04** 삼국은 중국을 통해 불교와 유교, 과학 기술 등을 받아들였다.
**바로잡기** ㄷ. 백제는 바닷길을 통해 중국과 직접 교류하였다.

**05** 제시된 자료들은 모두 신라 시대 서역과의 교류를 보여 주는 물건이다. 이는 서역으로부터 직접 건너오거나 서역 문화의 영향을 받아 제작된 것으로 여겨진다.

**06** 삼국의 문화는 일본에 건너가 일본 아스카 문화의 성립과 발전에 크게 기여하였다. 이의 근거가 가야 토기의 영향을 받은 일본의 스에키, 삼국 미륵보살 반가 사유상의 영향을 받은 고류사의 미륵보살상 반가 사유이다.
**바로잡기** ④ 백제는 일본에 불교를 전해주었으며 삼국 가운데 일본과 교류가 가장 활발하였다.

**07** 백제는 삼국 중 일본과 가장 활발히 교류하였고 일본에 불교를 전파하였다. 또 오경박사 등이 건너가 유학을 전하였고, 아직기와 왕인이 한문, 논어, 천자문 등을 전수하였다.
**바로잡기** ① 가야의 문화 전파에 대한 설명이다. ③, ④ 고구려의 문화 전파에 대한 설명이다. ⑤ 신라의 문화 전파에 대한 설명이다.

**08**

| 구분 | 채점 기준 |
|---|---|
| 상 | 백제가 중국, 일본과 활발히 교류하였다고 서술한 경우 |
| 하 | 중국, 일본 중 한 곳만 서술한 경우 |

**09**

| 구분 | 채점 기준 |
|---|---|
| 상 | 삼국의 초원길, 비단길, 바닷길 등을 통해 서역과 교류하였다고 서술한 경우 |
| 하 | 서역과 교류하였다고만 서술한 경우 |

# II. 남북국 시대의 전개

## ⑨ 고구려와 수·당의 전쟁
18~19쪽

**01** ③  **02** ③  **03** ④  **04** ②  **05** ①  **06** ①
**07** [예시답안] 고구려는 수의 침략에 대비하여 수의 요서 지방을 먼저 공격하였다. 또한 수의 침략을 살수에서 크게 격퇴하였다.
**08** [예시답안] 고구려가 중국의 침략을 막아 내 독자적인 세력권을 지켜냈다. 또한 이를 통해 고구려가 한반도를 지키는 방파제 구실을 하였다.

**01** 제시된 자료는 6세기 후반~7세기 초 동아시아 국제 정세를 보여 주는 자료이다.
[바로잡기] ③ 백제와 신라가 동맹을 맺은 것은 5세기이며, 고구려의 남진 정책과 관련 있다.

**02** 제시문은 중국의 수와 고구려의 대립을 보여 준다. 고구려의 영양왕은 요서 지방을 선제공격하였다.
[바로잡기] ① 영류왕(고건무)은 당과의 관계 개선에 힘썼다. ② 4세기 말~5세기 초 고구려와 관련된 내용이다. ④ 4세기 백제의 상황이다. ⑤ 7세기 백제의 상황이다.

**03** 제시된 대화에서 살아 돌아간 적이 2,700명에 불과하다는 점, 살수를 건넌 적을 물리쳤다는 내용을 통해 해당 전쟁은 살수 대첩임을 알 수 있다.
[바로잡기] ①, ② 5세기 장수왕, ③ 7세기 연개소문, ⑤ 고구려 부흥 운동과 관련된 내용이다.

**04** 지도는 당이 고구려를 침입한 상황을 보여 준다. 연개소문은 정치적 안정을 위해 당과 화친하려 하였으나, 당 태종은 연개소문의 정변을 구실 삼아 직접 고구려를 침공하였다.
[바로잡기] ① 나당 전쟁, ③ 백제 부흥 운동, ④ 당의 한반도 지배, ⑤ 백제와 신라의 대립과 관련된 탐구 활동이다.

**05** 고구려가 수와 당의 침략을 막아 낸 것은 중국 세력으로부터 한반도 남쪽의 국가들을 보호하는 데에 기여하였다.
[바로잡기] ② 5세기 고구려 장수왕, ③ 7세기 말 발해, ④ 7세기 신라의 삼국 통일 이후, ⑤ 신라 삼국 통일의 의의와 관련된 내용이다.

**06** (가) 고구려의 요서 지방 선제공격 – (나) 살수 대첩 – (마) 천리장성 축조 – (다) 연개소문의 정변 – (라) 안시성 싸움의 순서로 일어났다.

**07**

| 구분 | 채점 기준 |
|---|---|
| 상 | 고구려와 수의 대립 사례를 두 가지 이상 서술한 경우 |
| 중 | 고구려와 수의 대립 사례 중 한 가지만 서술한 경우 |
| 하 | 고구려와 수가 전쟁을 벌였다고만 서술한 경우 |

**08**

| 구분 | 채점 기준 |
|---|---|
| 상 | 고구려와 수·당 사이에 벌어진 전쟁의 의미 두 가지를 모두 서술한 경우 |
| 중 | 고구려와 수·당 사이에 벌어진 전쟁의 의미 중 한 가지만 서술한 경우 |
| 하 | 고구려와 수·당 사이에 전쟁이 있었다고만 서술한 경우 |

## ⑩ 신라의 삼국 통일과 발해 건국
20~21쪽

**01** ①  **02** ④  **03** ③  **04** ③  **05** ④  **06** ②
**07** [예시답안] 신라와 당이 나당 연합을 결성하였다. 이후 나당 연합군은 백제와 고구려를 차례로 멸망시켰다.
**08** [예시답안] (가)는 발해이다. 발해는 고구려 유민을 중심으로 건국되었다. 또한 발해의 왕은 일본에 보낸 문서에 스스로 고려(고구려)라고 표현하여 고구려 계승 의식을 나타냈다.

**01** 제시된 자료는 신라와 고구려의 협상이 결렬되는 상황을 보여 주고 있다. 백제의 공격을 받은 신라는 위협을 느껴 고구려에 도움을 요청하였으나, 고구려는 거절하였다. 이후 김춘추는 당 태종이 안시성 싸움에서 패배하고 돌아가자, 당에 건너가 신라와 당의 군사 동맹을 요청하였다.
[바로잡기] ②, ③, ④, ⑤ 대화 이전의 상황이다.

**02** 백제 멸망 이후 당은 옛 백제 땅에 웅진도독부를 설치하였다. 이후 흑치상지는 임존성에서, 복신과 도침은 주류성에서 백제 부흥 운동을 일으켰다.
[바로잡기] ① 고구려의 멸망 이후, ② 백제 멸망 이전에 있었던 일이다. ③ 고구려의 부흥 운동, ⑤ 4세기 말~5세기 초 고구려 광개토 대왕의 활동과 관련된 내용이다.

**03** 제시문은 백제와 왜 연합군이 전개한 백강 전투를 보여 준다. 백제를 도우러 온 왜군이 백강 전투에서 나당 연합군

에 패하면서 백제의 부흥 운동은 실패하였다.

**04** 지도에서 고연무와 검모잠을 통해 고구려 부흥 운동에 대한 내용임을 알 수 있다. 검모잠은 한성에서, 고연무는 요동 지역에서 당군에 맞섰다.

**05** 제시된 자료는 7세기 나당 전쟁과 신라의 삼국 통일의 과정을 보여 준다.

**바로잡기** ① 진흥왕은 6세기 신라의 왕이다. ② 삼국 간의 경쟁을 보여 준다. ③ 7세기 고구려 멸망 전의 일이다. ⑤ 고구려와 백제의 멸망과만 관련된 내용이다.

**06** (개는 발해이다. 발해 건국 후 신라와의 공존을 강조하여 해당 시기를 남북국 시대라고 부른다. 발해는 대조영이 건국하였다.

**바로잡기** ①, ④ 백제, ③ 고구려, ⑤ 신라에 대한 설명이다.

**07**

| 구분 | 채점 기준 |
| --- | --- |
| 상 | 신라와 당의 관계, 삼국 경쟁 결과를 모두 서술한 경우 |
| 중 | 신라와 당의 관계, 삼국 경쟁 결과 중 한 가지만 서술한 경우 |
| 하 | 삼국이 경쟁하였다는 내용만 서술한 경우 |

**08**

| 구분 | 채점 기준 |
| --- | --- |
| 상 | 국가 명칭과 우리나라 역사로 보는 근거 두 가지를 모두 서술한 경우 |
| 중 | 국가 명칭과 우리나라 역사로 보는 근거 한 가지를 서술한 경우 |
| 하 | 국가 명칭과 우리나라 역사라는 서술은 있으나 근거를 제시하지 못한 경우 |

### ⑪ 통일 신라와 발해의 발전　　22~23쪽

**01** ②　**02** ①　**03** ⑤　**04** ④　**05** ⑤　**06** ③
**07** 예시답안 개혁 정치를 실시한 왕은 신문왕으로, 개혁 정치를 통해 왕권에 반발한 진골 귀족 세력을 누르고 강력한 왕권을 확립하고자 하였다.
**08** 예시답안 (개는 발해로, 발해는 전성기를 누릴 때 당으로부터 '해동 성국'이라 불렸다. 이는 바다 동쪽의 융성한 나라라는 뜻이다.

**01** 제시된 자료는 태종 무열왕에 대한 내용이다. 태종 무열왕은 왕의 비서 기구인 집사부를 독립시켜 그 장관인 시중의 역할을 강화하였다.

**바로잡기** ① 8세기 중엽, ③, ⑤ 신문왕, ④ 법흥왕 시기의 일이다.

**02** 제시문에서 문무왕 다음의 왕이라는 내용을 통해 (개 왕은 신문왕임을 알 수 있다. 신문왕 국립 교육 기관인 국학을 설치하였다.

**바로잡기** ② 법흥왕, ③ 고구려 장수왕, ④ 지증왕, ⑤ 내물왕 시기의 내용이다.

**03** 5소경 설치한 수도 금성이 동남쪽에 치우쳐 있는 지리적 단점을 보완하기 위한 것이었다.

**바로잡기** ① 9세기 초의 내용이다. ② 당시에는 전국에 지방관을 파견하지 못하였다. ③ 5경 15부 62주는 발해의 지방 행정 제도이다. ④ 7세기 고구려의 천리장성 건설과 관련 있다.

**04** 제시된 자료에서 중앙 기구로 3성 6부가 있고, 정당성이라는 기구를 통해 자료의 국가가 발해임을 알 수 있다.

**바로잡기** ① 고구려, ② 백제, ③ 통일 신라, ⑤ 신라에 대한 설명이다.

**05** 밑줄 친 '이 나라'는 발해이다. 발해는 인안, 대흥 등의 연호를 사용하며 당과 대등한 국가라는 의식을 보여 주었다.

**바로잡기** ① 목지국에 해당한다. ② 가야와 관련된 내용이다. ③ 삼국 통일 이후 신라와 관련된 내용이다. ④ 삼국이 경쟁하던 시기에 해당한다.

**06** 발해는 전성기에 당으로부터 '해동성국'이라 불렸다.

**바로잡기** ① 고구려, 백제, 신라에 해당한다. ② 백제 무령왕 때에 해당한다. ④ 신라 법흥왕 때에 해당한다. ⑤ 고구려 소수림왕 때에 해당한다.

**07**

| 구분 | 채점 기준 |
| --- | --- |
| 상 | 신문왕을 쓰고 실시 목적을 서술한 경우 |
| 중 | 실시 목적만 서술한 경우 |
| 하 | 신문왕만 쓴 경우 |

**08**

| 구분 | 채점 기준 |
| --- | --- |
| 상 | 해동성국과 그 뜻을 정확하게 서술한 경우 |
| 하 | 해동성국만 쓴 경우 |

### ⑫ 신라 말 사회 동요와 후삼국 시대　　24~25쪽

**01** ③　**02** ③　**03** ②　**04** ④　**05** ⑤
**06** 예시답안 혜공왕 이후 약 150년 동안 20명의 왕이 나올 정도로 혼란한 상황이었다. 이 시기에 진골 귀족은 서로 대립하여 왕위 다툼을 벌였다. 또한 농민은 정부의 조세 독촉에 저항하여 봉기를 일으켰다.
**07** 예시답안 풍수지리 사상이 기존의 금성 중심의 지리 인식에서 벗어나 지방의 중요성을 강조하였기 때문이다.

**01** 지도의 시기는 신라 말이다. 9세기 말 진성 여왕이 관리를 보내 지방에서 조세를 독촉하자 농민의 분노가 폭발하였다. 당시 귀족의 수탈은 더욱 심해졌다.
**바로잡기** ① 신문왕 시기와 관련된 탐구 활동이다. ② 내물왕 때 마립간 칭호가 사용되었다. ④ 법흥왕 시기와 관련된 탐구 활동이다. ⑤ 신문왕이 녹읍을 폐지하였다.

**02** 제시된 자료는 신라 말의 상황을 보여 준다. 신라 말 호족은 성을 쌓아 근거지를 확보하고 스스로 '성주' 또는 '장군'이라 부르며 사실상 신라로부터 독립해 나갔다.
**바로잡기** ① 신문왕 때 설총, ② 신문왕의 정책, ④ 신문왕 때의 사건, ⑤ 고구려 소수림왕의 정책과 관련된 모습이다.

**03** 제시된 자료는 신라 말 지방 호족과 관련된 내용이다. 신라 말 지방 호족들은 대부분 토착 세력인 촌주 출신이었다.
**바로잡기** ①, ③, ④ 진골 귀족, ⑤ 6두품에 대한 설명이다.

**04** 제시된 자료를 통해 (가)는 6두품 세력임을 알 수 있다. 6두품 출신 중 일부는 지방 호족과 함께 새로운 사회 건설을 추구하였다.
**바로잡기** ① 발해, ② 고구려 소수림왕, ③ 백제, ⑤ 7세기 후반 6두품과 관련된 내용이다.

**05** (가) 시기는 후삼국 시대에 해당한다. 견훤은 완산주에 후백제를 세웠으며, 궁예는 송악에서 후고구려를 세웠다.
**바로잡기** ① 고구려 멸망 직후의 일이다. ②, ③ 백제 부흥 운동과 관련 있다. ④ 발해의 건국과 관련 있다.

**06**

| 구분 | 채점 기준 |
| --- | --- |
| 상 | 진골 귀족의 왕위 다툼과 농민 봉기를 모두 서술한 경우 |
| 중 | 진골 귀족의 왕위 다툼과 농민 봉기 중 한 가지만 서술한 경우 |
| 하 | 신라 말 혼란스러웠다는 내용만 서술한 경우 |

**07**

| 구분 | 채점 기준 |
| --- | --- |
| 상 | 풍수지리 사상이 기존의 금성 중심의 지리 인식에서 벗어나 지방의 중요성을 강조하였다고 서술한 경우 |
| 중 | 풍수지리 사상이 지방의 중요성을 강조하였다고만 서술한 경우 |
| 하 | 풍수지리 사상이 금성 중심의 지리 인식에서 벗어났다고만 서술한 경우 |

## ⑬ 남북국의 문화 발전

26~27쪽

**01** ③ **02** ④ **03** ② **04** ② **05** ② **06** ⑤
**07** 예시답안 제시된 문화유산은 무구정광대다라니경이다. 이는 불국사 삼층 석탑에서 발견되었으며, 현존하는 세계에서 가장 오래된 목판 인쇄물로 알려져 있다.
**08** 예시답안 발해 온돌은 고구려 문화의 영향을 받았다. 영광탑은 벽돌로 된 탑으로 당의 영향을 받았다. 이처럼 발해 문화는 고구려와 당의 문화를 수용하여 국제성을 띠었다.

**01** (가)는 '나무아미타불'을 외우면 극락정토에 갈 수 있다고 주장한 원효이다. 원효는 불교 이론을 폭넓게 이해하고 이를 정리하여 화쟁 사상을 제시하였다.
**바로잡기** ①, ④ 의상, ② 설총, ⑤ 혜초에 대한 설명이다.

**02** (가)는 의상이다. 의상은 당에서 유학하고 돌아와 신라의 화엄 사상을 정립하는 데에 기여하였다. 또한 그는 언제든지 부르기만 하면 관세음보살이 나타나 도와준다는 관음 신앙을 전파하였다.
**바로잡기** ① 의상은 교종과 관련 있다. ② 원효와 관련된 내용이다. ③ 신라 말의 상황이다. ⑤ 혜초와 관련된 내용이다.

**03** (가)는 독서삼품과이다. 독서삼품과는 유학 교육을 강화하여 왕권을 뒷받침하기 위한 제도였다. 하지만 골품제의 폐쇄성으로 인해 제대로 운영되지 못하였다.
**바로잡기** ① 골품제를 벗어나고자 하였다. ③ 왕권을 뒷받침하려는 제도였다. 화백 회의는 진골 귀족과 관련된 내용이다. ④ 신라 말 지방 호족과 관련된 내용이다. ⑤ 호족의 사상적 기반으로는 선종과 풍수지리 사상을 들 수 있다.

**04** (가)에는 불국사 삼층 석탑이 들어간다. 이는 이중 기단에 3층으로 쌓은 통일 신라의 전형적인 석탑이다.
**바로잡기** ① 백제 익산 미륵사지 석탑, ③ 백제 부여 정림사지 오층 석탑, ④ 신라 경주 분황사 모전 석탑, ⑤ 신라 말 유행한 승탑의 하나로 쌍봉사 철감선사 승탑이다.

**05** 제시된 자료는 발해의 불상인 이불병좌상으로, 이는 고구려 문화를 계승하였다.
**바로잡기** ① 백제, ③ 신라, ④ 고구려, ⑤ 가야에 대한 설명이다.

**06** (가)는 발해 정효 공주의 묘로, 고구려와 당의 양식이 혼합된 벽돌무덤에 해당한다. 발해에는 정혜 공주 묘와 같이 고구려 양식의 천장 구조를 갖춘 굴식 돌방무덤도 있다.
**바로잡기** ① 신라 호우총, ② 고구려 고분 벽화, ③ 통일 전 신라의 무덤, ④ 백제 돌무지무덤과 관련된 내용이다.

**07**

| 구분 | 채점 기준 |
|---|---|
| 상 | 무구정광대다라니경을 쓰고 가치를 서술한 경우 |
| 하 | 무구정관대다라니경만 쓴 경우 |

**08**

| 구분 | 채점 기준 |
|---|---|
| 상 | 고구려와 당의 문화를 수용하여 국제성을 띠었다고 서술한 경우 |
| 중 | 고구려와 당의 문화를 수용하였다고만 서술한 경우 |
| 하 | 국제성을 띠었다고만 서술한 경우 |

### ⑭ 남북국의 대외 교류　　28~29쪽

**01** ②　**02** ⑤　**03** ⑤　**04** ⑤　**05** ②
**06** [예시답안] 신라의 국제 무역항으로는 당은포와 울산항을 들 수 있다. 특히 울산항에는 서역의 상인까지 왕래하여 신라의 이름이 이슬람 세계에 알려졌다.
**07** [예시답안] 밑줄 친 '이 나라'는 발해로 발해는 발해 5도를 활용하여 당, 신라, 일본, 거란 등과 교류하였다.

**01** 지도는 신라와 당의 관계를 보여 준다. 신라와 당의 교류가 활발해지면서 산둥반도와 창장강 하류 일대에는 신라인이 집단으로 거주하는 신라방이 생겨났다.
**바로잡기** ① 신라 말의 상황. ③ 발해의 고구려 계승 문화와 관련된 내용이다. ④ 통일 전후 시기 신라에서 전형적인 3층 석탑이 제작되었다. ⑤ 발해의 전성기와 관련된 내용이다.

**02** 제시된 문화유산은 공통적으로 신라와 외국의 교류 모습을 보여 준다. 초심지 가위는 일본의 유물과 흡사하며, 뼈 항아리는 당에서 신라의 삼채 도자기가 유행하였음을 보여 준다. 괘릉의 석인상의 얼굴은 서역인의 모습으로 서역과도 교류하였음을 알 수 있게 해 준다.

**03** 제시된 자료는 『왕오천축국전』으로 혜초가 편찬하였다. 승려 혜초는 인도와 중앙아시아를 오간 후 『왕오천축국전』을 썼다.
**바로잡기** ① 원효, 의상과 관련된 내용이다. ② 청해진 설치 이전에 저술되었다. ③ 고구려 소수림왕 때의 일이다. ④ 의상과 관련된 내용이다.

**04** (가)는 발해이다. 발해는 5개의 교통로를 통해 주변 국가와 교류하였다. 주요 수출품으로는 담비 가죽 등의 모피류를 들 수 있다.

**바로잡기** ⑤ 발해는 무왕 때 당과 대립하였으나 문왕 때부터 관계가 회복되었다.

**05** 제시된 문화유산은 발해와 신라 모두 당의 삼채 도자기가 유입되었음을 알 수 있다.
**바로잡기** ① 삼국 시대에 해당한다. ③ 신라의 삼국 통일과 관련된 내용이다. ④ 발해 무왕 때의 문화와 관련된 내용이다. ⑤ 연호 사용 등과 관련된 내용이다.

**06**

| 구분 | 채점 기준 |
|---|---|
| 상 | 당은포와 울산항을 쓰고 서역의 상인이 왕래하여 신라의 이름이 이슬람 세계에 알려졌다고 서술한 경우 |
| 중 | 서역의 상인이 왕래하여 신라의 이름이 이슬람 세계에 알려졌다고만 서술한 경우 |
| 하 | 서역의 상인이 왕래하였다고만 서술한 쓴 경우 |

**07**

| 구분 | 채점 기준 |
|---|---|
| 상 | 발해 5도를 쓰고 주변국을 모두 서술한 경우 |
| 하 | 발해가 주변국과 교류하고 있었다는 사실만 서술한 경우 |

## Ⅲ. 고려의 성립과 변천

### ⑮ 고려의 후삼국 통일　　30~31쪽

**01** ①　**02** ⑤　**03** ①　**04** ④　**05** ④　**06** ⑤　**07** ②
**08** (1) 노비안검법　(2) [예시답안] 호족들의 경제적 기반을 약화시켜 왕권을 강화하고자 하였다.
**09** (1) 최승로　(2) [예시답안] 유교를 국가의 통치 이념으로 삼고 지방의 주요 거점인 12목에 지방관을 파견하였다. 또한 중앙과 지방에 학교를 세워 유학 교육을 장려하였다.

**01** 제시된 자료는 후삼국 시대 고려의 건국 과정을 보여 준다. 태봉의 왕 궁예가 미륵불을 자처하며 무리한 정치로 민심을 잃자 왕으로 추대된 왕건은 고려를 건국하고 자신의 근거지인 송악으로 도읍을 옮겼다.

**02** 지도는 후삼국 통일과 관련된 지도이다. (가)는 태조 왕건이 북진 정책으로 확보한 지역이고, (나)는 궁예의 신하였던 왕건이 수군을 이끌고 후백제를 격파하며 확보한 지역이다.

**03** 제시문은 태조 왕건 때 실시한 사심관 제도에 대한 설명이다. 태조 왕건은 호족 세력을 통제하기 위해 기인 제도와 사심관 제도를 실시하였다.

**바로잡기** ② 광종, ③ 신라 신문왕, ④, ⑤ 성종에 대한 설명이다.

**04** 제시된 대화는 광종과 관련된 것이다. 태조의 네 번째 아들로 혜종, 정종에 이어 4대 임금으로 즉위한 광종은 외척과 공신들의 권력 다툼 속에서 혼란해진 정국을 안정시키고 왕권을 강화하기 위한 정책을 적극적으로 추진하였다.

**05** ㈎는 광종이다. 광종은 왕권을 강화하기 위해 연호 사용, 과거제 실시, 노비안검법 실시 등 개혁 정책을 실시하였다.
**바로잡기** ①, ③ 태조 왕건, ② 인종, ⑤ 성종에 대한 설명이다.

**06** 제시된 정책은 성종에 대한 내용이다. 성종은 최승로의「시무 28조」를 받아들여 연등회, 팔관회 등의 국가 행사를 축소하고 유교를 통치 이념으로 삼았으며 지방관을 파견하는 등 국가 정책에 반영하였다.
**바로잡기** ① 광종, ② 고구려 장수왕, ③ 신라 원성왕에 대한 설명이다.

**07** 제시된 자료는 태조 왕건, 광종, 성종 때 각각 실시한 정책으로, 호족 세력을 통제하고 중앙 집권 체제를 확립하여 왕권을 강화하고자 하였다.

**08**

| 구분 | 채점 기준 |
| --- | --- |
| 상 | 호족들의 경제적 기반 약화, 왕권 강화를 모두 서술한 경우 |
| 하 | 호족 세력의 약화를 위해서라고만 서술한 경우 |

**09**

| 구분 | 채점 기준 |
| --- | --- |
| 상 | 유교의 통치 이념화, 지방관 파견, 유학 교육 장려 중 두 가지 이상 서술한 경우 |
| 하 | 위 내용 중 한 가지만 서술한 경우 |

### ⑯ 고려의 통치 체제 정비  32~33쪽

**01** ③  **02** ⑤  **03** ①  **04** ③  **05** ④  **06** ③  **07** ③
**08** (1) 대간  (2) **예시답안** 관리를 감찰하고 국왕의 잘못된 정치 행위를 비판, 견제하며 사회 풍속을 감시하였다.
**09** (1) 향리  (2) **예시답안** 전국 모든 군현에 지방관을 파견하지 못하였고, 지방관이 파견되지 못한 속현의 수가 지방관이 파견된 주현의 수보다 많아 향리의 영향력이 강하였다.

**01** 고려는 최고 관서인 중서문하성에서 국정을 총괄하고 중추원에서 군사 기밀과 왕명의 출납을 담당하였다. 어사대에서 관리를 감찰하고 삼사는 국가 재정의 출납과 회계 업무를 맡았다. 도병마사는 국방과 군사 문제를 논의하였고, 식목도감에서는 각종 법과 시행 규칙을 제정하였다.

**02** ㈎는 도병마사이다. 도병마사는 고려의 독자적인 기구로 중서문하성과 중추원의 고위 관리들이 모여 국방과 군사의 중요한 문제를 논의하였다.
**바로잡기** ① 중서문하성, ② 3성 6부제, ③ 도감, ④ 대간에 대한 설명이다.

**03** 지도는 고려의 지방 행정 구역을 보여 준다. 고려는 전국을 5도, 양계, 경기로 나누고 일반 행정 구역인 5도에는 안찰사를, 군사 행정 구역인 양계에는 병마사를 파견하였다.
**바로잡기** ② 지방관이 파견되지 않은 속현이 파견된 주현보다 많았다. ③ 발해, ④ 통일 신라, ⑤ 백제 무령왕에 대한 설명이다.

**04** 제시된 가상 일기는 고려 시대 특수 행정 구역과 관련된 내용이다. 농업에 종사한 향·부곡, 수공업에 종사한 소는 특수 행정 구역으로 일반 군현에 거주하는 양인에 비해 많은 세금을 부담하였고 거주지 이동에 제한이 있었다.
**바로잡기** ㄴ. 양계, ㄷ. 특수 행정 구역 중 소에 대한 설명이다. 향·부곡은 농업에 종사하였다.

**05** ㈎는 6위, ㈏는 주진군이다. 주진군은 양계의 군사 지역에 배치된 지방군이다.
**바로잡기** ① 신라의 지방군인 10정에 대한 설명이다. ② 2군에 대한 설명으로 6위는 개경과 국경의 방어를 담당하였다. ⑤ 지방군에 대한 설명으로 중앙군은 직업 군인으로 편성하였다.

**06** 밑줄 친 '이곳'은 국자감이다. 성종 때 개경에 설치된 국자감은 고려의 최고 교육 기관이었고, 이후 고려 말 성균관으로 이름을 바꾸었다.
**바로잡기** ② 고구려의 교육 기관이다. ⑤ 향교에 대한 설명이다.

**07** 제시된 자료는 음서와 관련된 토론이다. 음서는 고려 시대 왕족이나 공신, 고위 관리의 자손을 시험 없이 관리로 임명하는 제도였다.

**08**

| 구분 | 채점 기준 |
| --- | --- |
| 상 | 관리 감찰, 정치의 잘못 비판, 사회 풍속 감시 중 두 가지 이상 서술한 경우 |
| 하 | 위 내용 중 한 가지만 서술한 경우 |

**09**

| 구분 | 채점 기준 |
| --- | --- |
| 상 | 지방관이 파견되지 않은 속현이 더 많았음을 서술한 경우 |
| 중 | 지방에서 영향력이 강하였다고만 서술한 경우 |
| 하 | 지방 호족 출신이라고만 서술한 경우 |

## ⑰ 문벌 사회의 동요와 무신 정권의 수립 34~37쪽

01 ⑤  02 ③  03 ⑤  04 ②  05 ③  06 ①  07 ④  08 ②
09 ④  10 ⑤  11 ⑤  12 ③  13 ④  14 ②  15 ⑤  16 ②
17 ①  18 ④  19 ④
20 (1) 무신 정변 (예시답안) 권력 다툼으로 지방 통제력이 약화되었고 천민 출신의 집권자가 나오면서 신분제가 크게 흔들렸다. 그리고 집권자들의 수탈이 심해지면서 토지 제도가 붕괴되고 농장이 확대되어 농민들의 생활이 힘들어졌고 농민, 천민 봉기가 각지에서 발생하였다.
21 (1) 만적  (2) (예시답안) 노비들의 신분을 해방하고자 하였다.

**01** 고려의 중앙 지배층은 넓은 땅을 차지하며 부를 축적하고 과거와 음서를 통해 주요 관직을 독점하면서 여러 세대에 걸쳐 고위 관리를 배출하는 문벌을 형성하였다.

**02** 제시문은 이자겸이 권력을 휘두르고 있는 상황을 보여 준다. 이에 인종은 이자겸을 제거하려 하였으나 오히려 이자겸이 난을 일으켜 왕권을 위협하였다. 이자겸의 난은 1126년에 발생하여 이듬해 진압되었다.

**03** (가)는 이자겸의 난이다. 왕권을 위협하는 이자겸의 권력 장악에 맞서 인종이 이자겸을 제거하려 하였으나 오히려 이자겸이 난을 일으켰다. 궁궐이 불타는 등 혼란 속에서 인종은 척준경을 회유하여 난을 진압하였다. 이 사건을 계기로 왕실의 권위가 약화되고 문벌 귀족 사회가 동요하였다.
바로잡기 ① 농민과 천민의 봉기, ② 무신 정변, ③, ④ 묘청의 서경 천도 운동에 대한 설명이다.

**04** 제시문은 이자겸의 난을 진압한 이후의 상황에 대한 내용이다. 정지상은 왕권을 안정시키기 위해 정치 개혁을 추진하며 서경 천도를 주장하였다.
바로잡기 ① 최충헌, ③ 최승로, ④ 최우에 대한 설명이다. ⑤ 쌍기의 건의로 광종 대에 과거제를 실시하였다.

**05** 지도는 묘청의 세력 범위와 관군의 토벌 진로를 보여 준다. 묘청 등의 서경 세력은 수도를 서경으로 옮길 것을 주장하였으나 김부식 등 개경 세력의 반대로 실패하면서 반란을 일으켰다. 그러나 관군에 의해 진압되었다.

**06** 제시된 자료는 서경 천도를 둘러싼 갈등을 보여 준다. (가)는 묘청 등 서경 세력의 주장으로 풍수지리 사상을 내세워 서경 천도를 주장하였다. (나)는 김부식 등 개경 세력의 주장으로 서경 천도를 강하게 반대하였다.

**07** 제시된 자료는 서경(평양) 지역에 대한 내용이다. 이자겸의 난 이후 정치적 혼란 속에서 묘청, 정지상 등 서경 세력은 풍수지리 사상에 근거하여 서경으로 수도를 옮길 것을 주장하였다.

바로잡기 ① 공주, ② 강화도, ③ 개경(송악), ⑤ 나주(금성)에 대한 설명이다.

**08** 이자겸의 난 이후 인종이 개혁 세력을 등용하는 과정에서 중앙으로 진출한 묘청은 금 정벌, 황제 칭호 및 연호 사용을 주장하였고, 서경으로 천도할 것을 건의하였다. 그러나 개경 세력의 반대로 서경 천도가 어렵게 되자 국호 '대위', 연호 '천개'라 하며 서경에서 반란을 일으켰다.
바로잡기 ㄴ. 이자겸, ㄹ. 윤관에 대한 설명이다.

**09** 제시된 자료는 묘청의 서경 천도 운동에 대한 토론 내용이다. 서경에서 난을 일으킨 묘청은 김부식이 이끈 관군에 의해 진압되었다.

**10** 고려에서는 문신을 중심으로 정치를 운영하여 무신들은 2품 이상 관직에 오를 수 없었고 군사 지휘권도 갖지 못하였다. 이러한 차별 대우 속에서 무신들은 정변을 일으켰다.

**11** 밑줄 친 '이 사건'은 무신 정변이다. 문신들로부터 차별을 받던 무신이 일으킨 무신 정변으로 무신들의 회의 기구인 중방이 권력의 중심 기구가 되었다. 무신들의 권력 쟁탈전 속에서 이의민과 같은 천민 출신의 최고 권력자가 등장하였다.
바로잡기 ① 몽골의 침입, ② 묘청의 서경 천도 운동, ③ 공민왕의 개혁과 관련된 내용이다.

**12** (가) 시기는 무신이 정권을 장악한 무신 집권기이다. 이 시기에는 무신 집권자가 국가의 중요한 정책을 결정하였고, 권력을 이용하여 백성의 토지를 강제로 빼앗아 농장을 확대하여 기존의 토지 제도가 붕괴되었다.

**13** (가)는 최씨 무신 정권이 성립된 시기로 최충헌은 교정도감을 설치하여 국가의 중요한 정책을 결정하였고, 최우는 자신의 집에 정방을 설치하여 인사 행정을 장악하였다.
바로잡기 ㄱ. 무신 집권 초기, ㄷ. 무신 정변 이전에 대한 내용이다.

**14** 무신 정권 초기에는 기존 무신들의 회의 기구인 중방이 권력 기구로서 작동하였으나 최충헌이 집권한 이후에는 교정도감을 설치하여 반대 세력을 감시하고 국가의 중요한 정책을 결정하였다.

**15** 제시문은 최우가 설치한 야별초에 대한 설명이다. 최우는 자기 집에 정방을 설치하여 인사 행정을 장악하였다.
바로잡기 ① 이자겸, ② 최충헌, ③ 김부식, ④ 이의민에 대한 설명이다.

**16** 제시문은 최씨 무신 정권에 대한 평가이다. 최씨 무신 정권은 4대 60여 년 동안 정권을 안정적으로 유지하며 이전의 혼란을 수습하였으나, 자신들의 권력 기반을 강화하고 토지 수탈을 심화하여 국가 통치 질서는 약화되고 농민들

의 생활은 더욱 피폐해졌다.

**바로잡기** ① 이자겸, ③ 묘청, ④ 문벌 귀족, ⑤ 정중부, 이의방 등에 대한 설명이다.

**17** 제시된 자료는 무신 집권기 하층민의 봉기에 대한 내용이다. 무신 집권기 지배층의 수탈이 심화되고, 이의민과 같은 천민 신분으로 최고 권력자에 올라간 사례를 통해 백성들이 신분 상승에 대한 기대감을 갖게 되면서 전국 각지에서 하층민의 봉기가 발생하였다.

**18** 만적의 난은 사노비였던 만적이 노비들을 모아 봉기를 계획하였다가 실패한 사건으로, 신분 해방을 목표로 하였다. 무신 정변 이래로 천한 출신에서 권력자가 많이 나왔다고 주장하며 신분과 상관없이 누구나 주요 역할을 할 수 있다고 주장하였다.

**바로잡기** ① 무신 정변, ② 신라 부흥 운동, ③ 전주 관노비의 난, ⑤ 망이·망소이의 난에 대한 내용이다.

**19** 제시문은 망이·망소이의 난에 대한 내용이다. 일반 군현에 사는 백성에 비해 차별을 받던 공주 명학소의 주민들은 무신 정변 이후 수탈이 심화되자 봉기가 발생하였다.

**바로잡기** ①, ③ 만적의 난에 대한 설명이다.

**20**

| 구분 | 채점 기준 |
|---|---|
| 상 | 권력 다툼으로 인한 지방 통제력 약화(통치 체제 붕괴), 신분제 동요, 집권자 수탈로 인한 토지 제도 붕괴, 농민·천민 봉기의 발생 중 두 가지 이상 서술한 경우 |
| 중 | 위 내용 중 한 가지만 서술한 경우 |
| 하 | 혼란기가 지속되었다는 등 구체적인 내용 없이 서술한 경우 |

**21**

| 구분 | 채점 기준 |
|---|---|
| 상 | 신분 해방 목적을 서술한 경우 |
| 하 | 사회 혼란으로 인한 불만을 해결하고자 하였다고만 서술한 경우 |

## ⑱ 다원적 국제 질서의 형성　38~39쪽

**01** ⑤　**02** ⑤　**03** ④　**04** ③　**05** ②　**06** ④
**07** (1) 윤관　(2) **예시답안** 별무반을 이끌고 여진족 근거지를 점령하여 동북 9성을 쌓았다.
**08** (1) 이자겸　(2) **예시답안** 자신의 권력을 안정적으로 유지하고자 하였다.

**01** 밑줄 친 '이 나라'는 거란이다. 고려는 발해를 멸망시킨 거란을 배격하며 고려 초부터 적대 관계를 유지하였다. 이에, 거란은 송과의 전쟁을 위해 후방을 안정시킬 필요가 있어 고려를 침략하였고, 2차 침입 때 양규 등의 활약으로 거란을 물리쳤다.

**바로잡기** ① 몽골(원), ②, ③, ④ 여진(금)에 대한 설명이다.

**02** 제시된 자료는 거란의 1차 침입 때 서희의 외교 담판을 보여 주는 내용이다. 고려는 서희의 외교 담판으로 송과의 관계를 끊고 거란과 교류하는 대신, 압록강 동쪽의 강동 6주를 고려의 영토로 인정받았다.

**03** 강감찬은 거란의 3차 침입 때 퇴각하는 거란군을 귀주에서 크게 물리쳤다.

**바로잡기** ① 고려 시대 박위, 조선 시대 이종무, ② 고려 시대 김부식, ③ 조선 시대 권율, ⑤ 고려 시대 삼별초에 대한 설명이다.

**04** 고려 초 여진족은 고려에 특산품을 바치며 고려를 부모의 나라로 섬겼으나 이후 세력이 강대해지며 금을 건국하고 고려에 군신 관계를 강요하였다.

**바로잡기** ① 여진, ②, ⑤ 몽골, ④ 거란과 관련된 모습이다.

**05** 고려는 송과 초기부터 적극적으로 친선 관계를 맺으며 활발하게 교류하였고, 유학생과 유학승을 파견하여 선진 문물을 수용하였다.

**바로잡기** ㄴ, ㄹ. 거란에 대한 설명이다.

**06** 고려의 벽란도는 송, 일본, 동남아시아, 이슬람 상인들까지 들어와 교역할 정도로 국제 무역항이 되었다. 이를 통해 고려가 서방 세계에 알려지며 '코리아'라는 이름도 세계에 퍼졌을 것이라 추정된다.

**07**

| 구분 | 채점 기준 |
|---|---|
| 상 | 별무반과 동북 9성 축조를 모두 서술한 경우 |
| 중 | 별무반과 동북 9성 축조 중 한 가지만 서술한 경우 |
| 하 | 여진족을 정벌하였다고만 서술한 경우 |

**08**

| 구분 | 채점 기준 |
|---|---|
| 상 | 자신의 권력 유지를 위해서라고 서술한 경우 |
| 하 | 전쟁을 피하기 위해서라고만 서술한 경우 |

## 19 고려의 대몽 항쟁 40~41쪽

01 ② 02 ⑤ 03 ④ 04 ① 05 ③ 06 ②
07 (1) 강화도 (2) 예시답안 물살이 빠르고 암초가 많아 해전에 약한 몽골군의 방어에 유리하였고, 농지가 많아 자급자족이 가능해 장기 항전에 유리하였기 때문이야.
08 예시답안 처인성 전투에서 특수 행정 구역인 부곡민들이 몽골의 침략을 막아 냈고, 충주성에서도 노비들이 활약하여 몽골군을 물리쳤다.

01 제시된 자료는 몽골의 침입 이후 최씨 무신 정권이 항전을 위해 옮긴 임시 수도인 강화도의 고려 궁터이다. 강화도는 물살이 빨라 해전에 익숙하지 않은 몽골의 침입에 유리하였고 농지가 많아 장기적인 항전을 할 수 있었다.
바로잡기 ① 강동 6주, ③ 남경(서울), ④ 서경(평양), ⑤ 개경(송악)에 대한 설명이다.

02 (가)는 김윤후가 부곡민을 이끌고 몽골군 대장을 사살한 처인성 전투, (나)는 김윤후가 노비 문서를 소각하여 노비들의 사기를 북돋으며 천민들과 함께 몽골군을 물리친 충주성 싸움이다.
바로잡기 ① 여진, ② 귀주성 전투, ③ 처인성 전투에 대한 설명이다. ④ 거란의 침입 당시 서희의 외교 담판으로 물리쳤다.

03 제시문은 몽골의 침입으로 강화도에 천도한 최씨 정권이 호화스러운 생활을 하는 내용이다. 최씨 정권은 강화도에서 사치를 부리고 높은 세금을 거두어 민심을 잃었으며 결국 지배층 분열로 최씨 정권이 무너지게 되었다.
바로잡기 ⑤ 무신 집권기에는 하층민의 봉기가 빈번하게 일어났다.

04 제시된 자료는 팔만대장경으로, 강화도로 천도한 고려 정부가 대몽 항쟁의 명분을 내세우기 위해 제작하였다.
바로잡기 ④ 팔만대장경판은 목판 인쇄물이다.

05 (가)는 몽골의 침략이 있었던 시기이다. 당시 집권자였던 최우는 수도를 강화도로 옮기고 장기 항전을 도모하였으며, 처인성에서 김윤후가 부곡민을 이끌고 몽골의 침입을 막아 냈다.
바로잡기 ㄱ. 거란의 침입을 물리치고 천리장성을 축조하였다. ㄹ. 최충헌 때부터 교정도감을 설치하여 국정을 총괄하였다.

06 (가)는 삼별초이다. 삼별초는 몽골과의 강화를 거부하고 진도, 제주도로 옮겨가며 끝까지 맞서 싸우다 고려·몽골 연합군에 진압되었다.
바로잡기 ㄴ. 처인성 전투, ㄹ. 별무반에 대한 설명이다.

07
| 구분 | 채점 기준 |
| --- | --- |
| 상 | 방어에 유리한 지형, 자급자족 가능 등의 내용을 두 가지 이상 서술한 경우 |
| 하 | 위 내용 중 한 가지만 서술한 경우 |

08
| 구분 | 채점 기준 |
| --- | --- |
| 상 | 처인성 전투와 충주성 싸움에서 각각 부곡민과 노비가 활약하였음을 서술한 경우 |
| 중 | 한 가지 사례만 서술한 경우 |
| 하 | 구체적인 언급 없이 천민과 부곡민들이 활약하였다고만 서술한 경우 |

## 20 원의 내정 간섭과 권문세족의 등장 42~43쪽

01 ① 02 ⑤ 03 ④ 04 ③ 05 ⑤ 06 ④
07 예시답안 고려 국왕이 원의 공주와 혼인하고 왕자들도 원에서 교육을 받으면서 고려의 지위가 원의 제후국 수준으로 낮아지게 되었다.
08 예시답안 일본 원정을 위해 설치되었으나 일본 원정이 실패한 후에도 유지되어 고려의 내정을 간섭하였다.

01 제시문은 원의 내정 간섭을 받게 된 내용이다. 원은 고려에 관리를 파견하여 내정을 간섭하고 화주에 쌍성총관부, 서경에 동녕부 등을 설치하여 고려 영토의 일부를 직접 통치하였다.
바로잡기 ② 태조 왕건, ③ 고려 말 홍건적과 왜구의 격퇴 과정, ④ 조선 시대, ⑤ 무신 정변에 대한 설명이다.

02 제시된 자료는 원 간섭기 원의 공녀 요구로 인해 고려에서 원으로 가게 되는 공녀들의 심정을 다룬 김찬의 시이다. 고려 정부의 개경 환도 이후 원의 내정 간섭이 일어나면서 영토 상실, 물적 수탈, 인적 수탈 등이 발생하였다.

03 제시된 자료는 공민왕이 그렸다고 전해지는 「천산대렵도」의 일부로, 몽골식 변발을 한 고려인의 모습이다. 원 간섭기에는 위아래가 붙은 몽골식 복장과 변발, 소주·만두·설렁탕 등의 음식, 수라·~치 등의 몽골어가 유행하였다.
바로잡기 ④ 불교 수용 시기 신라에 대한 설명이다.

04 제시된 자료는 유네스코 세계 무형 유산으로 등재된 매사냥에 대한 내용이다. 고려와 몽골 모두 매사냥이 유행하였는데, 이로 인해 원 간섭기에 몽골은 고려에 매를 조공으로 바칠 것을 요구하였고, 이를 위해 고려는 매를 기르고 몽골에 바치기 위한 기구로 응방을 설치하여 운영하였다.

**05** 제시문은 원 간섭기 등장한 권문세족에 대한 내용이다. 권문세족은 몽골어에 능통한 통역관, 몽골의 침략을 돕거나 조공을 바치는 일에 참여한 관리, 원 황실과 혼인 관계를 맺은 집안, 원에서 국왕이나 왕자를 수행한 관리 등 원과의 밀접한 관계를 통해 새롭게 지배층이 된 사람들이다. 바로잡기 ① 무신 정변 이후의 무신, ② 광종 대, ③ 성종 대, ④ 문벌 귀족인 경원 이씨 가문에 대한 설명이다.

**06** 원 간섭기에는 원과 밀접한 관계를 통해 새롭게 지배층이 된 권문세족이 권력을 독점하고 있었고, 불법적 행위를 통해 백성의 토지를 빼앗아 대규모 농장을 운영하며 가난한 백성을 노비로 만들었다. 바로잡기 ㄱ.고려와 여진의 충돌, ㄷ.고려의 대몽 항쟁 시기에 대한 내용이다.

**07**

| 구분 | 채점 기준 |
| --- | --- |
| 상 | 고려 국왕이 원의 공주와 결혼하여 원의 제후국 수준으로 격하되면서 호칭과 관제 등이 변화하였음을 서술한 경우 |
| 하 | 원의 내정 간섭을 받았기 때문이라고만 서술한 경우 |

**08**

| 구분 | 채점 기준 |
| --- | --- |
| 상 | 일본 원정을 위한 기구에서 내정 간섭 기구로 변화하였음을 서술한 경우 |
| 중 | 일본 원정 기구, 내정 간섭 기구 중 한 가지만 서술한 경우 |
| 하 | 단순히 원이 통치를 위해 설립하였다는 취지로만 서술한 경우 |

**㉑ 공민왕의 개혁과 새로운 정치 세력의 성장** 44~45쪽

**01** ⑤  **02** ⑤  **03** ⑤  **04** ④  **05** ⑤  **06** ③
**07** 예시답안 중국 각지에서 원에 대항하는 한족들의 반란이 일어나 원이 쇠퇴한 상황이었기 때문이다.
**08** (1) 전민변정도감  (2) 예시답안 권문세족이 불법으로 취득한 토지를 원래 주인에게 돌려주고, 강제로 노비가 된 사람을 양인으로 해방하였다.

**01** (가)는 원에 빼앗겼던 쌍성총관부 지역으로, 공민왕 시기에 회복하였다. 공민왕은 정동행성 이문소를 폐지하는 등 반원 자주 개혁 정책을 펼쳤다. 바로잡기 ①, ③ 광종, ② 최충헌, ④ 태조 왕건에 대한 설명이다.

**02** 제시문은 인사권을 장악하였던 정방을 폐지한다는 내용으로, 공민왕 대에 일어난 사실이다. 개경 환도 이후 원 간섭기를 겪던 고려는 공민왕 시기에 원의 간섭에서 벗어나 자주성을 회복하고 왕권을 강화하는 개혁 정책을 펼쳤다.

**03** 공민왕은 원이 혼란기에 빠진 시기에 즉위하여 원의 간섭에서 벗어나기 위한 개혁 정책을 추진하였다. 기철 등의 친원파 세력을 숙청하고 정동행성의 일부 기능을 폐지하는 등 반원 개혁 정치를 추진하였으며, 성균관을 재정비하고 유학 교육을 강화하여 신진 사대부가 성장하는 데 영향을 주었다.

**04** 제시된 자료는 공민왕의 개혁 정치와 관련된 내용이다. 공민왕은 원의 혼란기에 즉위하여 몽골식 변발과 옷 금지, 정방 폐지, 친원 세력 숙청, 정동행성의 일부 기능 폐지, 격하된 관제 복구, 쌍성총관부 공격 등의 정책을 실시하였다. 바로잡기 ㄱ. 우왕, ㄷ. 성종에 대한 설명이다.

**05** 지도는 홍건적과 왜구의 침입에 대한 지도로 (가)는 홍건적, (나)는 왜구이다. 14세기 후반 한족 농민 반란군이 홍건적과 왜구의 침입으로 고려가 혼란에 빠졌을 때, 이성계 등이 이를 막아 내면서 백성의 신망을 얻고 신흥 무인 세력으로 성장하였다. 이들은 신진 사대부와 함께 고려의 현실을 개혁하는 데 노력하였다.

**06** 제시된 자료와 관련된 인물은 정몽주로, 신진 사대부의 대표적 인물이다. 신진 사대부는 공민왕의 개혁 때 성장하여 권문세족의 횡포를 비판하였다. 바로잡기 ① 묘청 등 서경 세력, ② 호족 등, ④ 권문세족, ⑤ 무신에 대한 설명이다.

**07**

| 구분 | 채점 기준 |
| --- | --- |
| 상 | 중국 각지에서 한족 반란이 일어나 원이 쇠퇴해가는 상황이었음을 서술한 경우 |
| 하 | 원이 쇠퇴하였기 때문이라고만 서술한 경우 |

**08**

| 구분 | 채점 기준 |
| --- | --- |
| 상 | 토지를 원래 주인에게 돌려주고 노비를 양인으로 회복시켜 주었음을 서술한 경우 |
| 하 | 왕권을 강화하였다는 맥락으로만 서술한 경우 |

바른답·알찬풀이 **37**

## ㉒ 고려의 가족 제도와 문화 발달 　　46~47쪽

**01** ⑤　**02** ②　**03** ⑤　**04** ①　**05** ③　**06** ①　**07** ①
**08** 예시답안 여성의 이혼과 재혼에 제약이 거의 없었고 재산 상속도 성별, 나이에 상관 없이 동등하게 상속받았다. 혼인 후에도 여성은 자신의 재산을 따로 가질 수 있었고 자식에게 상속할 수 있었으며 호주가 될 수 있었다. 호적에 아들, 딸 구별 없이 태어난 순서대로 기록하였고 친가와 외가에 대한 제도적 차이가 크지 않았다.
**09** (1) 성리학 　(2) 예시답안 불교의 사회적·경제적 폐단을 비판하여 불교의 위상이 낮아지고 성리학이 새로운 통치 이념이 되었다.

**01** 백정이라 불리는 농민층은 일반 군현에 거주하며 국가에 세금, 특산물, 노동력 등을 바쳤다.

**02** 제시문은 고려 시대 재산 상속의 모습을 보여 주는 내용으로, 당시에는 성별이나 나이에 상관 없이 누구나 같은 몫을 상속받았다. 부모를 모시는 것과 부모의 제사도 아들과 딸을 구분하지 않고 함께하였으며, 남자와 여자의 계보를 동등하게 중시하여 음서의 혜택이 사위나 외손자에게까지 미쳤다.
　바로잡기 ㄴ, ㄹ. 여성의 이혼과 재혼에 제약이 거의 없었다.

**03** ⑺는 의천, ⑻는 지눌이다. 의천은 천태종을 개창하여 교종을 중심으로 선종을 통합하고자 하였고, 불교 해석서 목록을 정리한 교장을 간행하였다. 지눌은 불교의 세속화를 비판하며 정혜결사를 조직하여 불교 본연의 수행을 강조하였고, 선종을 중심으로 교종을 포용하고자 하였다.
　바로잡기 ①, ② 지눌, ③ 의천, ④ 광종에 대한 설명이다.

**04** ⑺는 팔만대장경이다. 몽골의 침략을 물리치기 위하여 제작된 팔만대장경은 우리나라 목판 인쇄술의 우수성을 보여 주는 자료로 8만 장이 넘는 경판, 오천만 자가 넘는 글자 수 등 방대한 양을 자랑한다.
　바로잡기 ② 현재 전해져 내려오지 않는 『7대 실록』, ③ 이규보의 『동명왕편』, ④ 김부식의 『삼국사기』, ⑤ 일연의 『삼국유사』에 대한 설명이다.

**05** ⑺는 김부식의 『삼국사기』이다. 고려 시대 대표적인 역사서인 『삼국사기』는 유교적 합리주의 사관에 따라 설화나 신화 등 옛 기록의 신비한 내용을 대폭 축소하여 기록하지 않았고 신라 계승 의식을 표출하였다.
　바로잡기 ① 이규보의 『동명왕편』, ② 일연의 『삼국유사』, 이승휴의 『제왕운기』, ④ 일연의 『삼국유사』, ⑤ 『7대 실록』에 대한 설명이다.

**06** 제시된 자료는 성리학에 대한 내용이다. 남송의 주희가 집대성한 성리학은 안향에 의해 고려에 소개되었고 이후 이

제현, 이색 등의 유학자로 인하여 크게 발달하며 확산되어 신진 사대부의 사상적 기반이 되었다.
　바로잡기 ② 풍수지리 사상, ③ 몽골풍, ④, ⑤ 불교에 대한 설명이다.

**07** ⑺는 영주 부석사 무량수전으로, 고려 중기 주심포 양식의 건물로 배흘림 기둥을 살펴볼 수 있는 대표적인 목조 건축물이다. ⑻는 개성 경천사지 십층 석탑으로 원의 영향을 받아 세워졌다.
　바로잡기 ② 수선사에 대한 설명이다. ③ 고려 후기의 석탑이다. ④ 통일 신라는 주로 삼층 석탑의 형태로 탑을 만들었다. ⑤ ⑻에만 해당한다.

**08**

| 구분 | 채점 기준 |
| --- | --- |
| 상 | 고려 시대 여성의 지위를 알 수 있는 사례를 두 가지 이상 서술한 경우 |
| 하 | 고려 시대 여성의 지위를 알 수 있는 사례 중 한 가지만 서술한 경우 |

**09**

| 구분 | 채점 기준 |
| --- | --- |
| 상 | 불교의 폐단 비판으로 불교의 위상 약화, 새로운 통치 이념화를 모두 서술한 경우 |
| 중 | 새로운 통치 세력의 사상적 기반이 되었다고만 서술한 경우 |
| 하 | 불교의 폐단을 비판하였다고만 서술한 경우 |

Memo

# www.mirae-n.com

학습하다가 이해되지 않는 부분이나 정오표 등의 궁금한 사항이 있나요?
**미래엔 홈페이지**에서 해결해 드립니다.

**교재 내용 문의**
나의 교재 문의 | 수학 과외쌤 | 자주하는 질문 | 기타 문의

**교재 정답 및 정오표**
정답과 해설 | 정오표

**교재 학습 자료**
개념 강의 | 문제 자료 | MP3 | 실험 영상

## 수학 EASY 개념서

개념이 수학의 전부다! 술술 읽으며 개념 잡는 EASY 개념서

수학    0_초등 핵심 개념,
       1_1(상), 2_1(하),
       3_2(상), 4_2(하),
       5_3(상), 6_3(하)

## 수학 필수 유형서

 유형완성

체계적인 유형별 학습으로 실전에서 더욱 강력하게!

수학    1(상), 1(하), 2(상), 2(하), 3(상), 3(하)


# 미래엔 교과서 연계 도서

## 자습서

 자습서

핵심 정리와 적중 문제로 완벽한 자율학습!

| | | | |
|---|---|---|---|
| 국어 | 1-1, 1-2, 2-1, 2-2, 3-1, 3-2 | 역사 | ①, ② |
| 영어 | 1, 2, 3 | 도덕 | ①, ② |
| 수학 | 1, 2, 3 | 과학 | 1, 2, 3 |
| 사회 | ①, ② | 기술·가정 | ①, ② |
| | | 생활 일본어, 생활 중국어, 한문 | |

## 평가 문제집

 평가 문제집

정확한 학습 포인트와 족집게 예상 문제로 완벽한 시험 대비!

국어    1-1, 1-2, 2-1, 2-2, 3-1, 3-2
영어    1-1, 1-2, 2-1, 2-2, 3-1, 3-2
사회    ①, ②
역사    ①, ②
도덕    ①, ②
과학    1, 2, 3

## 내신 대비 문제집

 시험직보
문제집

내신 만점을 위한 시험 직전에 보는 문제집

국어    1-1, 1-2, 2-1, 2-2, 3-1, 3-2


# 예비 고1을 위한 고등 도서

## 룩 LOOK

이미지 연상으로 필수 개념을 쉽게 익히는
비주얼 개념서

국어    문법
영어    분석독해

## 손쉬운

작품 이해에서 문제 해결까지
손쉬운 비법을 담은 문학 입문서

현대 문학, 고전 문학

## 수학중심

개념과 유형을 한 번에 잡는
개념 기본서

고등 수학(상), 고등 수학(하),
수학 I, 수학 II, 확률과 통계, 미적분, 기하

## 유형중심

체계적인 유형별 학습으로
실전에서 더욱 강력한 문제 기본서

고등 수학(상), 고등 수학(하),
수학 I, 수학 II, 확률과 통계, 미적분

##  올리드

탄탄한 개념 설명, 자신있는 실전 문제

사회    통합사회, 한국사
과학    통합과학

# 수능 국어에서 자신감을 갖는 방법?
# 깨독으로 시작하자!

고등 내신과 수능 국어에서 1등급이 되는 비결 -
중등에서 미리 깨운 독해력, 어휘력으로 승부하자!

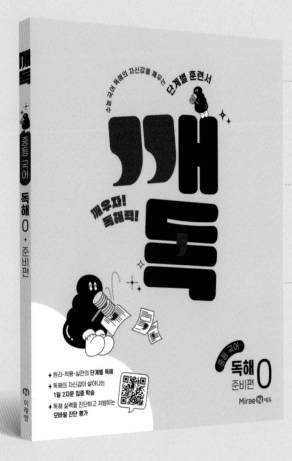

**단계별 훈련**

독해 원리 → 적용 문제 → 실전 문제로
단계별 독해 훈련

**교과·수능 연계**

중학교 교과서와 수능 연계 지문으로
수준별 독해 훈련

**독해력 진단**

모바일 진단 평가를 통한
개인별 독해 전략 처방

**| 추천 대상 |**

• 중등 학습의 기본이 되는 문해력을 기르고 싶은 초등 5~6학년
• 중등 전 교과 연계 지문을 바탕으로 독해의 기본기를 습득하고 싶은 중학생
• 고등 국어의 내신과 수능에서 1등급을 목표로 훈련하고 싶은 중학생

---

중등 국어 교과 필수 개념 및 어휘를 '종합편'으로,
수능 국어 기초 어휘를 '수능편'으로 대비하자.

수능 국어 독해의 자신감을 깨우는
단계별 독해 훈련서

# 깨독 시리즈 (전6책)

[독해] 0_준비편, 1_기본편, 2_실력편, 3_수능편
[어휘] 1_종합편, 2_수능편

독해의 시작은
어휘력에서!